人生品位纵横

RENSHENG PINWEI ZONGHENG

王科健 编著

蘭州大學出版社
LANZHOU UNIVERSITY PRESS

图书在版编目（CIP）数据

人生品位纵横 / 王科健编著. -- 兰州 : 兰州大学出版社, 2016.8
ISBN 978-7-311-05008-5

Ⅰ. ①人… Ⅱ. ①王… Ⅲ. ①人生哲学—通俗读物 Ⅳ. ①B821-49

中国版本图书馆CIP数据核字(2016)第202453号

责任编辑 李 丽
封面设计 陈 文

书　　名 人生品位纵横
作　　者 王科健 编著
出版发行 兰州大学出版社 (地址:兰州市天水南路222号 730000)
电　　话 0931-8912613(总编办公室) 0931-8617156(营销中心)
0931-8914298(读者服务部)
网　　址 http://www.onbook.com.cn
电子信箱 press@lzu.edu.cn
印　　刷 兰州人民印刷厂
开　　本 710 mm×1020 mm 1/16
印　　张 23.25(插页2)
字　　数 380千
版　　次 2016年9月第1版
印　　次 2016年9月第1次印刷
书　　号 ISBN 978-7-311-05008-5
定　　价 56.00元

序　言

《现代汉语词典》中，对“人生”的解释是：人的生存和生活。对“品位”的解释是：指官吏的品级，官阶；矿石中有用元素或它的化合物含量的百分率，含量的百分率愈大，品位愈高；指物品质量，文艺作品所达到的水平。把人生与品位联系起来，主要是谈如何生存和生活，如何有质量地生存和生活。简言之，就是如何做人。

大千世界，芸芸众生。无论是国之栋梁，还是平民百姓，无论是学者教授，还是工人农民，无论是社会贤达，还是市井无赖，每个人都有自己的生存办法和生活环境，都有自己的活法。有的人追求崇高的人生境界，要为万千大众谋利益、求幸福；有的人追求自己的人生价值，要成为某一行业的佼佼者，为社会做贡献；有的人追求平淡安逸的生活，不事张扬、隐于尘世；有的人为生计所迫，生活于社会底层，为求一餐而辛勤劳碌。我们不能苛求每个人都按照统一的规则去生活，也不能把社会生活人为地规定为若干种固定的模式；但我们可以对纷繁复杂的社会现象加以整理，研究每个人的社会责任和作用。在宽广的社会视角中，从不同的角度看社会、看人生，是谓“纵横”。

王羲之《兰亭集序》中有一段话：“夫人之相与，俯仰一世，或取诸怀抱，晤言一室之内；或因寄所托，放浪形骸之外。虽取舍万殊，静躁不同，当其欣于所遇，暂得于己，快然自足，不知老之将至。及其所之既倦，情随事迁，感慨系之矣。向之所欣，俯仰之间，已为陈迹，犹不能不以之兴怀。况修短随化，终期于尽。”从中，我们可以领悟到这样几层意思：一是人生是一个很快的过程。人与人相交往，很快便度过一生。二是人生的这一过程有许多种过法。有的人把自己的志趣抱负，在室内畅谈；有的人就着自己所爱好的事物，寄托自己的情怀，不受拘束，自由放纵地生活。三是每个人都会在一定的时候产生成就感。虽然各有各的爱好，取舍爱好各不相同，恬静与躁动不同，当他们对所接触的事物感到高兴时，自己所要的东西暂时得到了，感到高兴和自足，就不觉得老年即将到来；等到对所喜爱或得到的东西已经厌倦，感情随着事物的变化而改变，感慨随之产生。感慨什么？其实是自己的成就，为成就而感慨。四是感慨之后又恢复了内心的平静。过去感到高兴的事，转眼之间成为旧迹，仍然不能不因它引起心中的感触。何况，寿命的长短，听凭造化，最后归结于消灭。我们把这四点归结起来，得到的结论是：人生的意义在于过程。过程是最重要的，过程的质量就是人生的品位。

那么，过程的质量又怎么理解？我们来阅读《诗经·王风·黍离》中的诗句：“彼黍离离，彼稷之苗。行迈靡靡，中心摇摇。知我者，谓我心忧；不知我者，谓我何求。悠悠苍天，此何人哉？”大意是，那黍稷之苗啊，一行一列生得多么整齐。我缓行其间啊，心中忧戚。了解我的人啊，说我心有哀愁；不了解我的人啊，问我在想什么找什么。浩渺无垠的苍天啊，是谁令我如此伤怀？人生的过程中，有思考，有行为。就如在田间行走有所思、有所行一样。人们会猜测，你在想什么，不同的人会有不同的答案；人们也会评论你的行为，比如说你走路的姿势、走路的情态，延伸到做事上，就会评论你事情做得好与坏、优与劣。其实，人们的猜测与评论不是最重要的，最重要的是你在想什么、你要做什么，想得对不对、做得好不好。这些，就是一个人自身的修养。

人的成长过程中，良好的家庭环境、扎实的教育经历，这两点非常重要。前者，培养了性格；后者，丰富了内涵。当然，没有教育经历的人，也会是好人，也会生活得很好，也能够自得其乐。但是，作为品位来讲，其中的人生含量是否就低了呢？人生品位最重要的标志是什么？首先是一个人的文化内涵。而文化又是一个非常宽泛的概念，给它下一个严格而精确的定义也是一件非常困难的事情。不少哲学家、社会学家、人类学家、历史学家和语言学家一直努力，试图从各自学科的角度来界定文化的概念。然而，迄今为止仍没有获得一个公认的、令人满意的定义。笼统地说，文化是一种社会现象，是人们长期创造形成的产物，同时又是一种历史现象，是社会历史的积淀物。确切地说，文化是凝结在物质之中又游离于物质之外的，能够被传承的国家或民族的历史、地理、风土人情、传统习俗、生活方式、文学艺术、行为规范、思维方式、价值观念等，是人类之间进行交流的普遍认可的一种能够传承的意识形态。没有教育经历的人也会传承文化，甚至是创造文化，因为民族的历史、地理、风土人情、传统习俗、文学艺术、行为规范、思维方式、价值观念等，都会在每个人身上有所体现，无论他(她)是否有教育经历。但是，这些凝结在物质之中又游离于物质之外的所谓文化的东西，由谁来总结提炼呢？当然，必须由有过教育经历的人去做。这就从一个层面体现出人生品位的含量和价值。

广义文化是指人类在社会历史发展过程中所创造的物质财富和精神财富的总和。它包括物质文化、制度文化和心理文化三个方面。物质文化是指人类创造的种种物质文明，包括交通工具、服饰、日常用品等，是一种可见的显性文化；制度文化和心理文化分别指生活制度、家庭制度、社会制度以及思维方式、宗教信仰、审美情趣，它们属于不可见的隐性文化，包括文学、哲学、政治等方面的内容。人类所创造的精神财富，包括宗教信仰、风俗习惯、道德情操、学术思想、文学艺术、科学技术、各种制度等。广义的文化，着眼于人类与一般动物，人类社会与自然界的本质区别，着眼于人类卓立于自然的独特的生存方式，其涵盖面非常广泛，所以又被称为大文化。随着人类科学技术的发展，人类认识世界的方法和观点也在发生着根本改变，对文化的界定也越来越趋于开放性和合理性。“文化本不属人类所独有，我们更应该以更开放和更宽容的态度解读文化。文化是生命衍生的所谓具有人文意味的现象，是与生俱来的。许多生命的言语或行为都有着先天的文化属性，我们也许以示高贵而只愿意称它为本能。”(李二和《舟船的起源》)狭义的文化是指人们普遍的社会习惯，如衣食住行、风俗习惯、生活方式、行为规范等。1871年，英国文化学家泰勒在《原始文化》一书中提出了狭义文化的早期经典学说，即文化是包括知识、信仰、艺术、道德、法律、习俗和任何人作为一名社会成员而获得的能力和习惯在内的复杂整体。

以上概念过于复杂，我们简单化一下，可以通俗地这样理解：所谓广义的大文化，就是从物质、制度和心理三个方面延伸反映到自然界的山川草木动物植物，无论其本身还是由其引发的行为活动等，凡是具有人文意味的都是文化；所谓狭义的文化，则完全是针对人而言的，特别是人的能力和习惯所产生的一切。但是，有一点却毋庸置疑，无论是广义还是狭义的文化，都必须由人去认识，为人类和社会服务。这样，我们就把话题集中在狭义文化这一概念上，从文化的角度再深入剖析人生品位问题。

不同的学科对文化有着不同的理解。从哲学角度解释文化,认为文化从本质上讲是哲学思想的表现形式。由于哲学的时代和地域性从而决定了文化的不同风格。一般来说,哲学思想的变革引起社会制度的变化,与之伴随的有对旧文化的镇压和新文化的兴起。从存在主义的角度,文化是对一个人或一群人的存在方式的描述。人们存在于自然中,同时也存在于历史和时代中;时间是一个人或一群人存在于自然中的重要平台;社会、国家和民族(家族)是一个人或一群人存在于历史和时代中的另一个重要平台;文化是指人们在这种存在过程中的言说或表述方式、交往或行为方式、意识或认知方式。文化不仅用于描述一群人的外在行为,文化特别包括作为个体的人的自我的心灵意识和感知方式。一个人在回到自己内心世界时的一种自我的对话、观察的方式。

由此可见,无论从广义文化所指的物质文化、制度文化和心理文化讲,从狭义文化所指的人们普遍的社会习惯讲,还是从哲学角度认识所指的哲学时代和地域性决定文化风格讲,从存在主义角度认识所指的文化是对一个人或一群人存在方式的描述讲,文化的核心是人的存在,人的思想,人的行为,最终归结为人的心灵对话。所以,人的品位也是人对文化的追求,也是人对世界感知中达到的自我心灵对话!

我们再阅读《诗经·鄘风·相鼠》:“相鼠有皮,人而无仪!人而无仪,不死何为?相鼠有齿,人而无止!人而无止,不死何俟?相鼠有体,人而无礼!人而无礼,胡不遄死?”意思是,看老鼠都有皮,人却不讲礼仪。人若没有礼仪,不去死还干什么?看老鼠都有牙齿,人却不知廉耻。人若不知廉耻,不去死还等什么?看老鼠都有肢体,人却没有礼教。人若没有礼教,为什么还不快死?这首诗偏偏选中老鼠与人相比,痛斥连老鼠也不如的一些人,要他们早早死去,以免玷污“人”这个崇高的字眼。至于所痛斥的“人”是谁,所因何事,都是有感而发。诗中三章重叠,以鼠起兴,反复类比,意思并列,但各有侧重。第一章“无仪”,指外表;第二章“无止(耻)”,指内心;第三章“无礼”,指行为。三章诗重章互足,合起来才是一个完整的意思,即为人却没有道德,不死还有什么意思。更为重要的是以反喻正,对做人提出了三个方面的要求:一是外表有仪,就是为人要讲究仪表;二是内心有耻,就是为人要有羞耻之心;三是行为有礼,就是为人要彬彬有礼。当然,这首诗我们还可以上升到更高的阶级层面去理解,但做人是最基本要求。按照历代学者解释,诗中的“人”是指卫国的统治者,他们当然是有学识有地位的有“品位”之人，但诗作者严加痛斥，称其连“人人喊打”的鼠都不如，因为他们“无仪”“无止(耻)”“无礼”。当然，外表有仪、内心有耻、行为有礼，这些都是人们普遍的社会习惯，同样可以上升到文化的层面去理解。

中华民族五千年的灿烂文明中，有关人的行为习惯的著作不可胜数。《论语·学而》：“学而时习之，不亦说乎？有朋自远方来，不亦乐乎？人不知而不愠，不亦君乎？”《论语·为政》：“温故而知新，可以为师矣。”“学而不思则罔，思而不学则殆。”《论语·雍也》：“贤哉回也，一箪食，一瓢饮，在陋巷，人不堪其忧，回也不改其乐。贤哉回也。”《论语·述而》：“三人行，必有我师焉。择其善者而从之，其不善者而改之。”《礼记·大学》：“古之欲明明德于天下者，先治其国；欲治其国者，先齐其家；欲齐其家者，先修其身；欲修其身者，先正其心……”千年以来，这些被天下士子奉为经典。还有，民间流传久远的通俗著作，如《三字经》《千字文》《曾广贤文》等，还有二十四史中记载的名人轶事。新中国成立以来，教科书中强化爱党爱国的内容，但其中传统文化中的经典篇章仍然保留了许多。十年浩劫，对传统文化有较大破坏，也冲击了人们的行为习惯，甚至造成人们心灵的创伤，但留存于中国文人之中的儒家思想仍生生不息。改革开放以来，经济开放伴随着文化开放，各种思潮扑面而来，西方的世界观、价值观与国人的文化观念形成了思想碰撞，我们固守的传统文化受到质疑，甚至有人说出现了“理想信念缺失”的时代。进入21世纪，中国的传统文化不断回归，人们浮躁的思想逐步恢复平静，思考重新开始。人们在追逐经济的浪潮中，重新开始注重对文化的追求。在中华民族伟大复兴的“中国梦”的引领下，人们的理想信念也得到回归，在更加注重行为习惯教育的同时，更加注重对文化的追求。社会层面对人生意义的理解，与传统文化逐步融合，人们在心灵深处重新找到了自我。随着国力不断强盛，我国即将步入中等发达国家行列，机遇与挑战并存。新常态下，经济继续发展，社会继续变革，文化继续融合，思想观念仍然会接受新的挑战。

在这样的社会大潮中，人们如何应对生存环境的变化，如何更加有品位地生活，这是一个很现实的问题。虽然，我们不否认贫困人口和欠发达地区的存在，也面临“中等收入陷阱”的压力，还将继续面对资源、环境、生态的困扰，但这些并不限制我们对有品位生活的追求，这也与2020年全面建成小康社会的目标是一致的。

工业化、信息化、城镇化、农业现代化加速发展，从东部到西部，从南方到北方，从都市圈到经济带，从大城市到小村庄，从城市人家到农民家庭，从大江南北到长城内外,古老的中国每天都在发生翻天覆地的变化。人生应该追求什么?是至高无上的权威,受人尊崇的地位,纸醉金迷的消费,还是富有诗意的品位?其实,这些都是不能苛求的。人生还是要做应该做的事情,要活得明白,活得自如,活得潇洒,活得轻松,活得有质量,活得有修养,这才是人生的品位。

存在决定意识。生存环境的变化和生活条件的改善,必然带来思想观念的深刻变革,带来生活态度的潜移默化。因此,有品位的人生,是与国家的经济发展、文化发展相适应的。从国家层面讲,就是要倡导富强、民主、文明、和谐;从社会层面讲,就是要倡导自由、平等、公正、法治;从个人层面讲,就是要倡导爱国、敬业、诚信、友善。这些,都是人生的基础,是追求有品位生活的基本要素。

一滴水离开了大海是难以存在的,一个人离开了社会是难以生存的。只有每个人都齐心协力,共同营造我们的生存环境,我们才能在孜孜以求中达到有品位的生活境界。愿现代社会中的人们,都能够正确认识自己,做一个有品位的人。

是为序。

王科健

2015年12月13日

目　录

第七章　知识经济时代的人生

第八章　谁将引领时代潮流

第九章　影响人生的文化因素

第十章　容斋启示录

第一章

创新是人生的动力

- 欧洲文艺复兴时期的思想创新，冲破了中世纪的黑暗
- 法国启蒙运动时期的文化创新，揭开了思想解放的序幕
- 儒家文化中的创新思想，对中华民族的发展产生了深远影响
- 一种文化的发展过程，其本质就是应答历史挑战的过程
- 中国与创新型国家还有很大差距，但已经具备了推进自主创新战略、建设创新型国家的一定基础和能力

第一章　创新是人生的动力

创新是时下最流行的词语。因为我们处于一个充满生机与活力的创新时代。创新要抛开旧的,创造新的。没有创造性,没有新意,就不是创新。人们要发展,要前进,就必须创造新的。如果老是沉湎于城南旧事,对旧事物不思变革,则是难以发展的。要追求生活的品位,就必须选择创新。

创新首先是思想的冲动闪烁出的智慧火花,是认识的突破和飞跃。因此,创新不仅仅是一种行动,它还蕴含着丰富的思想。也唯有它蕴含丰富的思想,才成为人们不断发展的动力。个人的发展需要创新的思想,国家和民族的发展也需要创新的思想,人类社会的发展更需要创新的思想。一部人类社会的发展史,就是一部人类的思想创新史。

欧洲文艺复兴时期的思想创新,冲破了中世纪的黑暗

文艺复兴前的欧洲中世纪是黑暗的。从公元476年西罗马帝国的没落到15世纪文艺复兴时期开始,是欧洲历史上著名的中世纪。这是一个基督教盛行和罗马天主教会主宰社会的时期,基督教的婚姻观念和性观念统治了当时欧洲与性有关的一切活动。宗教禁欲主义这一特点被统治阶级所利用,因为否定性欲,否定对今世幸福和快乐的追求,民众就不会奋起反抗压迫和剥削,统治阶级的地位就稳固了。在这种思想指导下,教会利用所掌握的权力,强制推行教士独身制和苦修制。教徒们禁绝性行为。基督教反对性甚至发展到反对婚姻。在教会的强大压力下,夫妻过性生活必须在夜深人静之时极短促地匆匆了事。夫妻性交无论如何还被生育后代这一"正当的"目的掩盖着,而那些与生育脱离的性活动如同性恋,则受到十分残酷的惩罚,甚至被施以火刑。有些女子只是因为美丽或具有性诱惑力,就被诬为女巫,任意加以摧残与折磨,被投河而死或被活活烧死。在有些地区,被烧死的"女巫"竟占总人口的百分之十。从14世纪至15世

纪，全欧洲被烧死的“女巫”在五万人以上。这就是黑暗、野蛮的中世纪所画下的一幅令人发指的图画。

意大利早期文艺复兴是冲破中世纪黑暗的第一缕曙光。早在13世纪后半期，意大利中部以佛罗伦萨为中心出现了新的美术动向，意味着中世纪美术向文艺复兴美术的过渡。

佛罗伦萨画派成为新美术最主要的流派。14世纪时产生了伟大艺术家乔托。他的艺术具有鲜明的现实主义倾向，作品虽属宗教题材，却开始真实表现世俗生活情景，注重空间关系与人物的立体表现，杰出地体现了现实主义与人文主义相结合这个文艺复兴美术的基本特点。从15世纪开始，意大利文艺复兴美术进入蓬勃发展阶段，佛罗伦萨仍然是最大中心。以博蒂切利（Sandro Botticelli，约1445—1510）为代表人才辈出，从不同角度发扬了现实主义与人文主义相结合的传统，风格雄伟秀丽各有所重，呈现百花齐放、美不胜收的局面。注重空间透视表现和人物造型以及善用线条则成为佛罗伦萨画派代表人物共有的特色。博蒂切利创作了许多以古典神话为题材的作品，其中《春》和《维纳斯的诞生》是最能体现他个人风格的传世名作。在《维纳斯的诞生》中，他表现了某种在当时特别流行的半宗教、半幻想的希腊神话世界。这张画取材于古代神话，维纳斯从海中诞生了，她站在贝壳之中，被风神吹送而来，海洋女神把美丽的披风送给裸体的爱神。维纳斯的形象写实而完美，波光潋滟的海面上漂动着花朵，画面充满神奇、幻想的色彩。

“知识就是力量”，这是400多年前英国唯物主义哲学家、实验科学家培根的一句名言。这是文艺复兴时期思想灵光的闪烁。随着时间的推移，这一名言更加显示出它的真理性和科学性。现代社会的发展，科学技术的进步，人类劳动生产率的提高，无一不显示出知识的力量。

弗朗西斯·培根，1561年1月22日出生在伦敦一个新贵族家庭，父亲是伊丽莎白女皇的掌玺大臣。培根从小就热爱看书学习，因成绩出众，12岁就考入剑桥大学。在剑桥大学读书期间，他就独立思考，敢于向权威挑战，蔑视亚里士多德唯心主义哲学。照培根的话来说，“真理是时间的女儿，不是权威的女儿”。大学毕业以后，培根当过律师，出任过国会议员，后被聘为女王的特别法律顾问，朝廷的首席检察官、掌玺大臣等。培根在从政的过程中不断从事学术理论著述，自1597年出版《培根论文集》之后，还相继出版了《学问的促进》《论古人的智慧》《伟大的复兴》《新大西岛》等。这些著作大都以研究人类知识的作用和意义、知识的形成和知识的改造为内容。《新工具》则是一部研究科学方法的重要哲学专著。培根一生能够取得这样丰硕的成果,是他刻苦读书和实践的结果,同时也是他在求知中正确运用科学的学习方法的结果。他在《论求知》这篇著作中比较集中地对他的读书方法做了科学的概括,值得我们研究。培根认为:“有的知识只要浅尝即可,有的知识只要粗知即可,只有少数专门知识需要深入钻研、仔细揣摩。所以,有的书只读其中的一部分即可,有的书知其中梗概即可,而对于少数好书,则要精读、细读、反复地读。”培根这一段对读书方法的论述可以说是他在知识海洋的游泳术。他的这一段话,用几个字来概括,就是“尝”“吞”“嚼”。所谓“尝”,就是选读,择其要者,浅尝辄止,不通读全书;所谓“吞”,就是狼吞虎咽,泛泛浏览,知其梗概,了解其主要内容和要点就可以了;所谓“嚼”,就是细嚼慢咽,反复精读,不仅要知其然,还要知其所以然,并吸收其精华,为我所用。培根的这套求知方法也是古往今来人们从事科学研究和读书求学的经验总结。

文艺复兴时期的哥特式艺术,反映了基督教盛行的时代观念和中世纪城市发展的物质文化面貌。12至16世纪初期,欧洲出现了一种以新型建筑为主的艺术,包括雕塑、绘画和工艺美术。这种建筑风格,一反罗马式厚重阴暗的半圆形拱门的教堂式样,而广泛地运用线条轻快的尖拱门,造型挺秀的小尖塔,轻盈通透的飞扶壁,修长的立柱或簇柱,以及彩色玻璃镶嵌花窗,造成一种向上升华、天国神秘的幻觉。代表作品有法国的巴黎圣母院、德国的科隆教堂、英国的林肯教堂、意大利的米兰教堂等。即使是没有到过科隆的人,也很有可能亲睹过科隆大教堂的风采。作为全欧洲最高的尖塔,世界第四大教堂,它那高达157.38米的双尖塔顶在科隆市区以外就遥遥可见。科隆大教堂动工于1248年,停停建建,直至1880年才终于全部完工,整个工程持续了600多年。除了高达157米的惊人高度之外,整座建筑东西长144米,南北宽86米,面积相当于一个足球场。建筑本身全部由磨光的石块砌成,由于年代久远,表面已呈黑色,更显庄严古朴。进入教堂,高达143米的中厅空顶令人目眩,堂内陈列的历史文物和所有的金工、石工、木工都可谓巧夺天工。特别是总面积1万多平方米的窗户,全部装上了描绘有《圣经》人物的彩色玻璃,在阳光的映射下,五彩缤纷,华美异常。就连供信徒到此就座的长坐凳也全部都用极厚的巨木制成,经过千年的使用,露出发光的木纹。除了供奉三圣遗骸的金神龛,教堂内还绘有大量的宗教壁画,收藏有众多的雕像、圣体匣、福音等等文物,更有不少大主教以大教堂为自己死后的葬身之所,生前事迹,身后荣名,都令尘世之人望尘莫及。如今,教堂前的广场游人如织,多了几分游兴,少了几分虔诚,有趣的是留影者、被摄者会昂首挺胸,欲与教堂试比高,而摄影者却恨不能趴在地上,也摄不全教堂的尖尖双塔。

文艺复兴的家饰风格,体现了人文主义的浓厚色彩。意大利家具以其独有的艺术风格和优雅美观的设计造型在世界家具史上占有重要地位。直到现在,意大利风格的家具在国际市场上仍然受到众多消费者的青睐。意大利家具的艺术风格受人文主义的影响极深。以人文主义思潮为主的文艺复兴运动,最初起源于意大利,逐步扩展到德国、法国、英国和荷兰等欧洲国家。这次运动对欧洲文化和思想发展产生了深远的影响,并波及包括家具在内的各种艺术门类。文艺复兴时期,由于城市商品经济的发展,资本主义生产关系已在欧洲内部逐渐形成,新兴资产阶级的利益和要求在文化上也开始得到反映。因此,此时的家具艺术多表现人文主义的色彩和新兴资产阶级的思潮,其特征:一是外观厚重庄严,线条粗犷,具有希腊、罗马建筑特征;二是人体作为装饰题材大量出现在家具上。家具的主要用材有栎木、胡桃木和桃花芯木。讲究室内家具"成龙配套",同时还出现了箱形长榻,成为后来"沙发"的雏形。在家具表面常涂上很硬的石膏花饰并贴上金箔,有的还在金底上彩绘,以增加装饰效果。此外,还善于用不同色彩的木材镶成各种图案。到16世纪,则盛行用抛光的大理石、玛瑙、玳瑁和金银等镶嵌家具,并在上面打造华丽花枝和卷涡组成的花饰。文艺复兴时的意大利家具产生于14世纪,15、16世纪为其发展及高潮期,意大利近现代家具的设计仍受其风格的影响。

法国启蒙运动时期的文化创新,揭开了思想解放的序幕

随着资本主义与封建专制主义矛盾的不断激化,法国新兴资产阶级在意识形态领域中,反对封建统治与教会特权的斗争也迅速展开,这就是启蒙运动。启蒙运动是继文艺复兴之后,在欧洲历史上出现的第二次伟大的思想解放运动。启蒙,就是启迪和开导人们的反封建意识,给尚处在黑暗中的人们带来光明与希望,反对蒙昧主义、专制主义和宗教迷信,打破旧的传统观念,传播新思想、新观念。

启蒙运动从兴起到发展长达一个世纪之久,启蒙思想涉及宗教、哲学、伦理学、政治学、经济学、文学艺术、史学、美学和教育等各个领域,出现了各种学说体系和大批著名人物,广及欧洲许多国家。其中代表人物有英国的阿迪生、斯蒂尔和波普,德国的门德尔松和莱辛,意大利的维科,俄国的别林斯基、赫尔岑和车尔

尼雪夫斯基等。但启蒙运动的中心却在法国。在法国著名哲学家笛卡尔的影响下，比埃尔·贝尔(1647—1706)首先把笛卡尔的理性主义用于宗教和神学，相信理性之光照耀着每一个人，并同样以怀疑论为武器，提倡理性，怀疑宗教，对宗教神学发起攻击，指出教会的虚伪和欺骗，打破了对教会所宣扬的蒙昧主义的盲从，贝尔成为法国启蒙运动的先驱。到18世纪中叶，启蒙运动进入高潮，群星灿烂，人才辈出，大批思想界巨人纷纷涌现，其中最主要的启蒙思想家有伏尔泰、孟德斯鸠、卢梭和以狄德罗为首的百科全书派及孔多塞。他们从各个方面向封建势力和教权势力发起勇敢的冲击，不辞辛劳地传播进步思想，开启人们的头脑，唤醒沉睡中的人们投入反封建反特权的斗争。启蒙运动作为成熟的反封建、反教会的进步思潮登上了历史舞台，不仅为未来的政治革命制造了舆论，而且为法国创建了高度的精神文明。

法国为什么能够成为启蒙运动的中心呢？这是由法国特殊的历史条件所决定的，是法国社会矛盾和阶级矛盾特别尖锐的产物。具体地说，主要原因有三：

第一，法国是欧洲各国中封建统治最顽固、最反动的堡垒，是封建制度的最高典型，法国社会中第三等级与特权等级之间的矛盾特别尖锐，而封建制度的危机又空前严重，这就为启蒙运动的出现提供了社会基础。

第二，法国资本主义经济的发展，新兴资产阶级力量的日益加强，形成了一批既有经济实力，又有文化教养的新兴阶级的代表，为启蒙运动的掀起提供了阶级基础。

第三，教权势力的顽固和疯狂，迫使新兴阶级的思想家抛开宗教外衣，投向公开的理性宣传，而近代科学的兴起和英国革命的成功，则为启蒙运动的兴起提供了科学依据和理论实践经验，从而使法国成为欧洲启蒙运动的中心。

声势浩大的法国启蒙运动一经兴起，就具有鲜明的特点。

特点之一是目标明确。启蒙思想家的锋芒所向十分明确，即反对王权、神权和特权，努力改变旧制度，建立新体制。各个启蒙思想家之间虽然存在着分歧和争论，但只要涉及封建专制统治与反动的教权势力，他们总是采取共同行动，而且每个启蒙学者都根据各自的研究领域，积极宣传“理性”与科学，始终把主攻目标对准专制王朝与天主教会。他们高唱“理性”的赞歌，向往“理性的王国”，提倡用理性作为衡量一切、判断一切的尺度，把封建专制制度比作漫漫长夜，呼唤用理性的阳光驱逐现实的黑暗，消灭专制王权和贵族特权。强调只有科学才能使人正确认识自然，破除宗教迷信，从而增进人类的福利，实现美好的自由、平等、民主的新社会。

特点之二是思想一致。启蒙思想家都有基本相同的哲学理论作为指导思想,这就是怀疑论、自然神论和无神论。在启蒙思想家中,虽然多为自然科学家、历史学家、经济学家和文学家,而哲学家只占少数,但他们的思想和理论却在启蒙运动中起着主导作用,那些虽没有哲学著作的启蒙学者,也奉行着大体一致的哲学信仰,而且在启蒙运动的不同发展阶段成为批判宗教神学的有力武器。怀疑论成为启蒙运动准备阶段的思想先导,而自然神论则成为启蒙运动发展阶段的思想家的标记,无神论则把启蒙运动推向更高的成熟阶段。正是在这种哲学思想的指导下,才使启蒙运动经久不衰,具有强大的生命力,哲学革命成了政治革命的先导,并使启蒙运动具有明确的行动纲领。

特点之三是行动坚决。启蒙思想家都正视现实,认真思考,联系群众,不畏强暴。他们深入社会,细心观察,对封建社会的种种弊端进行独立思考,展开无情抨击,提出了理想社会的蓝图,并为之进行不息的斗争。他们以人民自居,以启迪民智为己任,为使群众改变旧观念,接受新思想,他们除出版专门的学术、理论著作外,还出版了普及性的通俗读物,还运用小说、戏剧、诗歌等文艺作品让更多的下层群众了解新观念。因此,不少启蒙思想家都是学识渊博、才华横溢的多面手。例如伏尔泰,不仅著有哲学著作,还发表了大量的史学著作、文艺小说、戏剧和诗歌,堪称启蒙运动的导师和领袖。这些思想家,常常冒着上断头台、坐牢和被流放的危险,为追求正义、向往光明而贡献出自己的全部智慧。启蒙运动虽然有种种共同的特点,但在如何改变封建制度上,却存在着不同程度的差别,反映出各派思想家的不同政治主张。

这些思想文化观念的创新,成为推动这些国家走向兴盛的先导。

工业革命的发展历程告诉我们:越是创新活跃的地方,就越容易形成产业革命的广阔舞台;一旦创新活力丧失,就面临着竞争出局的危险。

18世纪以来,世界的科技中心和工业中心从英国转到德国,再到美国,表面上是地理位置的更替,实质上是创新能力的转换,其中无不包含深厚的文化根由。

所谓工业革命,又叫产业革命,是资本主义由工场手工业阶段到大机器生产阶段的一个飞跃,它是生产领域里的一场大变革,又是社会关系方面的一场革命。工业革命首先在英国发生,英国成为世界上第一个工业国家。继英国工业革命之后,法、美、德、俄、日等国也陆续进行了工业革命,法国成为仅次于英国的工业国家。工业革命对人类社会产生了极其深远的影响,它不仅是一次技术革命,也是一场深刻的社会变革。

经过17世纪的资产阶级革命,英国的资产阶级和大土地所有者确立了他们在英国的统治地位,这为资本主义的进一步发展创造了前提。英国殖民者积极发展海上贸易,对殖民地人民进行残酷的掠夺,还通过海上劫掠、贩卖奴隶、殖民战争等,积累了大量的资本,这就为英国工业革命创造了一个基本条件。另外,18世纪,英国圈地运动盛行,剥夺直接生产者的生产资料,形成庞大的无产者队伍,提供了大生产所必需的大量劳动力,这就为英国工业革命创造了另一个基本条件。英国工业革命发生的第三个条件是,工场手工业时期,积累了大量的生产技术知识。这些都成为英国工业革命产生的可能条件。到18世纪中期,英国打败了法国,成为世界上最大的资本主义殖民国家。由于英国国内外市场扩大了,商品销售量随之增加。工场手工业的生产已经不能满足市场的需要,这就对工场手工业提出了技术改革的要求。因为当时没有其他任何一个国家具备以上条件,所以工业革命于18世纪中期首先在英国发生。

英国工业革命催生了具有划时代意义的一系列重大发明。

英国工业革命开始于18世纪60年代,完成于19世纪40年代。这一过程首先从棉纺织工业开始。这是因为棉纺织工业是当时新兴的工业,受旧习惯的束缚比较少(如棉纺织业没有成立行会组织),对于新方法的采用较为容易。另外,当时棉纺织业比较集中,不像毛织业那样分散,因此也比较容易改变为机器化的大生产。在棉纺织工业的技术革新中,纺纱和织布各个环节相互促进。其中最突出的发明分别是1765年哈格里夫斯发明的"珍妮纺纱机"和1785年卡特莱特发明的水力织布机。随着纺织机器的发明,使用机器生产的大工厂兴建起来了。纺织生产的机器化推动了动力机器的革新。1785年,瓦特改进和制成新的蒸汽机,将其投入使用,大大推动了机器的普及和发展。纺织工业的技术革新,促进了采煤、冶金、交通运输等各行各业的技术革新和机器的使用。

工业革命从英国开始以后,很快向欧洲大陆和北美传播。

法国原来的工场手工业比较发达,18世纪末的资产阶级革命为法国资本主义工业的发展和向工厂制度的过渡扫清了道路。另外,法国是英国的近邻,受英国工业革命的影响较大,所以,法国成为继英国之后第二个发生工业革命的大陆国家。1815年拿破仑帝国结束后,随着国内外政治局势趋于稳定以及战争创伤的逐渐恢复,法国工业革命迅速开展。法国的工业革命也是从轻工业开始的。

从19世纪20年代起，机器和工厂制度首先在纺织业各部门中得到推广。30、40年代，重工业部门也开始采用一些新技术、新设备。30年代初，法国第一条铁路建成通车，到40年代末，铁路总长近2000千米。50年代后，法国工业革命的重心转向重工业。到60年代末，大机器生产已经成为法国工业生产的主要形式，法国基本上完成了工业革命，其工业生产居世界第二位，成为仅次于英国的工业国家。

美国工业革命的起步与法国基本同时。但美国发展工业的条件远比法国优越。这是因为：第一，美国没有经过封建社会，旧的行会传统和习惯势力微弱，有利于新技术的发明和推广。第二，美国远离欧洲强国，南北邻国都比较弱，东西有大西洋和太平洋的保护，因此遭受战争破坏少，有利于生产的稳定发展。第三，美国通过从事奴隶贸易和掠夺印第安人土地、财富等手段，取得了发展工业的大量资金。第四，外国移民大量涌入美国，为美国工业革命提供了自由劳动力和技术。第五，美国的领土不断扩张，西部不断开发，有广阔的国内市场、原料。基于上述原因，美国工业革命迅速发展，到19世纪中期，资本主义工厂制度在美国北方的主要工业部门中都已占主导地位，工业革命基本完成。但是这时美国各地区的发展不够平衡，南方仍盛行种植园奴隶制。美国内战结束以后，南方工业兴起，农业也进行了改造，工业革命在全国范围内完成。

德意志由于长期分裂混战，使得它的工业革命晚于英、法、美三国。直到19世纪30年代，德意志才开始工业革命。在莱茵河畔兴起了科隆、爱北斐特、巴门等工业城市，萨克森的纺织工业发展迅速，普鲁士所辖的西里西亚以生产亚麻布而著名。1848年革命以后，德意志的工业革命发展迅速，许多地区开发矿山，建设工厂，修筑铁路。到60年代末，工厂制度已在各先进工业区占据主要地位。普法战争后，德国实现了国家统一，并从法国取得了阿尔萨斯、洛林富矿区和50亿法郎赔款，这进一步加速了工业革命的进程。到70年代末，德国工业革命完成。

19世纪中期前后，俄国、奥地利和日本等国也陆续开始了工业革命。19世纪30、40年代，工业革命从西欧扩展到东欧。40年代起，俄国首先从棉纺织业开始采用机器，建立工厂。到80年代末，工厂制度在各主要工业部门占据主导地位，俄国工业革命基本完成。而日本在明治维新后，从80年代中期开始，出现了早期工业革命的高潮。这些国家爆发工业革命的共同原因是，封建的生产关系或殖民统治阻碍了生产力的发展，其共同结果是推翻了封建制度或殖民统治，确立了资产阶级的统治,为资本主义的发展开辟了道路。

这就是说:如果生产关系阻碍生产力发展,就会导致革命。而革命解放了生产力,从而加速了生产力的发展。

工业革命对世界的发展产生了重大影响,科学技术成为第一生产力,社会生产的发展需要技术革命。工业革命极大地提高了生产力,马克思、恩格斯在《共产党宣言》中指出:“资产阶级在它的不到一百年的阶级统治中所创造的生产力,比过去一切世代创造的全部生产力还要多,还要大。”

工业革命也巩固了资本主义各国的统治。由于采用机器生产,工厂越来越多,社会生产力有了飞速的发展,资本主义经济迅速壮大,资本主义生产制度最终取得了统治地位。工业革命引起了社会结构的重大变革,工业资产阶级逐渐成为资产阶级的主导部分,无产阶级也正式形成。掌握生产资料的资产阶级为了获取利润,无情地剥削无产阶级,尤其是对于童工和女工的残酷压榨,成为工厂出现初期的普遍现象。无产阶级反对资产阶级的斗争,从此开始了。英、法、美等资本主义国家为了推销商品,到全球各地抢占商品市场,强占原料产地,加紧对殖民地人民的疯狂掠夺,造成了当地的贫困和落后,使东方开始从属于西方。与此同时,先进的生产技术和生产方式也传播到世界各地,猛烈冲击着旧思想和旧制度。

工业革命改变了世界的面貌。工业革命大幅度提高了社会生产力,丰富了物质生活。工业革命引起了社会结构的变化,产生了对立的两大新兴阶级——工业资产阶级和无产阶级。资产阶级随着经济实力的迅速壮大,逐渐战胜封建势力,掌握了政权;无产阶级遭受了沉重的剥削和压迫,相对地越来越贫困,他们逐渐觉悟,要求改变自己受剥削、受压迫的命运,开始起来斗争 。在工业革命推动下出现的社会结构变化,又促进了近代城市的兴起,加快了城市化进程。农业发展,流动人口增多;发明和使用蒸汽机,工厂制日益普及;交通运输的迅速发展,为人口流动、制成品和原材料的流通提供了快捷、安全的交通工具;市场不断扩大,商品经济日益繁荣。所有这些,推动了城市的发展,同时,密切了世界各地之间的联系,客观上把资本主义先进的生产技术和生产方式传播到了世界各地,改变了世界的面貌。亚、非、拉美等落后地区加快了殖民地半殖民地化的进程,受到了日益严重的掠夺,使东方从属于西方。率先完成工业革命的英国很快成为世界霸主,国际关系格局发生重大变化。

儒家文化中的创新思想，对中华民族的发展产生了深远影响

《大学》记载汤之《盘铭》曰："苟日新，日日新，又日新。"意思是说，如果每天都洗去污浊，面目一新，那么，天天都有一个崭新的面孔。今天又该洗去污浊，焕然一新了。古人追求道德修养的日日进步，就是创新思想的表现。

创新是一切事物进步的根本。革新、创新、更新、求新，今日之我，胜过昨日之我，社会就前进了；如果日复一日，依然故我，社会也就停滞不前了。

回顾中华民族的发展史，能够引起我们深思的史实很多。秦皇汉武、唐宗宋祖、成吉思汗、顺康雍乾，强盛之世的出现，是历史的必然，也有君主的开明。大唐盛世、丝路文明，代表了一个开放的中国，一个创新的中国，一个强盛的中国。大明王朝时代，科技水平在世界上仍居于领先地位。1403年，明朝第三个皇帝朱棣征集了1700条船开始了航海冒险活动。先后五次的航海冒险活动，一次比一次规模大，一次比一次范围大。在朱棣皇帝命令进行这些伟大的航行之前，中国已有500多年的国际贸易经验。唐朝的舰队曾经到达过非洲和澳大利亚，中国皇家动物园里有来自澳大利亚本土的袋鼠，以及非洲的长颈鹿和印度的大象。1421年6月，英格兰国王只能用一些捕鱼的单桅船运载5000个弓箭手去法国。同年6月，朱棣28000人的大军在东非登陆，骑兵配备黑火药武器。中国海军与世界其他各国海军的总和相比就如同鲨鱼和小鲱鱼。

然而，一个半世纪后，却是英国，而不是中国在统治着海洋。嘉道咸同光宣时代，大清王朝走向没落，中国远远落后于世界。追根溯源，在康乾盛世的伟大成就面前，大清人迷失了自我，闭关锁国的思想也产生于斯，最主要的还是丢失了自主创新的精神。于是，从1840年开始，欧洲人的坚船利炮使用中国人发明的火药，打开了大清的国门。

1840至1842年爆发的中英鸦片战争，开始把中国历史推入半殖民地半封建社会。作为战争结果的《南京条约》，成为中国历史上的第一个不平等条约。此后，中国成为越来越多的资本主义国家猎取的对象，被迫签订的不平等条约越来越多。强迫中国签订不平等条约的，先后有英、俄、法、美、德、日等十多个国家。

中国近代与列强签订了一千多个不平等条约，赔款十六亿两白银（此为静态数字），加之列强百年间对我财产之破坏、资源之掠夺、经济之剥削（包括海关权之丧失），总计价值几何？恐难有确切统计，亦未见统计资料。只见到一个统计数据，只日本八年全面侵华，即造成我财产损失五千亿美元。而中国近代丧失领

土、领海五百余万平方公里又作价几何？若有史学家能详细考证，定是一天文数字。单说那静态的十六亿两赔款，即意味着我四万万同胞，不论九旬老翁，还是呱呱坠地的婴儿，无论你生在江南鱼米之乡，还是生活在贫瘠的黄土高原，人均赔款四两白银！

不平等条约的签订给中国社会的发展带来了巨大的危害。通过不平等条约，帝国主义各国割取了中国大片领土，强索了巨额的战争赔款，攫取和控制了在华的种种特权。不平等条约像一条条屈辱的绳索，使得中国的政治、军事被控制，大规模的财富被掠夺，人民遭受巨大的苦难，严重地阻碍、破坏了中国社会经济的发展。这是近代中国贫穷衰弱的一个重要原因。直到1949年中华人民共和国成立，中国才彻底摆脱了不平等条约枷锁的束缚，结束了近代受尽剥夺、榨取、欺凌、奴役、屈辱、束缚的历史，扬眉吐气地屹立于世界的东方。

追溯历史可见，创新精神对一个民族的发展是多么重要。

一种文化的发展过程，其本质就是应答历史挑战的过程

凡是对新挑战做出创新应答，创新文化活跃的国家，就能兴旺发达，以至后来居上；凡是创新文化乏力、囿于固有经验和传统思维的国家，就难以持续繁荣和长远发展。先进生产力的出现不以人的意志为转移，它总要寻找落脚点，而且往往在最具创新意识的文化环境里实现突破。谁在创新文化上占据优势，谁就在发展中赢得主动。

中华人民共和国成立后，限于当时的国际环境，实行了一边倒的外交政策。春回大地的20世纪80年代，首先是思想的解放迎来了一切事业的百废待兴。“实践是检验真理标准”的大讨论，开启了思想解放的先河，改革开放，弹指挥间，中华大地沧桑巨变。回头看看，没有创新，思想的藩篱难以冲破，体制的坚冰不会融化，深圳还是渔村，浦东依然沉寂。正是理论创新、制度创新、科技创新、文化创新以及其他各方面的创新，熔铸了敢于探索、勤于创造、勇于竞争、甘于冒险的创新文化，造就了以改革创新为核心的时代精神，不仅给中华大地带来了激荡人心的历史巨变，而且深刻地改变了中国社会的精神面貌，更新着人们的思维方式、工作方式、生活方式。

沿着历史发展的脉络，追寻社会进步的脚印，我们可以看到：一个国家的创新文化同创新事业相互促进、相互激荡。创新文化孕育创新事业，创新事业激励创新文化。文化的力量是民族生存和发展的强大力量。文化是创新的母体，是

经济社会发展的先声。观念的创新、科技的创新、体制的创新,无不回归于文化的创新。这是逻辑的必然,也是历史的必然。进一步说,创新是一个民族进步的灵魂,是一个国家兴旺发达的不竭动力。创新文化是先进文化的重要组成部分,创新精神是我们时代精神的核心。

新中国成立以来,我国实施了一批重大科技专项,取得了"两弹一星"、载人航天等重大成果。在未来的发展中,还要通过实施重大专项,培育一批具有自主知识产权的高技术产业群,抢占未来竞争的制高点,带动产业结构优化升级;攻克一批具有全局性、带动性的关键共性技术,并通过工程示范和推广应用,保障经济社会可持续发展;掌握一批关系国计民生和国防的核心技术,提升相关领域整体技术水平,保障国家安全;建成几项标志性工程,提高我国的国际地位,增强民族自信心和自豪感。温家宝总理在其任内曾就推进我国科技发展提出了五个战略重点:一是把发展能源、水资源和环境保护技术放在优先位置。二是把掌握装备制造业和信息产业核心技术的自主知识产权,作为提高我国产业竞争力的突破口。三是把生物技术作为未来高技术产业迎头赶上的重点。四是加快发展空天和海洋技术。五是加强基础科学和前沿技术研究。

中国与创新型国家还有很大差距,但已经具备了推进自主创新战略、建设创新型国家的一定基础和能力

美国的波音飞机技术非常成熟,欧洲共同体依然坚持投巨资造自己的空客;美国要将自己的全球卫星定位系统免费提供给欧盟,但欧盟制订了伽利略计划,研发地理信息系统。为什么?这是需要我们思索的。因为一个国家要掌握自己的命运,就必须走自主创新的道路。这是应有的"大国思维"。为此,我国自主研发了北斗导航全球定位系统,就是这个道理。

无论从科学技术发展的规律,从科技和经济发展的关系,还是从我国的现实状况来看,中共十六届五中全会做出建设创新型国家的重大战略选择是非常及时的。曾经有专家提出,以现在的模式,我国还能保持30年快速发展,这个问题引起过广泛争论。我们过去的经济发展主要是靠劳动力、资金等要素驱动,但这种模式带来一系列能源、资源和环境问题。中共十八大以来,中国经济适应世界经济创新与技术革命以及信息技术的大趋势,提出了以追求发展质量为核心的经济发展新常态,对资源、能耗、环境、技术的要求进入了一个新时代。这一时代的开始,将改变原来我国的汽车、机床、纺织行业所需要的先进设备70%需要进口，集成电路设备90%要靠进口，高端医疗设备95%以上依赖进口，光纤设备100%进口，电视机、手机、DVD的“心脏”全是别人的的状态。

目前，世界上有20多个创新型国家，平均对外技术依存度低于30%，美国、日本等发达国家则只有10%左右，我国超过50%；科技对经济增加值的贡献率平均为70%左右，美国是80%，而我国还不到40%。

从这些创新型国家的发展道路来看，其研发投入占GDP的比值是一个曲线，先是平滑增长，到了一定程度有一个跃升，然后又平滑发展，这个过程大概需要10年。我国现在正处在第一个阶段，这个阶段日本在20世纪70年代完成，韩国在20世纪80年代完成。这个数值，瑞典、芬兰和爱尔兰在较短的时期内从1%提升到3%，日本、韩国目前是3%，美国在2.6%以上。据国家统计局《2014年全国科技经费投入统计公报》，2014年我国研发经费投入总量为13015.6亿元，比上年增加1169亿元，增长9.9%；研发经费投入强度为2.05%（研发经费与GDP的比值），比上年提高0.04个百分点。研发投入强度已连续两年超过2%，且呈持续上升态势，表明我国研发实力进一步增强，科技水平不断提高。因此，对我国2020年进入创新型国家行列，我们应该充满信心。

科技部出版的《中国科技人才发展报告（2014）》显示，我国已成为第一科技人力资源大国，2013年我国科技人力资源总量达到7105万人，每万人口中科技人力资源数为522人。作为科技活动核心要素的R&D（研究与发展）人员总量高速增长，2013年我国R&D人员总数为353.3万人，绝对总量已经超过美国居世界第一位，这是建设创新型国家的最大优势。随着教育事业的发展，还将不断培养出新的科技创新人才。已经建立大多数国家尚不具备的比较完整的学科布局，这是建设创新型国家的重要基础。已经具备一定的自主创新能力，在生物、纳米、航天等重要领域的研究开发能力已跻身世界先进行列。随着我国经济持续快速增长，国家、产业和企业经济实力的不断增强，提升自主创新能力、建设创新型国家所需要的资金基础日益雄厚。

目前，我国以市场为导向、以企业为主体、产学研相结合的技术创新体系建设正在不断推进，相当一部分大型企业及企业集团已形成研究与开发投入和承担创新风险的体制机制，创新环境逐步改善。独特的传统文化优势和重视教育的民族传统，为我国未来科学技术发展提供了多样化的路径选择。尤其重要的是，我国具有社会主义制度的政治优势，拥有科学发展观的理论武装，科教兴国、可持续发展和人才强国三大战略日益深入人心。

"十二五"时期是中国实现国家中长期科技发展规划的关键时期,通过完善体制机制,产学研合作提升到一个新高度。企业在中国产学研合作中担当更为重要的角色,也在研发投入方面发挥主力军的作用。一是突出企业在技术创新、决策、研发投入、科研组织和成果转化中的主体作用;二是建立科技资源共享机制,通过政策引导,加强高校同科研机构、企业开展深度合作;三是加强以企业为主体的技术创新环境建设,进一步完善和强化政策措施,激励企业家加大研发投入,积极推进科技项目管理改革,营造公平竞争的市场环境。

目前,我国创新能力指数已超过20(超过25即被认为是创新型国家),居发展中国家前列。据了解,目前根据实现工业化和现代化的不同方式,学术界把世界各国分为三类:一是资源型国家,主要依靠自身丰富的自然资源增加国民财富;二是依附型国家,主要依附于发达国家的资本、市场和技术;三是创新型国家,主要依靠科技创新形成日益强大的竞争优势。目前世界上公认的创新型国家有20个左右,包括美国、日本、芬兰、韩国等。

提高自主创新能力,建设创新型国家,关键在于两个方面:

第一,着力提高企业自主创新能力。当今世界,凡创新型国家,都拥有若干具有强大自主创新能力,拥有重要核心技术知识产权和知名品牌的跨国公司或企业集团,拥有一批具有自主核心技术和创新活力的中小企业。欧、美、日、韩概莫能外。因此,着力提高我国企业自主创新能力,使我国企业真正成为技术创新投入和行为的主体,形成以企业为主体、以市场为导向的产学研紧密结合的技术创新体系,培育和造就一批具有强大自主创新能力,拥有重要核心技术知识产权和著名品牌的跨国企业,以及一大批拥有创新活力的中小企业集群,是建设创新型国家的根本所在和关键之一。要实现这一目标,最根本的就是,政府要从法律法规、税收金融、知识产权保护、政府采购等方面健全公平竞争的市场机制和鼓励自主创新的政策引导;推进建立产学研有机结合的创新体制和机制;增加对基础研究、战略高技术前沿、相关公益研究的投入,增加对教育的投入,以增加对企业知识、人才、技术的源头供给;在全社会营造尊重人才、鼓励创新创业的舆论和文化氛围;为企业营造良好的参与国际合作与竞争的宏观国际环境。

第二,着力提高原始科学创新和核心技术原创能力。具有原始科学创新能力的国家,才能把握先进技术创新的先机和赢得竞争优势。核心技术是买不来、引不进的,必须依靠自己的力量奋力突破。原始科学创新和核心技术的原创能力,是决定国家科技竞争力的核心,也决定着国家科学技术的可持续发展能力。

为此，国家和社会要持续增加对科教的基础投入，改善科教基础设施，着力吸引和培养创新人才，并为优秀人才创造良好的工作条件和文化氛围，提供较好的生活待遇。改革完善鼓励科学创新和核心技术创新的评价和激励机制，在研究机构、大学和企业中建设卓越的科学和技术创新基地，在加强政策引导的同时，充分尊重科技人员的创新自主权，尊重创新探索的自由。进一步改革创新资源配置方式，创新管理，鼓励竞争合作，完善监督评价，提高创新活动绩效，并为基础研究和高技术前沿探索营造良好的国际交流合作环境。

没有做不到的，只有想不到的。大多数人往往只会说“真想不到……”，就是不思考为什么会想不到。人们都会用自己的眼光看世界，世界的发展离不开人的发展。用世界的眼光看人们，每个人的发展也就是世界的发展。当今世界，人类社会步入一个各种创新不断涌现的知识经济时代，世界新科技革命发展的势头更加迅猛，一场前所未有的历史变革正在展开。文化的力量从未如此重要，创新的话题从未如此迫切。人们要实现自己的人生价值，为世界、为社会的发展做出贡献，就要用文化来充实自己，用知识来丰富自己，用思想来启迪自己，用创新来展示自己。唯有如此，国家和民族才能防止被“边缘化”，团体和个人的发展也才能防止被“边缘化”。

第二章

莫因善小而不为

- 成为一个有德的人
- 现代社会有志者的行为准则
- 良心在自己的内心之中
- 正能量也需要不断地积累
- 觉悟决定了人生的高度
- 仁善是做人的根本
- 宁静致远是一种品德
- 信心和自信是阳光心态的源泉

第二章　莫因善小而不为

《史记·孙子吴起列传》记载，武侯浮西河而下，中流，顾而谓吴起曰："美哉乎山河之固。此魏国之宝也！"起对曰："在德不在险。昔三苗氏左洞庭，右彭蠡，德义不修，禹灭之。夏桀之居，左河济，右泰华，伊阙在其南，羊肠在其北，修政不仁，汤放之。殷纣之国，左孟门，右太行，常山在其北，大河经其南，修政不德，武王杀之。由此观之，在德不在险。若君不修德，舟中之人尽为敌国也。"武侯曰："善。"吴起以军事谋略著名，在常人看来，无非是擅长用兵而已，其实吴起在军事哲学方面的修养在当时也堪称一流。"若君不修德，舟中之人尽为敌国也"，这句话充满大智慧、大见识，是千古不朽的名言。

三国时刘备在白帝城托孤，仍不忘谆谆告诫刘禅："勿以善小而不为，勿以恶小而为之。惟贤惟德，能服于人。"意思是告诫刘禅，莫要轻视小事，"小"中见大义；同时要以德治天下，以德聚人才，以德服众人。刘备现有两个陵墓。一个是成都市武侯祠内的惠陵；另一处在四川彭山的莲花坝。刘备的陵墓天下人知道的有多少，知道了意义又有多大？相对于刘备的陵墓而言，"勿以善小而不为，勿以恶小而为之"，则是千古不朽的名言，天下人知者甚多，特别是对于做人而言意义深远。

在经济全球化的大背景下，随着中国经济市场化步伐加快，国人的价值观念也在发生重大变化，也在与现代社会相融合。今天讨论立德做人这个话题，不但要从社会的主流群体和对社会承担的重要责任来看问题，还要从现代社会的思想氛围来看问题。在传统社会，受传统观念的影响，男人的行为约束要比女人小得多；在现代社会，人们的认识和社会环境都发生了重大变化，在行为约束上男人女人已不再有明显的区别。因此，对立德做人，应该放在一个层面上来看待。

成为一个有德的人

霍尔巴赫说:“成为有德的人,就是把自己的利益放在同别人的利益相适合的那种情况之中,就是享受那些施给别人的善举的快乐。”

刘备(161—223),字玄德,涿郡(今河北涿州)人。三国时期蜀汉的建国者。相传是汉景帝之子中山靖王刘胜的后代。刘备少年丧父,与母亲贩鞋织草席为生。黄巾起义时,刘备组织义兵,随政府军剿除黄巾有功,任安喜县尉,不久因鞭打督邮弃官。后诸侯割据,刘备势力弱小,经常寄人篱下,先后投靠过公孙瓒、曹操、袁绍、刘表等人,几经波折,却仍无自己的地盘。207年,三顾茅庐请得诸葛亮加入,得出隆中对的战略方针。赤壁大战之际,刘备联吴抗曹,取得胜利,从东吴处“借”到荆州,迅速发展起来,吞并益州,占领汉中,建立蜀汉政权。后关羽战死,荆州被孙权夺取,刘备于称帝后伐吴,在夷陵之战中被陆逊击败,病逝于白帝城,临终托孤于诸葛亮。

刘备身高七尺五寸(172厘米),垂手下膝,眼能看到耳朵,小胡须,就此曾被刘璋时官吏张裕取笑。为人不太爱说话,喜怒不形于色,不甚爱读书,喜玩狗骑马、听音乐、穿美服、与豪杰交朋友,而且善待下人、百姓,有说曾因其仁德而感动了一位刺客,放弃了对他的刺杀。少时的刘备已梦想有朝一日能坐天子的车。刘备有仁德,但他也是一个有野心的豪雄。如刘备住在荆州数年,一次与刘表饮酒,如厕时见髀里肉生,感叹自己早年征战四处、身不离鞍,但现在征战不再,髀里肉生,感触落泪。他更多次建议刘表北伐,但刘表都不接受。

三国志评曰:“先主之弘毅宽厚,知人待士,盖有高祖之风,英雄之器焉。及其举国托孤于诸葛亮,而心神无贰,诚君臣之至公,古今之盛轨也。机权干略,不逮魏武,是以基宇亦狭。然折而不挠,终不为下者,抑揆彼之量必不容己,非唯竞利,且以避害云尔。”

袁绍认为:“刘玄德弘雅有信义,今徐州乐戴之,诚副所望也。”

曹操慧眼识人:“今天下英雄,唯使君与操耳。本初之徒,不足数也。”“方今收英雄时也,杀一人而失天下之心,不可。”“夫刘备,人杰也,今不击,必为后患,将生忧寡人。”“刘备,吾俦也。但得计少晚。”

诸葛亮评价他说:“刘公雄才盖世,据有荆土,莫不归德,天人去就。”“刘豫州王室之胄,英才盖世,众士慕仰,若水之归海,若事之不济,此乃天也,安能复为之下乎。”

孙权的看法是："非刘豫州莫可以当曹操者。"

周瑜称刘备有"枭雄之姿"。

诸葛亮上表刘禅："伏惟大行皇帝迈仁树德，覆焘无疆，昊天不吊，寝疾弥留，今月二十四日奄忽升遐，臣妾号咷，若丧考妣。乃顾遗诏，事惟大宗，动容损益；百寮发哀，满三日除服，到葬期复如礼；其郡国太守、相、都尉、县令长，三日便除服。臣亮亲受敕戒，震畏神灵，不敢有违。臣请宣下奉行。"

《三国志·蜀志·先主传》裴松之注："朕初疾但下痢耳，后转杂他病，殆不自济。人五十不称夭，年已六十有余，何所复恨，不复自伤，但以卿兄弟为念。射君到，说丞相叹卿智量，甚大增修，过于所望，审能如此，吾复何忧！勉之，勉之！勿以恶小而为之，勿以善小而不为。惟贤惟德，能服于人。汝父德薄，勿效之。可读汉书、礼记，间暇历观诸子及六韬、商君书，益人意智。闻丞相为写申、韩、管子、六韬一通已毕，未送，道亡，可自更求闻达。"

刘备托孤时对诸葛亮说："君才十倍曹丕，必能安邦定国，终定大事。若嗣子可辅，则辅之；如其不才，君可自为成都之主。"

刘备去世前给其子刘禅遗诏中的原句为："莫以恶小而为之，莫以善小而不为。惟贤惟德，能服于人。"目的是劝勉他要进德修业，有所作为。好事要从小事做起，积小成大，也可成大事；坏事也要从小事开始防范，否则积少成多，也会坏了大事。所以，不要因为好事小而不做，更不能因为不好的事小而去做。小善积多了就成为利天下的大善，而小恶积多了则"足以乱国家"。

"莫以恶小而为之，莫以善小而不为。"不要认为坏事很小就去做，不要认为好事很小就不去做。这句话讲的是做人的道理，恶，即使是小恶也不能去做；善，即使是小善应当去做。

《三国演义》中，罗贯中先生宣扬了刘备忠厚长者的仁德思想，宣扬了刘、关、张三杰桃园结义的忠义思想。忠厚长者的形象和桃园结义的行为，影响了中国千年；仁德思想和忠义思想，则是中国儒家文化的深刻内涵。作为一个男人，刘备无疑是成功者，千百年来他也受到了绝大多数国人的敬仰。这其中最主要的还是刘备的人生观、价值观和利益观。

世人多喜欢大，却很少能领悟佛学的"一沙一世界，滴水看风云"。无小何以有大？学过化学的都知道，一切物质都是由微小到人的肉眼难以看到的物质组成的——比如原子、分子。从社会常识中知道：社会就是由看似微不足道的一个个人组成的。刘备一世枭雄，留下的名言不多，唯有这句话流传千古，而且给后世人永久的启示，奉劝人们不要因为某个坏习惯不起眼就不重视。这句话看似比较浅显，但却蕴含着很深的哲理。它告诉我们，要在日常生活的细节上加强道德修养，以免因小失大。

现代社会有志者的行为准则

为天地立心，为生民立命；为往圣继绝学，为万世开太平！这应该成为现代社会有志者的行为准则。但丁说："道德常常能填补智慧的缺陷，而智慧却永远填补不了道德的缺陷。"康德说："在这个世界上有两样东西震撼我的心灵，一样是头顶上的星空，一样是崇高的道德。"

有一篇文章中记载了人可立身的"九个无"：

"无始乱"——不首先制造混乱；

"无怙富"——不因富贵荣耀侮辱人；

"无恃宠"——不依仗靠山有权有势胡作非为；

"无违同"——不违背已经达成共识的协议；

"无傲礼"——不傲慢无礼、目中无人；

"无骄能"——不恃才自傲、逞能欺人；

"无复怒"——不报复恼恨自己的人；

"无谋非德"——不道德的不去谋取；

"无犯非义"——不仁义的不去触及。

做到了这"九个无"的人，就是一个有德之人。

与此文相对的，是一篇关于现代社会流行的一种庸俗道德的文章。文章写的是所谓"庸俗处世学"，一门以个人利益为中心，老于世故、精于关系的所谓"学问"。精通此者的突出特点是，唯上是尊、唯我是本、唯利是图，且具有相应的"变色"本领。其主要表现可以概括为以下几个方面：

一是在上级面前看眼色行事，投其所好。尤其是对个别领导那些只可意会、不可言传的意图深知就里。领导想什么他就做什么，领导好什么他就送什么，领导干什么他就捧什么，想方设法讨领导欢心，让上司舒服，从不管事情的好坏对错，更谈不上对上负责与对下负责的统一。

二是在下级面前凭自己的感觉行事，为所欲为。习惯于看上级眼色行事的人，也希望下级看自己的眼色行事。相比较而言，他们喜欢"奴才"，而不喜欢人才。因为人才有用不好用，奴才无用却好用。久而久之，便在自己周围聚集起一群以溜须拍马、阿谀逢迎为能事的“小人”。这些人什么人都敢交,什么礼都敢收,什么话都敢说,什么事都敢做,唯独对党和人民的事业没有兴趣和热情。

三是在同事面前视利害行事。“表扬与自我表扬”是这些人处理同事关系的基本准则。为了达到保护自己的目的,他们习惯于在对立的情势中左右逢源,在是非善恶之间模棱两可,不论在什么情况下,总是显得“温、良、恭、俭、让”,八面玲珑。而一旦瞅准机会,他们“该出手时就出手”,决不优柔寡断、犹豫不决。按照这样的行为准则处世的人,也不能说没有道德,但至少是一种庸俗的道德。

现代社会的商业经营中,也越来越讲究道德要求。上海甲乙家具有限公司的经营理念是“原创、品牌 、经典、传承”,它的从业准则是“道德规范、责任担当、专业素养”。

他们追求“原创”,从960万平方公里的神州大地到长江黄河的源远流长,从浩浩中华56个民族到工匠艺人的匠心独运,在跨越5000年的历史长河中重新编织中华民族的每一片锦绣!追求中华民族自己的内蕴文化,追求中华民族自己的开创精神,所有产品的创意元素皆源于中华民族灿烂文明的深厚积淀,使现代时尚与传统文化并存。

他们追求“品牌”,以中华文化为基础为底蕴重新出发,在国际舞台上重新展现中国人的智慧、创造力、自信心与现代精神,创造有理念、有文化的品牌。

他们追求“经典”,是因为经典代表品质,代表千锤百炼,代表可以经受得起时间的考验。经典的理念,代表着他们对品质的永无止境的追求与努力,对工艺、对创意永无止境的追求与努力。

他们追求“传承”,是因为“传承”是一种责任,是我们与生俱来肩负的民族责任,是中华民族基因链上不可脱落的环节。我们有责任承前启后、继往开来,我们有责任在发扬中保存我们先圣先贤遗留的丰富的文化。

“道德规范、责任担当 、专业素养”的从业准则,体现了一种具有深厚底蕴的商业道德。他们要求形成道德规范的基本思想是:礼、义、廉、耻。知礼:就是知分寸、知进退。进退有方,分寸有节。礼是待人之道。知义:就是讲诚信、辨是非、明善恶。莫因善小而不为,莫因恶小而为之,是为大义。义是克己之道。知廉:就是懂节制、不贪婪。惜物而不恋物,惜权而不滥权。廉是待物之道。知耻:就是有羞耻心、荣誉心。知耻近乎勇,重荣誉有担当才是真正勇敢的人。耻是养性之道。要求有责任担当,责任就是权利,要行使权利就要有所担当。要求享有权利的同时必须要能承担责任。要求专业素养,标准、精确、科学方为专业。

要求追求专业精神，与时俱进，精益求精，知其然更知其所以然。

良心在自己的内心之中

马克思说："良心是由人的知识和全部生活方式决定的。"

西汉思想家、文学家刘安（前179—前122）在《淮南子·说山训》中讲："兰生幽谷，不为莫服而不芳；舟在江海，不为莫乘而不浮；君子行义，不为莫知而止休。"兰：香草名。幽谷：僻静的山谷。莫服、莫乘：没有人佩戴、乘坐。行义：施行仁义。意思是兰草生长在僻静的山谷，不因为没有人佩戴而无芳香；舟船行进在江河湖海，不因为没有人乘坐而不漂浮；君子施行仁义，不因为没有人知道而停止。这些话借物喻事、借物喻人，富含哲理，以此来比喻君子行仁义之事不求名不避宠。这充分反映了一种"慎独"的思想。

"慎独"是一个老词，按《辞海》的解释，"慎独：儒家用语。谓在独处无人注意时，自己的行为也要谨慎不苟"。也就是说，不论身处何时何地，人前人后，都应该戒慎恐惧，把持分寸，这才是君子之道。"慎独"这种修养方法是古人们开创的，它是一种传统美德，也是一种浩然正气；它是一种内在的道德力量，也是一种高度的自觉性。它要求你在没有别人的时候给自己一点点的约束，要求你在单独做事情的时候可以表里如一、谨慎不苟，要求你在独处的时候可以保持良好的心态，要求你自觉地去做好每一件你应该做好的事情。

"慎独"是我国古代儒家创造出来的具有我国民族特色的自我修身方法。它最先见于《礼记·中庸》："道也者不可须臾离也，可离非道也。是故君子戒慎乎其所不睹，恐惧乎其所不闻。莫见乎隐，莫显乎微，故君子慎其独也。"这里强调的"道""不可须臾离"之意，是"慎独"得以成立的理论根据。综观其文，"慎独"指的是人们在个人独自居处的时候，也能自觉地严于律己，谨慎地对待自己的所思所行，防止有违道德的欲念和行为发生，从而使道义时时刻刻伴随主体之身。能否做到"慎独"，以及坚持"慎独"所能达到的程度，是衡量人们是否坚持自我修身以及在修身中取得成绩大小的重要标尺。"慎独"作为自我修身方法，不仅在古代的道德实践中发挥过重要作用，而且对现代社会中人们的行为养成仍具有重要的现实意义。

中华民族有着"慎独"的优良传统，一些清官多能以"慎独"自律。相传，我国东汉时有一位清官杨震。他在赴荆州任刺史途中，道经昌邑。当时，昌邑令王密得知，欲以厚礼报答杨震知遇之恩（王密任昌邑令，乃由杨震举荐），深夜"怀金十斤以遗震，震曰：‘故人知君，君不知故人，何也？’密曰：‘暮夜无知者。’震曰：‘天知，神知，我知，子知。何谓无知？’密愧而出。”杨震以“四知”自警自诫，拒受厚礼，是可谓“慎独”的典范。他的事迹在我国历史上传为佳话。其人被奉为清官，写入正史。可见，若能“慎独”，就可以抵御贪欲滋生，堂堂正正地做人。

“慎独”之所以古往今来、历朝历代都受到人们的重视，是因为它作为一个重要标尺，在人们立德修身中具有十分重要的功用。

一是“慎独”强调立德修身要自觉。“兰生幽谷，不为莫服而不芳；舟行江海，不为莫乘而不浮；君子行义，不为莫知而止休。”这里告诉我们，君子修德要努力做到“不为莫知而止休”，其突出的正是自觉性的品格。可见，要做到“慎独”就必须严格要求自己，毫不马虎。这也就是要做到《中庸》所要求的：“戒慎乎其所不睹，恐惧乎其所不闻。”其意是说，人们在实行道德自律过程中，要把对自己的严格要求扩充到人所“不睹”之处；要把唯恐失德的心理扩充到人所“不闻”之域。只有这样，人们修身的自觉性才能达到应有的境界。南宋朱熹指出：“独者，人所不知而己独知之地也。言幽暗之中、细微之事，迹虽未形而几则已动，人虽不知而己独知之，则是天下之事无有著见明显而过于此者。是以君子既常戒慎，而于此尤加谨焉。所以，遏人欲于将萌，而不使其滋长于隐微之中，以至离道之远也。”（《四书集注·中庸注》）其意是说，“慎独”要求立德修身者对于“人虽不知而己独知”之事，“尤加谨焉”，以便“遏人欲于将萌”，使其不滋长于隐微之中。显然，其突出的仍然是自觉的思想。

二是“慎独”强调立德修身要真诚。“慎独”必须以“诚意”为前提。《大学》曰：“所谓诚其意者，毋自欺也。如恶恶臭，如好好色，此之谓自谦，故君子必慎其独也。”又说：“人之视己，如见其肺肝然……此谓诚于中，形于外，故君子必慎其独也。”可见，“慎独”离不开“诚意”。朱熹深明此道，他说：“君子慎其独，非特显明之处是如此，虽至微至隐，人所不知之地，亦常慎之。小处如此，大处亦如此；显明处如此，隐微处亦如此。表里内外、精粗显微，无不慎之，方谓之‘诚其意’。”用“诚意”来释“慎独”，确实深得本旨。这是因为，只有诚心实意地坚持自我修身，才能把“慎独”落到实处。丢掉“诚意”，“慎独”就是一句空话。显然，其突出表达的是真诚的观念。

三是“慎独”强调立德修身的着力点。立德修身虽有种种方法，但“慎独”尤为重要。明末思想家刘宗周对此有独到见解。他指出，“慎独外别无功夫”（《中庸首章说》）。“自昔孔孟相传心法，一则曰‘慎独’，再则曰‘慎独’。夫人心有独体焉，即天命之性，而率性之道所从出也。慎独而中和位育，天下之能事毕矣。然独体至微，安所容慎？唯有一独处之时，可为下手法。”(《人谱类记》)这是说，慎独是人们修身唯一的下手之处，不可不认真对待。罗钦顺也说：“独乃天下之际，离合之机，毫厘之差，千里之远。苟能无所不致其慎，则天下一矣。”(《困知记》)这里突出了慎独的特殊功效。康有为也说：“《中庸》首陈天性之本，极位育之能，而下手专在慎独。”(《长兴学记》)可见，“慎独”在修身中有着无可替代的独特地位。只有坚持慎独，人们的修身才能获得真正成效。

四是“慎独”强调了立德修身的评判标准。明末著名思想家李二曲认为，能不能坚持慎独，是区分忠与奸、人与禽的重要标志。他指出：“众见之过，犹易惩艾；独处之过，最足障道。何者？过在隐伏，潜而未彰。人于此时，最所易忽，且多容养爱护之意，以为鬼神不我觉也。岂知莫见乎隐，莫显乎微，舜、跖、人、禽于是乎判，故慎独要焉。”

“慎独”作为自我修身的方法，对于人们立德修身具有重要价值。照“慎独”的要求办，人们的道德自律就可以达到很高境界。刘少奇曾主张把“慎独”作为共产党员修养的方法加以运用。他指出，共产党员要“即使在他个人独立工作、无人监督、有做各种坏事的可能的时候，也能够‘慎独’，不做任何坏事”。这说明“慎独”作为自我修身方法，到了现代，仍可为我所用，没有过时。抛开共产党人的信仰，现代社会的任何一个普通之人，如果做到了“慎独”，就是“一个高尚的人、一个纯粹的人、一个有道德的人、一个脱离了低级趣味的人、一个有益于人民的人”。

正能量也需要不断地积累

鲁迅说：“巨大的建筑，总是由一木一石叠起来的，我们何妨做做这一木一石呢？我时常做些零碎事，就是为此。”古人云，莫以善小而不为，莫以恶小而为之。有人用数学的方法证明了它的正确。

大家都学过数学。不妨计算一下这个数学题：

$$1.01\times1.01\times1.01\times\cdots\times1.01=?$$

$$0.99\times0.99\times0.99\times\cdots\times0.99=?$$

计算了一下：

1.01连乘69次，结果就大于2。也就是说，增大了一倍。

0.99连乘68次，结果就小于0.5。也就是说，减少了一半。

1.01和0.99之间的差距是微乎其微的,几乎可以忽略不计。对于人生来说,两者的差距却是巨大的,是可以影响您一生的!这不是耸人听闻。

假如用1作为标准,也就是说,你的工作(或学习、生活等,下同)达到了1,就是合格的。每天的工作都达到1,你永远都是合格的,不管多少个1连乘,结果永远都是1。

假如你每天的工作是1.01,也就是说,比合格稍微好出一点点,似乎看不出来有什么收益,也许你还会抱怨自己比别人多做了事情,吃亏了。其实不然,69天以后,你就不是你了!你就比以前的你成长了一倍,变成了2!

同理,假如你每天的工作是0.99,也就是说,比合格稍微欠缺一点点,似乎看不出来有什么害处,也许你还会庆幸自己比别人少做了事情,占了便宜。其实不然,68天以后,你就不是你了!你只是以前的你的一半,变成了0.5!

现在,摆在老板、朋友、同事、家人面前的有三个人:一个2,一个1,一个0.5。谁会得到尊敬?谁会得到赞美?谁会得到重视?事业成功,职场晋升,爱情甜蜜,友谊长青,心情舒畅,身体健康……只要我们用1.01的态度来对待,这些都是水到渠成的,一点都不遥远。奉劝渴望成功的人们:千万不要0.99啊!

现实生活中还有一种"病"。比如,有些人工作中老是丢三落四、马马虎虎,却总以为不影响大局,"没什么大不了";还有的人不注意生活小节,总以为是小事,出点小格不算啥。殊不知,久而久之,小病必将种下"祸根",危害极大。不注重医治"小病",是对自己的抗"病"能力过于自信,总觉得凭自己的"基本素质"足以阻止"小病"的发展。其实,很多顽症沉疴,往往就是在这种麻痹大意和自我感觉良好中慢慢形成的。知病而不治,还把别人的好言相劝当"耳边风",天长日久,就会不以"小病"为病,甚至视病态为常态,把反常当正常,进而丧失抗"病"的警觉和能力,这是比患"病"本身更需医治的致"病"之病。古人说得好,莫以善小而不为,莫以恶小而为之。大而化之者中,男人居多。平日里如果不加强自身修养,不注意改正自己的小毛病,必将贻误自己的前程,贻害他人。因此,正确的态度应该是从小处着眼,有病早来医。

蝴蝶这种小动物对大家来说再熟悉不过了,唐代诗人王建曾用"粉翅嫩如水"来形容蝴蝶翅膀的纤弱无比。但是,美国科学家劳伦·爱德华曾在一次演讲中提出了著名的"蝴蝶效应",他说:"可以预见,一只蝴蝶在巴西扇动翅膀会在德克萨斯州引起风暴。"这本来是一个气象学命题,讲的是气流的小小变化,经过层层放大,可能对整个大气层产生影响。联合国前秘书长,2000年诺贝尔和平奖获得者科菲·安南在受奖仪式的演讲中也引用了这个理论，并且把此理论引申到人类社会，他强调，我们的政策、我们每个人的选择都应该考虑到其广泛的影响。我们不能再孤立地看问题，而是要有全球的眼光。

也许您会说，这也太玄妙了，一只蝴蝶怎么能和一场风暴扯上关系呢？这只不过是科学家的理论假设罢了。其实，我们的先人早就说过，千里之堤溃于蚁穴，量变引起质变是常识哲理。

大家可能也知道这样一则寓言故事，因为一个坏的马蹄铁，使一匹战马受伤，因为这匹战马受伤，损失了一名骑兵，因为少了一名骑兵，失败了一场战役，因为失败了一场战役，输掉了整个战争，因为输掉了战争，灭亡了一个国家。这两个近乎极端的例子告诉我们这样一个道理：每个人、每件事，对大局都可能有很大影响。并且，当这种影响处在一个特定的时刻，或积累到一定程度时，就可能引起全局的质变。

一个小小的蝴蝶和马蹄铁都可能产生这么大的影响，作为一个国家公务人员，是不是更应该注意自己的行为呢？也许大家都曾经感到过自己的工作平淡无奇，在平凡的岗位上，日复一日地重复着相同的事情。是的，我们大多数人的工作看起来确实平平淡淡，既没有扭转乾坤的分量，也没有冲锋陷阵的豪情，与我们相伴的是一份份公文、一张张报表、一件又一件没完没了的琐事。工作确实是琐碎的，但是同时，它又是光荣和伟大的。一份份公文，使国家的政令得以实施；一张张报表，将零散的数据统计在一起；一件又一件的琐事，使庞大的国家机器联结成一个整体。就像蝴蝶之于风暴，马蹄铁之于国家一样，我们是平凡的，同样也是伟大的，更是可以骄傲的。

有一篇文章记载了一个留学生的真实经历，我看了很受震动：在欧洲，由于人少，所以坐车时，并没有人监督买票（但偶尔有人查票）。有一个中国留学生，看准了欧洲这一制度的不足，三年留学生活中乘车一直没有买票，但这三年中，仅被查处过三次。这个中国学生的学习成绩非常优秀，但毕业一年都没有找到工作。在最后一次被某跨国公司拒绝后，他怒气冲冲地到该公司的人力资源部门去讨说法。该主管问道："您是否在这三年留学中被查处有不买票乘车的经历？"该学生回答："有。"这个公司的主管说："这就是不录取您的理由。"该同学说："因为逃票这个小事，你们就拒绝一个学业优秀的求职者，是否存在民族歧视？"该公司主管说："没有民族歧视，这次人才招募，是为了给在中国的一个子公司选区域经理，您的条件非常适合，但您有逃票的经历，这说明：一是您不遵守游戏规则或制度；二是您善于发现制度上的不足和利用这些不足做自己愿做的事。我们公司由于人员少，没有过多的监督人员，靠的就是个人的自觉，如果我们选了您并把您任命为区域经理，如果您也像逃票一样，利用公司制度的不足干您自个儿的事，那我们的公司还如何生存？顺便再告诉您一声，您不光在我们公司找不到工作，在整个欧洲都会找不到工作。”不错，逃票的确是件小事，人家却看透了你的一生！

1986年1月28日上午，美国“挑战者”号航天飞机发射升空73秒后突然发生爆炸，价值12亿美元的航天飞机被炸成碎片坠入大西洋，7名宇航员全部遇难。经过四个月的调查，发现事故原因是因为一个密封圈破裂。在构成航天飞机的几十万个零件中，密封圈既不是航天飞机的心脏——发动机，也不是大脑——计算机系统，它只是无数个零件中普普通通的一个；但是，它的损坏却造成了这么大的损失。

可见，在一个复杂的系统中，任何一个小小的失误都可能酿成无可挽回的灾难。古往今来，多少兴衰成败，莫不是以小事而起。重小事则兴，轻小事则败。

“千里始足下，高山起微尘。”描绘文明和谐的壮美画卷，就要从每一个人做起，从每一件小事做起，多做好事，不做坏事，不断追求品位和完美。

觉悟决定了人生的高度

契诃夫说：“人在智慧上应当是明豁的，道德上应该是清白的，身体上应该是清洁的。”邹韬奋说：“自觉心是进步之母，自贱心是堕落之源，故自觉心不可无，自贱心不可有。”

从佛学来认识立德修身，也是富含哲理的。时值21世纪的今天，没有接触到佛学的人们，往往对学佛的人会产生一种偏见和误解，认为进入寺庙是封建迷信，甚至认为是落后、无知、愚蠢。这都是对佛教缺乏认识的具体表现。在了解研究佛学之后，绝对会消除疑惑和误解。我们可以从以下几方面来探讨。

关于佛。“佛”，是印度梵语佛陀，全称“佛陀耶”，简称谓“佛”。译汉语，谓“觉者”，即觉而不迷之义。佛不是神，亦不是上帝。佛与我们每个人是平等的。成了佛，比我们凡夫并不多一点。我们虽然是凡夫，比佛也不少一点。所谓“在心性上不可以增一物，在心性上亦不曾少一物”。佛与众生是平等的，在佛不增，在凡不减。凡夫与佛不同的地方是什么呢？佛是觉而不迷，凡夫是迷而不觉。所谓：“迷者众生”，“觉即是佛”。佛是有觉悟的人，人是没觉悟的佛。正所谓：“自觉、觉他、觉行圆满的人就是佛。”用印度梵语讲,即“阿耨多罗三藐三菩提”,译汉语谓“无上正等正觉”,即最高觉悟的众生。譬如说,佛是一面镜子,能照天、照地、照万物,无所不照。既然凡夫与佛平等,为什么我们凡夫不能照呢?佛这面镜子,镜光是干净的,凡夫镜光是污染的。什么叫污染?就是我们心性上的沾染,坏思想、坏习气、坏作风、十恶不善、五欲杂念、贪嗔痴怨、名利恩爱、酒色财气,所谓十缠十使积成有漏之因,六根六尘妄作无边之罪,使心光不能显现。什么叫修行呢?用通俗的话说就是自我改造。修者,改也。修改自己的行为是也,就是与坏习气做斗争。能把心性中的污染除掉,就成佛了。所谓“勤修戒定慧,熄灭贪嗔痴”,是学佛之纲领。凡夫与佛差别在什么地方呢?佛是“觉”而不迷,清净无染。凡夫是“迷”而不觉,心光污染。学佛即是去“迷”还“觉”,去“染”还“净”。凡夫与佛的差别即觉、净、迷、染四字差异。佛是人,是有觉悟的人。修行并不神秘,就是自我改造,与坏习气做斗争。愿我们每个人都能成为一个高尚完美有觉悟的好人。

关于宗教信仰。首先我们要知道什么是宗教。所谓宗教就是有一定的“宗旨”和“教义”。例如我国的宗教有佛教、道教、天主教、基督教、伊斯兰教等五大宗教。这五大宗教可分为三类,即无神教、多神教、一神教。佛教是无神教,道教是多神教,天主教、基督教、伊斯兰教是一神教。中国过去就是一个多神教的国家,由于上古时代科学不发达,人们对大自然现象不理解,例如雷电的震闪、风雨的暴注、疾病死亡的莫测。因此人们有一种恐惧的心理,产生了迷信,形成自然崇拜。科学发达以后,人们知道了很多是属于自然规律,并非神的作用,迷信即受到自然的淘汰。但是还有很多问题用科学也做不出正确的解答,所以产生了宗教,例如天主教、基督教信仰上帝,伊斯兰教信仰真主。基督教有所谓上帝万能,创造一切,我们的世界和生命都是上帝创造的,命运都掌握在上帝手中,一切都听命于上帝的安排。佛教是否定上帝万能的,不承认有个万能的神和上帝能创造一切。不论是多神教、一神教和无神教,虽教义不同,但都有个共同的愿望和目标,就是希望人类能过一种幸福的生活,世界达到永远持久的和平。宗教之间是互相尊重的。宗教信仰是自由的。每个人都有信仰宗教的自由,亦有不信的自由,有信这教的自由,亦有信那教的自由。过去信现在不信有自由,过去不信现在信亦有自由。今天信,明天不信,有自由,后天想再信亦有自由。宗教信仰自由政策是受国家法律保护的,不论怎样自由,必须是爱国爱教基础上的自由。每个人都必须遵守国家法令、法规,都必须爱国,拥护政府。佛教中爱教就是要遵守佛的教导:佛教导弟子要“断恶、修善、利济众生”。佛教对善恶的定义是:“损人利己”即是恶,“有利于人”即是善。“不因善小而不为,勿因恶小而为之”即所谓“诸恶莫作,众善奉行,自净其意,是诸佛教”。

关于佛教的信仰。佛教不信神鬼,不信上帝,2500年前佛陀在讲遗教经中告诫弟子,佛弟子不能做求神拜鬼、信天、看相、算命、择良辰吉凶、推步营虚等迷信活动。所以说,佛教是正信、智信、破除迷信的宗教。佛教徒学佛的目的是“以智慧及慈悲来自利利他,而不是以怪力乱神及称圣称佛来迷惑众生。智慧必然是合乎因缘观念及因果观念的,必然是合情合理的。慈悲的表现不在于讨好殷勤,乃在于感谢恩人、原谅仇人、帮助苦人、救济穷人、调伏狂人、启导愚人、感化恶人、鼓励善人、警策懒人、醒觉迷人,那便是以全新关怀一切众生的菩萨精神”。佛教不信鬼神,却是相信“因果”的。自己种因,自己得果,命运是自己掌握的,即所谓“种瓜得瓜、种豆得豆”,“自作自受、自因自果”。古人云:“天作孽犹可违,自作孽不可活。”但世上的事却不尽如此。有人说:“善人得不到善报,恶人生活得很好。”若只看到现世因果,确实有些好人过得并不幸福,有些恶人过得很美满。佛教是要人们明白三世因果。三世并非指祖父、父母、自己,而是指本人的前世、今世和来世,是自己的过去、现在和未来,即前一分一秒,前一年、十年、百千万年都是过去世;“未来”即今后的一分、一秒、数月、数年乃至百千万年;“现在”是不住的,“现在”马上是“过去”,“未来”即可变为“现在”,是前无始后无终的。有些人不承认过去或未来,说:“过去种什么因我不知道,未来结什么果我也不晓得,我是现实主义者。只见活人受罪,没见死人带枷。人死如灯灭,只要现在享受快乐,管什么来世转牛变马。”这样不信因果的人,精神会非常空虚,可能会胡作非为,为非作歹。

关于佛教的教义。人生在世,大家都是希望求幸福,求安乐,争取离苦得乐的。佛教的教义就是:“不为自己求安乐,但愿众生得离苦。”幸福、安乐、离苦,不是从天上掉下来的,是“自求多福”。“佛”叫我们要想离苦,首先要“断恶”,要想“得乐”必须要“修善”。佛教之义是:慈悲平等的、万物一体的同体大悲,无缘大慈,自他不二。以“慈悲为怀”,所谓“慈悲”,是与乐拔苦。如果大家都有一个万物一体,自他不二,同体大悲的观念和共识,人之善犹己之善、人之恶亦犹己之恶,利人即利己,这样即所谓人间净土,大同世界就可以到来。

关于因果。因果律是这样说的:“欲知前世因,今生受者是,欲知来世果,今生作者是。”例如,你现在能得到荣誉、奖金、表扬、模范称号等,不是命运好,不是上帝恩赐，肯定是你自己过去对社会、对人民做了好事和贡献，所以才被评为先进模范，有奖金、荣誉和表扬，是自因自果。假若你现在上班迟到早退，违法乱纪，胡作非为，做坏事，将来一定会受到扣奖金、开除、法律制裁等应得的恶果。所谓“但行好事，莫问前程”。佛教相信因果，还相信因缘。所谓“因缘果报”，内因外缘，因是种子，缘是条件。例如，将种子放在石板上是不会发芽的，必须有水和土的外缘才能生长。因果律有偈云：“假使千百劫，所作业不亡。因缘会遇时，果报还自受。”譬如说，有些人很有才能但得不到发挥，埋没一世，潦倒终身，也就是没有“缘”的关系。又如，有些人有地位有权有势，违法乱纪，一时逍遥法外，横行霸道，但他最终一定逃不出法网，一定会受到法律的制裁。善恶之报，如影随形，三世因果，循环不失。因果是不受时间限制的，故有现生报，多生、多劫的报。“劫”是时数，一个大劫有“成、住、坏、空”四个中劫。每一个中劫，有二十个小劫，每一个小劫有一个增劫和一个减劫。一增一减时数为1680万年。每一个大劫等于134400(80×1680)万年。故此因果不受时间限制。故而佛教是：如是因、如是缘、如是果报。佛教不信神、不信天、不信上帝、不信命运，只信因缘果报。“万有因果律”认为，世间事没有无果之因，亦没有无因之果，“有因必有果”。古人云：“善恶到头终有报，只争来早与来迟。”

关于生死。有人说，只要做好事就可以，又何必要学佛呢？要晓得，做善事只能得人天福报，仍然在四生六道生死轮转之中。学佛是为了解决一个最大的问题：“生死”。每个人都逃避不了“生死”大事，只是不去追究何谓生、何谓死，以为一死即百了，什么也不存在了，这是错误的想法。佛教认为，“死”只是现有的肉身改变，但我们体内的佛性犹在，也就是平常人们所认为的灵魂犹在。我们所做的“业”犹在。这是去不掉的。其实“生”与“死”是一体两面，犹如手掌与手背，生死是不二的。“未知生，焉知死。”一个不明生死的人，往往是贪生怕死、喜生厌死、醉生梦死。这样即便活一万岁，亦等于“行尸走肉”。生死是一件大事，但世人漠不关心。我们饿了会预备食粮，冷了会预备衣服，热了会预备空调、扇子，下雨会预备雨伞，可是人有生必有死，而没有准备，实乃可叹可悲。学佛的人，对生死观念，是不二的。大丈夫视死如归，生而何欢，死而何惧！孔子曰：“朝闻道，夕死可矣！”像刘胡兰“生的伟大，死的光荣”，雷锋年轻虽死，他的精神永在，死重于泰山，所谓“死得其所”。

关于唯物与唯心的问题。辩证唯物主义认为，唯物与唯心二者是对立的。学佛的人认为，心物是不二的，矛盾是统一的。唯物论说存在决定意识，当然我们也应该明白“意识”能影响“存在”，若只有“存在”没有“意识”，还有什么存在不存在呢？佛经中说，色不异空，空不异色；色即是空，空即是色。色空是不二的。也就是说，“意识”与“存在”是不可分割的。唯心唯物“合之则完善，破之则两伤”。受辩证唯物主义思想的影响，知识分子信佛是较难的，他们很多人认为佛教是迷信、落后、无知，总想到这些都是愚夫愚妇所为之事，是一种精神寄托，所以不值一提。但古往今来知识界的学者，信仰与研究佛教的人很多。如唐朝的李白，青莲居士；白居易，香山居士；苏轼，东坡居士。近代的有赵朴初、启功等。有识之士精研佛学的人很多。闻而不信等于不闻，信而不行等于不信。佛学是重实践而非空谈，故曰“从闻思修”。

佛学是博大精深的教理知识。佛法是修行的方法。对佛教、佛学、佛法和学佛等概念应当分清楚。所谓“实践出真知”。很多人欲学佛往往不得其门而入，觉得学佛“神奥莫测”，或者说清规戒律太多，这不让吃，那又不准喝，怕自己遵守不了，若做不到还不如不入门。所以，不敢步入佛门。又有人说，我现在还没有研究明白，条件不够等。这样的想法就如医生给病人开处方，病人不能因不明药性而不去吃药，必须等待研究明白药性后，再去服药。学佛之人，只要认清目标，去努力实践，自然能达到预期的果报。而只去研究教理，不去实践的人，与只背药方而不肯吃药是同等道理。佛是大慈大悲的，对一切众生慈悲平等，希望众生都能断恶修善，离苦得乐，明三世之因果，识本具之佛性，生极乐之莲邦，同成佛道，共证真常。

仁善是做人的根本

贝多芬说：“我愿证明，凡是行为善良与高尚的人，定能因之而担当患难。”管仲说：“善气迎人，亲如弟兄；恶气迎人，害于戈兵。”

仁善之心也是中国儒家思想的内涵。

一部《论语》，对“仁”有许多解释，或者说“克己复礼为仁”，或者说“仁者先难而后获”，或者说“能行五者（恭、宽、信、敏、惠）于天下为仁”，或者说“爱人”就是“仁”。除此之外还有很多歧异的说法。究竟“仁”的内涵是什么呢？我们从孔子对曾参说的一段话可以推知“仁”的真谛。孔子对曾参说：“吾道一以贯之。”曾参告诉其他同学说：“夫子之道，忠恕而已矣。”“吾道”就是孔子自己的整个思想体系，而贯穿这个思想体系的必然是它的核心。分别讲是“忠恕”，概括讲是“仁”。

孔子自己曾给“恕”下了定义：“己所不欲，勿施于人。”这是“仁”的消极面。

另一面是积极面:“己欲立而立人,己欲达而达人。”而“仁”并不是孔子所认为的最高境界,“圣”才是最高境界。“圣”的目标是:“博施于民而能济众”,“修己以安百姓”。这个目标,孔子认为尧、舜都未必能达到。

孔子是爱惜生命的。殷商是奴隶社会,但那时以后活奴隶殉葬的风气孔子未必知道。自从生产力有所发展,奴隶对奴隶主多少还有些用处、有些利益以后,奴隶主便舍不得把他们活埋,而是用木偶人、土俑代替殉葬的活人了。在春秋时期,也有用活人殉葬的事。秦穆公便用活人殉葬,殉葬的不仅是奴隶,还有全国闻名的贤良三兄弟,秦国人叫他们“三良”。秦国人谴责这一举动,《诗经·秦风》里《黄鸟》一诗就是哀悼三良、讥刺秦穆公的。《左传·宣公十五年》记载,晋国魏子武有一爱妾无有子嗣,魏子武曾经告诉他儿子魏颗说,“我死了,一定把她嫁了。”等到魏子武病危,却命令儿子,一定要爱妾殉葬,在黄泉中陪侍自己。最后是他儿子魏颗以“疾病则乱,吾从其治也”把父亲的爱妾嫁了出去。足见春秋时代一般人不以用活人殉葬为然。孟子曾经引孔子的话说:“始作俑者,其无后乎!”(《孟子·梁惠王上》)在别处,孔子从来不曾这样狠毒地咒骂人。骂人“绝子灭孙”,“断绝后代”,在过去社会里是谁也忍受不了的。用孟子的话说,“不孝有三,无后为大”(《孟子·离娄上》),孔子对最初发明用木俑土俑殉葬的人都这样狠毒地咒骂,对于用活人殉葬的态度又该怎样呢?由此足以证明,在孔子的仁德中,包括重视人的生命。

孔子说仁就是“爱人”。后代,尤其现代,有些人说“人”不包括“民”。“民”是奴隶,“人”是士以上的人物。“人”和“民”二字,有时有区别,有时没有区别。以《论语》而论,“节用而爱人,使民以时”,“人”和“民”对言,就有区别。“逸民”的“民”,便不是奴隶,因为孔子所举的伯夷、叔齐、柳下惠等都是上层人物,甚至是大奴隶主,“人”和“民”便没有区别。纵然在孔子心目中,“士”以下的庶民是不足道的,“民斯为下矣”,但他对于“修己以安百姓”“博施于民而能济众”的人,简直捧得比尧和舜还高。从这里又可以看到,孔子的重视人的生命,也包括一切阶级、阶层的人在内。

善和仁是相互融合的关系。无善则不仁,无仁则不善。用现代语言讲,善是冬日的太阳,送来温暖;善是夏日的细雨,送来清凉;善是孩童的笑声,充满天真;善是师长的微笑,充满鼓励。在人际关系中,善是理解的钥匙,善是沟通的桥梁。

善无领域、国界限制,但有大小之分。救国于危亡,救民出水火,是为大善,那是伟人成就的事业。现在国泰民安,政通人和,摆在我们面前的,仅仅是举手之劳的小善而已。给灾区人民献一份爱心，领迷路的幼童回家，给外地的旅客指路，一声关切的问候，一个善意的微笑，都是善心的体现。善虽小，展现的却是社会的风貌，道德的传扬。

善是人们共同推崇的人性美德，佛家修行，首先要求“心存善念”，可见善是每一个人的立身之本。莫以恶小而为之，莫以善小而不为。而荀子更确切地指出“积善成德，而神明自德，圣心备焉”，是说要把行善与道德修养联系起来，可见行善的重要性。

现代社会，不乏志向高远的人，他们崇拜比尔·盖茨，羡慕名人巨商，一心想干成惊天动地的大事业。对俯拾皆是的小事却看不上眼，更不要说帮助别人，多行善事了。殊不知多少成就大事的人，最初也是从平凡的小事做起。比尔·盖茨以一个电脑程序员起家，李嘉诚从推销员干起，也正因为他们在这些平凡小事中，积累了经验，找到了事业发展的契机，从而使自己的事业步入了坦途。而那些自命不凡、梦想一夜成名的人，即使有很好的发展机遇，也很难把握和掌控，很可能让机遇与自己擦肩而过，最终一事无成。

做好事是善始，做一辈子好事是善终。魏征有言曰：“善始者实繁，克终者盖寡。”毛泽东也说过：“一个人做一件好事并不难，难的是一辈子做好事，不做坏事。”可见在这个物欲横流的世界，保持洁身自好的艰难。时代在进步，经济在发展，事业如万丈高楼，多行善举如积沙成丘，始终“心存善念”，从不起眼的“小善”做起，方能成就非凡。优秀是一种习惯，性格决定命运，气度决定格局，胸怀决定成就。这些忠告都体现了仁善思想。

宁静致远是一种品德

诸葛亮说：“夫君子之行，静以修身，俭以养德，非澹泊无以明志，非宁静无以致远。”“不傲才以骄人，不以宠而作威。”

纯洁而高尚的品德是做人之本。一个人要成为品德高尚的文明人，首先必须从自身做起，从各个方面加强品德修养。如自强自立，自尊自信；志存高远，诚实守信；见利思义，公私分明；严于律己，宽以待人；热爱生活，奉献社会；等等。

自强自立，立身之本。天行健，君子以自强不息。自强自立，是做人的基本准则。不自强则无以自立，不自立则无以立人。要立身，必自立，勤劳勇敢又奋进；要立人，必自强，积极进取永不息。

维护人格，保持节操。人格是做人的道德标准。没有人格，就没有尊严；丧失人格，就丧失气节。人须自重并自爱，人不自爱人格失。人不可有傲气，但不可无骨气。傲气出于浅薄，骨气出于自尊。保持节操要“三不”：身处富贵不能淫，身虽贫贱不能移，面对威武不能屈。竹死不改节，花落有余香，皆因保气节，为人须崇尚。

严于律己，宽以待人。人非圣贤，孰能无过？君子慎独，闻过则喜。海纳百川，有容乃大。天高地宽，厚德载物。以责人之心责己，以恕己之心恕人。己所不欲，勿施于人。斤斤计较般般错，宽宏大量步步高。不在人后道长短，不在人前搬是非。宽人者人常宽之，爱人者人总爱之。

诚实守信，立人之本。人无信不立，人有信乃尊。诚信是一切道德的基础，诚信是人之为人的品德。诚而有信，谁人不亲？民无信则生怨，市场无信则生乱。市场经济要竞争，诚信道德更可贵。茫茫四海人无数，没有诚信秩序无。诚信是资本，助你畅游商海。诚信是财富，让你信心十足。诚信是品牌，让你立于不败。

从善如流，疾恶如仇。择其善者而从之，其不善者而改之。一毫之善，与人方便；一毫之恶，劝人莫做。莫因善小而不为，莫因恶小而为之。积谷防饥，积善成德。救贫济困，乐善好施。路见不平，见义勇为。宁可正而不足，不可邪而有余。害人之心不可有，助人之心不可无。从善而期望人知，并非真善；作恶而要人不知，除非己莫为。

心底坦荡，公正无私。公生明，廉生威；私为先，生是非。走得正，影不歪；做得对，礼不衰。我若为官，首先戒贪。枉法贪赃，终究纸难包火；清正廉明，定然有口皆碑。廉者民依依，贪者千夫指。无私朝朝乐，欺公日日忧。做事当循公理，说话要顺民心。根深不怕树摇动，树正何愁月影斜。公正无私人人爱，贪婪自私个个嫌。坦荡胸怀对日月，心底无私天地宽。

和颜悦色，言行文明。微笑是友好的使者，谦和是传统的美德。和颜悦色人人喜，彬彬有礼人人敬。举止轻浮遭鄙视，言谈粗俗失风度。对人礼貌多良言，良言一句三冬暖；与人相处少恶语，恶语伤人六月寒。讲文明，树新风；脸微笑，关系融。

见利思义，义利双赢。市场经济，追求利益。共同富裕是目标，先富牢记帮后富。致富绝不搞欺骗，诚实劳动加勤奋。遵纪守法最光荣，文明经商财源兴。君子爱财，取之有道。财多也要义多，位薄更须德贵。不义而富贵，于我如浮云。见义要勇为，见利要思义。利为我所欲，义亦我所欲，义利要兼得，义利要双赢。

志存高远，目标坚定。立志敲开事业的大门，志向点燃指路的明灯。远大志向是高尚行为的先导，为国立志是有所作为的先声。志不立，终将一事无成；不立志，无法主宰自己。有志加恒心，铁棒磨成针。有志不在年高，无志空长百岁。老骥伏枥，志在千里；烈士暮年，壮心不已。澹泊而明志，宁静能致远。处世应持旷达心，为人当立高远志。路途有远近，行业有分工。职业无贵贱，行行出状元。处处绿杨堪系马，条条道路通长安。为人须敬业，处事莫欺心。爱岗又敬业，扎实又负责；敬业又爱岗，勤劳树榜样。

面对逆境，知难而进。胜景不在坦途，风光常在险峰。逆境励人志，磨难炼品格。逆境是达到真理的桥梁，奇迹多在困境中产生。挫折是生活的财富，失败是成功的母亲。面对逆境，知难而进。古之圣贤，光彩照人。文王拘而演《周易》，仲尼厄而作《春秋》；屈原放逐，乃赋《离骚》；孙子膑脚，《兵法》修列。宝剑锋从磨砺出，梅花香自苦寒来。为人能吃苦中苦，方能成为出众人。

戒骄戒躁，谦虚谨慎。满招损，谦受益。谦虚是一个人可贵的品德，骄傲是一个人自毁的陷阱。自尊而不轻人，自信而不自满。成功常在谨慎中，败事多因得意浓。不骄不躁，为人之要；谦虚谨慎，不断前进。成功使人精神振奋，成功来自默默耕耘。从失败中接受教训，把失败化为成功起点。成功莫要忘形，忘形潜伏危机。无知是智慧的黑夜，学习是智慧的殿堂。心如苗，书如土，勤耕作，结硕果。击石原有火，不击乃无烟，人学始知道，不学亦徒然。山要绿化，人要文化，水要净化，国要"四化"。少而好学，如日出之阳；壮而好学，如日中之光；老而好学，如秉烛之明。终生学习，时刻追求。月过十五光明少，人到中年日当头，若是醉生又梦死，老大徒伤万事休。莺花犹怕春光老，岂可教人枉度春？

知足常乐，有利身心。大千世界，凡人种种。不同经历，不同出身，不同能力，不同背景，不同收获，差距乃成。向别人学习，差距变动力；与别人攀比，差距变怨气。心存妒忌，痛苦不已。天高不为高，人心最为高。点石化为金，人心犹不足。为人应炼修身术，知足常乐也是福。事业上永不知足，享受上定要知足。知足常足，终身不辱；知止常止，终身不耻。欢乐是热爱生命的表现，悲观是人生旅途的劲敌。善待自身少烦恼，少生气来多微笑。微笑使我常年少，烦恼使我容颜老。善待自身少忧愁，切切莫饮过量酒。断酒不在无钱时，醒看醉人醉态丑。善待自身莫玩火，玩火自焚后悔多。嫖娼败家又败身，豪赌害已复害人。善待自身莫吸毒，吸毒害死人无数。冰毒白粉摇头丸，丧德戕身莫沾染。

奉献社会，完善自身。涓涓细流汇江海，芸芸众生成世界。我是社会一员，要为社会奉献。索取和奉献是孪生兄弟，只索取不奉献是自私的表现。服务他人体现人生价值，奉献社会才能完善自我。人人为我，我为人人。人的生命有限，为人民服务无限；把有限的生命，投入到为人民服务之中，生命会变得光辉灿烂。家事国事无非我事，国情世情总关我情。

信心和自信是阳光心态的源泉

居里夫人说过："我们应该有恒心，尤其要有自信心。我们必须相信，我们的天赋是要用来做某种事情的，无论代价多大，这种事情必须做到。"

薛业忠是安徽省霍邱县第二中学的老师，他有一篇发表在《教育艺术》2002年第9期上的文章：《写好几篇文章，创造人生辉煌》。他所带的每一班学生，都开过"写好几篇文章，创造人生辉煌"的系列班会。班会一开，往往会对学生形成很大的情感冲击力和震撼，班级的班风、学风都能有好的发展。那么，应该写好哪几篇文章呢？

他告诉孩子们，第一篇应写好的文章是《写好"人"字，不要让它倾斜或倒下》。他告诉孩子们，"人"字虽只有一撇一捺，笔画简单，但这一撇一捺必须配合恰当，必须是直立的。人是有脊梁的。"山无脊梁要塌方，虎无脊梁莫称王；人无脊梁莫做人，做个饭袋装米粮。"这脊梁一方面指做人要做一个堂堂正正的人，要做一个光明正大的人，要做一个被别人瞧得起不受轻视的人。这就是说，你要有人格的魅力，要有顶天立地的做人骨气。另一方面，这骨气应该是用知识武装起来的智慧脊梁。"空袋难以直立"，只有你的脑袋"富"了，你的人格魅力才有了直立的基础。同时，要想写好"人"字，还要注意"人"字一笔长一笔短，这说明每个人都有长处，也都有短处。我们要善于扬长避短，勇于扬长揭短，敢于剖析自我，从而使自我更加完善。如果我们更进一步地分析"人"字，又会发现"人"字好像两个人在互相支撑着站立，这说明"人"的站立需要人与人之间互相帮助、互相合作。因此我们要在群体之中培养我们的团结合作精神。

他告诉孩子们，第二篇应该写好的文章是《放飞理想，不要让理想的沃土沙漠化》。作为一名学生，放飞理想的目的，就是要在奋斗的沃土上栽种青青的小苗，就是心中永远都有一片绿色的希望，就是要让远航的船只永远都有一个明确的航向。作为学生，明确学习的目的是很重要的，这不是空洞的口号，这不是对你的自由的限制。只有目的明确，有了这片绿色的希望存在，有了明确的人生航向，你才能端正态度，才能让心灵的沃土长出参天大树，也才能实现你心中的理想。放飞理想，一方面，要求你的理想要符合自身实际，不是虚无缥缈的，它是能够实现的；另一方面，在放飞理想之际，思想上要做好为实现理想而奋斗的打算，要有辛勤耕耘脚下这片沃土的恒心和毅力。总之，你的奋斗的沃土不能沙漠化。

他告诉他的孩子们，第三篇应该写好的文章是《自信的风帆要扬起，人生的道路才辉煌》。人只有对自己所从事的事业充满必胜的信心，才会实施相应的行动。再壮丽的理想、再美妙的梦幻，如果我们不自信、不努力、不行动，也不过是没有曝光的底片，一副没有彩图的镜框，也不过是没有茶香的白开水，“镜中花，水中月”而已。自信是成功的基石。综观在人生道路上有成就的人大都是自信的。居里夫人说过：“我们应该有恒心，尤其要有自信心。我们必须相信，我们的天赋是要用来做某种事情的，无论代价多大，这种事情必须做到。”巴甫洛夫曾庄严地宣称：“如果我要做什么，就是用炮也打不倒我。”高尔基也神圣地向我们明示：“只有满怀信心的人，才能在任何地方都把自信沉浸在生活中，并实现自己的意志。”这自信，犹如火箭升空时的推动器，使我们的事业从一个胜利走向另一个胜利，使我们的人生从一个辉煌到达另一个辉煌。没有自信，就没有“苏老泉，二十七，始发奋，读书籍”；没有自信，就没有“康映雪，欢燃糠，莹吹炭，衡偷光”；没有自信，就没有“直捣黄龙府，与诸君痛饮耳”的豪情壮志；没有自信，就没有“高峡出平湖，神女应无恙”的豪迈气概。事实已经反复证明，自卑是心灵的自杀，它像一根潮湿的火柴，永远也难以点燃成功的火焰；它又如一只没有电源的灯泡，永远也难以接受光明的恩典。许多人的失败不在于成功的概率偏低，而在于他没有获得成功的信念。

他告诉孩子们，第四篇应该写好的文章是《把懒惰踩在脚下》。我们每天都要做很多事情，每件事都应该做好，我们不能把今天的事拖到明天做。但我们应该说都或多或少地受懒惰的影响，难以把自己应从事的工作或学习搞好。懒惰如寄生虫一样附着在我们身上，让我们的事业总是不尽如人意，让我们的学习总是裹足不前，让我们的父母操碎了心。我们因懒惰失去了太多太多：一道又一道难题堆积如山阻碍着我们前进的脚步，一次又一次亮红灯的试卷让我们面对操劳的父母总是羞愧难当，一个又一个难得的机遇总是与我们擦肩而过。面对懒惰我们应该怎么办？回答是：把懒惰踩在脚下。这“踩”字应是我们的决心，应是脱胎换骨的重新做人，应是我们脚踏实地一步一个脚印的行动，应是“头悬梁，锥刺股”的不折不挠的韧性，应是“不破楼兰终不还”的勇气和气概。把懒惰踩在脚下，应成为我们每一位同学时刻牢记的座右铭。当然，这篇文章的写作应与前几篇文章结合起来才能认识得深、认识得透，也才能真正落实到行动上。试想，你的“人”字站直了，理想远大了，学习目的明确了，你的自信心也增强了，“懒惰”二字才能真正被你踩在脚下。

他告诉孩子们，第五篇应该写好的文章是《播种良好习惯，收获五彩人生》。印度大文豪泰戈尔说：“播种习惯，收获行为；播种行为，收获性格；播种性格，收获命运。”这话给人的启示是深刻的。单从播种习惯一个方面来说，我们就应该多加思考。“习惯成自然”是我们常说的一句话。确实，当我们播种的是良好的学习、生活习惯，那么我们就能收获沉甸甸的成果。比如学习吧，你养成了“认真预习—认真听课—认真巩固”这样一个良好的学习习惯，你的学习计划就能有条不紊地实施，你的学习成绩就可以循序渐进地提高。再比如，我们都养成了不乱扔垃圾，不说脏话的习惯，我们的居住环境就会更舒心，我们的语言就能更美。“勿以善小而不为，勿以恶小而为之。”这是古训。这就要求我们要严格要求自己，努力播种良好习惯之种，从而收获五彩的人生硕果。

几篇文章的写作不是单纯意义上的写作训练，它是对学生进行做人与作文双重教育的有效手段。每次的作文，他都要求学生在认识上要深刻，在情感上要投入，在行动上要落实，真正做到：真情文章发肺腑，直立人生做真人；行动落实来求证，人生路上求真经。通过这种形式的双重教育，他所带的学生不仅在写作上有一定的进步，更重要的是他们在求学的道路上明白了做人的诸多道理，知道了如何开拓自己的人生之路。

链接：荀子《性恶篇》

人之性恶，其善者伪也。今人之性，生而有好利焉，顺是，故争夺生而辞让亡焉；生而有疾恶焉，顺是，故残贼生而忠信亡焉；生而有耳目之欲，有好声色焉，顺是，故淫乱生而礼义文理亡焉。然则从人之性，顺人之情，必出于争夺，合于犯分乱理，而归于暴。故必将有师法之化，礼义之道，然后出于辞让，合于文理，而归于治。用此观之，人之性恶明矣，其善者伪也。

故枸木必将待檃栝、烝矫然后直；钝金必将待砻厉然后利；今人之性恶，必将待师法然后正，得礼义然后治。今人无师法，则偏险而不正；无礼义，则悖乱而不治，古者圣王以人性恶，以为偏险而不正，悖乱而不治，是以为之起礼义，制法度，以矫饰人之情性而正之，以扰化人之情性而导之也，始皆出于治，合于道者也。

今人之化师法，积文学，道礼义者为君子；纵性情，安恣孳，而违礼义者为小人。用此观之，人之性恶明矣，其善者伪也。

孟子曰："今之学者，其性善。"

曰：是不然。是不及知人之性，而不察乎人之性伪之分者也。凡性者，天之就也，不可学，不可事。礼义者，圣人之所生也，人之所学而能，所事而成者也。不可学，不可事，而在人者，谓之性；可学而能，可事而成之在人者，谓之伪。是性伪之分也。今人之性，目可以见，耳可以听；夫可以见之明不离目，可以听之聪不离耳，目明而耳聪，不可学明矣。

孟子曰："今人之性善，将皆失丧其性故也。"

曰：若是则过矣。今人之性，生而离其朴，离其资，必失而丧之。用此观之，然则人之性恶明矣。所谓性善者，不离其朴而美之，不离其资而利之也。使夫资朴之于美，心意之于善，若夫可以见之明不离目，可以听之聪不离耳，故曰目明而耳聪也。今人之性，饥而欲饱，寒而欲暖，劳而欲休，此人之情性也。今人见长而不敢先食者，将有所让也；劳而不敢求息者，将有所代也。夫子之让乎父，弟之让乎兄，子之代乎父，弟之代乎兄，此二行者，皆反于性而悖于情也；然而孝子之道，礼义之文理也。故顺情性则不辞让矣，辞让则悖于情性矣。用此观之，人之性恶明矣，其善者伪也。

问者曰："人之性恶，则礼义恶生？"

应之曰：凡礼义者，是生于圣人之伪，非故生于人之性也。故陶人埏埴而为器，然则器生于陶人之伪，非故生于人之性也。故工人斫木而成器，然则器生于工人之伪，非故生于人之性也。圣人积思虑，习伪故，以生礼义而起法度，然则礼义法度者，是生于圣人之伪，非故生于人之性也。若夫目好色，耳好听，口好味，心好利，骨体肤理好愉佚，是皆生于人之情性者也；感而自然，不待事而后生之者也。夫感而不能然，必且待事而后然者，谓之生于伪。是性伪之所生，其不同之征也。

故圣人化性而起伪，伪起而生礼义，礼义生而制法度；然则礼义法度者，是圣人之所生也。故圣人之所以同于众，其不异于众者，性也；所以异而过众者，伪也。夫好利而欲得者，此人之情性也。假之有弟兄资财而分者，且顺情性，好利而欲得，若是，则兄弟相拂夺矣；且化礼义之文理，若是，则让乎国人矣。故顺情性则弟兄争矣，化礼义则让乎国人矣。

凡人之欲为善者，为性恶也。夫薄愿厚，恶愿美，狭愿广，贫愿富，贱愿贵，苟无之中者，必求于外。故富而不愿财，贵而不愿势，苟有之中者，必不及于外。用此观之，人之欲为善者，为性恶也。今人之性，固无礼义，故强学而求有之也；性不知礼义，故思虑而求知之也。然则性而已，则人无礼义，不知礼义。人无礼义则乱，不知礼义则悖。然则性而已，则悖乱在己。用此观之，人之性恶明矣，其善者伪也。

孟子曰："人之性善。"

曰：是不然。凡古今天下之所谓善者，正理平治也；所谓恶者，偏险悖乱也：是善恶之分也矣。今诚以人之性固正理平治邪，则有恶用圣王，恶用礼义哉？虽有圣王礼义，将曷加于正理平治也哉？今不然，人之性恶。故古者圣人以人之性恶，以为偏险而不正，悖乱而不治，故为之立君上之埶以临之，明礼义以化之，起法正以治之，重刑罚以禁之，使天下皆出于治，合于善也。是圣王之治而礼义之化也。今当试去君上之埶，无礼义之化，去法正之治，无刑罚之禁，倚而观天下民人之相与也。若是，则夫强者害弱而夺之，众者暴寡而哗之，天下悖乱而相亡，不待顷矣。用此观之，然则人之性恶明矣，其善者伪也。

故善言古者，必有节于今；善言天者，必有征于人。凡论者贵其有辨合，有符验。故坐而言之，起而可设，张而可施行。今孟子曰："人之性善。"无辨合符验，坐而言之，起而不可设，张而不可施行，岂不过甚矣哉！故性善则去圣王，息礼义矣。性恶则与圣王，贵礼义矣。故檃栝之生，为枸木也；绳墨之起，为不直也；立君上，明礼义，为性恶也。用此观之，然则人之性恶明矣，其善者伪也。

直木不待檃栝而直者，其性直也。枸木必将待檃栝烝矫然后直者，以其性不直也。今人之性恶，必将待圣王之治，礼义之化，然后始出于治，合于善也。用此观之，人之性恶明矣，其善者伪也。

问者曰："礼义积伪者，是人之性，故圣人能生之也。"

应之曰：是不然。夫陶人埏埴而生瓦，然则瓦埴岂陶人之性也哉？工人斫木而生器，然则器木岂工人之性也哉？夫圣人之于礼义也，辟则陶埏而生之也。然则礼义积伪者，岂人之本性也哉！凡人之性者，尧舜之与桀跖，其性一也；君子之与小人，其性一也。今将以礼义积伪为人之性邪？然则有曷贵尧禹，曷贵君子矣哉！凡贵尧禹君子者，能化性，能起伪，伪起而生礼义。然则圣人之于礼义积伪也，亦犹陶埏而为之也。用此观之，然则礼义积伪者，岂人之性也哉！所贱于桀跖小人者，从其性，顺其情，安恣孳，以出乎贪利争夺。故人之性恶明矣，其善者伪也。天非私曾骞孝己而外众人也，然而曾骞孝己独厚于孝之实，而全于孝之名者，何也？以綦于礼义故也。天非私齐鲁之民而外秦人也，然而于父子之义，夫妇之别，不如齐鲁之孝具敬文者，何也？以秦人从情性，安恣孳，慢于礼义故也，岂其性异矣哉！

“涂之人可以为禹。”曷谓也？

曰：凡禹之所以为禹者，以其为仁义法正也。然则仁义法正有可知可能之理。然而涂之人也，皆有可以知仁义法正之质，皆有可以能仁义法正之具，然则其可以为禹明矣。今以仁义法正为固无可知可能之理邪？然则唯禹不知仁义法正，不能仁义法正也。将使涂之人固无可以知仁义法正之质，而固无可以能仁义法正之具邪？然则涂之人也，且内不可以知父子之义，外不可以知君臣之正。今不然。涂之人者，皆内可以知父子之义，外可以知君臣之正，然则其可以知之质，可以能之具，其在涂之人明矣。今使涂之人者，以其可以知之质，可以能之具，本夫仁义法正之可知可能之理，可能之具，然则其可以为禹明矣。今使涂之人伏术为学，专心一志，思索孰察，加日县久，积善而不息，则通于神明，参于天地矣。故圣人者，人之所积而致矣。

曰：“圣可积而致，然而皆不可积，何也？”

曰：可以而不可使也。故小人可以为君子，而不肯为君子；君子可以为小人，而不肯为小人。小人君子者，未尝不可以相为也，然而不相为者，可以而不可使也。故涂之人可以为禹，则然；涂之人能为禹，则未必然也。虽不能为禹，无害可以为禹。足可以遍行天下，然而未尝有遍行天下者也。夫工匠农贾，未尝不可以相为事也，然而未尝能相为事也。用此观之，然则可以为，未必能也；虽不能，无害可以为。然则能不能之与可不可，其不同远矣，其不可以相为明矣。

尧问于舜曰：“人情何如？”舜对曰：“人情甚不美，又何问焉！妻子具而孝衰于亲，嗜欲得而信衰于友，爵禄盈而忠衰于君。人之情乎！人之情乎！甚不美，又何问焉！唯贤者为不然。”

有圣人之知者，有士君子之知者，有小人之知者，有役夫之知者。多言则文而类，终日议其所以，言之千举万变，其统类一也：是圣人之知也。少言则径而省，论而法，若佚之以绳：是士君子之知也。其言也谄，其行也悖，其举事多悔：是小人之知也。齐给便敏而无类，杂能旁魄而无用，析速粹孰而不急，不恤是非，不论曲直，以期胜人为意，是役夫之知也。

有上勇者，有中勇者，有下勇者。天下有中，敢直其身；先王有道，敢行其意；上不循于乱世之君，下不俗于乱世之民；仁之所在无贫穷，仁之所亡无富贵；天下知之，则欲与天下同苦乐之；天下不知之，则傀然独立天地之间而不畏：是上勇也。礼恭而意俭，大齐信焉，而轻货财；贤者敢推而尚之，不肖者敢援而废之：是中勇也。轻身而重货，恬祸而广解苟免，不恤是非然不然之情，以期胜人为意：是下勇也。

繁弱、钜黍，古之良弓也；然而不得排檠则不能自正。桓公之葱，太公之阙，文王之录，庄君之曶，阖闾之干将、莫邪、钜阙、辟闾，此皆古之良剑也；然而不加砥砺则不能利，不得人力则不能断。骅骝、騹骥、纤离、绿耳，此皆古之良马也；然而必前有衔辔之制，后有鞭策之威，加之以造父之驶，然后一日而致千里也。夫人虽有性质美而心辩知，必将求贤师而事之，择良友而友之。得贤师而事之，则所闻者尧舜禹汤之道也；得良友而友之，则所见者忠信敬让之行也。身日进于仁义而不自知也者，靡使然也。今与不善人处，则所闻者欺诬诈伪也，所见者污漫淫邪贪利之行也，身且加于刑戮而不自知者，靡使然也。传曰："不知其子视其友，不知其君视其左右。"靡而已矣！靡而已矣！

第三章

人生的战略和细节

- 细节决定成败的观点为什么会流行?
- 战略决定成败的观点为什么会出现?
- 汪中求与《细节决定成败》
- 何学林与《战略决定成败》
- 细节论的主要观点
- 战略论的主要观点
- 战略与细节:谁能决定成败?

第三章　人生的战略和细节

《细节决定成败》自2004年出版以来，便成为国内最具影响力的图书之一。2005年，中国书市又出现了一本书叫《战略决定成败》。"细节"风热度未减，"战略"风乍又兴起。"战略"与"细节"，到底谁决定成败？

细节决定成败的观点为什么会流行？

一个时期以来，中国社会一些企业、一些人有些浮躁，总想一夜暴发。特别是一些刚走出校门的大学生，很着急，急于把花掉的学费尽快挣回来，急于孝敬父母，急于找女朋友，急于结婚、买房、买车，急于出国旅行、周游世界，急于当SOHOO一族，但是这一切都需要钱，因此他们总是急于发大财，没有耐心老老实实地做好一件事情，干好一份工作。

一些"有志于"投身娱乐界、文化艺术界、学术界、咨询策划界等等的年轻人，则急于炒作成名，梦想一炮走红，一步登天，迅速成名成家。于是，中学还没毕业的"少年作家""少女作家"，刚刚考上大学的"哈佛女孩"，以貌取人的"美女作家""美男作家""美女编辑"，奋不顾身的"下半身写作者"等等层出不穷，名人官司此起彼伏，吆喝声、叫卖声、吵架声甚嚣尘上。这些人急功近利，沉不下心来踏踏实实地苦读寒窗，苦练内功，积蓄力量。因此，细节主义应运而生。它对急功近利的浮躁风气当头棒喝，倡导沉下心来做事，踏踏实实工作，把工作做细，做到位。这个观点一下子就流行开了。客观地说，这种观点在抑制时下那种浮躁情绪，倡导务实作风方面也的确有它积极的作用。从这个意义上讲，细节主义的产生具有某种客观的必然性和现实意义。

细节主义很受老板们的欢迎——哪个老板不希望员工踏踏实实工作呢？很多老板都将细节主义的书不惜重金成千上万册地买回去人手一册地发给员工们去读，当作员工"洗脑"的培训教材。老板们认为，战略是老板的事，细节是员工的事，员工就应该在细节上下功夫。这种关于战略的误读给细节主义提供了广阔的流行空间。老板们认为，战略是空洞的、抽象的，不如细节来得实在，看得见，摸得着。细节主义迎合了这种错误的战略观念。细节主义在老板人群中很有市场，老板们又竭力将细节主义推销给员工。在老板们的推动下，细节主义很快又在员工中流行开了。结果细节主义大行其道，在全社会广为流行。

在细节主义流行之前，一种叫执行的主义已在流行，并从美国流到了中国。执行在中国流行的道理与细节流行的道理一样，都是迎合了一种需要，那就是将工作执行到位。执行主义也是一种务实的需要，特别是迎合了老板们的需要，老板希望员工执行，执行，再执行，执行到每个细节，"将每个细节都给我执行到位了"。因此，有人认为：细节主义是执行主义的翻版，两者一脉相承，异曲同工，是一个硬币的两面。它们在中国社会广为流行已经有一段时间。

战略决定成败的观点为什么会出现？

流行的未必就是真理。这是持战略决定成败观点者对细节决定成败观点流行的看法。他们认为：流行的未必就是真理。有市场，能够迎合一部分人哪怕是很多人的需要也不等于就是正确的。感冒经常流行，但感冒不是真理；"非典"曾经流行，但"非典"不是真理；细节主义正在流行，但细节主义不是真理……

战略观者列举了大量的实例。

"地心说"——一种以地球为中心，太阳围绕着地球转的学说——曾经流行，并统治了人们思想相当长的时间，但"地心说"是谬误，不是真理。

重商主义——一种认为只有商业贸易尤其是国际贸易才是创造财富的根源的观点——曾经流行，并在相当长的历史时期内被许多早期的资本主义国家奉为圣经，但重商主义是谬误，不是真理。

"广告惹的祸""标王惹的祸""广告做得太多的企业没有一个好下场"等等观点曾经很流行，以致国家工商管理总局不得不对广告投放量做出限制性的规定，中央电视台也取消了"标王"，害得企业家们都诚惶诚恐，不敢大声张扬，不敢大做广告，以致对在国内经商办企业失去了信心，纷纷将资金转投至国外。但是，"广告祸害论""标王祸害论"都不是真理，而是谬误，中国企业纷纷倒下绝不是"广告惹的祸""标王惹的祸"那么简单！

"哈医药"铺天盖地的广告一出，"哈药秦池论"颇为流行："哈医药，仿佛标王又来了"，"哈医药将成为秦池第二、夏新第三，重蹈沈阳飞龙的覆辙"。好事者幸灾乐祸，等着看哈医药步南德、巨人、三株、505、太阳神、沈阳飞龙、爱多、秦池、夏新的后尘绝尘而去的好戏，好心者则担心哈医药重蹈它们的覆辙。但是，“哈药秦池论”不是真理。当时就曾有人断言，这种观点是错误的，“哈医药”不会倒下，果然，“哈医药”没有倒下。

脑白金广告卷土重来，人们又群起而攻，并纷纷预言了它的末日——“巨人二次倒下”“史玉柱没长记性”“让脑黄金告诉脑白金”“史玉柱还能走多远”等等观点盛极一时，颇为流行。但是，这些观点都不是真理。当时就曾有人断言，这些观点都是错误的，脑白金和史玉柱不会倒下，其果然没有倒下。

真理往往掌握在少数人手里。流行，表明在一个时期内为大多数人所认同，为大多数人所接受甚至倡导。但为大多数人所认同、接受、倡导的却未必就是真理。毛主席说：“真理往往掌握在少数人手里。”我们说，成功也往往只属于少数人。如果大部分人认同的东西是对的，是真理，那么社会上的大多数人都应该是成功者，可为什么成功者却始终只有少数呢？因此，战略论者才认为：细节决定成败的观点是错误的。而错误的观点广为流行，则危害大矣！错误而不自知，则更可悲也！

错误的战略导致一代中国企业全军覆没。中国企业纷纷倒下，“各领风骚三五年”，为什么“长不大”？对于这一问题，从书斋里的学术界，到实践一线的企业界，到言必策划、好为人师、专为企业师的广告、策划、咨询界，到眼观六路、耳听八方、目光敏锐、富有洞察力的新闻传媒界，到高屋建瓴、制定政策、调控经济的政府部门，到一般社会公众，芸芸众生，都从各个细节找寻了种种祸根，诸如“媒体之过论”“资金短缺论”“机制弊端论”“抽血过多论”“多元化陷阱论”“时运不济论”“广告祸害论”“知识过多论”“性格缺陷论”“领袖情结论”等等，失败的企业家也从种种细节的角度进行了检讨，如吴炳新的“十五大错误”、姜伟的“总裁的二十大失误”、史玉柱的“民营企业的十三种死法”等等。

从第一个企业巨人倒下的消息石破天惊般地传出迄今的约二十年时间里，社会各界纷纷攘攘于细节，津津乐道于细节，对失败的企业和企业家从头到脚，即每个细节，都批驳得体无完肤，一无是处，就此发表的言论和文章，出版的书籍和刊物，汗牛充栋，多如牛毛，以致一个时期以来，我们的企业家们如履薄冰，诚惶诚恐，企业不敢再大声张扬，不敢大做广告，新闻媒介宣传低调，中央电视台取消了“标王”，国家工商管理部门对企业做广告做出了限制性的规定，社会公众对炒作新闻、制造轰动效应嗤之以鼻，连整天靠广告吃饭的广告界也对广告“标王”

口诛笔伐,冷嘲热讽,“做广告找死”,“不做广告等死”,搞得我们的企业家们心灰意冷,无所适从。殊不知,中国企业纷纷倒下、整体衰落的共同根源恰恰在战略上。

中国第二代民营企业要想立于不败之地,有赖于正确的战略。中国企业所犯最大的错误是战略性错误,最普遍的错误也是战略性错误,而更可怕的错误是我们的企业家们根本不知道自己所犯的错误是战略性错误而一直在细节上找原因。许多企业日复一日地在错误的道路上越走越远,就是因为不知道自己在战略上有什么错误。中国企业最薄弱的环节是战略环节,最大的误区是战略的误区,最需要转变的是对战略的偏见,最缺乏的能力是制定正确战略的能力,最应当提高的是战略管理水平。

汪中求与《细节决定成败》

《细节决定成败》一书自出版以来,一次又一次加印,在各大排行榜上也名列前茅,书中“细节决定成败”的理念,如同一根银针,扎在中国人做事粗糙,满足于“差不多”的病穴上。“当今的中国社会绝不缺少雄韬伟略的战略家,缺少的是精益求精的执行者;绝不缺少各类管理制度,缺少的是对规章条款不折不扣的执行者”,面对盛行的浮躁之风,面对竞争走向垄断、利润趋近于零、市场标准日渐提高、产品高度同质化、服务的标准化及人性化的现实,重视细节,实行细节化管理是一条很好的出路。

汪中求,1984年江西九江学院中文系毕业,2003年就读清华大学EMBA。1984—1991年,从事学校教师、机关秘书等工作。1992—1994年,香港恒雅(深圳)公司市场部经理。1995—2000年,任清华系列某企业集团企划部经理,清华同方股份有限公司商务部经理,泰豪科技股份有限公司市场总监。2001年以来,任奇正机构首席营销顾问,《广州日报》HR精英俱乐部特聘营销培训师,中国电信广东公司特聘营销培训师。2003年,担任河南省安阳市工商联特聘市场顾问。2004年以来,担任北京博士德文化公司特聘细节管理顾问、培训师,北京大学民营经济研究所特聘研究员。多年的企业管理生涯,足迹遍及国内30个省市区,且在企业工作的过程中,与企业管理的理论界人士有广泛的联系与交流,发表过近百万字的市场营销和经济管理类文章,著有营销专著《营销人的自我营销》和其他企业管理著作。《细节决定成败》引发了社会上有关细节管理的热潮,在中国人浮躁的穴位上扎了一根银针。参与清华同方的筹建,是其主广告“我们的产品和我们的学生一样”的创意人和其首批23个办事处的筹建人之一。在泰豪科技负责“营销战略制定—市场定位—营销工具完善—营销队伍组织—销售通路建设—品牌再造—销售管理”等，主持了其上市规划，为其“智能建筑电气”业务包装的总策划者之一。工作格言是：简单不等于容易。把简单的招式练到极致就是“绝招”。他要用规则和方法说明的一个理念就是：细节决定成败。

泰山不拒细壤，故能成其高；江河不择细流，故能成其深。所以，细节决定成败。在中国，想做大事的人很多，但愿意把小事做细的人很少。我们不缺少雄韬伟略的战略家，缺少的是精益求精的执行者；绝不缺少各类管理规章制度，缺少的是对规章条款不折不扣的执行。我们必须改变心浮气躁、浅尝辄止的毛病，提倡注重细节，把小事做细。

《细节决定成败》这本书中的主要观点是：

天下大事，必做于细。不要以为总理比村长好当。杀鸡须用牛刀。必要条件不等于充分条件。简单的招式练到极致就是绝招。一切事情，都要从改变观念着手!

没有破产的行业，只有破产的企业。上海地铁一号线是由德国人设计的，看上去并没有什么特别的地方，直到中国设计师设计的二号线投入运营，才发现其中有那么多的细节被二号线忽略了。结果二号线运营成本远远高于一号线，实现收支平衡难度很大。荣华鸡为什么干不过肯德基？沃尔玛成为龙头，凯马特申请破产。这一切，都是细节造成的差距。

《细节决定成败》在摆出鲜明的观点之后，进行了大量的实例分析。

他谈1%的错误会带来100%的失败。举例如：白蚁的危害；88888账户毁了巴林银行；一个连简历都保管不好的人；五十亿分之一的氯霉素含量导致出口退货；T28手机使爱立信输掉中国市场；一顿奢侈的晚餐吓走了外商。白蚁确实可能造成长堤溃决的后果。必须进行科学、细致的观察和研究，才能防患于未然，任何麻痹和对细节的忽视都会带来难以想象的后果。这一切，都是忽视细节的代价。

他谈用心才能看得见。举例如：王永庆是如何掘到第一桶金的；倒茶水的老头；加加林成为太空第一人的秘密；GRE的莎士比亚考题；一把椅子的问候；机器停着也能赚钱；乔·吉拉德的生日鲜花；洪承畴衣服上的灰尘。看不到细节，或者不把细节当回事的人，对工作缺乏认真的态度，对事情只能是敷衍了事。这种人无法把工作当作一种乐趣，而只是当作一种不得不受的苦役，因而在工作中缺乏热情。他们只能永远做别人分配给他们的工作，甚至即便这样也不能把事情做好。而考虑到细节、注重细节的人，不仅认真对待工作，将小事做细，而且注重在做事的细节中找到机会，从而使自己走上成功之路。这就是，细节的实质。

伟大源于细节的积累。对目标而言，把眼光放在客户而不是竞争对手身上。对决策而言，魔鬼存在于细节之中。对领导而言，企业家要有对细节无限的爱。对执行而言，要让时针走得准，必须控制好秒针的运行。对管理而言，科学管理就是力图使每一个管理数据化。对效果而言，创业很刺激，管理很平淡。密斯·凡·德罗是20世纪世界四位最伟大的建筑师之一，在被要求用一句最概括的话来描述他成功的原因时，他只说了五个字“魔鬼在细节”。他反复强调的是，不管你的建筑设计方案如何恢宏大气，如果对细节的把握不到位，就不能称之为一件好作品。细节的准确、生动可以成就一件伟大的作品，细节的疏忽会毁坏一个宏伟的规划。这就是，一切要从小事做起。

第一代老板靠胆子，第四代老板靠脑子。专业化——市场分工越来越细。大趋势——产品利润趋向于零。同质化——企业经营的全球性难题。拼细节——细节决定未来企业竞争的成败。综观国内的强势企业，都是在细节的比拼上下过很大功夫的。企业靠战略就能挣大钱的想法是极其幼稚的，正是不注意细节的大企业病拖垮了许多大企业，诸如浪费巨大而熟视无睹，人浮于事相互推诿，对市场信息不敏感，内部各部门之间沟通存在障碍，员工创新动力不足等，每一个问题都会在细节上找到其原因。这一切，都充分说明微利时代要求精细化管理。

治大国若烹小鲜。如：重庆开县井喷启示——安全管理无小事。政府决策深究细节——重复建设问题多多。细节见证服务品质——必须落实政府职能转变。城市竞争力引出的话题——开发区如何招商。不容忽视的细节因素——综合国力上升而国际竞争力下降。社会公共管理中存在许多漏洞，不仅影响到公共安全，而且影响到经济社会发展和国际竞争力。经过分析认为，中国的国际竞争力下降，主要原因在技术指标和公共机构这两项软指标上。这一切，又说明公共管理无小事。

汪中求先生还有一个专题讲座——精细化管理时代：细节决定成败。主要内容是：

细节无处不在。有很多至理名言我们都会说，有的甚至能倒背如流，可做起事来又当别论了。正如“细节决定成败”已经成为名言，许多人都知道一样。我们每个人做事都希望成功,没人希望失败,可决定成功的细节在哪里?也许是一个小小的举动。因为一杯水的缘故一个餐厅倒闭了。也许是一份善解人意的关怀,成就了几十部车的销售。也许是自己不经意好的坏的习惯。也许,是你在奋斗历程中的一份坚守。到底成功的细节在哪里?它就在我们身边,它就在我们心中,它确实无处不在,需要我们共同去发现,去发觉。我们的心在哪里,细节就在哪里,收获也就在哪里。掌握了细节,成功就离我们不远。

身边的细节:用心才能看得见。某学校招聘教师,要通过试讲从几名应聘者中选出一名。几名应试者都做了精心的准备。因为校方在最后一关试讲中只选择一个。铃声响了,一个个试讲者分别微笑着走上讲台。师生互相致意后,开始讲课。导入新课、讲授正文、总结概括、复习巩固……各项工作进行得还算顺利。为了避免满堂灌,有一个试讲者也效法前面几位试讲者的做法,设计了几次并不高明的课堂提问,但效果一般。下课时,比较自己与前几名试讲者的试讲效果,这名试讲者估计自己会输。谁知,第二天他即接到被录取的通知。惊喜之余,他问校长为什么选中了他。“说实话,论那节课的精彩程度,你还稍逊一筹。”校长微笑着说:“不过,在课堂提问时,你叫的是学生的名字,而他们却叫学号或用手指。试想,我们怎能录用一个不愿去了解和尊重学生的教师呢?”叫学生的名字而不是学号或用手指,事情虽小,却反映了讲课者对学生的尊重,体现了对学生对教育的一片爱心。同时,对于应试者来说,记住学生的名字,也是一种应试准备,而且是更精细的准备,是更用心的准备。正是这种用心的细节准备,使他与其他应试者区别开来。

历史的细节:细节的重大作用。少了一枚铁钉,掉了一只马掌;掉了一只马掌,丢了一匹战马;丢了一匹战马,伤了一位将军;伤了一位将军,败了一场战役;败了一场战役,亡了一个国家。蝴蝶效应原理告诉我们,亚马逊雨林一只蝴蝶偶尔振动翅膀,也许两周后就会引起美国德克萨斯州的一场龙卷风。初始条件十分微小的变化,经过不断放大,对其未来状态可能会造成极其巨大的影响。有些细节性小事可以糊涂,有些细节性小事如经系统放大,则对一个组织、一个国家来说是很重大的,就不能糊涂。

社会的细节:公共管理无小事。老子曰:“天下难事,必做于易;天下大事,必做于细。”它精辟地指出了想成就一番事业,必须从简单的事情做起,从细微之处入手。小事成就大事,细节成就完美。细节的实质是什么?细节实际上是一种经过长期的准备从而获得的一种机遇。细节是一种习惯,是一种积累,是一种眼光,也是一种智慧。只有保持这样的工作标准,你才能注意到问题的细节,你才能做到为使工作达到预期的目标而思考细节,才不会为了细节而细节。特别是公共管理方面,涉及各行各业、各个层级、众多领域,如果好高骛远、急功近利,不注重细节,往往说在口上,钉在纸上墙上,落实不到行动上,就会造成严重后果。

个人的细节:细节表现修养。个人修养如何,是由大家评价的;个人修养形成,是由细节积累的。日常生活中,体现修养的细节非常多,可以说是处处有细节,处处有修养。比如,别人给你倒水时,不要干看着,要用手扶扶,以示礼貌。别人对你说话,你起码要能接话,不能人家说了上句,你没了下句。吃完饭退席时说:“我吃完了,你们慢吃。”给人递水递饭一定是双手。最后一个进门要记得随手关门。送人走要说:“慢走。”洗了手不要随意甩手,水会甩到人家身上,很不礼貌。递刀具给别人要记得递刀柄那一端。遇到那种往里往外都能开的门,拉而不是推。说到就一定要做到,做不到的就不要承诺。不要贪小便宜,不要贪财,钱再多也有花完的时候,自己有本事才是真的本事。晴带雨伞,饱带干粮,未雨绸缪总是好的。别人批评你的时候,即使他是错的,也不要先辩驳,等大家都平静下来再解释。生活当中的细节非常之多,对照一下,总结一下,提升自己的修养。

企业的细节:微利时代要求精细化管理。在市场专业化分工越来越细的时代,产品利润趋向于零是大趋势,拼细节也将成为企业竞争的主题。面对细节制胜的时代,国际名牌POLO皮包凭着“一英寸之间一定缝满八针”的细致规格,20多年立于不败之地;德国西门子2118手机靠着附加一个小小的F4彩壳而使自己也像F4一样成了万人迷;等等。我们已经生活在“细节经济”时代,细节已经成为企业竞争的最重要的表现形式,所谓“针尖上打擂台,拼的就是精细”。

细节失误之害。传统的农业化思维,粗放式经营与耕作,不注重细节的农业模式带来的问题,要求我们加快向工业化思维转变,注重细节显得更加紧迫。在全球竞争愈加激烈的状态下,忽略细节就是放松标准,因为1%的失误可能带来100%的失败。任何一个细节的失误,都可能造成工作流程的“短路”,不用心解决细节问题,会放大危害效应。实现中华民族伟大复兴的中国梦,必须从提高国民素质做起,必须培养全体国民的细节意识。

忽略细节的根源。其中既有物质因素,又有社会浮躁因素,更有文化因素。无论是一个国家、一个民族,还是一个政党、一个组织,抑或是一个企业、一个团队,都会受到这些因素影响。

为什么要进行细节管理。因为竞争环境发生了很大变化，包括科技环境、知识环境、经济环境、人力资源环境、社会消费环境等等。同时，竞争走向垄断趋势更加明显，利润趋近于零的趋势也更加明显，这些推动市场标准日渐提高，另外产品的高度同质化，服务的标准化及人性化，都昭示精细化管理时代的来临。

如何进行细节管理。最主要的观点是：细节是认真的态度，细节是科学的方法。最主要的对象是：一个企业要培养员工的细节意识，一个国家要培养国民的细节意识。最重要的管理是：管理者的细节管理，包括高管层、管理层、职员层。还要重视发掘具有重大意义的细节现象，深入研究细节规律，不断涵养细节文化。

何学林与《战略决定成败》

"战略"一词，最早是军事方面的概念。在西方，"战略"一词源于希腊语，意为军事将领、地方行政长官。后来演变成军事术语，指军事将领指挥军队作战的谋略，以及指导战争全局的方略。通常指军事战略，即战争指导者为达成战争的政治目的，依据战争规律所制定和采取的准备和实施战争的方针、策略和方法。战略家，指能着眼整个战局，且拥有极强的宏观意识和长远的战略目光，并能全面详细正确地制定己方的战略方针并能合理分配使用己方所持有力量与资源，从而引导己方获得战争的最后胜利。例如：我国的毛泽东主席、孙武，国外的马歇尔、斯大林、艾森豪威尔等。全球顶尖的营销战略家，"定位"之父，美国经济学家杰克·特劳特(Jack Trout)著的《什么是战略》中讲述了什么是商业竞争中真正的战略，以及如何做出战略，并有效实施。《什么是战略》告诉企业家，在商业竞争中如何摆脱价格战，实现真正的差异化经营。什么是战略？迈克尔·波特论述过，战略就是创建一个价值独特的定位。特劳特则进一步明确，战略是指企业如何在顾客心智中建立差异化定位，并由此来引领企业内部的运营。《战略决定成败》一书中的"战略"，也以企业经营中的战略谋划为中心，论述企业经营战略的重要意义和方式方法。

《战略决定成败》，颠覆了传统的战略观念，对时下颇为流行的"细节主义"则当头棒喝。著名经济学家、北京南洋林德投资顾问有限公司总裁温元凯认为：长期以来，人们对战略存在着很深的偏见，在认识上存在很大的误区。一提起战略，人们会认为太抽象，太空洞了，企业老板们常常会这样说，战略问题不用谈，要达到什么样的目标我自己最清楚，不用你们来说。而细节则是员工的事，员工就应该在细节上下功夫。在这种错误的战略观念的指导下，一个时期以来，“细节决定成败”的观念广为流行。

在《战略决定成败》这本书中，作者以一代中国企业兴衰成败的案例为证，具体阐述了中国特定历史时期特有的经济规律，分析指出错误的战略怎样导致一代中国企业整体衰落，正确的战略如何使一些企业长盛不衰，以及怎样制定正确的战略才能使第二代中国企业立于不败之地这样一些事关企业兴衰成败生死存亡的战略问题；并尖锐地指出，中国企业所犯的最大错误是战略性错误，中国企业最薄弱的环节是战略环节，最缺乏的能力是制定正确战略的能力，最应当提高的是战略管理水平。

战略与我们每个人息息相关，战略离我们很近，战略是一种行之有效的方法和简单易行的工具，战略是有规律可循的。《战略决定成败》将从无数企业成败案例中提炼出来的决定成败的21条显而易见的战略和盘托出，应该说是一部实战兵法。

在“傻瓜化战略”中，作者告诉我们，“傻瓜化”是经商的通行法则。成功就是简单的事情重复做，如果一件事情很复杂，那就先把它简单化，然后再重复去做。只有傻瓜化才能适应更大的消费人群，减少市场教育费用；只有傻瓜化才能驱动大量廉价劳动力，企业才能赚钱，才能做强做大。

在“聚焦战略”中，作者说的是，市场竞争和人生竞争中最强有力的武器是集中所有的精力于一个点上。透镜只将区区一小束阳光聚焦到一个点上，就能把柴火点燃。一个人如果长时间地把精力聚集到一个点上，就能取得惊人的成功。一家企业如果将所有的精力都集中于一个点上，便能取得意想不到的成就。

针对细节流行现象，作者指出，细节决定成败要有一个前提，那就是在战略正确的前提下。只有战略正确，细节才会有意义，执行才会有意义。战略不只是老板和领导的事，也是每位员工的事。如果员工都没有正确的战略观念，他们也就不可能正确领会领导和老板的战略意图，从而执行必然是被动和消极的，这既加大了公司的管理成本和难度，也无法使员工真正将每个细节都执行到位。

何学林，实战派经济学家，中国第一代著名策划家，中国十大营销策划专家，资深资本运作家，财经作家，中国广告、设计、企业品牌形象评审委员会专家委员。中国人民解放军外国语学院科技俄语专业本科毕业，中国人民大学经济学硕士毕业，曾放弃攻读北京大学博士的机会。参加过陆军、空军部队，曾在某卫星发射中心工作，从事突击侦察和密码破译；有在国家外经贸部、中国海外工程总公司、南德公司、某大财团、大型房地产集团和大广告公司等处任职十多年的工作经历，并自创多家公司，曾任董事长、总经理、常务副总裁、资本资产运作中心总经理、策划中心总经理、证券部经理、总策划、策划总监等。1997年7月，何学林在《销售与市场》上发表《巨人，怎样站起来》，在揭示特定历史时期特有经济规律和总结中国企业所犯战略性错误的基础上，得出正确的战略可以使倒下的企业重新站起来的结论，并且断言"史玉柱必将东山再起"，而且"前途不可限量"，"在时间上也不会为时过晚"，并提出了"反弹琵琶"——零收购巨人集团的收购战略，"将错就错"——进军保健品的产业发展方向战略，"捏紧拳头"——集中优势兵力打歼灭战，做一个产品的产品战略，"踏准节拍"——形成良性循环，根据产品生命周期和企业财务现金流量逐步推出新产品的良性运营战略等等。几年之后，史玉柱果然"东山再起"，而且其业绩远远超过了前巨人最辉煌时期，果然"前途不可限量"，时隔仅短短三年，果然在时间上也没有"为时过晚"，而且史玉柱就是在保健品行业东山再起的，他采取的也正是集中优势兵力打歼灭战——做一个产品的战略，脑白金取得成功进入成熟期之后推出黄金搭档，采取的又是"良性循环"的战略，最后走上了被四通公司以一元钱收购之路，可谓"零收购"战略 。正确的战略已经使史玉柱东山再起。其他倒下的企业迄今还没有一个站起来的，原因就在于它们还没有找到倒下的战略性错误和东山再起的正确战略。

错误的战略使中国老板从监狱里来到监狱里去。在改革开放的早期，中国大地到处传诵着一些白手发家的神奇故事，一大批社会边缘人群历史地处在了经济大潮的心脏地带，他们"捷足先登"，一夜暴富，成了中国改革开放后的第一代老板，其中不乏刚刚从监狱里出来的劳改劳教释放人员。十几年后，中国老板纷纷落马，锒铛入狱，出现了中国老板从监狱里来到监狱里去的怪现象。尽管老板们入狱的"细节"各不相同，但造成这种怪现象的根本原因是战略性错误。

《战略决定成败》这本书的主要内容是：战略决定成败，战略创造奇迹，必须纠正错误的战略观念。赚钱才是硬道理。千方百计圈钱，赚钱面前人人平等。

抢先战略告诉我们，"第一"胜过"更好"，没有第一就无从更好，有了第一才会有更好。当你还在追求更好的时候，别人已经抢占先机，赢得用户和市场，第一印象已经根植其中。当你成为第一的时候，别人就会把你作为参照物，作为追赶和超越的目标，别人就开始为你做广告。这时候，你就会在别人的追赶中，努力提升自己，不断走向新的目标，追求更好。

细分市场战略告诉我们，如果你做不了第一，那也要试图创造一类新产品，进入一个细分市场，从而成为该类细分市场中的第一，而不是努力推出比第一更好的产品，这仍然讲的是抢先战略。

抢占大脑战略告诉我们，我们所讲的抢先和细分市场要深入到消费者的头脑中才能有效，否则就不叫抢先，就等于没有创新。你虽然做了第一，或创造了新的产品类别，成为该产品类别中的第一，但是没有深入人心，反而被走在你后面的人抢先深入了人心，那这个第一就是他的，而不是你的。所以，抢先进入和市场细分，是要讲求实效的。这个实效是思想的深入、理念的渗透、观念的入侵、偏好的独占，就是要让你的产品深得消费者青睐，以你的产品为标准去评价此后的产品，并且保持持续的优势。

观念竞争战略则进一步告诉我们，我们创造的第一、我们创造的新产品、我们深入人心的都是产品在消费者头脑中形成的观念，只有产品在消费者头脑中形成的观念才是重要的，它与产品本身是两码事。基于消费者头脑中的观念的战略才是正确的战略，而以所谓的产品"事实"为依据的战略常常是错误的。

观念胜过事实。本田、丰田、日产是日本的三大汽车品牌，如果市场营销是产品事实的竞争，那么这三种牌子的汽车在日本和美国的销量排序应当是相同的。因为本田、丰田和日产在美国和日本销售的汽车是同样的，它们有着相同的质量、相同的式样、相同的马力，以及大致相同的价格。但事实并不是这样的，在美国，它们的销量排序是本田第一，丰田第二，日产第三；而在日本，却是丰田第一，日产第二，本田第三。本田在美国销量排名第一，但在日本却排名最后，根本谈不上是领先品牌。在日本，众所周知，本田原来是一家生产摩托车的企业，因此，本田汽车质量好的观念很难在日本人民的头脑中生根。绝大多数人显然不愿向一家生产摩托车的企业购买汽车，本田汽车质量比丰田、日产好是事实，但这一事实在日本人的心目中却是被扭曲的。而在美国，由于大多数人都不知道本田是一家生产摩托车的企业，本田汽车的高质量就很容易在美国人心目中形成印象，本田汽车在美国的销量就能够反映这一事实。这就是日本市场上的日本汽车与美国市场上的日本汽车的区别。事实是产品是一样的，不同的只是消费者的观念。

市场竞争中最强有力的武器是集中所有的精力于一个点上，或只拥有一个概念。很多人最常犯的错误就是没有把自己的精力集中用在一个点上。他们总是兴趣广泛，爱好众多，贪心不足，站在这山望那山高，朝三暮四，浅尝辄止，不停地挖井，却一辈子喝不到水。很多才华横溢的人，会的事情太多，所以什么都干，到头来什么都没干成，就是因为没有将精力聚焦到一个点上。所以越是才华横溢的人越是干不成事，原因就在这里；傻瓜才赚钱，道理也在这里。因为他是“傻瓜”，他就会那么一点，也因为他是“傻瓜”，所以他别的也不会，也不去想，不去干，只知道在一条道上走到黑，这正是聚焦。最大的聚焦往往就是最大的成功。很多时候，概念越简单越好。

专有战略，专业化是钉子。产业部门或学业领域中根据产品生产或学界层面的不同过程而分成各业务部分，这个过程就是专业。专业化则是指一个普通的职业群体在一定时期内，逐渐符合专业标准，成为专门职业并获得相应专业地位的过程。人类社会发展，特别是在工业化进程中，专业分工精细化是极为重要的。美国著名企业家安迪·格鲁夫认为：“10倍速时代已经来临，我们的失败和成功都以10倍速的节奏进行。弱者更弱，强者更强，这是一种不可阻挡的必然趋势。我们必须清楚自己在行业中的位置。”在这种10倍速时代，如果我们没有强烈的危机感，那就什么也不要谈了，什么文化、计划都没有用了。因为产业的集中比预想的速度更快，很多企业有理念、有目标、有方法，但外部的发展超出我们的想象，专业化水平发展之快超出我们的想象。任何一个企业，都必须用专有战略思维去应对这个时代，营得竞争主动权。韩愈《师说》中“闻道有先后，术业有专攻，如是而已”，强调知道道理有先有后，技能学业各有专门研究。英国作家斯蒂文森说：“一个人应当摈弃那些令人心颤的杂念，全神贯注地走自己脚下的人生之路。”企业要生存与发展，必须为客户创造价值，并且优于竞争对手。这就要求企业为客户提供高价值的有竞争力的产品，在满足客户需要方面达到精准，而且具有好的稳定性。在这里，不专业肯定是不行的。一个好产品可以成就一个好公司，一个好产品可以成就一批经销商，一个好产品可以让农民增产增收，好的产品是企业第一竞争力，好产品来自于科技与专业化，也即专业化的科学管理，专业化的规范流程，专业化的精美品质。企业谋划专有战略，既要把产品做成钉子，去迎接坚硬的市场；又要用钉钉子的精神去推进产品专业化。

品牌专有战略，指以自己的专有品牌占有公众市场。品牌战略就是公司将品牌作为核心竞争力，以获取差别利润与价值的企业经营战略。品牌战略是市场经济中竞争的产物。战略的本质是塑造出企业的核心专长。品牌战略包括品牌形象、产品定位、发掘差异化、品牌核心价值等多方面因素。在经济全球化浪潮下，一些意识超前的企业纷纷运用品牌战略的利器，取得了竞争优势并逐渐发展壮大,从而确保企业的长远发展。在科技高度发达、信息快速传播的今天,产品、技术及管理诀窍等容易被对手模仿,难以成为核心专长,而品牌一旦树立,则不但有价值并且不可模仿。因为品牌是一种消费者认知,是一种心理感觉,这种认知和感觉不能被轻易模仿。联想创始人柳传志在谈到企业成功经验时说:领导者的任务主要是“定战略、搭班子、带队伍”。其中,定战略,就是进行战略选择。战略选择的前提是搞清楚自己是谁。也就是要“认识你自己”。实际上,认识自己最难,对自身了解的程度决定我们对外在世界研究的深度。“想做什么?能做什么?市场有需求吗?”这是任何企业在进行战略选择时都首先必须要考虑的。随着企业的发展和市场的变化,企业在不同阶段都需要进行“战略反思”,并根据情况进行产业升级和新的战略选择。战略选择集中体现企业的经营思想,既是企业经营的起点,又是企业目标的终点,但归根到底是企业专有品牌的选择。

战略作为一种高智商的思维方式,是对全局的筹划和谋略,是基于实现企业崇高使命和愿景的航标图。正确的战略选择必须把握好任何一个稍纵即逝的机遇,并且对发展变化趋势做出精确的预测和判断。李嘉诚的发迹也是在几个关键时刻成功把握趋势变迁的结果。李嘉诚开始是做塑胶花的,当他成了“塑胶花大王”之后,1967年香港地产大跌,他敏锐地感觉到未来香港经济必定会复苏,地产的长期趋势一定看涨,于是他趁低吸纳,趁机买进了很多地;到了20世纪80年代,香港地产果然狂涨,他又把地产抛掉,赚得大钱。后来他转而去做码头,也是赚得盆满钵满。他总是能够把握趋势的变迁,提前别人半步,这也正是他能成为巨富的原因。

细节论的主要观点

细节对做人、做事、做管理来说都有非常重要的意义。目前我们所处的时代是一个迅猛发展的时代,很多大的决策或者是战略方针路线,我们认为都是非常正确的,而且现在确实是英才辈出。在这种情况下又有另外一种可能会出现,那就是很多大的路线方针政策都很对,但是具体落实下去以后就走样、变形,甚至会完全失败。这种情况我们见得非常多。如果认真反观自己走的每一步路,会发现很多事我们自己没有做透。现在在西方非常强调执行力,所谓执行力就是在好的方针政策基础上如何把细节做到位。我们国家更应该强调把细节做到位,细节做到位,执行力就不存在问题。这个概念或者说这种理念对我们每一个人、每一个机构、每一个团队，甚至整个民族都是有必要谈一谈的。从这个角度来讲，应该说跟每个人都有关。

细节比战略更重要。战略和战术、宏观和微观，这之间的差别是很大的。一个普通公民能做的大事是非常少的，芸芸众生当中，能做大事的人特少。从个人力量来讲都是很微弱的，每个人都想着把自己的每一块，把自己岗位的事情做到位就OK了。从这个角度来说，绝大多数人都是做小事的。制定战略，每一个团队、每一个民族或者每一个国家都有一个核心在做这件事情。并不是每一个人都参与宏伟的战略，大家的意愿会通过很多细节表现出来，但是真正确定这个战略的时候还是少数高层的人员去负责。一个企业发展也一样，一个企业战略是需要人来定的，但并不是每一个员工都是来做战略的。我是某一个单位的人，这个单位的战略我能左右吗？不能左右，每个人把自己的事情做好，就是对战略的一种支持。不要因为战略而废弃这种细节。相对战术来讲，战略是一个大的东西，战略是思维推动的过程产生的一个结果，它是由若干个调查、研究、分析，经过淘汰得出的。不要把战略抽象去讲，如果战略的制定过程是很严密、科学的，也是很扣住细节的，这种战略犯错误的概率很小。所以，我们首先要了解清楚战略是怎么制定的。从企业管理上看，作为一个高级管理阶层或者老板阶层、总经理阶层，他们应该抓的事情就是三件：第一，制定和审核战略；第二，抓队伍的执行效率；第三，密切关注企业生存环境的变化。主要层面在相对宏观一点的层面，至少是中观一点的层面，其中很重要的是战略问题。但是把战略解剖下来，它也是通过大量的数据搜集、分析、整理，最后通过解剖、反复比较、优化得出来的，这样失误的可能性相对来说就小了。从另外一个角度来讲，一个普通的下层员工也好，或者说一个管理者也好，你很难断定战略是对的还是错的，很多东西在实施过程中无法确定它是对是错。从社会学意义来讲，很多东西的结论不是唯一的，它本无所谓对或错，只有合适不合适，是不是更合适。就像某一个企业说的，没有最好，只有更好。战略一开始也是这样的，如果一开始就提出来我是一个雄才大略的人，我就开始对这个战略提出疑问，如果大家都去这么想问题，那再好的战略也会垮掉的。所以我们不应该这么去想问题。当然曾经确实出现过战略的错误，但是绝大多数的战略错误还是因为细节没有做好，前面的调研、分析、解剖不到位。换句话说，从责任分析来说，真正战略错了也是上层负责，也不是你负责，我们应该把每个人该负的责任负起来，这个民族的力量就会非常强大。站在自己的岗位把自己的事情做好了，我想就可以了。

细节杜绝浮躁。现代社会有很多好的现象出现,但是在现阶段,作者个人认为还是有一些浮躁的现象。这种浮躁会使人们不屑于去做小事,总觉得我最了不起。现在整个民族素质确实提高了,但是每个人都觉得自己是做大事的,不去做小事,那整个社会就会越来越浮躁,整个社会的效率就会越来越低下。在日常生活中就会发现,很多小事没有人去做。现阶段的相对浮躁的心态跟三个内容有关系:第一,中华民族的传统文化相对来说抽象概念的东西多一点,很数据化的科学定律的东西少一些。还有中国人讨论问题,经常用一些概数来讨论。一个人从深圳过来问北京的一个朋友多冷多少度,朋友就说挺冷的。那挺冷的到底是多冷?说不准确。事实上他如果说最低气温是零下3度,事情就清楚了。第二,为什么这个时代显得特别浮躁?这跟我们"文革"阶段相对来说过于禁锢有一定关系。从一个黑仓里面跑出来的一个人,跑的方向可能是胡乱的。我们民族一旦从过去的这种状态冲出来以后,刚刚打开禁锢,有些事情方向性还不明确,必然出现很多浮躁的东西,这种浮躁也许是成长的必然,不能用对不对来衡量,但是浮躁的现实是存在的。这种浮躁跟这段历史过于禁锢有一定关系。第三,现在的浮躁跟整个全民的教育,特别是舆论的引导不到位或者是偏差有一定关系。任何民族都有它自己的优势,我们一概而论说哪个民族是优秀的,哪个民族是劣等的,这是狭隘的民族主义,我们应该以更博爱的心态看整个人类。各个民族都有自己的优点,中华民族有自己的传统文化,有我们有优势的地方,但是我们的文化在某些阶段看来不一定是有意义或者是有利的东西。如德国、日本这样的民族,他们有一些我们所不欢迎或者不支持的概念,但是他们确实也有一些东西是我们很难做到而又必须学会的东西,比如严谨的态度。所以舆论的导向太过于强调特别成功的、巨大的成功或者突然成功的,那种东西宣传得过多,也会使人心浮躁。加上博彩事业的出现,也会有一些负引导,使得大家总觉得要快、要迅速地获得什么,这样就会影响大家做事的心态。意思就是我们现在相对比较浮躁的心态,把事情落不实,跟这些东西有一定关系,跟历史,跟我们过去的封闭,跟现在舆论的引导是有一定关系的。所以我们应该重新强调。比如邓小平曾经在20世纪90年代初期讲过一句话,他说我们政府最大的一个失误就是对教育重视得不够。当时理解这种教育不是指学历教育或者是学生教育,而是指全民素质的教育。整个社会这种素质教育不到位或者导向出了一些问题。这些年来我们引导的东西是什么?暴富的、速效的、速成的,给社会的感觉是必须一夜致富,必须一夜成名。当然历史给了我们一部分人这样的机会,但是绝大多数人是不可能的，绝大多数的普通人只能是过普通的生活，逐渐地推进自己，提高能力，获取自己的利益。

最大的浪费是选择的浪费。坚定地做一件事，做到位了，做成功了，社会自然不负于你，这是一个朴素的认识。成功的定义不需要去谈，因为很难界定，不要轻言成功与失败。成功与否从某种意义上来讲是对某种责任是不是承担了。你从小学考上中学了，那你就成功了，为人父、为人母，养育了子女，从这方面来说你是成功了。不要太浮躁了，一下子想搞这个，一下子想搞那个，绝大多数人是不需要反复去寻找的，你看准一件事情，你就狠狠地扎下去做。只要你咬定青山不放松，一直做下去，肯定会成功。从营销领域来讲，现在中国的营销是缺少专家的，严格来说中国专家团队没有出现，虽然有很多号称专家，但事实上，真正的专家是没有的。正因为没有，每个人都有成为专家的可能，关键是看你是不是认真去做了。我们老是去选择，老是去比较，老是想找最快的一条路去走，这就麻烦了。最大的浪费是选择的浪费，并不能因为这句话，人生就不能做出选择。我们做了一个基本的选择以后，就不要反复地去淘汰，反复地去变。因为人生真正能做事的时间是不长的，30岁以前可能是学习、调整、尝试的阶段，到了50岁以后，可能因为身体的原因，思维的原因，体力、精力的原因，又跟不上了。很多人大概就是20年到30年真正旺盛的工作时间，如果这个时间你反复调整，变来变去，可能就会非常误事。

把细节做好，最重要的第一是认识，第二是训练。曾国藩对于家庭的管理，著名的几个字叫作“书蔬鱼猪、早扫考宝”，读书、种蔬菜、养鱼、养猪为居家之事；起早、打扫洁净、诚修祭祀、善待亲族邻里，是治家之法。有一句话是这样说的，勉强成习惯，习惯成自然。一开始是很勉强自己的，按照某一种步骤进行训练，这样习惯了就自然了。现在每一个机构或者每一个团队都需要强调格式化，进入团队以后需要进行格式化，需要进行很多操作规范的培训，这个非常重要。现在很多东西都做出来了，但是没有很好地演练和培训。现在我们的管理，严格来说是很幼稚的，提出了很多很高的管理理念，殊不知我们最基本的管理训练都没有做。大量的企业员工新进企业，简单的训练就是开开会，讲讲企业的历史，把制度布置下去。至于他手上做的事应该通过多长时间训练到位，该怎么做，没有。在一个大学财会班的课堂上，老师把一张空白增值税发票复印成卷子发给学生填写，结果50个本科会计专业学生只有2个人填对。这个作为练习无所谓，但是在企业做事，这样做就完了。你第一次错了别人会很不高兴，第二次错了别人就觉得你这个人不行了,第三次错了老板就可能不用你了。任何小事都需要训练,团队需要格式化,员工需要训练。欧洲国家做过一个研究,说一个20岁出头的小伙子招进一个企业,从一般的管理干部到高级干部,到60岁退休,中间差不多40年时间的培养。这个培养过程大概需要付出多少费用呢?据说是75万英镑。在欧美国家,一般的公司,50万英镑就要董事会做决策,但是用一个人却没有慎重的决策。我们国家更是如此,一个一个员工进来,可能就是某个人看顺眼就进来了,也没有持续的训练,搞人生规划设计,没有那么复杂,我们做的就很简单,你进来了就先干吧,事实上这是有成本的。如何把细节做好,最重要的,第一就是认识,第二就是训练。团队就是格式化。什么叫团队?经过格式化的模式,达到一定默契的队伍就叫团队,否则只能叫乌合之众。乌合之众是不可能有战斗力的。所以必须非常严格地要求格式化的操作。我们现在很多事就是因为意识不到位,事情做得非常粗糙。很多事情你不去严格要求,不去训练,就会永远停留在当前的水平上。

战略论的主要观点

战略决定成败。细节决定成败要有一个前提,那就是在战略正确的前提下。只有战略正确,细节才会有意义,执行才会有意义。如果只顾细节,忽视战略,盲目执行,不管方向,那就是只见树木,不见森林。如果战略错误,细节再完美也无济于事,细节越完美,执行力度越大,在细节上下的功夫越大,越是背道而驰,在错误的道路上走得越远,浪费的人力、物力、财力即社会资源越多,危害越大。因此,正确的观点应该是战略决定成败。战略性错误是不能犯的,一个战略性错误可能导致整个企业全军覆没,整个人生一败涂地,而且永无东山再起之日。大失误是战略,小失误是细节,战略错了回天无力,细节错了还有改进的余地。对于一艘驶错了方向的航船来说,任何来风都是逆风;同样道理,对于一个犯了战略性错误的企业和个人来说,任何细节上的改进都没有意义。

战略创造奇迹。正确的战略创新能够创造营销奇迹。中国的营销环境与20年前相比,媒体的数量平均增加了100倍(以前一个地区往往只有一两种平面媒体,现在则有一二百种),媒体的版面或频道平均又扩大了几十倍(以前一张报纸四个版,现在则有四十个版;以前电视几个频道,现在则有几十个频道),媒体的价格却又平均上涨了数十倍(同样版面或时段的广告价格不降反涨),而广告的数量又平均增加了上百倍(做生意的多了,东西不好卖了,竞争白热化了,结果都挤到了广告这条羊肠小道上来了)，$10\times10\times10\times10=10^4$，广告效果被稀释成了原来的万分之一，人们的注意力被稀释成了原来的万分之一，花同样的钱做广告，只能达到20年前的万分之一的效果！如果我们的企业只在现有平面或影视媒体广告的创意和制作上也即在广告策划的细节上下功夫(包括给广告大师、创意大师、影视制作大师多下银子)，那么也就只能是在既有的万分之一的营销环境上下功夫。广告效果增加一倍，也不过增加万分之一——由万分之一增加到万分之二——而已，微不足道，怎么也不可能将广告效果提升一万倍，因为这种细节上的策划和创意不可能突破万分之一的营销环境本身。但是，战略却能做到这一点。运用战略，任何一个企业、企业家、品牌、产品等等只需用100万元营销费用便可打造家喻户晓的社会热点，而一家企业、一名企业家、一个产品、一个品牌若要家喻户晓，用传统做广告的方法在现今的万分之一效果广告环境下，无论细节上怎么设计策划，至少得耗费上亿资金！换句话说，这项战略的策划或营销战略的创新即可用100万元达到1亿元的广告效果，一下子将广告效果提升一万倍！因为现在还没有人知道这种战略，还没有人把它当作一种营销手段，这就像还没有人想到用小报来营销的时候，三株用它创造了年销售80亿元的奇迹，还没有人做广告的时候，第一代民营企业家曾经靠它一夜暴发，成了中国最早的一批亿万富翁，这得归功于突破万分之一营销环境的战略策划和营销创新战略。

正确的战略创新可以创造房地产、旅游和林地产奇迹。房地产存在三大宏观障碍：一房子太大了，二存在地域局限性，三购买房子的决策太过重大。所有有关房地产营销乃至整个房地产领域的各种细节策划都不可能改变这三大宏观障碍。所有人文景观或旅游主题公园的各种细节策划都不可能逃脱这样一种结局：先投入巨资建设，历时若干年建成对外开放才能开始卖门票收钱，又要历时若干年才能收回投资，但猎奇式的旅游景点人们往往只看一次就够了，结果新建的主题公园只是火爆了头几年就门可罗雀，而投资者此时往往连本钱都还没有收回来，所以百分之九十以上的主题公园都处于亏损状态。植树造林更是赔本也不赚吆喝的买卖，几十年树一木，种树、砍树、卖树的传统经营方式周期太长，入难敷出，所以尽管党中央、国务院、全国人大常委会不断为此发出号召、做出指示、下达文件，但绿化造林的速度总也赶不上沙漠化的速度，每年进口木材又耗费了大量国家外汇，纸张的价格还一路上涨。战略论者跳出传统植树造林的细节、房地产开发和营销的细节以及旅游主题公园建设的细节，从单纯的植树造林中策划出一个树的文化产业，使植树不仅不花钱，还反过来让植树人掏钱，让植树的过程成为收钱的过程，并使之与旅游业嫁接，公园还没有建就可以先卖门票后建公园，使之与房地产嫁接，一举打破房地产业的三大宏观障碍，可以将房子拆开来卖，将一套房子卖遍全世界，而且卖得跟送一样快，而这一切都源于一个战略的策划。

正确的战略创新可以解决奥运会的大问题。奥运徽标的设计、奥运场馆的设计等等，都是细节，这些细节确实也很重要，但是光靠这些细节的精耕细作是否就可以解决2800亿资金的来源，2800亿资金投进去之后又如何收回并赚钱，巨额投资建成的庞大奥运场馆和记者村、奥运村等奥运设施后续如何利用，兑现中国奥委会对国际社会所做的承诺——要使北京奥运会成为“有史以来最伟大的一次奥运会”，“为中国和世界体育留下一份独一无二的遗产”，以及解决北京绿化和沙尘暴问题，体现人文奥运、科技奥运、绿色奥运三大主题等问题了呢？显然不足以。要解决这些大问题，有赖于对整个2008年北京奥运会的运作模式进行战略策划，超越尤伯罗斯创立的奥运会商业化运作模式，而不是在尤氏模式的细节上下功夫。为2008年北京奥运会创设一套全新的运作模式，一揽子解决上述各种问题，这显然得益于战略。

正确的战略创新可以拯救一个城市。城市徽标的设计显然属于一个城市经营的细节。香港曾经聘请了由一系列世界顶级设计、咨询、调查机构组成的“联合舰队”为其做形象策划，历时一年，耗资900万港币，结果拿出来的竟是一个早已被我们沈阳的姜伟先生广告打得家喻户晓的“飞龙”标志。一个好的标志的策划设计对一个战略正确的城市来说或许是重要的，但对一个迷失了战略方向的衰落中的城市来说，战略的校正和围绕着战略而进行的整体策划的意义无疑更加重大。1997年，何学林曾经首开中国城市整体策划之先河，对珠海这座城市进行了整体大策划，包括“世界婚礼文化名城”的城市发展战略定位、“世界情爱史诗画廊雕塑工程”的情侣路开发工程、“世界婚礼大广场”的主体建筑、“爱情岛”及“海枯石烂”等标志性景点建设、“百万移民工程”的珠海命运1号工程、“世界婚礼文化艺术节”以及“世纪大婚礼”等大型活动等等。那么对珠海这样的城市来说，究竟是标志这样的细节重要，还是“珠海城市整体大策划”这样的战略系统工程更有价值？相信读者自会得出正确的结论：一个城市徽标设计的好坏不可能决定这个城市的兴衰成败，但战略却能。

所有这一切都不是细节能够做到的，而战略却能。一提起战略，人们会认为太抽象，太空洞了，企业老板们常常会这样说，战略问题不用谈，要达到什么样的目标，我自己最清楚，不用你们来说。其实，战略不是一个随心所欲的目标或一句空洞的口号，它是基于对特定历史时期特有经济规律的深刻把握、对宏观环境和行业动态的透彻理解、对竞争对手和自身竞争能力的深入了解等等而采取的经营方略，并要随着企业运行环境，行业、竞争对手和自身情况的变化而不断调整。那么战略是不是很复杂、很高深莫测的呢？战略有没有简单易行的规律可循呢？何学林提出了21个显而易见的战略问题，这是在总结中外无数企业成败案例的基础上提炼出来的“放之四海而皆准”的战略问题，并以大量中外企业成败的案例为证。一个人或一家企业如果遵循了这些战略，将事半功倍，人生将会取得辉煌成就，企业将长盛不衰；而如果违背这些战略，一个才华横溢的人也可能终其一身碌碌无为，企业则必将走向灭亡。

战略不是因为复杂而犯错误，战略经常因为不被正确认识和重视而犯错误。无论员工还是老板，都必须树立战略至上的观念。如果员工都没有正确的战略观念，他们也就不可能正确领会领导和老板的战略意图，而不能正确领会领导和老板战略意图的员工，他的执行必然是被动和消极的，这既加大了公司的管理成本和难度，也无法使员工真正将每个细节都执行到位。拿破仑说：“不想当将军的士兵不是好士兵。”套用这句拿破仑的话：“不想当老板的员工不是好员工。”而不懂得把握战略的员工，永远当不了大老板。当你准备“关注细节”，打算把“小事做细”、将“细节做透”之前，请先关注一下你的战略是否正确；当你正埋首于细节，为成为一名好员工而努力奋斗的时候，请你学会把握正确的战略方向。

战略与细节：谁能决定成败？

时代需要细节。近年来我国经济社会的快速发展，让我们在不知不觉中步入到一个浮躁的时代。有人想一夜暴富，却很少有人能多点耐心老老实实地做好一件事情，认认真真地干好一份工作。有人想一夜成名，却很少有人能静下心来踏踏实实地苦读寒窗、苦练内功以积蓄力量。甚至这种浮躁心态，也或多或少地传染给了一些企业。不少企业将《细节决定成败》这本书列入了员工必读书目，更有企业不惜花费巨资成千上万本地买回去，人手一册地发给员工去读，甚至还要员工在阅读后写出心得体会什么的。这一切都说明随着企业改革的深化与竞争的加剧，企业领导人已深刻体会到，要搞好管理就必须把管理落实到基层，体现到实践的具体环节上。否则道理讲得再好、再重要却不去付诸实施，不去解决实际存在的问题,结果都必将于事无补。如果我们不能静下心来认认真真地做事、踏踏实实地工作,而且把每项工作都做细、做到位,一切都将无从谈起。细节主义应运而生,并很快成为一种很流行的观点,说明在我们今天这个急功近利和浮躁风气严重的时代,非常需要更加重视细节。

时代需要战略。经济全球化时代,任何一个企业的发展,都与世界经济的变化息息相关。中国最需要解决的是企业的发展问题。而中国企业发展的根源恰恰是在战略,第二代中国企业要想立于不败之地也有赖于正确的战略。改革开放以来,中国企业所犯下的最大错误是战略性错误,最普遍的错误也是战略错误,更可怕的错误是企业家们根本不知道自己所犯的错误是战略性错误。许多企业日复一日地在错误的道路上越走越远,就是因为不知道自己在战略上有什么错误。中国企业最薄弱的环节是战略环节,最大的误区是战略的误区,最需要转变的是对战略的偏见,最缺乏的能力是制定正确战略的能力,最应当提高的是战略管理水平。从这个意义上讲,我们这个时代是需要战略的。

抛弃非左即右的思想。战略和细节这两者中,究竟谁能决定成败呢?对这个问题我们实在用不着钻牛角尖,因为非左即右绝对不是考虑和解决问题的正确方法,我们既不可能为了强调战略而忽视细节或执行力,更不可能为了突出细节或执行力而淡化战略。这其中并没有非对即错的关系,只是对于不同的员工有着不同的侧重点罢了。企业组织中,员工从职责上看大致可以划分为两大类,一类是领导层或决策层,一类是执行层。两者之间的关系并非是独立的,只有相互配合才能形成一个组织严密的整体。对于执行层而言,在实施企业目标时必须注意细节和执行力,从而使企业的目标能够得以层层落实下去。但对于领导层或者是决策层来说,如果最终被日常琐碎的工作和细节所淹没,甚至是事无巨细,“事必躬亲”,而不是将更多的时间和精力投入到考虑企业的战略发展中去的话,那么这样的人是绝对成不了企业家的,充其量也不过是个工头儿罢了。从这点来说,战略与细节之间并不存在多大的矛盾,也不存在过多的冲突,甚至二者之间还互为补充。任何一家企业,只有既具备明确的、正确的战略,又拥有可靠的细节和执行力时,才能最终走向成功。

对于任何一个梦想成功的人而言,必须既拥有战略,又掌握细节。

第四章

学会调查研究

■ 什么是调查研究?

■ 调查研究的重要意义

■ 如何开展调查研究

■ 调查研究的成果运用

■ 我们的观点

第四章　学会调查研究

在一次规模较大的党委系统文秘干部培训班上，我做过一个题为《调查研究——事业成功的起点》的讲座。因为很受听者欢迎，也对我有些启发，所以我想，调查研究应该成为每个人走向成熟、走向成功的思想和行动。

秘书部门的各项工作，大至研究和贯彻政策，向领导提供建议，起草文件、报告，小至处理一个文件，安排一次会议，这些都离不开调查研究。通过调查研究为领导提供第一手材料，能够帮助领导周密考虑问题，做出正确决策，有效防止和纠正工作中的失误和偏差。对于每一个想成功的人而言，一切都要从调查研究开始。当然，我这里不是鼓励所有的人都去从事文秘工作，只是鼓励大家要把调查研究作为一种路径和方法。我当时就讲，不求诲人不倦，只期抛砖引玉。今天我还是这个观点。

什么是调查研究？

调查研究，辞海是这样解释的："调"是一种动态，有调动、调配、调整等意，包括事态和物态；"查"，指检查、考察，包括耳闻目睹和查阅资料；"调查"就是深入实际，通过各种方式（多指到现场）取得并掌握客观世界的各种实际情况。"研"，是细磨的意思，"究"，是仔细推求，组合起来就是根据所掌握的情况和材料，运用马克思主义的立场、观点和方法，进行科学的分析、归纳，以探求客观事物的本质和规律。

一个人刚参加工作到一个新单位，领导让你先熟悉情况，从这时起你便开始了调查研究。你就要了解，这个单位人数多少、领导多少、男女多少、主要都承担什么工作、每个人的性格爱好，甚至会得出自己将承担什么工作的结论。农村有一个男青年，通过介绍人介绍了一个对象。一般先是男到女家相亲，但过后女方就要到男方家去看家。因为她要嫁到这个家庭生活，自然要了解这个家庭的状况。于是,男方家里经过一番准备,迎接女方来看家。女方到男方家经过实地考察,当然,此前通过别人也有所了解,但只是间接的,这次实地考察则为直接的,了解了这家的经济来源,土地、人口、机械、房屋等情况,得出了结论,认为这家条件不错,负担轻,人也好,最终她就做出了嫁给这家小伙的决策。这个看家的过程,就是一个完整的调查研究过程。我说到这里的时候,听者都笑了起来,但这是事实。

也许有人会说,把这种情况也叫调查研究,未免太简单了。其实,我们不能把调查研究当作领导干部或者公务人员的专用名词和附属品。事实上,调查研究无高低贵贱之分。我们不能把调查研究神秘化,它是大众的、人民的,离不开生活的土壤。不能说干部去了解情况就是调查研究,就显得有多高贵;也不能说农民要弄清楚什么事就不是调查研究,就显得庸俗。

调查和研究是相辅相成的两个环节,都要求一个"深"字。调查这个环节最重要的是查,研究这个环节最重要的是究。概括地说,就是对客观实际情况的调查了解和分析研究,是辩证唯物主义认识论在实际工作中的具体运用。

调查研究作为一种工作方式和工作方法,它不是我们的工作目的,而是我们达到目的的一个手段、工具,是各行各业都需要的最常用的方法,尤其对于各级领导干部及公务员来说是最基本的要求,是我们工作的基本功。特别对于党政机关从事政务服务和管理工作的人员,时刻都离不开调查研究,它是培养、锻炼并提高战略思维、分析能力的有效途径,是当好参谋助手必备的一个最基本的素质。因此,学习、掌握、实践调查研究这一工作方法,是党政机关和国家公务人员,甚至各行各业工作人员都必须做的一项重要工作,是每个人实现人生价值的一个重要手段。

调查研究的重要意义

对于党政机关的秘书部门及工作人员来说,在调查研究中可以统一思想认识,可以解决前进道路中出现的新问题,可以帮助领导和上级部门做出正确的决策,进而推动各项工作的落实。重视调查研究也是我们党的优良传统。

长期以来,我们党始终以调查研究为前提和依据,从国情出发,创造性地走出了一条中国革命和建设的成功之路。我们党的领导同志都非常重视调查研究工作,并有一系列精辟论述。毛泽东同志曾经写出了许多掷地有声、影响深远的调查报告,并做出了"没有调查,就没有发言权"的著名论断。毛泽东主席的许多文章都是调查报告的范文。如第一次国内革命战争时期的《中国社会各阶级的分析》《湖南农民运动考察报告》,第二次国内革命战争时期的《中国的红色政权为什么能够存在?》《井冈山的斗争》《关于纠正党内的错误思想》《星星之火,可以燎原》《反对本本主义》等。

邓小平同志在总结中国革命和建设经验教训,进行深入调查研究的基础上,创立了中国特色社会主义理论。邓小平同志是四川人,四川人最爱吃火锅,也经常吃火锅。火锅中有一种鸳鸯锅,用一个隔条把一个锅分成两半,一半是白汤,一半是红汤。传说有一次邓小平同志和西方某国外宾吃鸳鸯锅,他曾风趣地说:红汤是社会主义,白汤是资本主义,咱们今天是"一锅两制"。此后,小平同志提出了"一国两制"的伟大构想。有人说,"一国两制"是小平同志从吃火锅一个锅的两种吃法中悟出来的,其实,这是小平同志在对中国国情和港澳台情况充分调查研究的基础上得出来的。有一次,我们到澳门去考察,看到澳门地方小、道路窄、交通不便,听人们说近些年来发展很慢。澳门与珠海相连,珠海是经济特区,发展快,天宽地广,交通便利。澳门实行的是资本主义制度,珠海实行的是社会主义制度。于是,导游给我们说,资本主义的路越走越窄,社会主义的路越走越宽。这虽然是一句风趣幽默的话,但至少是导游从澳门和珠海地理条件的实际出发,经过调查研究,自己感悟出的幽默。

江泽民同志强调指出:"调查研究是谋事之基、成事之道,没有调查就没有发言权,没有调查就更没有决策权。"这里的"基",就是说想要做好一件事情,必须先去调查研究;这里的"道",就是说想要做成一件事情,必须先去调查研究。

胡锦涛同志强调指出,要在全党弘扬求真务实精神,大兴求真务实之风,要求我们调查研究要真调查研究,而不是假调查研究。求真务实从本质上讲就是更深入的调查研究,是一种对调查研究要求的更高的境界。

习近平同志强调指出,重视调查研究,是我们党在革命、建设、改革各个历史时期做好领导工作的重要传家宝。马克思主义的辩证唯物主义、历史唯物主义世界观和方法论,党的实事求是的思想路线,党的从群众中来、到群众中去的根本工作路线,都要求我们的领导工作和领导干部必须始终坚持和不断加强调查研究。只有这样,才能真正做到一切从实际出发,理论联系实际,实事求是,真正保持党同人民群众的密切联系,也才能从根本上保证党的路线方针政策和各项决策的正确制定与贯彻执行,保证我们在工作中尽可能防止和减少失误,即使发生了失误也能迅速得到纠正而又继续胜利前进。

悉心体会我们党的领导同志的论述，调查研究从不同角度看，体现出多方面的重要意义：

第一，从调查研究和科学决策的关系来看，没有调查研究就没有发言权，就没有决策权，也就没有指导权。知情是决策的基础，而情况掌握得全不全、准不准，取决于调查研究深不深、实不实、细不细、准不准。对于一个地方来讲，随着改革开放和经济建设的深入进行，我们面临着诸如企业改制、经济转型、农业产业化、新型工业化等许多矛盾和问题，各级领导干部深入实际做艰苦细致的调查研究，广泛征求党内外干部群众的意见，做出正确的决策，不但解决了矛盾和问题，也推动了经济发展。

第二，从调查研究同马克思主义认识论的关系来看，调查研究是联结理论和实践的桥梁纽带。深入实际，调查研究，是马克思主义认识论的必然要求，也是马克思主义认识论的具体体现。实践—认识—再实践—再认识的过程，也是调查—研究—再调查—再研究的过程。调查的过程就是深入实践的过程，研究的过程就是理论升华的过程，通过调查研究将实践与理论有机结合起来，以求有效地指导工作；同时，重视决策后的跟踪反馈，汲取专家学者的意见，倾听群众呼声，不断调整方针政策，做到理论实践相联系。

第三，从调查研究与党的群众路线的关系来看，调查研究是党密切联系群众的重要渠道。调查研究必然要求干部深入基层，深入群众，体察民情，了解民意，有利于干部转变作风，密切党同人民群众的联系。从这个意义上说，调查研究的过程，也是密切联系群众的过程。从群众层面来讲，调查研究能够近距离接触群众，走近群众；能够了解群众的疾苦，倾听群众的呼声；能够解决群众的困难和问题，人民群众会永远记住你。从干部层面来讲，调查研究会改变你的态度，"态度决定一切"，调查研究让你亲近人民群众；能够使你掌握第一手资料，使你的工作更务实；能够磨炼意志，提高工作水平，转变作风，建立威信。

在当前面临许多新情况、新问题的情况下，尤其要通过调查研究，提高对新事物的认识水平，不断创新工作方法，及时了解和把握社会热点问题，及时解决人民群众关心的突出问题。这种调查研究的方法，不仅有助于使决策建立在实事求是的基础上，而且能够密切党和人民群众的关系。从事政务服务和管理工作人员的责任就在于将群众分散的意见形成系统的、合理的意见，同时把决策形成群众的行为。只有这样，才能从基层发现有广泛影响的新情况，也可以发现群众在改革上的新创造，进而不断推动改革工作，收到实效，防止形式主义和官僚作风，密切党群关系。

第四，从调查研究与干部队伍建设的关系看，调查研究是干部锻炼成长的有效途径。学习是干部成长的必由之路。而读书是学习，实践是学习，调查研究是一种更重要的学习。通过实际的调查，用所学的理论去分析问题，这样理论才能被自己所掌握，理论政策水平、分析解决问题的能力才能不断提高，才能建设一支紧跟时代、求真务实、素质较高的干部队伍。

第五，从市场经济与企业管理的关系看，调查研究是企业在适应市场中不断发展壮大所必需的管理手段。一个企业，三分生产，七分管理。管理不是一成不变的，也是需要不断调整的，大的调整是特殊的，小的调整则是普遍的，所有的调整都必须从调查研究开始。重视调查研究，可以使一个企业走向新生；忽视了调查研究，可以使一个企业走向衰亡。

由于对调查研究的态度不同，同类事件两种态度，导致了两个“巨人”型企业的不同结局，这就是中国的三株公司和美国的强生公司。

20世纪80年代末90年代初，中国三株公司曾在短短三年时间内，销售额提高了64倍，达到80多亿元。三株公司总裁吴炳新曾自豪地说：“中国第一大营销网络是邮政网，第二大网络是三株网。”但是，一个湖南常德事件，一篇《八瓶三株口服液喝死一老汉》的报道，使拥有15万员工的三株这个庞然大物轰然倒下，重要原因除了管理问题外，一个直接原因是对发生的突然事件没有认真调查研究、妥善处理，而把精力放在与小报打官司上，结果是官司赢了，企业倒了。

而同类事件，美国强生公司采取不同的处理办法，得到了另一种结局。

强生公司生产的一种泰乐诺胶囊是一种止痛药，1981年就销售43.5亿美元，占公司总销售额的7%，该产品利润收益占公司总利润的17%。1982年9月末的一天，一位叫亚当·杰努斯的患者服了一粒泰乐诺后当天死亡，同一天，另一对服了泰乐诺的夫妇，也在两天后死亡。消息传遍了美国，强生公司的止痛药市场份额一度从35.3%下跌到不足7%，公司面临巨大危机。强生公司迅速做出反应：一是调查并澄清事实，不惜重金聘请美国联邦调查局和州100多名侦探，追查了2000多条线索，研究了57份报告。二是为媒体提供准确消息，通过调查研究得出结论，有毒胶囊是有人从药店买了成品，掺入氢化物后又退回药店，并不是强生公司生产中出了问题。三是采取一系列相应措施。中毒事件发生后，扔掉泰乐诺的客户，只要打一个电话，会获得2.5美元赠券；向客户宣传新发明的防破坏包装，增强人们的信任感。通过8个月的工作，公司重新赢得了35%的市场份额，渡过了这场巨大的危机。

如何开展调查研究

毛泽东指出：一切事情是要人做的，做就必须先有人根据客观事实，引出思想、道理、意见，提出计划、方针、政策、战略、战术，方能做得好。从客观实际出发，才能形成正确的思想和意识。

调查研究的过程实际上就是坚持实事求是的过程。实事求是是马克思主义的精髓，是毛泽东思想、邓小平理论、“三个代表”重要思想和科学发展观的精髓。离开了实事求是这一根本思想路线，调查研究就成了水中月、镜中花，无法反映客观实际和基本规律。

调查研究的过程也是解放思想的过程。离开了解放思想，调查研究只能是教条的、僵化的、形而上学的，对具体问题的指导只能是生搬硬套、空洞无物的。

调查研究的过程还是与时俱进的过程。通过调查研究，创新工作思路，创新工作形式，创新工作方法，实现新的发展。

调查研究的过程更是求真务实的过程。在调查研究中要坚持做到求深、求实、求细、求准、求效，使调查研究成为决策的必须程序，贯穿于科学决策的全过程。

（一）调查研究的步骤和程序

1.明确调研目的（主题）。要搞一次调研，首先要明确这次调研的目的，针对什么问题而调研。领导交给你的任务或者你有什么疑问，首先要理解领导的意图，明确自己的目的。比如是要制定一个人事方面的政策，还是要出台哪方面的政策，还是自己要弄清一个什么问题。

2.制定调研方案（形式）。根据领导的安排或调研的目的，无论大小，调研方案都应该有，它包括调研的时限，起止时间，调研的参加人员，调研的组织机构，调研的范围，采取什么样的方式和途径，是会议调研，还是讨论、谈话、实地考察，或查阅相关资料，调研的形式和内容，还有费用预算等，这些在方案中都应有所考虑。

3.拟订调研提纲（内容）。它是根据调研目的拟订的，是调研的主要内容，可以将需要了解的内容都列出来。提纲应围绕调研的目的，不需要过长，应简明精练，重点突出。在实际调查中，还要根据变化了的真实情况及时调整方案及提纲。

4.深入实际调查（调查的过程）。调研的外延很广，包括宏观调查、微观调查、直接调查、间接调查、重点调查、普通调查等。可以问、听、看、查、记录,也可以录音、录像等,总之,要做到原始真实,不走样儿,力求原汁原味。坚决反对道听途说、马虎应对,提倡亲自出马做直接调查。

毛泽东的《反对本本主义》是深入实际调查研究的代表作品。

1957年2月,福建省上杭茶山公社官山大队一位叫赖茂基的农民,把自己珍藏了27年的一本油印的小册子作为革命文物贡献出来,使这篇重要的历史文献重新问世。毛泽东听到这个消息后,非常高兴地说:"失散多年的'孩子'终于找回来了。"这本油印小册子就是毛泽东于1930年5月在寻乌县写的《调查工作》。

1930年5月,为了纠正党内和红军中存在的严重教条主义思想,引导人们从迷信外国经验的框框中解脱出来,毛泽东选定闽、粤、赣三省交界的寻乌县城,进行实地调查。因该县具有很强的代表性,弄清了这个县的情况,周围各县的情况也就了解了。毛泽东在县委书记古柏的陪同下,考察了寻乌县,并通过古柏的介绍,认识了"县城通"郭友梅、范大明两位老先生。毛泽东掌握的寻乌城的情况,大部分是由这两位老先生提供的。调查中,毛泽东采取了全方位的调查方式,对全城21个行业、131家大小商店的历史,以及全县7个区大中地主的剥削形式进行了深入细致的考察,并召集社会各阶层代表人物开了十多天调查会,掌握了大量第一手材料。毛泽东同志在总结调查研究经验的基础上,写下了《调查工作》(后改为《反对本本主义》)。这是毛泽东为反对教条主义所写的最早的一篇哲学名著,也是毛泽东所重视和心爱的作品。在文章中,毛泽东提出了"没有调查,就没有发言权"的著名论断。

《调查工作》一文写出后,于同年8月由中共闽西特委印成小册子,在苏区广为散发。由于反"围剿"作战频繁,环境恶劣,这篇文章的手稿、油印本大部散失,仅存的一本流入上杭农民赖茂基手里。赖茂基得到这篇著作后,冒着生命危险把它保存了下来,直到1957年献出。毛泽东见到这篇阔别数十年的文章时,喜悦之情溢于言表。1964年6月,《调查工作》收入《毛泽东著作选读》公开发表。为感谢这篇文章的保存人赖茂基,毛泽东曾专门指示接他来北京一叙,并参观游览。后因十年"文革"动乱,此事一直未办。直到1974年,有关部门又根据毛泽东指示,派人到福建上杭县查询赖茂基的下落,不料赖茂基已在一年前去世了。

毛泽东同志《反对本本主义》一文中,讲的第一个问题就是"没有调查,就没有发言权"。正文中第一句话是"你对于某个问题没有调查,就停止你对于某个问题的发言权"。"许多的同志都成天地闭着眼睛在那里瞎说,这是共产党员的耻辱。岂有共产党员而可以闭着眼睛说一顿的吗?”进入新世纪新阶段,在当今社会,在我们的党政机关,在我们的领导班子和干部队伍中,仍然有那么一些人,不深入实际,不调查研究,成天坐在办公室里闭着眼睛在那里瞎说。

这使我想起了给猫挂铃铛的故事。

几只老鼠在一起商量:怎么样才能使猫一出来我们就知道呢?老鼠们想了半天后,一只聪明的老鼠说:“我们给猫把铃铛挂上,这样猫一出来我们就知道了,也就不会被猫捉住了。”老鼠们齐声说,这个办法好,实在好,就是好,好的不能再好。那么,如何才能给猫把铃铛挂上,谁也没有去想。真是:猫挂铃铛,鼠辈空谈,人类笑谈。光有想法,而难以操作。

5.材料归集整理(研究的过程)。这是一个思考和研究的过程,是把调查掌握的第一手资料上升为理性认识,要做到去伪存真、去粗取精、由此及彼、由表及里,找出有规律性和普遍性的东西。

毛泽东主席在《湖南农民运动考察报告》中,对当时农村的社会和阶级问题就进行了很好的归类提炼。梳理出的问题,从现象分析到本质:一是农民运动的严重性。农民运动风起云涌,三种态度,前头领导,后头指手画脚地批评,对面反对。二是组织起来。农民运动发展的两个时期,组织时期和革命时期。三是打倒土豪劣绅,一切权力归农会。这是农民运动的目的。四是“糟的很”和“好的很”。这是对农民运动的两种评价。五是所谓过分问题。其实不过分。六是所谓“痞子运动”。国民党右派言论。七是革命先锋。对于农民革命队伍内部出现的问题如何处理,教育引导。八是十四件大事。将农民组织在农会里;政治上打击地方;经济上打击地主;推翻土豪劣绅的封建统治,打倒都团政权机关;推翻地主武装,建立农民武装;推翻县官老爷衙门差役的政权;推翻族权、神权和男权;普及政治宣传;农民诸禁,牌、赌、毒;清匪;废苛捐;文化运动与农民学校;合作社运动;修道路修塘坝。总结归纳,以上十四件事都是农民在农会领导下做出来的。对湖南农民运动的充分肯定,对反对农民运动的国民党右派的强有力批驳,称其为“叶公好龙”,与“唤醒民众”相悖。

6.形成调查报告(结论)。在调查报告里,要交代调研的过程、目的,但最终的落脚点是要提出解决问题的对策或意见,这是调查报告的核心,是调研成果的体现。

一个人,要想工作好,不断发展,不断前进,不断上升,需要很多能力,包括对事物的判断能力、决策能力以及运筹能力。在整个调研过程中,会锻炼大家的运筹能力。运筹能力就是合理地、有效地统筹安排事物的能力。具体到做每一件事,如何开始,如何结束,如何衔接中间各个环节,哪些事必须分开做,哪些事可以同时做,哪些事可以交替做,哪些事可以节约时间,以及每一部分所花费时间精力的比例分配等。调查研究不仅仅是一种工作方法,它还可以锻炼培养我们的文字综合能力、分析问题能力、运筹能力、组织协调能力。调查研究可以提高我们的判断能力,可以提高领导者的决策能力。从小学生轮流当班长,到个体户如何进货、摆架,都是在体现运筹能力,我觉得这个能力对于我们是终身有益的基本能力。无论从事科学研究工作,还是组织管理工作,都应具备这种基本的能力。它对于从事任何工作、任何专业都是十分重要的。把调查研究上升到对运筹能力的合理运用,就可以达到最低的付出、最高的产出,用最低的成本、最少的费用,达到最大的效益。

(二)调查研究必须把握好的两个环节

调查和研究相辅相成,不可分割。调查是感性认识,是研究的基础,必须全面系统。对调查的对象、重点、难点及调查方法要做到心中有数,围绕主题查阅有关资料,掌握有关政策和调查研究内容的历史背景以及当前的研究状况。特别是对一个时期内带有方向性、倾向性的问题以及群众普遍关心的问题的专题调研,更要注意事先拿出调研方案,做到有的放矢。调查过程中要努力做到"下马观花",因为你沉得越深,工作越实,获取的资料就越丰富;反之,"走马观花",作风漂浮甚至心猿意马、蜻蜓点水,是达不到调查目的的。必须全面地看问题,切忌片面性,坚持多层次、多方位、多渠道调查,防止以"点"代面、一叶障目。

调查研究是不分国界的,日本人也善于调查研究。比如日本人对我国开发大庆油田的调查研究。

1966年7月,《中国画报》载有铁人王进喜头戴狗皮帽子的照片,日本人就此推断出此地为零下30摄氏度的东北地区。日本人根据原油列车上的灰尘厚度,推测出油田与北京的距离,认定油田应在哈尔滨与齐齐哈尔之间。1966年10月,《人民中国》杂志刊登的宣传王进喜的文章中,透露出一个"马家窑"的地名,日本人便推断出大庆在安达车站附近。王进喜原在玉门油田,1959年参加国庆观礼后就销声匿迹了,日本人就此推断出大庆油田开发时间为1959年9月。在以上调查分析的基础上,日本派出一对夫妇,以到中国东北寻找亲人为名,1967年初来到安达地区,果然看到了规模庞大的大庆油田,使他们的调查分析得到了证实。此后,日本大规模生产石油工业设备,在中国石油工业设备进口谈判中,采取了积极主动的态度，掌握了中国急需大量石油工业设备的商业信息。在此后多年中，日本几乎垄断了中国石油设备的进口市场。

研究是理性认识，是调查的升华，必须深入细致。调查上升为研究，就是感性认识到理性认识升华的过程，就是解放思想的过程。对调查的对象、重点、难点以及方法只有调查，没有研究，只能是浅尝辄止，半途而废，有的甚至是徒劳无功，劳民伤财。要透过事物的表象抓住本质和主流，分析其内在矛盾和运动规律，必须坐下来，静下心，在运用概念判断、推理的基础上，运用多方面的知识和方法对感性认识进行“加工制作”，如归纳与演绎、分析与综合、具体与抽象，以及比较、分类、统计、想象等，进而把握事物本质的东西。一个人的时间和精力是有限的，要想在有限的条件下，了解所有的问题，是不可能做到的。那么如何从有限的认知中得到普遍的规律，从个性中总结归纳共性，从而更好地指导具体事物？“解剖麻雀”就为我们找到了一条很好的途径。俗话说：麻雀虽小，五脏俱全。将一个局部事物认真分解，透彻研究，完全搞清楚其中的来龙去脉，就能够总结出一般性规律，达到举一反三、触类旁通的效果。

汪中求先生说过，第一代老板靠胆子，第四代老板靠脑子。我们认为，现在的老板更注重调查研究。

1957年，日本丰田公司经过20年发展，达到8万辆的汽车年生产规模，他们把眼光瞄向国际市场，并且看准了美国。在没有对美国市场进行详细调查研究的情况下，就拍板决定向美国出口汽车。当时他们狂热地预计，1957年在美国销售1万辆，10年内达到10万辆。在这种预期下，丰田开足马力生产，准备迎接大宗订单，大把大把地赚取美元。但当皇冠车进入美国市场后，在日本狭窄多弯的马路上跑起来性能优越的丰田车，在美国的高速公路上时速一过80公里就力不从心了。结果，到1958年，丰田汽车在美国第一个销售年度只卖出了288辆小轿车。1960年，丰田公司被迫做出决定，暂停向美国出口轿车。此后一直到60年代末，一位彬彬有礼的日本人来到美国，没有选择旅馆居住，却以学习英语为名，跑到一个美国居民的家里居住。奇怪的是，这位日本人除了学习以外，每天都在做笔记，美国人居家生活的各种细节，包括吃什么食物，看什么电视节目等，全在记录之列。三个月后，日本人走了。此后不久，丰田公司就推出了针对美国家庭需求而设计的价廉物美的旅行车，并在美国市场上大受欢迎。在设计上，充分考虑了美国人的各种爱好。直到该车在美国市场推出时，丰田公司才在报纸上刊登了他们对美国家庭的调研报告，并向那户美国人家致歉，同时表示感谢。

正是通过调查研究，丰田公司很快掌握了美国市场的情况。1975年，丰田公司制造出了适应美国需求的轿车——可乐娜。有一个关于可乐娜的广告宣传片是这样的：一辆可乐娜汽车冲破围栏腾空而起，翻了几个滚后稳稳落地，然后继续向前开进。当年丰田公司向美国销售轿车3000多辆，到1980年，销售量近6万辆，占美国进口汽车总量的25%。

（三）调查研究应形成文字报告

调研报告是调研工作成果的最终体现，要将所掌握的情况逐类逐个摆出，召集相关人员讨论研究，拟定提纲。在此基础上，由主笔人撰写，初稿写出后再进行集体研究，并多方征求意见建议，反复修改。调研报告要把调研的目的、过程和取得的成果交代清楚，让人一看，分析问题条理清晰，解决问题措施切实可行，这才是我们最终要达到的目的。

调查研究的成果运用

实现调研成果的转化，是调查研究工作的出发点和落脚点。做课题本身不是目的，通过调查研究，发现问题，分析原因，研究对策，解决问题，这才是最终目标。自然科学领域中的科技成果只有转化为生产力，从实验室走向市场，才能造福人类；组织工作领域，我们取得的调研成果只有实现转化，被运用到组织工作实践中，才会创造价值。

兰德公司（RAND）是美国最负盛名的决策咨询机构，一直高居全球十大超级智囊团排行榜榜首。它的职员有1000多人，其中500人是各方面专家。1950年，朝鲜战争爆发，就中国政府的态度问题，兰德公司集中了大量资金和人力加以研究，得出了七个字的结论："中国将出兵朝鲜"，作价550万美元（相当于一架最先进的战斗机的价钱）准备卖给美国对华政策研究室。研究成果还附有380页的资料，详细分析了中国国情，并断定：一旦中国出兵，美国将输掉这场战争。美国对华政策研究室的官员们认为，兰德公司是在敲诈，是无稽之谈。后来，从朝鲜战场回来的美国麦克阿瑟将军感慨地说："我们最大的失误是舍得几百亿美元和数十万美国军人的生命，却吝啬一架战斗机的价钱。"朝鲜战争结束以后，美国政府花了200万美元，买回了那份过时的调查报告。

做好调研成果的转化工作，有三点值得注意：

1.正确认识调研成果的转化形式。调研成果的转化有很多种形式，主要有以下三类：一是转化为规范性操作要求。其特征是既有文字要求，也要落实到具体的行动上。也就是把调研形成的比较成熟的思路，转化为方案、意见、办法、政策、规定或者领导讲话要求，用于指导基层实践。二是转化为创造性工作举措。其特征是不一定有系统规范的文字，调研中形成的思路和举措直接运用到工作中，边实践边总结，不断推进工作。思路都是从调查研究中得来的，本身并不蕴含复杂的理论因素，重要的是付诸实施。因此，成果的转化，并不拘泥于是不是有规范的文件、意见等形式，更注重的是实际的运用效果，并在实践中不断总结和完善。三是转化为人们的思想理念。其特征是有文字阐述，但不一定马上转化为具有操作性的措施。这种形式的成果转化我们更不能小看。如某市形成的发展循环经济调研报告，具有很强的前瞻性理论价值，它不像我们通常所写的调研报告那样，有详细的对策措施部分，但是对发展循环经济的现状、趋势、价值走向深入研究和分析，传递了一种先进理念，这种理念被更多的人了解和接受后，会内化为一种先进思想，这种研究成果的转化是更高层次上的转化，是对人的思想的深刻影响和改造。所以说，成果转化的形式是多样的，并不是变成文件的才叫转化，关键是要看对实际工作产生了多大的促进作用。

2.加大调研成果后期开发力度。从调研成果转化的不同形式来看，我们也要采取不同的方法来扩大成果的运用。有的在调研中形成的思路和要求可以转化为规范性的文件等抓好贯彻落实；有的调查报告中提出的对策、措施可作为领导决策的参考；有的观点可以运用到领导讲话中，通过领导在各种会议上的讲话贯彻到基层单位去落实；对于具有较强理论思维或具有一定前瞻性的调查报告，可以形成经验材料或有分量的文章，在各种媒体发表，形成更广泛的影响，启迪人们的思想，宣传先进的理念，营造积极的舆论氛围，用以促进工作。总之，套用经济学上的说法，我们要有一点市场经济的观念，不仅要善于“生产”，更要善于“销售”，完成调研报告只是做成了产品，要把我们辛辛苦苦生产出来的产品“销售”出去，这个“销售”就是后期开发、成果转化，不要让它束之高阁，闲置浪费。

3.注重成果转化的方法和技巧。关于调研成果转化的工作方法，把它概括了一下，有以下这么六条：一是内容紧贴中心工作。为中心工作服务是我们开展调查研究的一个重要原因。因此，从选题开始就要紧扣中心工作。很多调查研究是因为中心工作提出了具体的课题，需要通过调研去寻找解决问题的办法。为中心工作服务，这是调研成果转化的前提和基础，脱离了这一点，调研成果就会变得无足轻重，转化运用也就无从谈起。二是赢得领导重视。领导的重视是调研成果转化的重要保障。各级领导重视了，调研成果的一些重要观点就会被吸纳到领导的思想中，在各种讲话中体现出来，转化为工作要求，促进工作实践。三是把成果转化的理念贯穿始终。调研成果的转化并不是在调研报告完成后才开始的，从选题开始，就应牢牢树立成果转化的理念，要把解决问题一直贯穿调查研究的整个过程。四是对策措施要有较强的操作性。提出来的措施一定要具体，要能够在具体工作中实施，过于原则就落实不下去，自然成果也很难被转化和运用。五是措施要因地制宜从实际出发。成果有没有可行性，很多时候是看是不是符合当地的实际，生搬硬套别人的经验和做法肯定不行。六是要广泛宣传。适当的宣传可以为成果转化提供必要的舆论氛围，为成果转化创造良好的外部环境。知道的人越多，公众接受程度越高，成果转化和运用的阻力也就越小。

我们的观点

1.调查研究是事业成功的起点。肯德基炸鸡打入中国市场之前，公司派一位执行董事来中国考察市场。他来到北京街头，看到川流不息的人群，穿着都不怎么讲究，就报告说：炸鸡在中国有消费者，但无大利可图，因为中国消费水平低，想吃的多，但掏钱买的少。由于他没有具体进行相关信息的收集整理，仅凭直观感觉、经验做出预测，被总公司以不称职为由降职处分。接着公司又派了另一位执行董事前来考察。这位先生在北京的几个街道上用秒表测出行人流量，然后请500位不同年龄、职业的人品尝炸鸡的样品，并详细问他们对炸鸡的味道、价格、店堂设计等方面的意见。不仅如此，他还对北京的鸡源、面、盐、菜及北京的鸡饲料行业进行了详细的调查，每只鸡虽然是微利，但消费群巨大，仍能赢大利。果然，北京的第一家肯德基店开张不到300天，赢利就高达250多万元人民币。

2.调查研究是正确决策的根本。正确决策如果是一棵大树，那么调查研究就是这棵大树的树根。没有树根，何来大树。我们做任何事情都不能本末倒置，本是树根，末是树梢，调查研究是本，我们任何时候都必须把调查研究放在第一位。

3.调查研究是领导者掌握领导权的重要依托。作为一个领导者，哪一天开始忘记了调查研究，从那天开始他就在慢慢地丧失领导权。丢掉了调查研究，就丢掉了权力的依托，好比大树离开了土地，失去了生存的条件。

4.调查研究是责任者责任心的具体体现。有责任心的人才去调查研究，也唯有对某件事情进行调查研究,才能体现出他对这件事情的责任心。

5.调查研究是我们达到目的的手段和工具。日本人渡边曾经是个打工仔,被老板解雇的几次经历使他萌发了自己当老板的愿望。开始,他想在东京开家小商场,但经过调查了解后,知道东京的商场很多,竞争激烈,自己如再挤进去,没什么独特优势,很难生存。一天,吃饭时和一个左撇子坐在一起,使他萌生出一个想法——世界上有多少个左撇子?经过查阅资料发现,美国人中有四分之一,日本人中有六分之一,英国人中有七分之一,中国人中有十分之一是左撇子。对此,他欣喜若狂,忽生灵感,决定开一家左撇子产品专营店。因为当时众多厂家均以右手习惯来设计产品,几乎没有人考虑左撇子的习性和生活、工作需要。于是,他立即说服一些厂商专为他的商场设计、生产一些左撇子专用产品,如汽车驾驶盘、网球和高尔夫球用具等,结果这些产品大受世界各地左撇子消费者的欢迎。不久,他的左撇子用品专营店成为东京最有实力的大商场。

6.调查研究是领导干部和公务员的基本功。学习调查研究是对公务员的基本要求。笔者认为,应把这一条写进《公务员法》。

7.没有调查就没有发言权。失去了发言权,对一个领导者而言,就失去了领导权;失去了领导权,也就失去了决策权。失去了发言权,对一个工作人员而言,就失去了工作权。因此,我们要注重调查研究,防止自己因为不会调查研究而被"边缘化"。

8.调查研究必做于细。细节决定成败。天下大事必做于细,调查研究也不例外。调查研究必须从细节做起:确定调研题目要注重细节,制定调研提纲要注重细节,选择调研范围要注重细节,采取调研方法要注重细节,综合分析要注重细节。

9.调查研究做好了,就是把平凡变成了不平凡。调查研究是一件很平凡的事情,能把这件平凡的事情做好就是不平凡。调查研究是一件简单的事情,能把这件简单的事情做好就是不简单。对敬业者来讲,凡事无小事。其实,简单不等于容易,越是简单平凡的事我们越要做好。汪中求先生说,简单的招式练到极致就是绝招。

10.调查研究深入一小步,科学决策就会前进一大步。每个人素质提高一小步,民族素质将提高一大步。进入新世纪以来,"素质"一词的出现频率超高。据新浪网统计,网络中出现最多的词是"发展",其次是"素质"。公务员的素质如何提高?公务员素质的提高应当从调查研究开始。

11.调查研究应该成为我们人生旅程中的选择。人生在世有许多崇高的东西需要我们执着地追求,比如理想信念,这也是我们踏入人生旅程义无反顾的抉择。执着能够磨炼意志,凝聚力量,造就风骨,孕育成功。因为执着,我们不会被一座座无奈的山峰挡住前进的脚步,也不会使意志坚强的奋斗者在挫折面前退却。因此,做好调查研究需要有一种执着的精神。

12.知识是需要掌握的,智慧是需要运用的,创造是需要超越的。由此可见,创造高于智慧,智慧高于知识。一个人如果创造力强,一定比只掌握了知识的人在事业上要成功得多。

最后,我要郑重告诉大家的是:调查研究就是创造,它为你创造了开启事业之门的钥匙,它为你造就了事业成功的基石,它为你的事业发展提供了源源不断的能量。每一个想干事业、能够干成事业的人,从他事业的起点开始,每前进一步都离不开调查研究,在他奋斗史的每一页都有调查研究的记录,而他的每一次调查研究都是他知识能量的迸发、智慧火花的闪烁、创造思维的延伸。

在新的历史起点上,每个人都应该从调查研究开始,在调查研究中,为自己的事业创造出快速发展的信息时代列车。

第五章

诚信与事业、人生

- 从儒学看诚信
- 中国大众的诚信心理
- 企业家的诚信观
- 《太平经》中的诚信观
- 高考满分作文中的诚信
- 诚信的内涵及价值
- 传统诚信观与现代诚信理念的异同
- 诚信是市场经济的本质意蕴
- 诚信社会的形成
- 中国为何面临诚信危机

第五章　诚信与事业、人生

经过千年传承，诚信作为一种美德，已成为人们的自觉行为。

真实不欺，诚以待人，是儒家文化的要义。

传统文化中的诚信品德通过对联书画，千百年来熏陶着国人。

古代家训亦是培养国人诚信守德的一种方式。

人不诚难行，人无信不立。

诚，是传统精神，是人格内核，是道德追求，更是人性根本。

信，是诚敬长者，是交友之道，是儒家礼德，更是自觉修养。

自古以来，诚信并行，相融合一。孔子说："十室之邑，必有忠信。"孟子讲："诚者，天之道也；思诚者，人之道也。"荀子更认为，诚信非仅交友准则，更是伦理规范。至宋明理学，诚信更融进哲学思辨。

诚信，是相互信任的基础，是和谐交往的保证。荀子说："体恭敬而心忠信，术礼义而情爱人，横行天下，虽困四夷，人莫不贵。"可见，诚信君子，举止彬彬，诚信在握，则未施而亲，不怒而威，若诚信待人，天长日久，亦必广行天下，受到人们的尊重。因此，但凡事业有成者，必审思慎考，一旦口出承诺，则言信行果。

诚信属中国传统伦理道德的范畴，它包含"诚"和"信"两部分内容，二者相互联系，互为前提，是人际交往的基础。"诚"字一般指一种真实、诚恳的内心态度和内在品质，也指对自己所从事的事业真心实干、全力以赴的精神，力戒欺诈虚伪；"信"字涉及自己外在的言行，如遵守诺言，讲求信义，说话算话，不以谎言骗人等。人类社会要维持和谐有序的状态，就需要每个人诚实守信，不欺诈奸猾。

在中国五千年的历史中，波涛汹涌的历史长河淘汰了多少个朝代，却始终将诚信作为美德。诚信是中华民族的传统美德，诚实守信是美德的价值判断深入人心，体现的是一种品质、一种道义、一种修养、一种境界，是一个人、一个企业、一个单位、一个民族和一个国家的安身立命之本。

从儒学看诚信

作为重要的道德传统,诚信由诚与信两个规范组成,二者意义相通,而又不尽相同。

儒学思想对“诚”有四种界定:一是人的道德品性,把“诚”看作是完善的人格所必备的品质。二是把“诚”看作一种道德理想和道德境界,是一种较高修养的人才能达到的道德价值追求。三是把“诚”看作一种道德修养的方法,通过“诚”而致道。孟子讲的“诚者,天之道也;思诚者,人之道也”(《孟子·离娄上》),王夫之讲的“以诚立教”,都是把“诚”看作重要的道德修养方法。四是把“诚”看作宇宙万物的本源。中国古代朴素唯物主义思想家王充、范缜认为“诚”是万物产生的原因和事物发展变化的规律及状态,是“五常之本”。

儒学思想对“信”也有四种看法:一是“信”即“诚”,古代人们对君主、神灵的诚敬,都可称作“信”。子曰:“君子不重则不威,学则不固。主忠信。”(《论语·学而》)二是朋友之间的交往准则。子曰:“与朋友交,言而有信。”又曰:“老者安之,朋友信之,少者怀之。”(《论语·学而》)这里不仅把“信”当作朋友之间的交往准则,还把“信”看作道德目标。三是把“信”看作礼的一项重要内容。“信”是封建社会伦理道德的“五常”之一。

总之,诚是信的基础和保证,信是诚的表现和目的。诚信的内涵主要表现在:人际交往中的准则,诚实可信;道德品质修养的主要内容,即表里如一,真实不欺。

诚信作为一种道德规范贯穿于各种社会形态的道德的始终。在生产力低下的原始社会,由于自然界过于强大,人类只有依靠集体力量才能生存下去,集体利益就是个人利益,人与人之间结成自由平等的关系,这决定了在原始社会诚信不仅是一种道德规范,更是一种社会准则。随着生产发展、社会进步,人们之间的交往已不是原始社会中纯劳作式的交往。随着剩余产品的愈来愈丰富和私有制的出现,人与人之间平等、自由的关系也慢慢变为以个人私利为纽带的利益关系。“诚信”不再是一种抽象、宏大的概念,而是在生活中变得形象、具体,逐步成为被人们用来调节因功利而导致欺骗危机的一种道德规范,并且广泛存在于社会各个方面。子曰:“十室之邑,必有忠信。”(《论语·公冶长》)这个时期,诸子百家对“诚信”和人的道德修养做了广泛的阐述,尤其是儒家对“诚信”的发展作用最大。儒家的诚信观构成了传统文化中诚信规范的主要部分。儒家思想视“诚信”为“道德修业之本”“主人之道”“立政之道”。孔子曰:“人而无信,不知其可也。大车无輗,小车无軏,其何以行之哉?”(《论语·为政》)而且他把“诚信”提高到“民无信不立”(《论语·颜渊》)的高度。孟子将“信”与“诚”相联系,提出了“诚信”的概念并阐述了“诚信”的内在联系和规范意义。孟子曰:“诚者,天之道者;思诚者,人之道也。”(《孟子·离娄上》)荀子不仅认为“诚信”是朋友交往的准则,而且把“诚信”扩至君臣上下的伦理关系。至宋明理学,又进一步阐明“诚信”的含义,程颐等理学家都对诚信做了辩证的哲学思辨,更加丰富了儒家的诚信体系。

诚信就是诚实而有信用,它要求诚善于心,言行一致。作为中华民族的传统美德,它有丰富的内涵。

诚信是完备人格的必备品质,是道德品质的基本规范。在封建社会,诚信与“仁义礼智孝”等道德规范一样,是一个人道德修养的基本内容,是为人处世的基本准则,做人要“体恭敬而心忠信,术礼义而情爱人”(《荀子·修身》)。子曰:“自古皆有死,民无信不立。”(《论语·颜渊》)诚信是仁人君子恪守的道德准则,是道德修养的基础和核心。子曰:“言忠信,行笃敬,虽蛮貊之邦,行矣。言不忠信,行不笃敬,虽州里,行乎哉?”(《论语·卫灵公》)言必诚信,是与人相处、待人接物应有的道德规范。子曰:“信,德之厚也。”(《孔子家语·弟子行》)《中庸》则曰:“诚者,物之终始,不诚无物,故君子诚之为贵。诚者,非自成己而已也,所以成物也。成己仁也,成物知也,性之德也,合内外之道也。”荀子曰:“君子养心莫善于诚,致诚则无他事矣。”(《荀子·不苟》)

诚信是人类社会得以和谐共处的重要保证,是为政安邦之基本。诚信,是人与人之间相互信任的基础,是人与人之间和谐交往的重要保证。荀子曰:“体恭敬而心忠信,术礼义而情爱人,横行天下,虽困四夷,人莫不贵。劳苦之事则争先,饶乐之事则能让,端悫诚信,拘守而详,横行天下,虽困四夷,人莫不任。”(《荀子·修身》)诚信不仅能使人“横行天下,虽困四夷,人莫不任”,而且能让人人争做“劳苦之事”,相让“饶乐之事”。诚信的道德君子,在与人交往中,能与人交信。“君子至德,嘿然而喻,未施而亲,不怒而威。”(《荀子·不苟》)诚信不仅是治理国家的一种方法,更是为政安民的重要国策。“夫诚者,君子之所守也,而政事之本也。”(《荀子·不苟》)《孔子家语·辩政》记载:“子路治蒲三年,孔子过之,入其境曰:‘善哉,由也,恭敬以信矣。’入其邑,曰:‘善哉,由也,忠信以宽矣。’至庭,曰:‘善哉,由也,明察以断矣。’子贡持辔而问曰:‘夫子未见由之政,而三称其善,可得闻乎？'孔子曰：'吾见其政矣。入其境，田畴尽易，草莱甚辟，沟洫深治。此其恭敬以信，故其民尽力也。入其邑，墙屋完固，树木甚茂。此其忠信以宽，固其民不偷也。至其庭，庭甚清闲，诸下用命。此其明察以断，固其政不扰也。"由此可见，诚信在治理国家方面的作用之大。因此，孔子说："恭敬忠信而已矣，勤思四者，可以政国。"(《孔子家语·贤君》)西周幽王宠爱褒姒，烽火戏诸侯，失信于天下而失国，更能说明诚信对于治理国家的重要性。

诚信是一个人做学成才、谋事成功的根本。孔子不仅以"文行忠信"作为主要内容来教书育人，而且认为弟子应该达到"入则孝，出则弟，谨而信，泛爱众而亲仁"(《论语· 学而》)的道德标准。他还教育学生要"笃信好学，守死善道"(《论语·泰伯》)。理学大儒程颐说："修学不以诚，则学杂；办事不以诚，则事败。"(《河南程氏遗书》卷25)但凡事业有成者，必讲诚信；言行一致，说到做到。《孔子家语·先君》载，颜渊将西游于宋，问于孔子曰："何以为身？"子曰："恭敬忠信而已矣。恭则远于患，敬则人爱之，忠则和于众，信则人任之。"晋国董狐，不畏权势，直笔写实；汉代司马迁虽受汉武帝宫刑之苦，仍在《史记》中称汉武帝"雄才大略"。正是敢于面对事实，直笔写实，才造就了他们彪炳青史的事业。诚信是事业有成的根本，因此，孔子曰："能行五者，于天下为仁矣。五者也，恭宽信敏惠。"(《论语·阳货》)

儒学对诚信的基本要求是，在言语、行动之前，审慎思考，使言行合乎道义，言而有信，信守承诺。

言之以诚。诚信要求在说话以前，必须要审慎地思考，使言语恰当而又合乎道义。讲的话只有是发自内心的，真诚的，那么言行才可能一致；如果漫不经心地随口言之，则未必做，做了也未必成功。因此，孔子称君子要"敏言慎行"。子曰："故君子名之必可言也，言之必可行也，君子于其言，无所苟而已矣。"(《论语·子路》)讲话要讲真话，不说假话、大话、空话，这也是诚信的要求；要"言而有信"，不要许空诺，空许诺。子曰："可与言而不与之言，失人；不可与言而与之言，失言。知者不失人，亦不失言。"(《论语· 卫灵公》)

行之以信。做事情要按说的去做，信守承诺；守信应以正确的道理做指导，只有这样才能形成守信品德。"信近于义，言可复也。"(《论语 ·学而》)在行动中，许诺要符合道义；正当的许诺是信守诺言的基础。许诺要符合道义，也要符合他人利益。言行一致，讲究信用，遵守诺言，是做人的美德。不空许诺，关键在于实践自己的诺言。子曰："言必信，行必果，硁硁然小人哉。"(《论语·子路》)如果不能言行一致，恪守承诺，那么就会失信于人。子曰："君子耻其言而过其行。"（《论语·宪问》）诚信美德在中国传统道德中占有重要地位，它对于解决国家民族矛盾，协调人际关系，完善现代伦理有重要的意义。直到今天，我们仍然可以从中学习到许多有益的东西。

中国大众的诚信心理

不知何时，我们惊异于诚信的缺失，短斤少两、以次充优、假冒伪劣、坑蒙拐骗等不诚信现象时有发生，令人防不胜防；假文凭、假身份、假证据、假钞票，更是屡见不鲜，叫人难辨真伪。以假钞票为例，不论是官是民，不管是贫是富，只要你购物过、交易过，就很可能遇到过不被人信任，当面认真"辨别"钞票，以防收了假钞上当受骗的尴尬。信用缺失是我国目前市场经济秩序混乱的根本原因。据商务部提供的数据显示，中国企业每年因信用缺失导致直接和间接经济损失高达6000亿元，其中因产品质量低劣造成的各种损失达到2000亿元（《中国质量报》）。从牛奶添加三聚氰胺，馒头使用增白剂，到生猪喂食"瘦肉精"，再到达芬奇家具假称洋货……一些企业或经营个体掺假损害消费者利益的行为，不仅影响自身的经济利益，损害行业的基本利益，而且对我国经济的正常运行造成了严重威胁，给社会和谐运转带来了负面影响，严重影响社会主义市场经济健康有序发展。社会主义市场经济，说到底也是诚信经济，没有社会诚信作为基础，社会主义市场经济体系及与其相关的一整套社会制度就难以建立健全，人与人之间的和谐共处就会成为一句空话。目前，我国每年订立的经济合同大约有40亿份，但合同的履约率仅有60%左右。全国16.5万户企业的应收账款占销售收入的38%，是利润总额的8.5倍，达到14827亿元，因此增加的财务费用1年有2000亿元左右。中国企业在市场交易中因信用缺失、违反经济秩序等问题所造成的损失已占到中国GDP的20%。失信问题对实现中华民族的伟大复兴将是一个十分严重的制约。

我国大众诚信缺失不仅在大力发展市场经济的今天是这样，早在100年前，不管是欧美人士对中国民族性格的批评，还是国人自身对国民性所做的反思中，都已经尖锐地指出了这一点。从这个意义上说，认为市场经济是导致国人尔虞我诈的根本原因是站不住脚的，但反之笼统地将原因归咎于儒家伦理，也是难以令人信服的。

美籍华裔历史学家孙隆基在20世纪80年代出版的《中国文化的深层结构》

中，将中国文化分为政治的表层结构与文化的深层结构，中国人对个人观念、身心态度、公私利益、家国关系等根本问题的认识都沉淀在这种深层结构中。孙隆基认为，中国人没有世俗生活之外的“超越意识”，缺乏“终极关怀”，一切以“身”的安顿为依归，造成“有一口饭吃就行”的极端世俗化的人生态度。

另外，孙隆基指出，中国历史上长期占主导地位的大一统社会造成了“强政府、弱社会”的结果，这种结果反过来又导致了个人对政府的依赖，结果便是独立思考能力的弱化。因此，中国人的社会行为标准不是是非，而是像柏杨在《丑陋的中国人》中指出的那样，“以官的标准为标准”。其直接后果就是一些人没有道德底线，可以为一己私利为所欲为。前些年出现在一些省份的偷盗村、拐卖儿童村、诈骗村、造假村等，便是彻底丧失是非标准和荣耻底线的恶果。

中国传统文化没有“超越意识”，尤以儒家为最，孔子就说：“未知生，焉知死。”这种彻底的“现实主义”是导致中国文化重“身”不重“心”的深层原因。而中国历史上大一统的专制主义的强政府更与儒家文化有着密不可分的关系。中国传统文化的这一特点也是部分国人缺乏是非标准进而缺乏诚信的深层原因。

但是，这并不等于说儒家文化应该全盘抛弃。任何一种文化都有优劣，中国历来也有很多讲诚信的人，儒家文化中未尝没有对诚信的提倡，未尝不重视立功、立言、立德“三不朽”，但只是在与君主专制结合或者被君主专制利用之后，这些积极的方面难以发挥，它的消极的方面更容易影响广大的社会群体。因此，我们完全可以扬长避短，取其精华而弃其糟粕。诚然，儒家文化中有不利于发展市场经济的因素，但这并不意味着不能将儒家文化转换到现代社会的信用体系中去。关键是看如何取舍。将儒家文化与市场经济对立起来，以为二者水火不容，是不能成立的。

企业家的诚信观

北京润通新元软件技术有限公司董事长徐峰认为，“诚信”是无价的。“诚信”作为企业一种无形资产，会牢牢地储蓄在广大的客户和消费者的心目中，成为企业运营取之不尽、用之不完的最有效的资本。一个行业和一个企业首先要讲的就是“信用”；不讲“信用”，一切商业活动就无从谈起。尤其是，当今中国已经过了“入世”的考验，在全球一体化的经济体系中，是不会接纳一个不讲信用的行业或企业参与竞争的。没有资格竞争，必然错过和浪费无数商机，那么行业或企业如何生存，又如何发展呢？

鑫翠都董事长郭林恩认为，必须以诚取信、以信成名、诚信永恒，把消费者的放心，作为企业永恒的事业。

福建金得利集团董事长林永霖认为，人是物质的创造者、转换者、增值者；人在创造物质财富的同时，还要创造精神财富，诸如“诚信”，而且要做到“知”与“行”的统一。在语言重于劳动、交往大于生产的今天，如何聚焦人生的意义，怎样建构企业的家园，“诚信”的价值分外突出，日益重要。“要做事先做人”这句民间看似平常的话，实际包藏着企业成败的玄机。“诚信”，是人尤其是生意人起码的做人准则。你不以诚立身、以诚待人、以诚感人，总是玩奸商的坑蒙拐骗、假冒伪劣，企业如何做强做大？林永霖相信“至诚之道”，更相信“至诚如神”。

海南京润珍珠有限公司董事长周树立认为，人无信不立，国无信不强，业无信不兴。自古以来，在中华传统文化中，诚信一直作为为人处世的重要准则而备受推崇。在现代经济环境下，诚信尤其显得重要，它不仅是一种道德风尚，更是一种重要的资源和无形资产，良好的信用是市场经济体系的基石。让失信者为自己的失信付出代价，让守信者从自己的守信中得到好处。这既是我们的美好企盼，也是市场经济规律的必然。

金鑫珠宝公司董事长年永安认为，金鑫珠宝连锁企业总公司能够从小到大、由弱到强，最根本的原因在于从公司创立的那一天开始，就始终坚持以诚信为根本，把铸就让顾客满意、让消费者放心的百年名店，在商业行业树立一面“五星级”服务旗帜定位为自己的奋斗目标。

京港国际珠宝商城总经理毕立君认为，当假冒伪劣已成为一种行业现象时，这是十分严重的，若不从人性和社会环境两个方面着手来探讨这些现象产生的土壤并加以制止，如此地发展和蔓延下去是令人恐惧的。作为一个企业和企业经营者，人性的至诚在当今金银珠宝行业越来越被认为是自欺欺人的神话，不对人性中无诚意、失信誉的成分有法规和舆论的监督和制衡，这种现象会羁绊金银珠宝行业高效、规范、有序地发展，甚至会毁了整个行业。

《太平经》中的诚信观

《太平经》是道教最早行世的经典之一，出现于汉顺帝在位期间（126—144）。初由于吉授之宫崇，而后襄楷、张角曾有此书。《太平经》一书共有170卷，内容庞杂，主要是承继老子之道和传统的天神信仰，吸收阴阳五行说和仙家方术，运用神道设教的方式，宣扬天人合一及善恶报应思想，宣扬帝王统治艺术和封建道德观念，以实现“太平世道”为理想目标。在《太平经》提倡的道德观念中，以“孝忠诚信”为天下大事。该书反复强调诚信的重要性，反对奸猾欺诈，在中国传统文化中有较大的影响。

《太平经》的诚信观，首先反映在本体论方面。认为天道至诚不欺，化生万物，是自然之道。天有日月星辰，昼夜更替，永无止息，覆照万物，阴阳相推；地有山川厚土，生养万物，播种收获，生生不息。天地之道，至诚忠信，化育万物，真实自然。天地之道，自然无私，真实无妄，不会欺骗人，也不会偏爱某人，因此，天地的常道是至诚不欺的，实实在在的。《太平经》一方面从本体论的高度肯定了天地宇宙的真实性和生命力，肯定了天道的公正无私和忠信至诚；另一方面则指出，天道不允许人世间有奸邪欺妄之言行，反对违逆天道的虚伪邪文和戕害生命的恶行。要想使天地恢复常道，使阴阳恢复和谐，人类必须至诚不欺，“取信于天，取信于地，取信于中和，取信于四时，取信于五行，是皆天所得报信矣。”天道真实无妄，人性得于天道而守其正亦真实无妄，诚信可以说是维系天、地、人“三才”和谐的枢纽和关键。

《太平经》主张天人一体、天人感应之说，认为至诚感动天地，调和阴阳，召至瑞应；强调“心神相通”“心神合一”，对天神诚信可以得到善报；把诚信看成是贯通天人关系的纽带，实现天人合一的重要环节。卷108说：“夫天地之性，自古到今，善者致善，恶者致恶，正者致正，邪者致邪，此自然之术，无可怪也。故人心端正清静，至诚感天，无有恶意，瑞应善物为其出。”《太平经》的“天人一体”思想与董仲舒的天人感应神学思想一脉相承，都认为天有意志，是冥冥中的最高主宰，能赏善罚恶，具有“天威”(无上的权威)。既然天是有意志的，能察人善恶，并有天神用簿籍录人功过，定其年命长短，因而人们就不能作恶，为善也不能虚伪应付，而应该出于至诚。

道教天人感应的中心内容是善恶报应思想，《太平经》反复阐述天君有簿书记人功过，赏善罚恶的观点。卷112中说：“得善应善，善自相称举；得恶应恶，恶自相从。皆有根本，上下周遍。”“罚恶赏善人所知，何不自改。天报有功，不与无德。”至诚为善，天地感知，自有报应。天神明察秋毫，报应无爽，“善自命长，恶自命短”。卷111中说，长寿之人之所以能长寿，是因为他“有忠孝，不失天地之心，助四时生，助五行成，不敢毁当生之物。为善不行侵人，无所欺抵，诚信不敢有所负”。

《太平经》还把诚信当作维系人间社会和谐的基础。诚信即是衡量历代兴衰治乱的尺度，也是帝王考察臣民、委任官职的标准。诚信是道教教化民众自觉行善的道德律令。把历史分为上古、中古、下古、当今四个阶段，认为历代的兴衰治乱与当时人类诚信与否关系密切。诚信是衡量历代兴衰治乱的尺度：上古之人诚信，天道神灵，上下相得意，不相欺，故举事悉中，国泰民安；下古之人不诚信，欺骗天地，故举事不中，灾祸频仍。

诚信既是维系人类社会和谐的基础，那么人与人之间，尤其是君、臣、民之间，应当以诚信相待，不得欺诈。从君王来说，要诚信以称天心，明君应善于听取臣下意见，勇于纳谏，不能搞打击报复，闭塞言路。卷43中说："臣有忠善诚信而谏其正其上也，君不听用，反欲害之，臣骇因结舌为喑，六方闭不通……"长此下去，国家必危亡。

《太平经》提倡"为善""行善"当发自本心，不失诚信。道教是贵生重生的宗教，《太平经》认为诚信为善之人，用心清静专一可以长生久视；而伪巧奸邪之徒，"佞臣猾子"，将受到天君的惩罚，夺其命算，使其多病而不得长寿；凶恶之人，即使今生不受灾祸，其余殃还会流及后五代。这种善恶报应及承负思想虽充满宗教神学色彩，但在民众中却有极大影响力。

诚信是早期道教教义之一，是道教教化民众自觉行善的道德律令。《太平经》反复强调诚信的教化作用，猛烈地批判虚伪、欺诈、奸猾等不诚信的言行，在道教伦理学发展史上留下了独特的篇章，对现代中国社会公民道德建设也有一定的启发意义。

高考满分作文中的诚信

2001年高考全国卷语文试题是这样的：阅读下面一则寓言，根据要求作文。有一个年轻人跋涉在漫长的人生路上，到了一个渡口的时候，他已经拥有了"健康""美貌""诚信""机敏""才学""金钱""荣誉"七个背囊。渡船开出时风平浪静，说不清过了多久，风起浪涌，小船上下颠簸，险象环生。船公说："船小负载重，客官须丢弃一个背囊方可安渡难关。"看年轻人哪一个都舍不得丢，艄公又说："有弃有取，有失有得。"年轻人思索了一会儿，把"诚信"抛进了水里。寓言中"诚信"被抛弃了，它引发你什么思考呢？请以"诚信"为话题写一篇文章，可以写你的经历、体验、感受、看法和信念，也可以编写故事、寓言等等。所写内容必须在"诚信"的范围之内。要求：①立意自定。②文体自选。②题目自拟。④不少于800字。

江苏省南京市十三中理科班学生蒋昕捷以一篇《赤兔之死》赢得了作文满分。蒋昕捷说，刚拿到题目时，他觉得这次作文题目入手比较容易，但要写好很难，当做到现代文阅读时，文章中恰好提到了赤兔马，他一下子像见到了老朋友，随之吕布和关羽的形象也浮现在脑海中，他联想到这两个人物都与“诚信”相关，可以用到作文上，但如果单纯做成人物评论，作文就缺乏感染力。接着他想到赤兔马早年跟从吕布，后来又追随关羽，关于“诚信”的话题，它应该是最有发言权的，于是就编撰出赤兔之死的故事。整个写作花了50分钟的时间。

语文老师蔡玉英说，得知蒋昕捷高考作文得了满分她既高兴又很惊讶，蒋昕捷真是闯出的一匹黑马！因为班上有好几个同学作文都不错，在区里市里的作文比赛中还得过奖，蒋昕捷却不在其中。但再想想他能得满分也在情理之中，因为他的语言功底是最好的，感悟力也非常强。平时每周都要求大家写一篇随笔，题目不限，蒋昕捷就常常用古白话文写作，非常简练，有的只寥寥数笔，却很有灵气。由于语文功底不错，蒋昕捷在语文上几乎不花什么工夫，只是平时爱看课外书。学校给高中学生开出了20多部中外名著，他都阅读得非常认真，对古文和章回小说尤其感兴趣。有一次语文课上讲到方苞的《左忠毅公逸事》，老师要求学生将相关内容编写成对联，蒋昕捷编得最好。《三国演义》中很多描写人物的对联他都能倒背如流。但平时考试他的作文却并不十分突出，尤其是写议论文，总感觉很不顺手，对那些可以自由发挥、率性而为的作文则常常一挥而就。这次高考作文，蒋昕捷可以说是扬长避短，发挥出最佳的一面。

蒋昕捷的满分作文《赤兔之死》全文如下：

建安二十六年，公元221年，关羽走麦城，兵败遭擒，拒降，为孙权所害。其坐骑赤兔马为孙权赐予马忠。

一日，马忠上表：赤兔马绝食数日，不久将亡。孙权大惊，急访江东名士伯喜。此人乃伯乐之后，人言其精通马语。

马忠引伯喜回府，至槽间，但见赤兔马伏于地，哀嘶不止。众人不解，唯伯喜知之。伯喜遣散诸人，抚其背叹道：“昔日曹操做《龟虽寿》，‘老骥伏枥，志在千里。烈士暮年，壮心不已’，吾深知君念关将军之恩，欲从之于地下。然当日吕奉先白门楼殒命，亦未见君如此相依，为何今日这等轻生，岂不负君千里之志哉？”

赤兔马哀嘶一声，叹道：“予尝闻，‘鸟之将死，其鸣也哀；人之将死，其言也善。’今幸遇先生，吾可将肺腑之言相告。吾生于西凉，后为董卓所获，此人飞扬跋扈，杀少帝，卧龙床，实为汉贼，吾深恨之。”

伯喜点头，曰："后闻李儒献计，将君赠予吕布，吕布乃天下第一勇将，众皆言，'人中吕布，马中赤兔'。想来当不负君之志也。"

赤兔马叹曰："公言差矣。吕布此人最是无信，为荣华而杀丁原，为美色而刺董卓，投刘备而夺其徐州，结袁术而斩其婚使。'人无信不立'，与此等无诚信之人齐名，实为吾平生之大耻！后吾归于曹操，其手下虽猛将如云，却无人可称英雄。吾恐今生只辱于奴隶人之手，骈死于槽枥之间。后曹操将吾赠予关将军。吾曾于虎牢关前见其勇武，白门楼上见其恩义，仰慕已久。关将军见吾亦大喜，拜谢曹操。操问何故如此，关将军答曰：'吾知此马日行千里，今幸得之，他日若知兄长下落，可一日而得见矣。'其人诚信如此。常言道：'鸟随鸾凤飞腾远，人伴贤良品质高。'吾敢不以死相报乎？"

伯喜闻之，叹曰："人皆言关将军乃诚信之士，今日所闻，果真如此。"

赤兔马泣曰："吾尝慕不食周粟之伯夷、叔齐之高义。玉可碎而不可损其白，竹可破而不可毁其节。士为知己而死，人因诚信而存，吾安肯食吴粟而苟活于世间？"言罢，伏地而亡。

伯喜放声痛哭，曰："物犹如此，人何以堪？"后奏于孙权。权闻之亦泣："吾不知云长诚信如此，今此忠义之士为吾所害，吾有何面目见天下苍生？"

后孙权传旨，将关羽父子并赤兔马厚葬。

阅卷老师是这样评价的：读罢此篇临场作文，令人拍案称奇。一是故事新奇。作者以熟谙三国故事为基础，编撰了赤兔马为诚信而殒身的感人故事，其想象力实在丰富。二是立意高远。文章将赤兔马拟人化，让它在同伯喜的对话中，显示对关羽与董卓、吕布两类人物的褒贬，实现了"真英雄必讲诚信"的主题；且以"鸟随鸾凤飞腾远，人伴贤良品质高"一联，"物犹如此，人何以堪"一句，抒写了人生当择善而从、唯诚信是瞻的志向，使文章的立意更上一层楼。三是语言老到。通篇遣用纯熟的古白话，散整错综，明白畅晓，文采飞扬，这种老到的语言功夫，是众多考生无法望其项背的。得分：60分。

因《赤兔之死》一文成名的南京籍考生蒋昕捷，被南京师范大学录取，并在征求其本人意见后，将他的计算机专业改为广播电视新闻专业。当时，南京师范大学党委副书记吕炳寿在接受记者采访时表示，由于蒋昕捷在一本、二本两个批次中都填报了该校，且第一专业均为计算机，学校从科学培养人才的角度出发，在征求本人意见的基础上，在二本批次录取了他，并根据他文字功底好的特点，重新为其挑选了广播电视新闻专业。该专业特点为文理兼收，学生出路也很广阔，学校将尽可能为蒋昕捷学习生活多创造有利条件。

诚信的内涵及价值

时下“拜金主义”盛行，假冒伪劣、坑蒙拐骗猖獗，已成为社会一大公害，严重阻碍经济社会发展和改革开放的继续深入。造成这种局面的核心问题是普遍的诚信道德观念淡薄。若不及时纠正，任失诚无信行为在社会上蔓延，将会演变成人们的生存危机。故务必警醒，提高认识，重塑诚信道德理念，廓清诚信的内涵，认识诚信的巨大价值和作用。

诚信即“实”和“实在”。按《现代汉语词典》的解释，“诚”有真实、实在、的确等意思，主要指一种真实的、诚实的心意或心态；“信”有确实、信实、信用、相信、信奉等意思，主要指对信从信任的行为或守信行为的一种确认。由此可见“诚”和“信”都具有“真实的”“实在的”“可信的”的意思。“诚”“信”连用形成的“诚信”一词就是诚实不欺的意思，不欺己曰诚，不欺人曰信。

诚信是一种历来被人们推崇的道德品性。诚实信实的行为和品性是人们在广泛的社会交往实践中发现并逐渐形成完善的。科学家根据出土文物研究认为，早在数十万年前，在人们有了语言能力（约在5万年前）和运用文字表达以后，对诚信的道德品性的认识愈加深刻而加倍推崇。《周易·乾卦》曰：“修辞立其诚，所以居业也。”意即表达和树立诚心（意），即可立业。也即3000多年前，人们已认识到，“诚”是安身立业的根本。为什么“诚”是根本？因为它是社会交往的一般规律。“诚”与“信”是互相联系的，有诚方有信，无诚则不信。《论语·学而》曰：“与朋友交而不信乎？”对朋友应当真诚相待，要讲信用，这是做人的起码品质。《论语·颜渊》曰：“足食足兵，民信之矣。”民富国强，实实在在的，老百姓当然就信从君主了。在我们伟大祖国的语言中，有关诚信的词语甚为丰富，也反映了人们在广泛深入的社会交往中对诚信道德品性的深刻认识和推崇。

“诚”与“信”是中国儒学的重要概念。“诚”“信”品格在中国传统文化中，尤其是儒家哲学中地位甚高。我国战国时期的大思想家孟子，把“诚”作为自然界和人类社会的最高道德准则，他提出：“诚者，天之道也；思诚者，人之道也。”（《孟子·离娄上》）意思即，诚（真实无妄）的属性是天地（自然界）的本来面目（本质）；希望达到诚的境界，是人（人类社会）追求的一般道德法则。孟子还进一步阐明，“天之道”的“诚”与“人之道”的“诚”有不同，前者是本然的存在（“天道不欺”），后者须通过“思诚”“至诚”“诚之”的克己自律的修养才能达到“天之道”的“诚”的道德境界。“诚者，天之道也；诚之者，人之道也。诚者，不勉而中，不思而得，从容中道，圣人也。”（《中庸》）孟子认为，人由求诚而达到诚的境界，以与天道合一。荀子对“诚”也有与孟子类似的看法。

唐代思想家李翱继承《中庸》思想，提出：“诚者，圣人之性也，寂然不动，广大清明，照乎天地，感而遂通于天下之故，行止语默，无不处于极也。”（《复性书·上》）他将“诚”视为圣人的本性，在语默行止中无不合于至善。

北宋理学家周敦颐以“诚”为人的本性：“诚者，圣人之本，大哉乾元，万物资始，诚之源也。”（《通书》）意即“诚”始于乾元，为一切道德的基础。程朱学派的朱熹认为，“诚”是天理的本然：“诚者，真实无妄之谓，天理之本然也。”（《四书集注·中庸注》）

北宋思想家、教育家程颢（1032—1085）、程颐（1033—1107），世人并称“二程”，是北宋著名的理学家和教育家。二人为嫡亲兄弟，河南洛阳人，均出生于黄州黄陂县（今属武汉市黄陂区）。程颢字伯淳，又称明道先生。生于宋仁宗明道元年，卒于宋神宗元丰八年。官至监察御史里行。程颐字正叔，又称伊川先生。生于宋仁宗明道二年，卒于宋徽宗大观元年。曾任国子监教授和崇政殿说书等职。二人都曾就学于周敦颐，并同为宋明理学的奠基者。“二程”以“诚”为养心之功：“识得此理，以诚敬存之而已，不须防检，不须穷索。”（《二程遗书》卷2上）

明清之际的大思想家王夫之认为，“诚与道，异名而同实”；“诚”是客观世界的客观规律，是不以人的意志为转移的：“诚者，天理之实然，无人为之伪也。”（《张子正蒙注·诚明篇》）他还进一步赋予“诚”现实的内容：“夫诚者，实有者也，前有所始，后有所终也。实有者，天下之公有也，有目所共见，有耳所共闻也。”（《尚书引义·说命上》）他认为“诚”就是“实有”，是唯一能贯穿事物始终（保持同一）和取信于世人（天下）的东西。他还指出必须用“诚”（如实）反映“天道”，以达到“一乎诚，则尽人道以合天德”（《读四书大全说》）。

“信”也是古人追求的最高道德境界之一。“礼所以观忠、信、仁、义也……信所以守也。”（《国语·周语上》）孔子要求对朋友要讲信用，还要“敬事而信”，“谨而信”（《论语·学而》）。孟子认为，“可欲之谓善，有诸己之谓信”（《孟子·尽心下》），意即自身确实具有善德的方称为“信”。孔子及其以后的儒家，都把“信”作为“仁”的重要表现之一，认为“信”与“仁”，与“物”同体：“仁者，浑然与物同体。义、礼、智、信皆仁也。”（《二程遗书》卷2上）达到了“仁”就达到了道德的最高境界：“是以仁者无对，放之东海而准，放之西海而准，放之南海而准，放之北海而准。”

(《二程遗书》卷11)

中国儒家哲学对“诚信”社会规律的发现和提倡都是很了不起的,对“诚信”的阐释也很全面和深刻,在许多方面至今仍有重要的现实意义。但古今社会毕竟有别,传统诚信观与现代诚信理念不能画等号。

现代诚信道德的主要含义为:从理念上讲,主要是指个体与社会(集体),个体与个体之间在利益交换的基础上,对其承诺或双方合意规则应自觉遵守,要求要有求真的精神和规则意识。

社会行为以利益交换为基础,这是市场经济的基本特征,即使是公益。慈善等捐赠和义务作为,虽不是直接的、平等的利益交换,也可能含着间接的利益交换。不管是利益交换或非利益交换的社会行为,都要坚持诚实守信的原则。现代社会的方方面面都有各种各样的成文规则,包括法律、规章制度、乡规民约、合同、承诺等等,都应自觉遵守,在遵守的基础上进行正当的利益交换。要使交换和规则执行顺利有效或高效(减少交易成本),必须具有求实精神,即做真人(诚实守信),办真事。

我们既然生活在一个充满规则的社会里,为了更好地生存或者说提高生存质量,个人和集体都应该有高度的规则意识。所谓规则意识,就是要有按规则办事的心智模式或理性思维;对既已承诺履行责任和双方协商同意或合意的规则,要有信守和共同维护的自觉,要有履行规则的高度责任感,要敢于运用规则争取和保护自己的正当得利;对不符合实际的原则,要以求实的态度,通过民主协商来解决问题,不得随心所欲决定取舍。规则意识是形成现代诚信社会的基础。诚信应是双方的诚信,是一种双向的选择,是双向的互信,但关键还是每一个个体的诚信意识的确立和诚信素质的养成。从一定意义上讲,就是在新的条件下重建“人是可信的”“人是希望求真求善的”的信心和“良心”,社会规则也不过是对“良心”的保护手段而已。

诚信道德的外延,按事物性质和涉及范围分,有政治诚信、经济诚信、军事诚信和社会诚信等类;按个体群体关系分,有个人诚信、企(事)业诚信和政府诚信等类。我们现在需要特别重视建设的是个人诚信、商业诚信和政府诚信。

诚信是有价值的。价值是客体满足主体需要的本体属性,诚信的价值即诚信对主体(人的个体和群体自身)的有用性,对客体(自身以外的他者)的效用性。因此,谈诚信的价值,必然要涉及诚信的功能和作用。诚信在现代社会中主要有五大功能和作用:

一是对社会的整合作用。如果社会的个体和群体都有诚信意识,都严守诚信道德底线,讲求立诚守信,即形成诚信社会,则社会关系必然是和谐的,社会必然是一个有凝聚力的社会,也即是说诚信在社会关系中起到了润滑作用、整合作用。

二是社会交往的有效和增效作用。有效和增效都是有效率的表现。由于诚信社会的个体和整体都有诚有信,互相忠诚,互信求利,使互相防范避害的交易成本大大降低,必然导致交往有效性的增强和交往效率的提高,进而提高个体和群体的生存质量。

三是示范作用。主体的诚信素质愈高,信誉度也愈高,对客体的效用性越大,主体对客体愈有吸引力,这是一种正向良性循环示范;反之,则变成负向恶性循环示范,将承受失诚无信的加倍损失和惩罚。

四是导向作用。一个有浓厚诚信道德氛围的社会,必然导致越来越多的人求真务实,明诚向善,这是社会文明进步之道,激活和积累社会资本之道,持续发展之道,奔向康乐社会之道。

五是辅助支撑作用。诚信道德虽属社会意识形态,是“软件”,但对经济基础(“硬件”)有强大的反作用力。尤其是现代社会,“软件”和“硬件”是相辅相成、互为支撑的,如果不及时重视“软件”建设,任失诚无信缺德行为,如“假大空”、假冒伪劣、坑蒙拐骗等泛滥成灾,造成普遍的生存发展危机,将对“硬件”产生破坏性作用,后果将不堪设想。

诚信道德之于社会的功能作用是巨大的,绝不可小视。中共十六大报告中,把“诚实守信”作为国家社会主义市场经济未来道德建设的重点,国家颁布的《公民道德实施纲要》把“诚信”列入“二十字基本道德规范”,都体现了重建现代诚信道德的重要性和紧迫性。也由此可见,树立现代诚信道德理念的价值所在:诚信是人类社会生存发展的道德基础;是现代市场经济社会尤其是发展社会主义市场经济的需要,是经济社会持续发展的需要;对于个体和群体(集体)来说,讲求诚信是一种受益无穷的优秀习惯,是“品牌”,是宝贵资源,是资本和财富,同时也是个人和社会幸福的源泉。

传统诚信观与现代诚信理念的异同

现代诚信理念与传统诚信观是有一定联系的。从“诚信”二字字面意义的解释看,都有“诚实守信”的意思;从行为实践看,都有以诚(求真)立信的取向;从认知角度看，都认为诚信是立身立业以至立国之本，是“天地之道”“人之道”，是放之四海而皆准的一般社会规律；从诚信品德的养成看，都认为要从“我”（个体）做起，诚如宋儒所言之“诚意正心修身齐家治国平天下”。总之，诚信是人类社会古今都认同和保持着的一种基本的道德观念。

当代德国教育家鲍勒诺夫认为，“人类社会中实际上蕴涵着一种更一般、更纯情、更基本、更长久保持同一性的道德，如诚实、信赖、同情心、爱、关心等，它们是一切道德的基础”，于是鲍氏提出了他的“朴素道德”理论，其要点是：一要自觉忠实地完成每个人在特定活动范围内的责任；二要老实坦诚地和人交往，踏实、正直，做事不半途而废；三要同情他人和一切有生命东西的痛苦，乐于帮助处于困境的人；四要尊重他人活动的权利，与人为善；五要言行举止端正，注意倾听别人意见，做受人敬重的人。（《每周文摘》2003年6月10日第5版）鲍氏所推崇的“朴素道德”的内涵，在中国传统诚信的解释中都可以找到，因为在中国传统诚信道德信念中已包括众多的“仁爱”的内容。

尽管现代诚信理念与中国传统诚信观有联系，有相同的一面，但二者仍然有迥然不同的差异。

从传统诚信道德与现代诚信道德调节的社会对象上看，前者主要是在有特殊情感关系者（如家庭成员、亲友、熟人等）或者说“亲友”之间，对“非友”的他者，一般是不涉及的；而后者是要调节含“友”和“非友”的所有个体和群体的关系（处于国家和民族的敌对关系者除外），真正做到一视同仁、开诚布公、守诚互信。所以前者调节的社会对象范围较窄，后者则很大，大到全球范围内。

从传统诚信道德与现代诚信道德的内容和形式上看，前者重内容，重个人感情，轻形式，轻实际成效（贵义轻利）；对诚信责任的履行有较大的灵活性和变通性。后者则二者并重，甚至更重形式（强调游戏规则），讲求理性原则，追求实效；在诚信责任的履行上有严肃性、保障性（法治的）和一致性。

从传统诚信道德与现代诚信道德的维持力量上看，前者以自律为主，多靠亲情、友情关系维系，缺少广泛的社会舆论的监督和维持。而后者的维持力量主要依靠制度建设和法治保障，并有广泛的社会舆论监督。

从传统诚信道德与现代诚信道德的价值取向上看，前者贵义轻利，如乐道“君子喻于义，小人喻于利”，“先君子而后小人”；而后者则义利兼顾，强调市场意识，“先小人而后君子”，讲求“以诚（信）求（及）利”，讲求互惠互利、对等互惠、双惠双赢等等。

现代诚信道德之所以与传统诚信道德有迥然差异，主要是因为社会生产力水平不同，社会经济基础和社会关系的不同。传统诚信道德是建立在小农经济基础上的，人们社会交往的圈子不大，属低信任度社会；现代诚信道德是建立在生产力高度发达的全球化社会大生产的基础上的，社会交往空前扩大，社会关系日益复杂，属高信任度社会，不讲社会信用，交易成本可能无限上升。

中国传统诚信观和西方信用理念的比较，也有较为明显的差别。儒家“诚信”是具有中国特色的一种古典伦理形态。而西方社会的“信用”则是指独立平等的经济主体之间，由价值和使用价值单方面转移而形成的以偿还为中心内容的一种特殊关系，它不仅基于亲情、血缘关系的人伦信用，而且更加注重基于法律和契约的社会诚信制度伦理的建设。中国传统的诚信观尽管在“信守诺言”这一最基本的意义上能与现代“信用”相沟通，但在深层本质上却有着许多重大区别。不可否认，儒家的诚信伦理作为一种重要的道德资源依然发挥着独特的作用和影响，诚信作为一种富有生命力的传统观念，依旧在我们的社会伦理生活，特别是家庭、社群和个人德行生活中起着重要的作用。儒家的诚信伦理传统不应当也不可能被简单抛弃。但是，儒家的诚信伦理不能完全满足现代市场经济的需求，需要对之进行现代诠释和整合，方能成为现代社会信用伦理的基石。

诚信是市场经济的本质意蕴

诚信是中华民族始终崇尚的一种基本美德。无论是待人处事，还是治产经商、治理国家，都离不开诚信。市场经济的基本规律如价值规律、供求规律、竞争规律内在地要求人们在市场活动中讲信用，守诺言，诚实不欺，在不损害他人利益和社会利益的前提下追求自己的利益。可以说，中国古代的诚信思想与现代市场经济的发展要求是一致的，市场经济愈发达，愈要强化诚信伦理，这是市场经济的本质规定。

中国传统文化中的诚信道德观，由于历史和阶级的局限性，不可避免地有其封建性的一面，但它又是植根于中华民族文化沃土的美德之葩，至今仍对人们的社会生活、思维方式、价值观念产生着极其重要的影响。今天我们强调的诚信道德是吸收了传统诚信思想的积极因素而与市场经济相适应的道德观。市场经济不是不讲规则，不讲道德，不讲信用的经济。恰恰相反，诚实守信，是市场经济的“生命线”，是市场经济的灵魂，市场经济愈发达愈需要诚信伦理的支撑，这是市场经济的内在本质规定。

首先，诚实守信是市场经济的客观要求。根据历史唯物主义存在决定意识这一命题，诚信道德是随着商品交换和市场经济的产生、发展而生长和进步的。在自然经济条件下，生产的产品不是为了交换，而是自给自足，因此传统社会中的商品交换并未成为普遍的、频繁发生的社会现象，加之儒家重农轻商，对存在的商品流通现象也未给予更多的关注和理论的思考，而是被纳入德行视野之中来进行道德的论证。制度的不发达总是由道德来弥补。由于古代社会商品经济不发达，关于商品交换的契约制度也未能建立起来。因此，经济交往就更多地由道德上的默契来维持，所以说，交往有信，正是对社会信用制度不发达的一种弥补。现代西方经济学的开山鼻祖亚当·斯密早在1762年就说过，在市场经济的初期，因为法律的不完备，商品交易只得依靠道德良心来维系。可见，商品交换推动了诚信道德的生长和进步，即对诚信的需求是与对商品交换的需求相一致的。我们知道，市场经济的基本游戏规则是通过让个人或企业等市场主体追求自身利益最大化来实现整个社会经济的运作与效率。从经济学的视角来看，市场主体对利润最大化的追求，一般是根据边际收益大于边际成本的原则，即在市场交易中怎样以最少的付出获得最大的利益。为此，在市场经济中，作为理性经济人的市场主体，为了追求最大限度利润，理所当然要尽可能节省成本和尽可能增加收益。于是，只要能蒙混过去，偷工减料、以次充好、盗用名牌商标等等假冒伪劣欺诈行为，就自然成为节省成本、追求最大限度利润的捷径。不过，商品交换的基本原则为等价交换，交换双方只有以信用作为守约条件，才能构成互相信任的经济关系。任何一方不守信用，就会使等价交换关系遭到破坏，也就毁坏了市场经济的道义基础，从而葬送了它自身。市场经济的这种特质迫使市场主体表现出相当良好的道德情操，即对利润的追求必须遵循“买卖公平”“承诺”“守信”等市场交换规则，而不能是无限制的。“买卖公平”首先是指买卖双方人格的平等和相互尊重，这是进行交易谈判的基本前提。如果一方感到未被尊重，交易势必会中断。“买卖公平”还要求市场行为中买卖的价钱要公平，行为无欺诈。不公平的交易也许一两次能成交，但不可能长期得逞。欺诈行为必定会导致失去合作伙伴，最终导致企业的倒闭。交易一旦谈成，双方就要签订合同即“承诺”，如果没有承诺，就难以保证交易的成功。“守信”即要求签约双方实现自己的“承诺”，信守合同，坚守职业道德，以维护良好的市场秩序，保证市场经济的正常运行。

其次，诚实守信是我国建立社会主义市场经济体制客观事实的需要。竞争是市场经济的一个根本法则，诚信是一种经济竞争的无形资产。我国市场经济体制建立的事实充分证明：在经济竞争中，诚信攸关个人的成败，企业的兴衰。在竞争规范和激烈的领域，竞争起着“优胜劣汰”的作用，不讲诚信的企业和个人是难以找到立足之地的，因为背弃诚信所付出的高昂代价将迫使人们不敢欺诈或不得不放弃失信行为而遵循诚信。1998年“朔州假酒案”使山西酒业遭受重创，仅杏花村汾酒集团公司这一年就损失了1亿多元。河南“毒大米”使河南食品行业元气大伤。有着70年历史的知名企业——南京冠生园因一时作弊而申请破产，自食苦果，“城门失火，殃及池鱼”，全国200多家冠生园企业也跟着受到重创。牟其中从中国首富到中国首骗，结果不仅使南德关门倒闭，牟其中本人亦身陷囹圄，成为阶下囚。银广厦、郑百文事件，使人们对投资失去了信心。厦门远华案、广东增值税案让共和国经济蒙羞。与此相反，讲诚守信的企业和个人在经济竞争中会赢得客户，赢得市场，进而赢得良好的效益，在激烈的市场竞争中胜出。记得前两年曾有这样一则报道：三九集团中的深圳三九贸易公司与法国塞利保集团公司签订了一个贸易合同，在履行合同中，三九贸易公司发现塞利保公司少收了7万法郎（约合人民币10万元）的货款，公司发现后把核算结果迅速通知法方，并且分文不少地按合同向对方付款，法国塞利保公司被他们的诚信精神所感动，决定向中国合作伙伴追加两项优惠条件，一是向“三九”提供的一切产品不收一分定金，二是向本国政府申请2.3亿法郎买方信贷供给“三九”共建中国分厂。该集团公司总经理希尔称，他们如此承担合作的所有市场风险，“是付给三九人诚信的报酬”。“三九”取得成功的原因可能是多方面的，而诚实守信恐怕是其中重要的一条。在一次调查的结果中显示，从企业信用与盈利状况来看，企业的信用等级与盈利状况有相当关系：A级以上信用企业中，盈利率占69.3%；另外，关于企业经营者应有的职业道德素质中，居首位的选择是“诚实守信”，比重为63.6%，比第二位“爱岗敬业”多10个百分点。这说明企业信用越好，盈利状况越好，在市场经济条件下，诚实守信被视为最重要的职业道德素质。

第三，诚实守信作为市场经济活动的一项道德规范，明确地体现在中共中央的文件中；作为市场经济活动的一项道德原则，成为我国现代民法的最高指导原则。2001年10月25日，中共中央公布的《公民道德建设实施纲要》首次把公民基本道德规范概括为“爱国守法、明礼诚信、团结友善、勤俭自强、敬业奉献”20个字。这其中“明礼诚信”是紧接着“爱国守法”之后的第二个基本道德规范。这种排列次序，表明诚信规范作为“进德修业之本”的重要地位。我国是第一个将诚实信用原则写进法律的社会主义国家，该原则作为市场经济活动中的一项道德原则，被奉为现代民法的最高指导原则。它“要求人们在市场经济活动中，讲究信用，恪守诺言，诚实不欺，在不损害他人利益和社会利益的前提下追求自己的利益”。

建设社会主义市场经济，既要遵守发达市场经济的一般准则，又要体现社会主义的本质要求，因而应当更加注重信用、信誉，更加关心消费者的利益，更加注重市场的有序运作。如果不守信用，不讲信誉，践踏道德，漠视法制，无疑彻底背离了社会主义市场经济的要旨。只有诚信道德逐步确立，市场秩序逐步规范，民主法制不断健全，才能保证我国社会主义市场经济的健康发展。因此，市场经济越发达越需要诚信伦理的支撑，这是市场经济的内在本质特征。恩格斯说得好：“现代政治经济学的规律之一（虽然现行的教科书里没有明确提出）就是：资本主义生产越发展，它就越不能采用作为它早期阶段的特征的那些小的哄骗和欺诈手段……这些狡猾手腕在大市场上已经不合算了，那里时间就是金钱，那里商业道德必然发展到一定的水平。其所以如此，并不是出于伦理的狂热，而纯粹是为了不白费时间和辛劳。”

诚信社会的形成

诚信社会即指当诚信作为一种共识，一种道德规范，并为社会绝大多数成员所认可，从而成为一种常规化时的社会。在这个社会里，诚信代表着一个社会主体（在自由经济社会里，更是一个经济主体）对整个社会做出的承诺，这种承诺不仅仅是对一个人、一件事的承诺，而且是对整个社会发出的承诺，这种承诺直至兑现，才能说明此社会主体是诚信的。所以，诚信的前提是个体对他人和社会的负责，当这种负责成为一种普遍共识的时候，诚信社会便形成了。而当这种诚信的理念最终转化为社会所共同接受和认可的道德伦理时，其力量将是无穷的。诚信社会形成的重要性是显而易见的。

从经济角度讲，诚信社会的形成是市场经济发展的需要。市场经济是以社会分工为前提、以交换为方式、以等价为原则的契约经济。而契约之所以有效，一方面依靠法律法规的硬性约束，另一方面则需要交易主体的道德约束。这其中诚信发挥着重要的作用。可以说，市场经济是竞争经济、法制经济，也是诚信经济。当前我国正在进行社会主义市场经济体制改革，在经济全球化的背景下，商品交换的广度和深度都大为扩张，交换的内容和形式也趋于多样化，与此同时,交易风险也随之加大,这一切都要求诚信的加入。诚信可有效地降低交易成本,使整个社会资源得到合理的利用。对国家来说,诚信可给其带来良好的国际声誉,改善其投资环境;对企业而言,诚信是其生命线;公民个人更需要讲究诚信,诚信是个人在社会经济活动和其他社会活动中的立身之本,一个人的信用好坏将直接影响到其工作和生活的方方面面。

从社会角度讲,诚信是社会存在的一个基本的游戏规则。可以说,诚信不是自发产生的,它是应社会成员的共同需要而产生的。人之存在于社会,其首要的要求就是安全。试想一下,在一个充满尔虞我诈的社会里,人们处处提防,时时担心,又谈何安全? 由于共同的安全需要,使社会需要诚信,诚信使社会成员得以和谐相处。我国有着悠久的文化思想史,诚信一直是为社会所推崇的优良品格之一。在当代,社会赋予诚信以新的内涵,我们更需要将之发扬光大。

任何一个事物的存在都有其坚实的基础,诚信社会亦不例外。诚信社会之所以得以形成,是以完善的市场经济体制为基础的。今天的诚信观是对历史的诚信观的扬弃。今天我们赋予诚信以更多的经济性的内容,也就是说,诚信社会的形成,其中极为重要的一方面是诚信经济的形成。所谓诚信经济是指诚信作为一种资本(信用资本)来参与市场运作的经济,当诚信资本能成功地实现其价值增值时,诚信经济即告产生。毫无疑问,诚信经济的形成是建立在一个公正、平等的竞争性经济平台之上的,即有效法制下的市场经济体制。没有这一平台,诚信经济就失去了存在的基础,那么,诚信社会的形成也将成为一句空话。

在计划经济体制下,国家是一切资源的垄断者和经营者,各经济主体除了接受计划指令外,没有任何别的选择,不守诚信不必付出任何代价,诚信也就失去其经济基础。另一方面,信息的流向是单一垂直式的,不存在横向的经济主体之间的相互交流,因而也就不存在信息不对称的问题,信用对主体间经济行为的调节作用也就得不到发挥。改革开放以来,旧的体制被破坏,新的体制尚未建立,由此产生了一系列问题。其一,各经济主体的产权关系不明确。我们知道,产权具有排他性,而产权不明确直接导致所有者的缺位,这种所有者缺位的直接后果是导致经营者的短视行为和不守信用的败德行为。他们只追求权利而不愿承担责任,只追求利润而不愿负担风险,只关注短期利益而不考虑长期利益。而信用存在的前提是经济主体对长期利益的关注。一旦各经济主体不再关注长期利益,信用也就不复存在了。此外,由于政策的不完善,使大量的非市场主体得以渗入,它们并不是以长久存在为目的的,而是以一时的获利为目的,这就更加剧了信用危机。其二,信息不对称。在市场经济条件下,市场上的信息量空前加大,但由于种种原因,市场机制远未完善,尚未形成一整套有效的机制来保证信息的公正、公开和有效传递。这就使得市场经济主体之间所了解的信息不对称,从而给做假和欺诈提供了可能。其三,社会监督和惩戒系统尚未形成,这使不守信行为的机会成本大为降低,从而鼓励了不守信行为。所有这些都说明,完善的市场经济体制对诚信以及诚信社会的形成是多么的至关重要。为此,我们应当下大力气进行市场经济体制改革,整顿和规范市场经济秩序。随着我国市场经济体制改革的不断完善,诚信经济逐渐有了自己坚实的土壤,社会将逐步地走向诚信。

政府是政权的维护者和执行者,是经济和社会正常运转的组织者和领导者,其最主要的目标就是实现社会收益的最大化。诚信社会的形成无疑有助于这个最大化目标的实现。这就要求政府在诚信社会的形成和保持的过程中发挥主导作用。

政府作为法律制定的主导者和执行者,其所受到的约束相对而言比较有限,这就更要求其加强自身的诚信约束,这样才能起到表率作用,从而取信于民,有利于国家发展。因而需要政府自身首先是诚信的政府,诚如司马光所言:“夫信者,人君之大宝也。国保于民,民保于信;非信无以使民,非民无以守国。是故古之王者不欺四海,霸者不欺四邻。善为国者,不欺其民;善为家者,不欺其亲。不善则反之,欺其邻国,欺其百姓,欺其兄弟,欺其父子,上不信下,下不信上,上下离心,以至于败。”因而,诚信政府的构建主导着诚信社会的形成。

那么,怎样的政府才能称得上是诚信政府呢?政府依法行政,公平、公开、公正地做好“裁判员”角色,保持其政策的连续性,即是最大的诚信。当前我国确实存在着一些失信于民的现象。第一,某些政策缺乏连贯性。这一方面造成人民对政府的信任度下降;另一方面,它增加了市场环境的不确定性,使经济主体对前景难以形成良好的预期,从而助长其短期失信行为。第二,对市场过度干预。政府对经济的过分干预,会使企业管理者对企业的生命周期缺乏良好的预期,从而助长了企业行为的短期化。假冒伪劣产品无不和这种思潮有相当大的关系。此种超市场的干预极易造成政府官员的权力滥用,企业的行为不规范,最终导致市场信用的缺失。第三,市场主体负担重,国企过度寻求保护。市场主体除了应付正常的负担外,还不得不应付来自方方面面权力部门的压力。同时,国有企业却不断地受到政府的特殊保护,从而助长其拖欠银行贷款等不守信行为。第四,贪污腐败在某些地方和部门还比较严重。所有这些都助长了社会失信的歪风，这是不利于诚信社会形成的。

构建诚信社会，必须构建一个诚信政府，这就要求加强政府机构改革。首先，“己所不欲，勿施于人”，政府一定要做出守信的表率，这样才能树立起自己的良好形象，增加其威信。其次，政府要转变观念，转变职能，变无限政府为有限政府，变“裁判员”与“运动员”双重角色为“裁判员”单一角色，加强反腐倡廉，建立一个廉洁、高效、勤政、务实的，值得人民信任的政府。第三，必须要强调的是，政府的主导作用绝不是搞运动，指望依靠政府的一个号召，发起一场运动就可解决问题的想法无疑是十分幼稚和可笑的。诚信社会的构建是一项长期的工作，绝不可能一蹴而就，因而政府的工作应从点点滴滴做起。

诚信环境建设从根本上讲就是制度建设，营造一个良好的制度环境可有效地保障诚信社会的形成。这就要求我们从法制建设、制度建设以及思想道德建设入手，不断地创造和加强一个适合于诚信发展的良好土壤。

一是建立统一的诚信管理机构。可以根据不同对象，建立相应的社会诚信管理机构。一方面，由工商管理部门负责，建立企业诚信管理中心，将工商、税务、金融、质检、卫生、消协、环保等机构的诚信管理纳入中心统一管理。由民政部门组织个人诚信管理中心，作为社会事业机构，税务、金融、教育、社会保障、医疗等机构建立相应的信用子系统，各子系统与诚信管理中心相链接。

二是确立统一的标准。引入国际惯例，对各种社会主体的诚信等级加以量化，以客观的数据来说明问题。

三是充分利用现有的技术条件，加快网络化建设。通过网络将各诚信子系统相互链接起来，从而形成一个覆盖全社会的诚信信息网，使信息得以充分共享，使有信用信息需求的人可方便快捷地进行诚信资料的查询和咨询。

四是充分利用市场的作用，大力发展信用中介行业。市场中介机构是为市场经济提供各种咨询服务、交易服务的机构，这些机构对各市场行为者的诚信状况有较多的了解，在他们的业务范围内对当事人的诚信情况都有所掌握。有的机构还在一定范围内对当事人建立了系统的诚信档案资料库。我们应充分地利用这些宝贵的信息，并将其纳入到整个大的诚信管理系统中。对中介机构所掌握的诚信资料，可以依据有关法规对需要诚信信息的有关组织和个人提供有偿咨询服务。

五是加强对诚信信息的管理。我们应当做到准确客观，力避主观臆断，这样才能保证信息的权威性和合法性，从而有利于社会和个人；同时也要做到动态性，即要求不断地对社会主体的诚信状况进行调整，及时反映主体的诚信变化状况。

六是建立起监督和惩戒系统。完善的监督和惩戒系统可有效地震慑不守信者。因为当一社会主体的不守信行为能够被其他社会主体所很快知晓，并因此而不再向他提供信用服务的话，对其将是致命的打击。监督要求是全社会性的，它既包括主管部门的行业监督，也包括群众监督、新闻监督等。同样，对不守信行为的惩戒，既有社会对其的自然惩戒（如不向其提供信用服务），也有法律法规的惩戒。当前我国的监督和惩戒系统尚待完善。

思想道德教育永远不能放松，诚信教育是思想道德教育的重要内容，是体现“以德治国”方略的重要方面。培养诚信意识，塑造诚信美德，是诚信思想道德教育要抓的一项重要工作。在市场经济条件下，我们一方面要依赖法律的硬约束，同时也离不开道德的软约束，因为如果全民具有强烈的诚信意识，将个人的人格信誉视为生命，败德行为将会减少，信用风险就可降低，交易成本也将大幅下降。为此，国家在《公民道德建设纲要》中，把“明礼诚信”作为社会基本道德规范之一加以大力弘扬。另外，要加大对大学生的诚信教育，因为现在有些大学生的诚信度确实堪忧。

建立诚信社会，要从市场经济体制改革这一基础入手，通过诚信政府的建设来主导整个诚信社会的建设；同时，要加大诚信环境建设的力度，营造一个人人守信的良好的市场环境。我国现在已进入市场经济体制改革的关键时期，经济的市场化和全球化既向我们提出了诚信建设的要求，也给我们带来了诚信建设的机遇。当前，尽管由于社会转型所引起的一系列诚信问题亟待解决，社会上存在着严重的诚信危机，但我们应当认识到，通过不断的努力，这些问题最终将会得到解决。因此，我们应当抓住当前的有利时机，向国际标准看齐，努力建设我们的诚信社会。

中国为何面临诚信危机

市场本起源于西方，中国的儒家文化本来就不是最适合市场经济发展的土壤。现在要把儒家传统的诚信体系移植到市场经济中来，当然会面临很多重建的问题。

中国是传统的礼仪之邦，但现在，这个具有5000年历史的诚信大国，却至今找不到构建社会诚信体系的支点。过去经常被我们称为“尔虞我诈、利欲熏心”的西方世界，现在看来，却要远比我们这个礼仪之邦更讲诚信。

当我们谨慎地引入市场经济体制时，看到的除了市场的活力，还有假冒产品、虚假广告、坑蒙拐骗、骗税逃税、伪造假账、恶意拖欠等现象的泛滥。不讲诚信、欺骗欺诈已成为人人痛恨的一大公害，也成为严重制约中国市场经济健康发展的一大障碍。

在我们的生活中，从小学生雇“工”代父母参加家长会，到大学生公开雇人撰写毕业论文，到学者剽窃他人学术成果而不脸红，到各类学校巧立名目收取费用，此类现象竟然无遮无掩，大行其道。我们真的应该担心，中国的传统“礼仪”在当代市场经济条件下是否仍然能有活力。

很多人把这些不讲诚信的社会现象，都归结为西方资产阶级特有的、唯利是图的市场本性在侵蚀我们的机体。可是，早在中国引入市场经济之前，西方学者就已经对中国的“诚信”伦理产生怀疑，做出了中国“诚信不良”的评价。比如，马克斯·韦伯在其1915年出版的《儒教与道德》一书中写道：“正如人们一再断言的那样，中国人在世界上是罕见的不诚实，与同样经历过封建社会的日本相比，日本人在零售交易中讲诚信，中国人在零售交易中不讲诚信。一个商品的‘定价’，即使对中国自己人而言，也显然是虚假的。中国人彼此之间典型的不信任，为所有的观察家所证实。”

当前中国社会诚信缺失的根本原因，要从影响了中国人几千年的儒家伦理中去寻找。简单地把它归罪于市场经济，归罪于个人的逐利本性，是一种不负责任的主观臆断。有人还提出要把中国的传统诚信体系移植到市场经济之中，构建起儒家礼仪与市场行为相结合的社会信用体系，更是一厢情愿。

儒家的“诚信”伦理思想以家庭和个人为中心，强调血缘共同体，强调由这种血缘关系组成的一种亲疏远近的人际关系秩序。在这种关系中，人们只对自己的亲朋好友讲诚信，对所谓的“外人”则要有所保留。这种关系对我们今天生活的影响，同样是深刻的。比如，中国的家长从小就对自己的孩子说，“陌生人给的东西千万不能吃”，言外之意是，陌生之人，不可信也！

儒家的“礼”是要确立“君、臣、父、子”的差序格局，所谓“爱有等差”，就是在不同的等级中，爱的标准也是不一样的。在这样一个等级森严的、封闭的熟人社会中，诚信没有平等和公平的含义。

西方当然也有欺诈，但从本质上来说，西方文化中的道德诚信是建立在契约基础上的生活准则，它是对承诺和协议的遵守和兑现。西方社会形成的基础是人与人之间的契约与合作，诚信的对象是整个社会上所有互不认识的陌生人，而不仅仅是熟人。

这是两种完全不同的文化，这两种不同的道德诚信演变出不同的社会形态。西方人的诚信理念是每一个人对任何其他人都有基本的社会责任，实现社会责任的手段是社会契约，它从规定陌生人之间的行为准则，演变为维系市场经济的首要条件。

对中国传统诚信来说，五伦之外的一般社会成员之间应遵循何种伦理准则，几乎是一片空白。尽管我们也从文化上对传统礼仪进行再造，但取而代之的是阶级标准和政治标准，“爱有等差”的道德标准最终演化为现代版的诚信等级。

因此，在当前的中国社会重建诚信，关键是要破除儒家传统诚信伦理中的等级观念。现在中国社会的一个问题，就是一部分人或者觉得另一部分人不可信，或者觉得他们太讲诚信了因而可轻易欺骗。诚信应该是所有人之间的诚信，而不是只限于某个群体或阶层。

第六章

情商智商与成熟成功

■ 情商的定义及其内涵

■ 智商与情商的区别

■ 情商奇才与智商天才

■ 成功者是自己努力的结果

■ 关于男女平等的话题

■ 关于成功男人的话题

■ 婚姻是男人成功的一架梯子

■ 好女人是成功男人心灵的绿洲

■ 成熟的境界与成功的境界

■ 三十岁时正成熟，四十岁时真成熟

第六章　情商智商与成熟成功

成功虽然有多重因素,但成功者首先是一个有情的人。有情和多情,才会有爱心,有爱心才会有耐心,才会有恒心。一个人要想成功,首先要去爱,热爱生活,热爱你周围的一切。对生活充满了爱的感觉,才会激发创造活力,播种下成功的种子。在物质文明日益发达的今天,对于作为情感动物的人来说,控制感情是一种能力,感情本身、爱本身更是一种能力。爱的能力比智商、比控制情绪的能力更为本质和重要。常听一些人抱怨感叹:"我现在已经爱不起来了。"这实际上就是爱的能力萎缩的表现。不过,他们的本意并非说自己爱的能力不强,而是说这个世界上已没有什么值得他们用心去爱的了。他们往往都觉得自己经历了不少情感风波,曾经沧海。其实他们根本就没有真正爱过,他们心里只有一本所谓爱的付出与回报的糊涂账。可真正的爱都是非功利的、不求回报的,他们账上的收支就永远平衡不了。

无论是多情与多才,还是风流与潇洒,都与人的情商有着极为密切的关系。

情商的定义及其内涵

"情商"(Emotional Quotient),是现在颇为流行的词汇之一,英文的简写为EQ,指认知、控制和调节自身情绪的能力。美国哈佛大学心理学博士丹尼尔·戈尔曼提出的这个概念是相对于智商而言的。智商(Intelligence Quotient,简写为IQ)标志着一个人是不是聪明,情商则标志着一个人是不是热忱、坚韧、达观。情商对于人的成功,起着与"智商"同等重要的作用。我们应当相信科学家们的论断:对人一生事业影响最大的是情商而不是智商。

情商最初的概念是情绪智力。情绪智力这一概念和理论传到我国后,被简称为"情商"。很多人以为"情商"是单纯指"情感商"或"情绪商"。其实情绪智力和智商既有区别也有内在联系。联合国教科文组织在"21世纪全球开智计划"

中明确指出:“智力并非一个单向度的概念,除了基本智商(IQ),它还包涵了人的更多能力:成就智商(AQ)、道德智商(MQ)、情绪智力(EQ)、体能智商(PQ)……”可见,联合国教科文组织也是更多地按照多元智力理论,从社会智力的角度来界定情绪智力的。像国内部分学者仅仅把EQ理解为“情感商”或“情绪商”是不确切的。比较规范,符合情商说提出的背景的说法也应该是情绪智力。现在,国内已经对情商指认知、控制和调节自身情绪的能力这种说法广泛接受,成为一种约定俗成的说法。情商有以下几方面的内涵:

情绪的知觉、鉴赏和表达能力:从自己的生理状态、情感体验和思想中辨认自己情绪的能力;通过语言、声音、仪表和行为从他人、艺术作品、各种设计中辨认情绪的能力;准确表达情绪,以及表达与这些情绪有关的需要的能力;区分情绪表达中的准确性和真实性的能力。

情绪对思维的促进能力:情绪影响对信息注意的方向;情绪生动鲜明地对与情绪有关的判断和记忆过程产生积极作用的能力;心境的起伏使个体从积极到消极摆动变化,促使个体从多个角度进行思考的能力;情绪状态对特定的问题解决具有不同的促进能力,例如快乐可以促进归纳推理和创造性,抑郁可以促进演绎推理和深刻的思考。

对情绪的理解、感悟能力:给情绪贴上标签,认识情绪本身与语言表达之间关系的能力,例如对“爱”与“喜欢”之间区别的认识;理解情绪所传送意义的能力,例如伤感往往伴随着失落;理解复杂心情的能力,例如爱与恨交织的感情;认识情绪转换可能性的能力,例如愤怒可转换为满意,也可转换为羞耻。

促进心智发展的能力:以开放的心情接受各种情绪的能力,包括愉快的和不愉快的;据所获知的信息与判断成熟地浸入或离开某种情绪的能力;观察与自己和他人有关的情绪的能力,比如其明确性、典型性、影响力、合理性等;处理自己与他人情绪的能力,缓和消极情绪,加强积极情绪,并且做到没有压抑或夸张。

情商说关于情绪智力的核心要点在于强调认知和管理情绪(包括自己和他人的情绪)、自我激励、正确处理人际关系三方面的能力。这种对于情绪智力的理解,相对来说,是比较完善的。然而国内一些研究者也对之进行了校正。认为该定义以及相应的情绪智力的内涵把动机、兴趣、意志等排除在情感智力之外,这种理论仍然是不完善的。事实上,动机、兴趣、意志与情感有密切关系,有的甚至就是一种情感或情绪。因此,国内有的情商说的研究者在国外情商说的基础上提出了一种新的情绪智力的定义以及内涵,将动机与兴趣考虑进来,认为情绪智力是指人认知和调控自我及他人的情感，把握自己心理平衡；形成自我激励、动机与兴趣相结合的内在动力机制；形成坚强和受理性调节的意志；妥善处理人际关系等的心理素质和能力。具体包括，认知和控制自己的情感，认知和驾驭、调控他人的情感，动机、兴趣和自我激励相结合的心理动力，坚强而受理性调节的意志，妥善处理人际关系。

智商与情商的区别

智商是大脑的组成部分，生命的主体能力。它是通过一系列标准测试测量人在其年龄段的智力发展水平，它必须与灵商(SQ)配合运用才行。智力也叫智能，它是人们认识客观事物并运用知识解决实际问题的能力。智力表现为多个方面，如观察力、记忆力、想象力、创造力、分析判断能力、思维能力、应变能力、推理能力等，其包括文商(CQ)。

智商和情商，都是人的重要的心理品质，都是事业成功的重要基础。它们的关系如何，是智商和情商研究中提出的一个重要的理论问题。正确认识这两种心理品质之间的差异和联系，有利于更好地认识人自身，有利于克服智力第一和智力唯一的错误倾向，有利于培养更健康、更优秀的人才。情商与智商是两种不同的心理品质，它们的区别在于以下几点。

智商和情商反映着两种性质不同的心理品质。智商主要反映人的认知能力、思维能力、语言能力、观察能力、计算能力、律动的能力等。也就是说，它主要表现为人的理性的能力。它可能是大脑皮层特别是主管抽象思维和分析思维的左半球大脑的功能。情商主要反映一个人感受、理解、运用、表达、控制和调节自己情感的能力，以及处理自己与他人之间的情感关系的能力。情商所反映的是个体把握与处理情感问题的能力。情感常常走在理智的前面。它是非理性的，其物质基础主要与脑干系统相联系，大脑额叶对情感有控制作用。

智商和情商的形成基础有所不同。情商和智商虽然都与遗传因素、环境因素有关，但是，它们与遗传、环境因素的关系是有所区别的。智商与遗传因素的关系远大于社会环境因素。英国《简明不列颠百科全书·智力商数》词条载："根据调查结果，约70%～80%智力差异源于遗传基因，20%～30%的智力差异系受到不同的环境影响所致。"情商的形成和发展，先天的因素也是存在的。例如，"人类的基本表情通见于全人类，具有跨文化的一致性。"(《情感智商》，潘云明主编，中国城市出版社，第22页)美国心理学家艾克曼的研究表明，从未与外界接触过的新几内亚人能够正确地判断其他民族照片上的表情。但是,情感又有很大的文化差异。民俗学研究表明,不同民族的情感表达方式有显著差异。儿童心理学研究表明,先天盲童由于社会交流障碍导致的社会化程度偏低,使其情感能力相对薄弱。人类学研究表明,原始人类的情感与文明人的情感有极大差异。他们易怒易喜,喜怒无常,自控能力很差。美国有的人类学研究者认为,人类童年时代的情感控制能力很弱,以今天的眼光看,很像是患有集体精神病。从近代史研究中也可以看到,人的情感容易受到社会环境的影响,人总是有着根深蒂固的从众心理。二战时代德国的社会情感,充分说明了这一点。

智商和情商的作用不同。智商的作用主要在于更好地认识事物。智商高的人,思维品质优良,学习能力强,认识程度深,容易在某个专业领域做出杰出成就,成为某个领域的专家。调查表明,许多高智商的人成为专家、学者、教授、法官、律师、记者等,在自己从事的领域有较高造诣。情商主要与非理性因素有关,它影响着认识和实践活动的动力。它通过影响人的兴趣、意志、毅力,加强或弱化认识事物的驱动力。智商不高而情商较高的人,学习效率虽然不如高智商者,但是,有时能比高智商者学得更好,成就更大。因为锲而不舍的精神使其勤能补拙。另外,情商是自我情感把握和调节的一种能力,因此,与人际关系的处理有较大关系。情商与社会生活、人际关系、健康状况、婚姻状况密切关联。情商低的人人际关系紧张,婚姻容易破裂,领导水平不高。而情商较高的人,通常有较健康的情绪,有较完满的婚姻和家庭,有良好的人际关系,容易成为某个部门的领导人,具有较高的领导管理能力。

智商更多地反映了个体的生物学特性,而情商更多地反映了个体的社会学特性。人生成功,不仅仅是智商,还有情商与之并驾齐驱,人的潜能才能淋漓尽致地发挥和发展。长期以来,人们习惯于将智商作为衡量人才的标准,而现代研究表明,人才成功的决定因素不仅仅是智商,还有情商。在管理领域里成功的那些人中,有相当一部分是在学校里被认为智商并不太高的人。我们经常看到这样的人,受过高等教育,他的智商使他具有非常丰富的知识,使他能顺利地到一个单位就职或者从事一项研究工作。如果他情商高,情绪稳定,适应环境能力强,对外界和上司、同事没有过分苛求,对自己有适当的评价,不因外界的影响而"热胀冷缩",在受到挫折时能"重整旗鼓",并能不断提高自身心理素质,从不怨天尤人或悲观失望,这样他的智商和潜能就能得到充分发挥,并在工作中游刃有余,走向成功。反之,一个人智商虽高,却以此自负,情商低下,昼夜为自己周围不太理想的环境所困扰，那他的结局就可能或是愤世嫉俗、孤芳自赏，与社会、公司、同事融不到一起；或是高不成低不就，一辈子碌碌无为；或是走上邪门歪道，毁于高智力犯罪。由此可见，对于一个人的成功，情商与智商一样重要。

现实生活中人们往往重视智商而忽视情商。一个在大学里学习成绩非常优秀的女生留校当了老师，直到现在她还做着教课的工作，并且已经晋升为教授。而另一个女生学习成绩一般，由于她是班长，经常参加各种活动，是公认的活动能力较强的人物。毕业后，她先后到了几个单位工作，都认为不理想，于是下海，自己办起了公司，当了总经理。她的公司越做越大，现在她在美国已经有几家小公司，拥有固定资产1000多万美元。十几年后的一次同学聚会上，教授和总经理见了面，教授说："你现在可以啊，成了亿万富翁了。"而总经理则说："你的知识那么多，真正的富翁是你啊。"

其实，不论在何种事业上获得成功，成功者往往智商情商皆具。只是，智商高的人可以在专业领域内出成绩，而情商高的人却可以在管理运作上出成绩。所以在现代管理中，管理者应多学习一些有关情商方面的知识。情商虽然有天生的成分，但是可由后天的不断学习和经验的积累而获得不断提高，因此拥有高情商并不是一件可望而不可即的事。要想成为一名成功人士，不但应该学习相关领域的新知识、新技能，也应不断地有意识地提高自己的情商水平，它可以影响其他能力的充分发挥。

现实生活中出现的大量高分低能的现象和实例，就说明了情商的重要性。情商对于一个人的成功更为重要。研究表明：对一个人的成功来说，智商因素只占20%，出身、环境、机遇等占20%，情商占60%。有人认为："智商决定择业，情商决定升迁。"美国一位心理学家对1500名智力超常儿童进行追踪研究，30年后总结时发现，他们中有的成了社会名流、专家学者，有的却变得穷困、潦倒，流落街头。结局不同的主要原因是人格特点差异。成就最大的人具有自信、谨慎、坚持目标和有胜过别人的愿望。有些智力平常而有坚强意志的人，同样能取得成就。可见，一个人未来成功的关键，不取决于智商，而取决于情商。情商形成于婴幼儿时期，成熟于儿童和青少年阶段，它主要是在后天的人际交往中培养起来的。成功有很多因素，但只要能够注意平时的情商能力培养，刻苦、自信，有竞争意识，有良好的情商，就能走向成功。大松博文说："人生最难的是战胜自己。"人每天都可能会有挫折，有不良情绪，只有不断战胜自我，才能战胜对手。这是一种对人具有终生意义的"生存能力"。智商诚可贵，情商价更高。

高情商是现代人的标志。中国已与世界接轨，在这个互联网时代，在这个地球村时代，要走在世界前列，就必须培养高智商、高情商的人才。如果你是学生，你就应当知道情商对你的人生有多重要；如果你是家长，你想让你的孩子将来健康地成长，就请你从小培养孩子的情商；如果你是教师，你想让你的学生获得优异的成绩，你就应该在注重智商教育的同时，也要加强情商教育；如果你是部门经理或政府官员，你想让你的工作业绩更上一层楼，你就更应该注意积累你的情商。

提高自己的情商，意味着你离成功又靠近了一步。

情商奇才与智商天才

比尔·克林顿，美国前总统；比尔·盖茨，微软公司原总裁（进入新千年，比尔·盖茨把微软CEO宝座拱手让给长期伙伴史蒂夫·巴尔默，保留董事局主席一职，同时出任新职务“首席软件设计师”。盖茨在微软财富空前膨胀的时刻放弃这一最有权力的位置令人不可思议，但大家别忘了，微软永远是微软，是比尔·盖茨的微软）。从一定意义上讲，几年前乃至今后的若干年，两个“比尔”的思想与行为，对美国人所做的任何一件事情都有不同程度的影响，同样，他们的活动对于中国的领导者也具有重要的启示意义。

作为美国两个最著名的“比尔”，比尔·克林顿是情商奇才，比尔·盖茨是智商天才。

比尔·克林顿与比尔·盖茨在许多方面都十分相似。对两个“比尔”进行比较，是一件很有意思的事情。譬如：过去，两个比尔都有能力让成百上千的人高兴，更可以让十数亿人抱怨；两个比尔都想统治国际互联网，以及网上的活动；两个比尔都会满足你的需要——只不过会以他们的方式而不是你的方式；两个比尔都相信“越大越好”的原则，一个有膨胀的政府，一个有膨胀的软件；两个比尔都认为美国人别无选择，所以他们用那样的微笑来鼓舞人们；两个比尔都喜欢闲聊许多问题，都喜欢许从来不遵守的诺言；两个比尔都自命不凡，好惹人注意；两个比尔都证明了，任何决定都必然是“在其他可能之外你能够做出的最差的决定”；两个比尔最感兴趣的东西是你的钱包，他们都梦想从人们的钱包里搜刮更多的钞票（税收和做生意）；两个比尔都想住在这个国家最大的房子里，其中有一个人是自己付钱的，另一个通过向全世界可疑的知名人士出租房间来付账。（孙二郎：《美国人眼中的比尔·盖茨》，《中国资产新闻》1998年3月6日）

美国《时代周刊》1997年评出“美国最有影响十大人物”，名列第一位的是克林顿，名列第二位的是盖茨。可见，两个“比尔”都是美国乃至这个世界的重大影响者。比尔·克林顿时常会趁休假去马尔塔斯韦内亚德度假岛，拜访微软总裁比尔·盖茨这个世界上最富有的企业家。而比尔·盖茨在西雅图附近那座造价5000万美元的豪华别墅里举行盛大晚会时，也不会忘记邀请比尔·克林顿。过去的几年里，美国这一对最高层政客和工业巨头可谓情投意合。

比尔·克林顿是情商奇才。

比尔·克林顿，1946年8月19日出生于美国阿肯色州霍普市一个小店主家庭，其父在他出生前3个月就因车祸身亡，克林顿沿用生父的姓氏直到他15岁。4岁时，他的母亲与第二个丈夫结婚。1970年8月，他进入耶鲁大学攻读法学博士学位。在这里，他认识了后来成为他妻子的同班女同学希拉里，几次不期而遇，两人心心相印，从此再也分不开了。1973年8月，他获得法学博士学位后，认为要想步入政坛，必须从家乡做起。从此，他以阿肯色州作为自己的基地，稳扎稳打地一步步求发展。1976年，他竞选本州司法部长成功。1979年1月10日，他就任阿肯色州第40任州长，时年仅32岁，被新闻界称为“孩子州长”。由于他政绩卓著，又于1983年、1985年、1987年、1991年连选连任阿肯色州州长。1992年11月3日，他在大选中以压倒性优势获胜，击败布什，当选为美国第42任总统。

克林顿从小学起就一直是个品学兼优、情感丰富的学生。他勤奋好学，兴趣广泛，思想活跃，力求拔尖，在学习中总是处在一种争强好胜的兴奋状态之中。但比尔也不是没有缺点。他的母亲弗吉妮亚回忆说，有一次学期结束时，比尔带回学校发的成绩单，上面记载各门功课均是A，但是“行为”一栏里却打着D。他母亲去学校找老师问究竟。老师说：“本来没有什么问题，只是他的反应太快……每一个问题他都抢着回答，使其他同学没有机会答问。我必须就此提醒他注意，所以在行为评分方面给他一个D，这会引起他重视。”老师的这一招果然管用，比尔以后在这方面有所改进，但他争强好胜的个性却永远难改。克林顿本人成年后也承认，他小时候最大的毛病是话太多，喜欢表现自己。

对克林顿少年时期影响最大的无疑是他的母亲。她曾经历沧桑，总是不怕挫折，乐观向上。母亲与他经常在一起阅报，讨论问题，引导他提出自己的看法。他从小就认为美国黑人学生所受的待遇不公平，对黑人民权领导人马丁·路德·金钦佩至极。

1963年,他在高中学习期间,被选为阿肯色州童子军代表赴首都华盛顿出席全国童子军代表大会。他有幸参观了白宫,并受到肯尼迪总统的接见。此行对他人生道路的选择起了重大的转折作用。从此他决心投身政治。

克林顿从小就爱独立思考,关心社会问题。9岁时,他在报上读到一篇关于阿肯色州的学校在全国教育评分中得分最低的报道文章,心情很不平静。他问母亲:"妈妈,阿肯色州出生的孩子的脑袋与其他州孩子的脑袋不一样吗?"这篇报道对幼小的比尔刺激很大,促使他更加发奋地学习。多年以后,克林顿当上阿肯色州州长,他下决心首先要解决阿肯色州文化教育水平落后的问题,让每一个阿肯色州的孩子都能接受良好的教育,这也是他小时候的宏愿。

在克林顿的连任竞选中,克林顿乘坐轿车穿越了8个工业州,沿途经常停车发表演说。在演讲间隙,他时常吹奏随身携带的萨克斯管。在圣莫尼卡海滨的洛斯饭店阳台上为选民吹奏萨克斯管时有这样一个动作:克林顿在演奏中,接过搭档保罗·贝格拉递过来的墨镜,然后顺手戴上。于是,在第二天全国各地报刊的头版上,出现了身材高大、戴着宽边墨镜、吹奏萨克斯管的总统形象,这让选民们充分领略了总统友善、迷人的一面。

虽然,情商奇才比尔·克林顿已经卸任,但他对人们的影响,他自身的魅力,却无时不在影响着人们。

比尔·盖茨是智商天才。

比尔·盖茨,生于1955年10月28日。父亲老威廉·盖茨是西雅图的一位律师。母亲玛丽,1994年去世,生前为多个组织的董事会工作,由于其对西雅图的贡献,一条马路以她的名字命名。盖茨毕业于西雅图一所私立学校。后进入哈佛大学,但辍学经营了微软公司。1994年1月1日在夏威夷与微软的产品经理美琳达结婚。

盖茨在六年级时个头很小,生性腼腆,一副十分需要保护的样子。但这个倔强的、性格爱好都有点怪异的孩子却整日让父母发愁,特别让好强的母亲伤透了心。比如盖茨可以整日躲在底层他的卧室不出来。母亲拿起电话问他:"你在做什么?""我要思考。"比尔在电话里大喊。"你在思考?""是的,我在思考。"比尔厉声说,"你从来没有试着思考过吗?"

盖茨最初在升入湖畔中学时,与同伴艾伦一起迷上了一台笨拙的计算机终端机。八年级时,盖茨写出了他的第一个软件程序,目的只是为了玩三连棋。但在16岁上高中时已有意识地创办了名为"交通数据"的公司,那是他和艾伦花了

360美元买来一块INTEL8008芯片，并用这块小芯片启动一台机器来分析城市道路交通监视信息的。但当时市政当局不愿意从两个毛头小子手中购买设备，或许认为"不可靠"而情愿采用落后许多的老方法。但在计算机方面显示才干无疑使盖茨脱胎换骨。

十年级时，他和艾伦一起建立了"湖畔编程小组"，为当地公司开发软件。这些技能可能为他们带来丰厚的收入，但更吸引两位少年的是：编写软件是一场公平的游戏，逻辑的清晰与思想的锋利，决定着谁是游戏的胜方。后来，盖茨上了哈佛大学，但20岁那年他果断地辍学了，他和艾伦在1975年树起了微软的大旗。

盖茨这个神秘得"令人不可思议"的人物，其成功源于杰出的智商、坚韧不拔的追求、顽强的竞争意识和全身心的投入。盖茨加工提炼信息的能力实在惊人，也许他的思维是数字化的：没有脆弱的感情，没有含混的模拟状态，只有智能，只有数十亿的二进位脉冲，冷静地将输入转化成正确的答案。

从1981年微软的MS-DOS安装于IBM的PC机，1983年WORD软件及WINDOWS操作系统投放市场，一直到2000年2月WINDOWS2000操作系统正式向全世界发行，盖茨已经几乎控制了电脑产业的霸权，并将主宰21世纪的电脑与通讯以及其他许多行业。如果说瓦特的蒸汽机拉开了工业文明时代的序幕，那么，比尔·盖茨的软件则开启了知识文明时代的大门。

如今，曾被父母送去接受心理治疗，但智商极高的盖茨已是世界的头号富翁。他不但拥有近千亿美元的财产，而且用《时代》周刊的话说，他已成为当今时代的爱迪生和福特，因为他是数字化时代的象征。而微软在数字化时代中，亦拥有着至关重要的垄断权力，它非常像科幻作品《星际迷航》中的一种生物Borg，在宇宙中四处巡视，把其他种族控制在自己手中。

在未来的人类历史长河里，比尔·盖茨的历史地位将十分突出。因为他是历史的改写者，他所发动的知识革命改变了人类的生活方式、生产方式乃至思维方式，从而使人类的文明史得到重大发展。盖茨这个名字也许应该和牛顿、瓦特、爱因斯坦排在一起。

比尔·克林顿与比尔·盖茨成功的人生经历，对于想成功的人们来说，具有重要的启示意义。

启示之一：必须掌握广博的知识，提高自身的智力商数。数字化时代给人们提供了发挥创造力和提升人本身智慧能力的机会，信息技术正在不停地改造着我们的听觉、视觉、感觉、嗅觉、触觉，改变着人类传统的思想观念、行为方式。只有通过学习，通过研究，才能不断掌握广博的知识，提高自身的智商、智力、智慧，适应知识经济时代的要求。但对于人们来说，智商高，不一定代表情商也高。虽然智商很重要，情商亦重要。

启示之二：必须注重发掘情感潜能，并运用情感能力影响他人。一个人要想成功，就要在自己的人生历程中，通过思想、行为影响他人。通过情商的运用，最大限度地为成功创造条件。才能出众的人应当把他的才能表现出来，这就离不开情商。

启示之三：必须在增强智商与情商的基础上，不断提高思维能力。克林顿思想活跃，盖茨长于思考，这都是在他们身上所体现出的优秀品质。在知识经济时代这样的开放系统中，人与社会的联系更为普遍，各方面关系都比以前更加错综复杂，事物的不确定性因素显著增多。因此，要想透过纷繁复杂的现象，紧紧抓住事物的规律与本质，要想目光敏锐，见微知著，分析问题入木三分，要想摸清情况，理清思路，时时保持清醒的头脑，提高成功的质量与效益，就必须不断提高思维能力。比尔·盖茨曾说：当今时代，最重要的是大脑而不是肌肉，任何一个好主意都可能使你意想不到地闪电致富。因此，知识经济时代，领先的观念、思想、思维，是成功的立足点和基础。

启示之四：必须敢闯、敢干、敢为、敢试，不断提高自身以及他人的创造与创新能力。创造与创新，意味着突破原有的框框，不断地破旧立新、推陈出新。一次成功只意味着“这一次”的成功。别人在你满足的时候就有可能获得比你更大的成功。当了州长，如果克林顿满足了，就不会有以后的州长连任，更不会当选总统。WINDOWS3.1投放市场，如果盖茨满足了，就不会有微软的霸主地位。因此，任何一个渴望成功的人，必须经常“刷新”自己的“纪录”，善于不知足，这样，就永远会是“纪录保持者”。

启示之五：必须走在时代前面，勇于迎接知识经济的挑战。1997年2月，克林顿微笑着将联合国提出的以知识为基础的经济这个名词挥手修改为知识经济，并立即为全世界所接受。美国非但已经叩响了知识经济时代的大门，而且准备伸手推开这扇通向更为辉煌的新时代的大门。克林顿、盖茨走在了时代的前面。综观当今世界上发生的很多事情，都有美国插手，或者有美国的背景。谁不听从它的指挥，它就把谁视为“障碍”，想打就打，想制裁就制裁。说到底，还不是依仗它的人文实力、经济实力？近代以来，帝国主义列强逼迫中国签订了一个又一个不平等条约和协定。正是这样的切肤之痛，才使中国人民懂得，为了不让历史悲剧重演，必须加快经济发展，提高综合国力。在知识经济已然来临的今天，在经济全球化、国际竞争日趋激烈的21世纪，我们每个中国人，都不要忘记自己的民族责任，要勇于站在时代潮头，勇于迎接知识经济的挑战，努力使自己的事业永远领先于时代。

按照以下方法，测验一下你的情商。请不要过于看重结果。

1.你与恋人或者爱人发生争吵后，你能在他/她面前掩饰你的沮丧。

a.同意　b.不同意

2.当工作进行得不顺利时，你认为这是对未来的一个警告。

a.同意　b.不同意

3.在你最好的朋友开口说话以前，你就能分辨出他处于何种精神状态。

a.同意　b.不同意

4.当你担忧某件事时，你在夜里几小时难以入睡。　a.同意　b.不同意

5.你认为大多数人必须更加努力而不要轻易放弃。　a.同意　b.不同意

6.与你最好的朋友告诉你一些好消息相比，你更容易受一部浪漫影片的感染。　a.同意　b.不同意

7.当你的情况不妙时，你认为到了你该改变的时候了。　a.同意　b.不同意

8.经常想知道别人是怎样看待你的。　a.同意　b.不同意

9.你对自己几乎能使每个人高兴起来而感到自豪。　a.同意　b.不同意

10.你厌烦讨价还价，尽管你知道讨价还价能使你少花20元钱。

a.同意　b.不同意

11.你十分相信直率地说话，而且认为这样能使一切事情变得更容易。

a.同意　b.不同意

12.尽管你知道自己是正确的，也会转移这一话题，而不愿来一场争论。

a.同意　b.不同意

13.你在工作中做出一个决定后，会担心它是否正确。　a.同意　b.不同意

14.你不会担心环境的改变。　a.同意　b.不同意

15.你似乎是这样一个人：对于周末去干什么，你总是能够提出很有趣的设想。　a.同意　b.不同意

16.假如你有一根魔棒的话，你将挥动它来改变你的外貌和个性。

a.同意　b.不同意

17.不管你工作多么尽心尽力，你的老板似乎总是在催促你。

a.同意　b.不同意

18.你认为你的恋人或爱人对你寄予厚望。 a.同意　b.不同意

19.你认为一点小小的压力不会伤害任何人。 a.同意　b.不同意

20.你会把任何事情都告诉你最好的朋友,即使是个人隐私。

a.同意　b.不同意

评定:同意记1分,不同意记0分,总分=20题的分数相加。

如果总分≥16,分析:你对你的能力很是自信和放心,因此,当处于强烈情感边缘时,你不会被击垮。即使你在愤怒时,你也能进行有效的自我控制,保持彬彬有礼的君子风度。在控制情感方面,你是出类拔萃的,与他人相处得很融洽。但是,你太依赖社交技巧而忽视成功所需的其他重要因素,例如艰苦奋斗的作风和好的主意。

如果总分<16并且>6,分析:你意识到自己和他人的情感,但有时忽视它们,不明白这对你的幸福是多么重要。你对下一步的提升和买一幢更漂亮的房子等诸如此类事情的关心支配着你的生活。然而,无论实现多少物质目标,你仍然感到不满足。试着去分析和理解你的情感,并且按照它去行动,你会更幸福。记住,人们可能压抑你,使你暂时消沉,但是,你总是能够从挫折中吸取教训,重新创造你的优势。

如果总分≤6,分析:你必须多一点对别人的关心,少关照自己。你喜欢打破社会常规,并且不会担心通过疏远别人来取得自己想得到的东西。你可能在短期内就会取得一定成果,但人们不久就将开始抱怨你。控制住你易冲动的天性,不是以粗暴的方式,而是试着去通过迎合他人来得到你所想要的一切。

如果你得分不高,不要沮丧。你要学会去控制你的消极情感,充分利用你的积极情感。

成功者是自己努力的结果

一个人或一个组织要取得大成功,成就一番真正的大事业,其难度和必然会遭遇到的挑战,远远超乎台下围观者的想象。成功的途径虽然千差万别,但成功却异构同质,其中许多决定性要素是基本一致的。这意味着,人生的成功其实有着可以学习和遵循的方法。许多没有取得成就甚至没有真正去努力的人,总是把自己个人的失败归因于外部环境条件的不匹配、不成熟;但事实却是在同样的环境下,同样起点甚至起点更差的人却经过艰苦卓绝的奋斗,取得了巨大的成

功。环境当然影响环境中的每个人的成长,但杰出的人却并不被环境所限,而是超越环境限制,获得令人惊异的成长。

成功者与失败者对待自己和环境的态度、调适自己与环境关系的出发点不一样。成功者充分利用环境中的所有因素包括不利因素,将其化作磨炼自己促进成长的有利因素,敢于取舍,甚至在某些方面做出巨大牺牲,集中所有力量,专心追求自己的目标,从而形成了聚焦效应和压力转化为动力的能量守恒转化效应。失败者则安于现状,完全被环境所限制,甚至选择了放弃,丧失了自身应有的能动性,其结果必然是平平凡凡,消磨于环境制作的牢笼里。

一个人历尽艰辛,用智慧和踏实的劳动,克服困难,创造成功。创造的过程同时也是成就每个人自身的过程,自身成功到什么程度,事业就能成功到什么程度。凡是成功的人,做人做事都有很强的目的性,目标十分明确坚定。想想毛泽东、拿破仑、牛顿、居里夫人、爱迪生、老福特吧,这些人很清楚自己要达到什么目标,然后就埋头苦干,在工作中不断改进工作方法。做事目的性不强的人必然浪费时间,而时间是成功者所能拥有的最大财富资源之一。时间和精力对于成功者来说,是浪费不起的,所以鲁迅说,浪费别人的时间无异于谋财害命。

顽强的意志力,耐心耐力,对于自己所选择的目标及工作过程的价值信念,决定了一个人的成功之路可以走多远。成就一番伟业,需要经历一个相对漫长的连续奋斗的时期,其间会遇到许多意想不到的困难。推进一项事业,需要长年累月大量的劳动。没有一项事业是一蹴而就,像外人眼里那样可以轻松愉快地完成的。这种长期的艰苦劳动,对于许多意志薄弱的人来说,是一件生命不能承受的重负,但对于成功者来说,这恰恰是乐趣的来源。成功者往往乐此不疲,在为事业奋斗的过程和所获得的点滴成果当中,获得无上的荣耀和幸福感。孔子说:“知之者不如好之者,好之者不如乐之者。”孔子自己就是这一理论的最好榜样,他自我评价“发愤忘食,乐以忘忧,不知老之将至矣”,可算是现代热门的终身学习理论的中国鼻祖了。需要指出的是,意志力、耐力往往与信念有关。没有信念或信念不坚定,是不可能产生定向作用的意志力和耐力的。一个人只有坚信自己的选择是正确的,自己的努力是有价值的,自己的所有付出都是值得的,他的意志力、耐力才能长期保持甚至自觉强化在某些方向上。当事业遇到障碍,人生成长出现困惑的时候,明确的目标、坚定的信念,可以帮助我们坚定意志,确认工作价值及自我价值,从而获得心理、精神能量补充,重新焕发出活力和更大生机。

成功者与失败者的最大差异还表现在抗压能力上。成就事业必然会面临许多困难，还可能长期处于逆境当中，即使事业初步成功之后，成功者仍然面临事业发展过程当中新的困难。人生成功的过程，其实质就是一个人不断鼓舞自己，竭力克服困难，不断解决问题的过程。压力是与成功过程相伴随的。有无能力抵抗来自环境、他人及自己内在的心理、生理压力，是一个人能否成功的关键因素之一。现代心理学发明了情商概念，又发明了“逆商”概念，情商和逆商本质上都是化解内外压力的重要能力。缺乏逆商，任何的人类进步都是难以想象的。尤其关键的是，成功者往往会比一般人面对更大的压力。一个人所要达到的目标越高，他所要完成的工作就越多；他所要完成的工作越多，他所要面对的困难就越大越多；他所要面对的困难越大越多，他就必须具备更高的解决问题的能力、组织资源的能力和面对更大更深层次的压力的能力。可以这么说，一个人所能抵抗的压力有多大，他的心理能量就有多大，他的事业空间和可能取得的成就就有多大。抗压能力与一个人的成功程度成正比。

成功者做事均遵循全力以赴的工作精神及工作方法。成功者做事，必事先考虑其可行性、可能代价、投入资源及产出比例及可能的风险。在思考清楚这一切之后，一旦做出决定，此事应该做，马上开始着手这项新的工作。而且他们共同的特点是一旦投入，必全身心投入，对于结果更是志在必得。否则，他们就宁愿放弃不做。成功者都不约而同地严格禁止自己做那些表面有用其实劳而无功的事务。全力以赴不仅意味着拼命工作，而且还意味着满怀热情地克服自身的劣势因素。事实上，包括成功人士在内，每个人都有自己不足的方面，但成功者却通过全力以赴的工作精神，较为成功地克服或化解了自身存在的劣势。具体方法就是：客观看待并清醒认识自己的不足，然后采取行动立即加强劣势方面的学习及与他人合作，最关键的一点是漠视甚至完全消除劣势给自己造成的心理压力，以更从容、自信、严谨、专业的态度倍加努力地开展工作。不受自己存在的劣势困扰，就能够更有效地发挥优势，提升整体工作水平，也更易于成功。

成功者都具备极强的自我克制能力。人的天赋、时间、精力、能力都不可能是无限的，成功者知道要成功应当怎么对自我资源进行严格管理。一个人只有将自己所有的智慧、精力、时间集中到自己确定的某个目标、某项事业上使用，才能发挥自我资源的最大效益。而集中就意味着有所为有所不为，就意味着需要克制自己某些方面的欲望和天性，需要有计划地推进工作甚至重造自己，根据事业的需要，将自己打造成一个适合于开创自己事业的那一类人，而不是顺其自然，对自己放任自流，缺乏管理。

人是逼出来的。成功者不但接受外界正向的逼迫，同时也接受外界负面的逼迫；不仅迎接外界的逼迫，而且还有意识地自己给自己增加负荷，不管有没有外界因素逼迫自己，都始终如一地自己逼迫自己。所谓逼迫，也就是极大的自我克制，迫使自己往事业所需要的方向汇集能量。人之所以能成为他想成为的人，成为一个完全可自我塑造、自我生成的动物，就是因为他克制了自己，也就同时修炼了自己。李白说“天生我材必有用”，表达了许多成功人士隐藏在内心深处的真正心声。成功者与失败者相比，更怀有对于自我奋斗、自我价值的强烈自信心。正常正确的自信心建立在对于自己能力素质及预期目标、实现目标方法的理性研究上，是知行合一的实践理性，而不是臆想或仅仅是美好善良的愿望而已。自信心是成功者所有心理能量积聚的根基。没有了自信，龙飞凤舞就会变成蛇影鸡形，再大的才能和能量失去点火器，也形同虚设。

成功者都在时时对自己提出工作事业发展上的更高要求，成功者对于自己已取得的成绩永不满足。人必须自己对自己先提出超过客户、上级、事业本身所期望的工作要求，才能获得更多的认同与他人的支持，也才有可能取得令人惊喜的成绩。成功者永远主动地做足自己应该做的所有工作，并且预先自己主动提高工作要求，让人感觉到他做得“永远比你期望的多一点”。这样一种工作的自我期许和要求，在工作方向和方法正确的情况下，自然会产生更令人振奋的工作成果。高标准要求自己的成功者，都以自己从事的工作及自己所能取得的卓越工作成果为乐，艰苦的工作过程是辛劳的，但成功者自能从工作的快速进展和他人赞许的反馈中获得正面的自我激励。正如一些成功者所说，成功者必须自己是自己的“发动机”，成功者发动别人，但更重要的是要先发动好自己。没有内在动力，人们就会惰怠，难以发挥出自己本来的能力和工作水平，本可完全到手的成功就会和自己失之交臂。成功者与失败者的差异在于其是否真正高标准要求自己，在于有没有按照高标准真正去努力。

成功者苦苦追求，甚至死死追求一个他想要的结果，成功者做事必须有个结果。这一优秀品质促使他关注事业过程，但不为过程而关注过程，而是为结果而关注过程。成功者把过程当作达成结果的一种路径来看待，因而对于过程的作用和效益非常敏感，从而避免了普通人只关注过程而产生的过程形式主义。过程的目的是一定要有一个结果，没有结果或产生不了结果的过程是浪费，对于成功没有任何意义。成功者关注结果，因此无论他们表面上看是什么倾向，但其骨子里都是实用主义。实用主义的准确意思是:做的事必须带来实际有用的东西。理论家有理论家的实用主义,企业家有企业家的实用主义。研究相对论的爱因斯坦有他自己的实用主义,一个诗人也有他自己的实用主义,成功者必须实用主义。但关注结果并不意味着不讲过程,事实上,所有成功者都是过程管理的高手,他们具有既关注过程又关注结果的完整视野。

专与精也是成功者的重要特征。

专,专业,指用专业的理念、专业的态度、专业的工具、专业的方法、专业的行为、专业的人员,从事专业的工作。大量的成功者在开创一项事业时,在某项事业的领域并非专家,但他们学习能力非常强,他们通过高度忘我的学习,很快将自己培养成自己行业、专业的专家,从而对事关自己事业成败的全过程及关键因素一目了然,成竹在胸,从而极大地避免了因操作不当而导致工作、事业失败的风险。

精,精简,指所有的工作方法、步骤都应当尽量精当简易。《易经》有云:“易则易知,简则易从。易知则有亲,易从则有功。有亲则可久,有功则可大。可久则贤人之德,可大则贤人之业。”此句道出了简易对于确保事业成功的重要性。精简是一种理念和行事风格,精简亦有助于体现并提升专业工作效率。

专与精,前者需要“举轻若重”,工作、事业上的事无小事,全部需要认真仔细地落实;后者需要“举重若轻”,无论多么复杂烦琐之事,均应该尽量简单容易化地去分解操作。两者一结合,就构成了以效果为导向的“思考繁密、操作简易”的工作方法。光是周密谋划或光是强势执行都无法达成最佳效果。

成功者做事容易进入忘我状态,达到忘我境界,集中全副精力于解决工作、事业面临的问题。成功者是典型的问题解决导向型人才,而非时时关注自我权威、自己面子是否受到影响的自我中心者。事实上,克服“自尊心”意味着最大限度地全方位地开放自我,吸纳他人的信息、智慧,与他人共鸣,从而摆脱“我执”的“小我”,达到集成智慧的“大我”,形成解决问题所需要的“大视野、大信息、大头脑、大心灵、大决心、大智慧”。克服狭隘的“自尊心”意味着在个人情绪及个人私见上的巨大突破。成功者都有意识地克服自我中心,特别善于倾听别人的意见,以不断超越自我为荣,事业成功有如源头活水,水到渠成,也就不足为奇。高山不让碎石,大海不拒细流,成功者突破自我的结果是心智的成熟和事业空间的倍增。

成功者不同于失败者的又一特征是他们深知思、知、言、行四者之间的关系。想了、思考了并不代表想清楚了、知道了,想清楚了、知道了并不一定要说出来，说出来了、说了很多次也并不代表我们真的做了、真正地行动了。思与知是两回事，知与行是两回事，言与行也是两回事。思是必要的，知也是必要的，言也是可以的，但行则是必需的。思要认真仔细地思（分析思考、规划谋划），知要深入细致地知（明白全体、局部和关键点），言要实事求是、恰如其分地言（工作事业不是炫耀口才），行要脚踏实地、快速认真地行。想到了不代表做到了，说到了也不代表做到了，而工作、事业的成果只有通过"实行"才能获得。成功者都是想好了再说，想好了就做，所有工作成果都只能是做出来的。越是巨大的工作成果越是努力付出做出来的，而且一旦做了就还必须做对做好，做了不好好做或者做不好，还不如不做。超强的行动意志和行动力，一定是成功者区别于失败者的重要一点。

关于男女平等的话题

天下欲成大事的男人请记住："妻者，家之大事，兴亡盛衰，不可不察。"现在是男女平等的时代，女性的地位已不像从前，但是我们不要忘了一个基本事实，男女平等不是完全靠女人自己完成的。两性之间本不存在等级，男人们将母亲尊为伟大的化身，那是出于对女性的尊重，从绝对价值来讲，难道父亲就不伟大吗？没有男人，人类照样是繁衍不下去的。男人需要的人之本性，女人同样是需要的。

母系时代早已经成为历史。归根到底，还是因为男性居于社会生产的主导地位，而女性只能起到辅助作用。封建时代，男尊女卑的思想早已牢固扎根在人们心中，多数女人已经认同了这个模式，只有少数奋起反抗，结果当然是不可能成功的。到了近代，先进的思想流入我国，女性解放的问题被提到日程上来。中华人民共和国建立后颁布的第一部法律就是《婚姻法》，要求一夫一妻。但可悲的是，女性的地位其实没有得到根本的提高，平等可以说是表面的现象。好在现在是文明的时代，既然是男女平等，男人们就无权剥夺女人的劳动权力，无法限制女人们开发自身的潜力，更无力阻止女人也成为支撑家庭，甚至是支撑社会的主要力量。还是那句话，男女本是两个平等的性别，没有高低贵贱之分，女人们不要低估了自己的力量，女人是可以对男人们说"不"的。

许多女人一生是寂寞的。因为男人有事业支撑，更多时候想的是进取和责任。而女人一生都离不开情感，一生都需要有人宠有人爱，天生害怕寂寞，一般都会有几个女朋友，聊天购物都三五成群地结伴而行，未婚时身边不乏异性追求者，看着这个掂量着那个。婚后呢，女朋友或少了或疏远了，过着幸福的小日子，但不经意间还会展示一下魅力，偶尔也来点幻想，这是女人的天性。她们需要异性的肯定青睐，爱情的滋润比什么化妆品的效果都来得快，来得好。

进入E时代，电脑和手机成了女人最好的朋友。许多人上网会网恋一回，体验爱的感觉，心痛心动，爱得死去活来，也许并不知道对方何许人也，但乐此不疲，为的也就是网络那头的甜言蜜语，殷殷关切，生活中人也变精神了，充实了，眼波里流转的都是柔情蜜意。网络虽然是个虚拟的世界，而人内心里总有一份蠢蠢欲动，一份对刺激的期盼，一些人在网络中找到了自信，只是以爱人和被爱人的角色出现，展现的也是自己最完美的一面。当真的恋过一回了，累了痛了，才像打过防疫针，对网络爱情死了心。

短信时代的爱情更暧昧些，两个相识或不相识的人，在最空虚无聊时发上几条短信，或问候，或调侃一下，要的就是瞬间的感动和温暖。残酷的竞争社会，人们缺少的就是精神上的放松和慰藉。有个女孩因为男友和别的女人发短信而大动干戈，人家轻轻几句话："我们没什么啊，就是发发短信，永远都不会见面的，我也有自己的男朋友。"这就是短信时代的产物，缥缈又真实，好像手里抓住的是另一个机会，即使所有的人都没空陪你，看看通讯录，总会有个号码在静静等待。走在街上，随便就能看见某个人，甜蜜地发着短信，骨子里透着温柔，像在恋爱中。

我深深理解感叹，女人寂寞如花，是要精心呵护的；而男人们，别怪女人多情痴情，要多提醒自己，别冷落了身边最爱你的人。不论男女，芸芸众生，谁知道某年某月某日，不会遇到一个令自己更心动的人呢？男人事业是很重要，但人活着不是机器。而往往男人也寂寞，需要别人的支持，所以就有了许多成功男人背后的女人。

关于成功男人的话题

成功的男人现在很多，多到和经理差不多。在各个领域、各个行业、各个企业、各个部门，成功的男人形成了一个个圈子，形成了不同的竞争体系。甚至在普通人心中，一提成功的男人，脑子里即刻便会有具体而又生动的形象出现：西装革履、侃侃而谈、宝马香车、蜂围蝶绕。广告商们为成功的男人定制了衣服的品牌、车子的品牌、喝酒抽烟的品牌、手机电脑的品牌、洋房的品牌，还有补品健身器的品牌等等。成功男人的电视形象和广告形象，都已经很成熟和很成形了。

成功的男人也是分层次的。这一点从真实到虚假的征婚广告就可以看出来。在许多让女人大跌眼镜的自我推荐中，成功男人们自称“车房皆有，资产不菲，上市公司老总”或者“事业成功的独居男士，三房两厅，收入颇丰”再或者是“著名外企工作，年薪多少多少万”。这不同的层次似乎将男人自然地划分为大成功、中成功、小成功。成功的男人自然吸引力很大，因为有权有钱，身边从者云集。求职、合作、选项目、采访、拉广告的络绎不绝，众多的从者培养与滋生着成功男人内心的虚荣。

对于成功男人的看法，大部分的人是以所从事的工作或者按习惯的说法是以所从事的事业来衡量的。人们爱用“事业有成”这个词，但是大多数说这个词的人搞不懂什么叫“事业有成”。这样的感觉出现在很多离开职位或正在进行职位拼搏的人身上，这里面的深层意思似乎牵扯到价值观。似乎人们要在“事业有成”几个字的前面加上一些定语才可以解释事业的属性。如果是为自己做事，事业有小成也是成功；为公家做事，做得再大也没有什么成功的可靠感觉。但是在生活中，似乎人们不这样深究成功的属性。人们对于成功的看法相对要宽泛一些，很多人确定成功男士的角度不一定是房车皆备和资产逾百万。现代女孩们对于成功男人的看法相当成熟。首先是心智的，然后才是业绩的。事业不一定要做大，但一定非常努力，非常个性，也非常懂得顾及家庭。这实际上触及中国成功男人存在的一个普遍问题：用古话说是忠孝不能两全，用现代词语表述是家庭事业不可兼得。

很多大成功、中成功、小成功的男士都给人一种除了工作什么都可以放弃的感觉，甚至有些人公然炫耀自己的成功是以牺牲家庭生活和家人利益换来的。这是一个挺让人感到悲哀的信息，但是真实。在我们的生活中，很多非常成功的男人是失去天伦之乐最多的男人。除非家里有一个传统意义上非常贤惠的妻子，一般来说这样的男人在家庭生活中获得的幸福不会很多，享受家庭生活的时光也不会很多。

这种失衡，是很久以来由于各种因素的积累所形成的，这种失衡也是非常有中国特色的。在中国传统意义上，社会、家庭和个人对于男人成功的要求都很高。男人要做事，要做大事，要做成事，是天经地义的。似乎男人只要成功，别的都可以忽略不计。即使在今天，很多女人还抱有这样的观念：只要男人能用自己的成功给女人和家庭挣足了票子、车子、房子或者面子，受点冷落甚至忍受寂寞独守空房都是值得的。

这等于是在变相地给男人增加压力。因为男人越成功,压力会越大。他们对于家庭的渴望是倾诉、理解、慰藉和宽松的气氛,而不是家人给自己定制的更高的追求目标。成功男人的背后一定有一个甘愿自我牺牲的女人是一种说法,其实很多成功的男人是非常孤寂的,“高处不胜寒”对于他们,不仅仅是工作环境的,还包括家庭环境的。因为许多成功男人的妻子没有能力或精力或机会和他们一同进步,一同成功,渐渐地、自然地他们之间就拉开了距离。可以交流与碰撞的东西少了,便会产生很多微妙的变化。一方面,男人们感到给家人的时间不够,有歉疚感;另一方面,他们会格外注重在物质上给家庭补偿。这会形成一种新的失衡。这种状况,在年纪较大的成功男人中发生得比较普遍,而近年来这一群体已经开始有意识地避免这种失衡。

有人认为,一个成功男人应该是有事业、有一个和睦的家庭,思想成熟、处事稳妥,让家庭有安全感的男人。不一定要有自己的公司,但是,在你所处的公司里要有一定的地位,公司缺了你就像缺了一根支柱一样,工作让你有一种成就感。有这样事业基础的就是一个成功男人。干事业的人是早上一早离开家,晚上半夜三更回家,老婆、孩子都看不到,这样的人事业可能是成功的,但不能算是一个成功男人。许多男人希望自己成功,认为成功了才有一切,才有车子,有房子,有娘子。

有人认为,成功男人,不是看他的公司规模有多大,别墅有几幢,车子有几部。成功男人一定先是一个新好男人。他有自己的事业,能处理好家庭与事业之间的关系。首先他是一个好男人,一个成熟的男人。对家庭来说,他是顶梁柱,能为家人挡风遮雨。在公司里,他又是一个好的领导者,和员工的关系很亲密,不是高高在上的,而且他有自己的专业。清醒地认识成功,清醒地追求成功,清醒地评价成功,可以作为评价成功男人的最好标准。

男人对于成功的渴望是生存的物质需要,也是男人的心理诉求,并且在当今社会生活中,物质对于成功正在形成一种新的刺激点,时时激发着男人,推动着男人。不管男人性情怎样清高孤傲,不管他们在做什么样的事情,最终都逃脱不了衡量成功的一个重要标准:实力。从这一点看,许多男人用“三房两厅和收入不菲”来确定自己是成功男士,也无可厚非。

但是成功的男人绝对不会首先是物质的,衡量成功男人的标准也不应当仅仅是物质的。谁也不能确定出一个钱或物的基准来衡量男人是否成功。读书不多的农家孩子靠自己的拼搏成了企业家,资产丰厚,是成功;没有成为企业家的同村兄弟娶妻生子,吃自家种的粮食、蔬菜和水果,过着有鸡鸣有狗吠的小康日子,日出而作,日落而息,也是成功。

成功的男人对于我们普通人来说,不是电视广告上所塑造的形象,成功的男人也没有那么遥远和神秘,成功的男人其实就在我们身边,是我们的朋友、上司、同学、同事或者下级、学生,还可能就是我们的孩子。他们做着一份力所能及或力所不及的事情,有着很多的压力与烦恼,也有着很多的喜悦与愉快。在追求成功的过程中,他们实现着自我,证明着自我,但又不丢失自我。他们肩上自有一份责任:对自己的,对家人的,对工作的,对理想的,对现实的。他们在完善这些责任的过程中,成熟起来,成功起来。

我们的社会需要栋梁来支撑。而成功的男人无疑是一个非常好的栋梁群体。这个群体有质量,有耐力,有计谋,有勇气,整体的素质正在一日日地提高,整体的成熟度也在一日日地提高,他们追求与看待成功的心智同时也在不断地完善。但是,成功男人做得很艰难,每个人每个微小的成功中都有着不可言说的苦衷。所以,应当对他们少一些要求,多一些理解,理解之中也包括时常听他们张扬地说一回话,吹一顿牛。相对女人来说,男人原本就好吹个小牛,成功的男人也不例外。

婚姻是男人成功的一架梯子

婚姻像一座围城,倘若有一架梯子,缘墙而起,既采撷城外的阳光、雨露、事业,也铭记城外的壕沟、风暴、严寒,退而修缮巩固自己的城墙、家园和爱情,该有多好。那么,给男人一架梯子,那该是幸福的梯子。

男人是钟情于事业的,事业的成功三分靠机遇,七分靠打拼,为了事业,男人可以望得更远,让思想如临风的风车,发动智慧。一个成功的男人背后往往有个好女人,斯言不错,男人事业的成功,离不开女人的支撑,赵匡胤的京娘、成吉思汗的孛儿帖、毛泽东的杨开慧等等,这些女人,不是用贤妻良母几个字就能概括得了的。她们为了丈夫的事业,无私奉献自己毕生的精力甚至年轻的生命,从她们那里,可以找到男人事业成功的源泉和动力。

虹和丈夫结婚不到一年,便吵得不可开交,原来虹爱斤斤计较,今天嫌丈夫不会做可口的饭菜,明天又唠叨丈夫事业无成。她丈夫无所适从,不知该怎么做才好,最终受不了唠叨,常彻夜不归,两年后终与一女子私奔了。因为虹为丈夫织的是一张网,她丈夫一有机会便挣网脱逃了。

给男人搭一架梯子，让男人欣赏戏剧、舞蹈和一切美的东西，在街上行走或出差时，让他们保持圣洁的欣赏眼光看待异性的美。男人走下梯子时，蓦然回首，会更加欣赏自己妻子的美，婚姻生活将愈有色彩。江在一家小型国企当经理，免不了与各种女人打交道，但他妻子从不跟踪过问，对江的衣食起居照顾得体贴入微。江说："看到妻子贤惠勤劳，常生出一种内疚感，连婚外恋的念头都没有过。"如果男人眺望一眼围城外的女人，做妻子的就猜疑，就吵闹，妄想永远蒙住男人的眼睛，是一种愚蠢的举动。

男人重视友情，给男人一架梯子，让他们充分享受友情的氛围。婚后的男人不会把自己囿于小家庭的圈子，而是更广泛地接触社会，寻找友谊。拥有爱情的男人是幸福的，但如果男人除了爱情便一无所有的话，却是贫乏的。男人与友聚会，巴山夜话，月下举樽，更添一两个红颜知己，岂不痛快？做妻子的大可不必担心自己的男人走火入魔而容不下男人的红颜知己，好男人自有分寸，在啜饮友情甘露的同时，绝不会忘掉他赖以栖息的爱情芳草地——家庭。

有了一架梯子，便有了一片视野，便有了一片广阔的天空。天高任鸟飞，夫妻恩爱，互相包容，互相理解和信任，积极生活，就能坦然接受一切困难或欢欣。

现代家庭中，我们不能用金饰、时装、外币取代心灵的交流和感情的融合，那种水晶般透明、玫瑰般芬芳的温情，是男人事业的动力。"两人若是久长时，又岂在朝朝暮暮"，很多的时候，甚至于一生中，给男人搭一架梯子，男人的心便如风筝，梯子是风筝上的线。

好女人是成功男人心灵的绿洲

给大家介绍一本书，卡耐基夫人的成名之作《写给女人》。

当你静下心来细细品读，就会惊喜地发现，这是一本充满着深刻哲理和人生情趣的不可多得的好书。女人读了，会从中受到激励，感受到做个好女人的幸福；男人读了，会从中得到慰藉，心头洋溢着对女人的融融爱意。

这本书的作者陶乐丝·卡耐基跟随其丈夫戴尔·卡耐基——美国杰出的成人教育家和人际关系学家——帮助千百万人成就了更具活力、更高品质和更令人满意的生活。卡耐基夫人也因此获得了大量的生动事例和独到的人生感悟，并借以写成此书，以循循善诱的论理和鲜活生动的事实，为广大女性朋友们提供了切实可行的人生指导和精神启迪，给予了她们最深切的人文关怀。

《写给女人》的作者陶乐丝·卡耐基，不愧为一位有思想、有智慧、有风范的杰出女性。她用质朴流畅的语言，以知识女性特有的视角，告诉你一个成功男人的背后，女性力量的重要作用与影响，以及女性提升心智、发展自我的要素。她从细微处入手，从宏观上思考，字里行间闪烁着哲学的智慧和光芒。

这本书立意清晰，从事业、情感、性格、行为等方面，把如何做个好女人的途径和道理讲得入情入理，深入浅出。书的开篇就是“做他事业上的好帮手”。也许，有人会对此持有异议，认为女人不仅仅是男人事业上的帮手，而亦应有自己的事业。是的，女人支撑着半边天，她们应该也确实是有她们自己的事业，众多女人在事业上所取得的成就和她们在社会经济文化生活中所起的重要作用，足以证明这一点。但是，我们又必须尊重和正视这样一个事实：女人由于受生理条件等方面的限制，不可能都像男人一样投入到社会生活的所有领域，女人在社会事业上取得成就的毕竟是少数，她们有相当多的精力要投入到家庭生活中。其实，这也是社会分工的需要，与女人是男人的附庸的意识是两码事。卡耐基夫人基于这一点，希望女人们支持丈夫的事业。为此，首先要了解丈夫的目标，并加入到他那长期的计划中。她认为，帮助丈夫就是一个很大的工作，这件工作本身大得需要妻子全心全力去做。“相爱并不是长期对视，应该是朝同一个方向投视。”这无疑是对有抱负的夫妇最好的忠告。

书中还提出了一个尖锐的问题：“如果你有自己的工作或职业，但放弃它可以带给你丈夫许多好处，你愿意放弃这个工作或职业吗？”对此，卡耐基夫人的回答是肯定的。她的见解是，帮助丈夫获得成功，这本身就是一个需要专业精神的工作。也许这一点在我国现阶段还有些不切实际，或不容易为大多数女性所接受，但从长远考虑和从社会经济发展的进程去看，这样的选择是有道理的。

《写给女人》还以细腻的笔触，对女人在社会生活中所表现的类型做了综合，把她们分为支配型女人、自我埋没型女人、不参与型女人，并对其中后两个类型的女人提出了改进的建议。书中还就女人如何克服自己的性格障碍，把性格改造得令人喜欢等方面做了细致周到、令人信服的阐述，鼓励女人别担心自己的魅力，勇于面对现实，超越自我，建立自信。书中还实事求是地肯定了“所有爱情的基础就是性吸引力”这样一个命题，明确地指出：“如果没有性吸引力多多少少来说就没有爱情。前者脱离了后者就完全不能成立。”但基础并不是全部，在这幢爱情的大厦建成之前，还需要许许多多的因素，许许多多坚固的砖石。善待性爱，理解男人，用自己的主动和魅力保持对丈夫的吸引力和忠诚，这样的女人是聪明的女人，而聪明的女人知道命运在自己的掌握之中。

《写给女人》被誉为当代女性的必读文本。这本书不仅仅只是写给女人的，同时也是写给男人的，是男人女人生活中共同的经典。“家不只是个吃、住、睡觉和养育子女的地方。它是这一切加上其他的东西，而那些东西给了它更丰富的意义和价值，其中包括温暖、爱的分享、笑、泪、欢乐和忧伤。女人无法单独提供这一切，必须由两人共同创造。”卡耐基夫人对男人提出了极有价值的建议：“适量地拨出一些用在改进自己成为事业领导人物的聪明才智和精力给予家人。”

“没有爱之光的人生是毫无价值的人生。”（席勒《女性箴言》）你想缔造成熟之爱，拥有完美幸福的生活吗？请打开此书，它会使你豁然开朗，并发自内心地向卡耐基夫人致谢。

我们无意于猜测女人读罢此书后的感觉。但任何一个男人，拜读此书后，会发自内心地坦言：好女人是男人心灵水草丰美的绿洲。

成熟的境界与成功的境界

余秋雨先生曾经说过：“成熟是一种明亮而不刺眼的光辉，一种圆润而不腻耳的音响，一种不再需要对别人察言观色的从容，一种终于停止向周围申诉求告的大气，一种不理会哄闹的微笑，一种洗刷了偏激的淡漠，一种无须声张的厚实，一种并不陡峭的高度。”（《山居笔记·苏东坡突围》）这是以一个著名学者的深度，对成熟的理解和诠释。我认为，余秋雨先生所表达的成熟，是一个成熟学者的事业成熟、知识成熟、文化成熟、生活成熟和个性成熟，也是人生的成熟，这是成熟的最高境界。

对人生而言，成熟与事业不能割离，与知识不能割离，与文化不能割离，与生活不能割离，与社会不能割离，与个性不能割离，更与异性不能割离。离开了这几个方面谈成熟，是毫无意义的。现代社会中有一些人，有知识、没修养，有文凭、没文化，有肚肠、没心肠，有想法、没办法，算不得成熟的人。更有极少数人，心胸狭窄、与人为恶，无思过之意、有损人之心，行为偏激、整人害己，不做亮事、光记黑账，给上级找毛病、给同事找别扭，这哪里是人的作为？这种人，性格怪异、精神失常，与周围格格不入，与社会格格不入，不能适应自己的生活环境，永远也成熟不了。

成熟的人，总是那么从容不迫荣辱不惊；成熟的人，总是那么自信坦荡责任在肩；成熟的人，总是喜欢攀越高山临风远眺；成熟的人，总是喜欢在磨砺中寻找生命的黄金和珠宝。一个真正成熟的人，是需要有一定资本的。而这个资本一定是要具备一定的素质，具有这种素质的人，会蕴含无穷的潜力，一旦遇时爆发，一定是一匹无可估量的黑马，腾空而起，前程无量。

一个成熟的人，一定有一颗仁慈坦荡之心。仁慈的人，可以远离邪恶，不会制造灾难。特别是一个有才能的人，如果他没有仁慈之心，他释放出来的能力一定是罪恶。坦荡的胸怀可以成为一个港湾，给人一种安全感和温馨感。在这样一个港湾里生活工作，那是一种幸福。

一个成熟的人，一定要有一份强烈的责任感。责任感是一个人成熟的基本标志。有了责任感的人才可能为一份职责承担困难，鞠躬尽瘁。具有责任感的人才会竭尽全力打造一片天地，精心经营，呵护他爱的人和爱他的人。

一个成熟的人，一定要有雄心壮志。梦想是一个人成长的旗帜，更是一个成熟的人永葆青春的动力。梦想可以让人不断地寻找自我，超越自我，完善自我。梦想可以让一个人生活得充实而身心健康。梦想可以把一个人锤炼得更加富有人性的魅力。

一个成熟的人，要有临危不惧的刚毅。刚毅的个性是一个人的筋骨，更是一个人支撑一片天空并一直能够挺直行走的支点。刚毅的人总是和希望相伴与理想相随，只有刚毅的人才能创造奇迹，只有刚毅的人才会把荒芜变生机，把乌云变彩虹。

一个成熟的人，要有包容万象的胸怀。世事沧桑心事定，胸中海岳梦中飞，这是一个成熟人应有的淡定和从容。苍茫人生，万象纷纭。容天下能容之事，弃天下可舍之利，谅天下能谅之人，是成熟人不断跳跃的阶梯。纠缠于是非，周旋于虚伪，伤感于痛楚，沉湎于情愁，怨恨于纷争……这样的人的生活永远都是一团糟，更不会有什么成就。

一个成熟的人，要有一种超然自若的境界。繁华落尽见真淳。一个成熟的人是一个真实的自我。当拼杀事业的烽烟过去，当辉煌的成功光环摘下，他依旧是那个活泼顽皮，充满好奇满世界乱跑的阳光孩子，依旧会用自己喜欢的方式充实地过着每一天，没有失落和感伤，没有忧愁和怨恨，有的只是一颗淡定从容的心。

一个成熟的人，要有一份不断磨砺的激情。成熟的人永远充满激情，永远会在磨砺和创造中不断激发拼搏的热情，懂得临渊羡鱼不如退而结网，懂得追求无止境，无限风光在险峰。磨砺，让一个人更加富有刚性，更加充满生命的活力。

成熟的人最终会达到一种像宋禅宗大师青原行思提出的参禅三重境界“参

禅前，看山是山，看水是水；参禅时，看山不是山，看水不是水；参禅后，看山仍是山，看水仍是水”。

成熟的十大标准：

1.重视诺言。成熟男人绝不会出尔反尔，他对自己的每个承诺都相当重视，在许愿之前周密考虑，自己的话是否真能兑现，如不能兑现的话他决不说，言出必践。他的每一句话都让你觉得放心，可信任。满嘴跑火车，乱放空炮，迟迟拿不出行动的男人，与成熟不沾边。

2.不夸夸其谈。成熟男人从不随随便便高谈阔论，他会适当地沉默，说话声音清晰但不乱嚷。随便喝点酒就把自己的一点小经历小故事拿来满桌子大讲，不用喇叭半屋人都能听见，这种男人，最多博听众一笑，谁也不会把你那五花八门的所谓“奋斗之路”放在心上。

3.有学识而含蓄内敛。他们读书，接受新事物、新信息，不断丰富自己的内涵。但他们不张扬，他们的才华只在必需的时候才展现出来，决不会为了满足虚荣心去刻意卖弄。他们如醇厚的酒，越品越有味道。

4.心胸宽广。成熟男人不斤斤计较，不贪图小便宜，不在乎吃点小亏，不喋喋不休地抱怨这抱怨那。他们的眼光从不被琐碎事务绊住，对于家庭中的小争吵，他们经常是“首先回头的天使”。

5.不以自我为中心。成熟男人尊重自己，更懂得尊重他人。他们善于换位思考，会站在别人的立场上来考虑问题，不强求别人迁就自己，善于同别人合作。凡是“我怎样怎样”的男人，典型的小皇帝脾气，还没长大。

6.勇于承认错误。成熟男人不顽固，能接受不同意见，善于采纳好的建议。对于自己的不当决策，他们勇于承担后果，从不找借口搪塞推诿。

7.意志坚定。成熟男人有处变不惊的心理素质，他们一旦确定自己奋斗的目标，就会朝着它努力，遇到挫折，他们分析原因，吸取教训，及时修正方向，但决不轻易言退。他们会疲倦，但在休整后，又信心十足地出发了。

8.干净整洁。成熟男人尊重自己的外表。他们留最适合自己的发型，下巴干净没有胡茬，面部不油腻，不留长指甲。衣服不一定要是名牌，但整洁大方，不会穿得皱巴巴的。他们决不会穿黑皮鞋配白袜子，穿着西服去旅游。

9.尊老爱幼。成熟男人有爱心，有社会责任感，有中华民族的传统美德。他会给老人和孕妇让座，会给受灾地区捐款捐物，会帮助失学儿童，会义务献血……这些事情他们不一定全做，但他们决不会什么都不做。

10.有业余爱好。他们不是只知道工作的机器人，他们懂得用业余爱好来调节自己紧绷的神经，工作休闲两不误，这使他们有情趣。怪不得女人们说：有爱好的男人不容易变坏。

三十岁时正成熟，四十岁时真成熟

三十岁对一个人来说真的是一道坎。对于女人来说，也许是韶华易逝，红颜不再；也许是身心俱老，想过一种平静的生活，想将自己的一生维系在一个也许再普通不过的家庭之中，津津乐道于柴米油盐酱醋茶和家长里短。而对于三十岁的男人来说，他那外在的容颜并不比二十五岁时有更多的衰老，但那颗经历过无数次锤打的心却已渐渐失去了棱角。从某种意义上说，三十岁这道坎对于男人比女人更难以逾越，只不过它的表现形式是内在的，就如在深不可测的水面下那道危险的暗流。

很多男人真正意义上的衰老是从三十岁开始的。女人生理的衰老可以用昂贵的护肤品弥补，而男人心理的衰退却是无法弥补的，因为它已深深地烙在生命的印痕里。

见过三十岁的很多男人，他们穿着整洁的西服，将自己牢牢地包裹着；他们脸上挂着那种修炼到家的不卑不亢的笑容，从容地走在上班的路上，或是志得意满地坐在轿车的前座；他们话不多，却句句符合矩度；他们做事精明干练，很少出差错；他们永远说着正确的废话，做的每一件事也许都谈不上创造性和有价值；他们很少发火，总是高深莫测。我们把这样的男人称为成熟的男人。

也见过另外一些三十岁的男人，他们好像是长不大的大男孩，对任何事都有好奇心，却常常出错；他们喜欢争论，他们可以大声地争吵，也可以放声高歌；他们会高兴，也会沮丧。还有一些极少的男人，在他们三十岁的外表下，有一颗鲜活年轻的心，他们在自己的言行上可以尽可能地克制自己，但在内心深处，却有一种求新求变的意识。可这样的男人真的很少。

一个三十岁的男人如果能有二十多岁时的精力和好奇心，而有四十多岁时的精明和干练，那这样的男人就是一个真正成熟的男人，他已经顺利地跨越了三十岁这道坎。而更多的男人则有着四十岁男人的精力和好奇心，而只有二十岁男人的成熟。日本畅销书作家中谷彰宏说："三十岁确实是一道坎，有人依然生龙活虎，有人则垂垂老矣！"三十岁真的很不一样。

在过去很长的一段时间里，三十岁的男人是个宝。在单位是骨干，要对领导负责，要勇挑重担，要对新手传帮带；在家里是顶梁柱，上要侍奉父母，下要养育儿女。三十岁男人的确很苦也很骄傲。但现在不一样了，过去那是十年一个时代，再后来是五年一个时代，现在是三年一个时代。现在的工作经验已不再那么重要，重要的是创新精神，要有新点子，要有策划意识，要有效率，要能点石成金。

那些乳臭未干的二十多岁的年轻人可不认为你有经验，他们也不在乎你曾对单位的贡献。你比他们强，他们可以直接对你说要超过你；你要弱了，他们可以不无怜悯地拍拍你的肩膀："老杨，别泄气，回家好好休息！"

在家中，也不是你顾家便可以赢得家庭成员的尊重。在很大程度上，你在家中的地位还要取决于你的经济能力和你的社会交往能力。如果家庭成员或是亲戚找你有事，九件事办成了，有一件没办成，那就会有人指着你的鼻子说："你真没出息！"面对很多东西，三十岁的男人已没有二十多岁时的豪气干劲，也没有四十岁男人那种处世的圆熟与老到。青春即将过期，而事业未成，更多的时候是焦虑、恐慌与无奈。

总之，三十岁以后才可以谈成熟。特别是男人到了四十岁，大多数人便渐入成熟之佳境。

四十岁男人的日子，是一处没有风没有雨的鸟巢，一道亮丽璀璨的风景线。男人四十岁正是人生的黄金季节。家，虽不富有，但温暖、实在；事业，虽不辉煌，但已尽了全力，有了一串不大不小的成绩。人生的路上，正开出美丽的花朵，正结出沉甸甸的果实。

四十岁的男人，日子应该没有太大的起伏，更没有太大的波澜。每个日子都是不骄不躁、不急不慢、谨谨慎慎、平平安安。你用一颗平常心来对待周围的事物，感谢生活中的一切，感谢一切让自己高兴，让自己激动，让自己悲伤，让自己痛苦，让自己惆怅，让自己追求的一切。你平生能追求到的都追求到了，没追求到的也不再奢望而冷静面对，只有个别神志不清者才会脱离现实。因为，人生已走了一半，抑或大半。你已变得冷静，变得理智。当然偶尔仍有遐想，雄心犹在，但不是好高骛远，而是脚踏实地地去做力所能及的事情。当自己向往的生活得不到的时候，你就设法选择另外一种生活，懂得顺其自然并努力奋斗。你知道太多的追求伴随着太多的失落。失落太多，会压垮以后的日子。功名已经淡泊，你觉得以后的日子该过得轻松才对。你已开始与世无争地为人处事，用减法计算自己的生命。你已在生活的炼狱中烤尽天真与稚气，浪荡与虚浮，在人生的风雨中铸就足够承担责任和义务的成熟。生活的意义也就在不停的等待和希冀里，一串串不断更替的祈求与期待就构成了五彩生命的全部。

四十岁的男人，肩上有一副沉甸甸的重担，一头是社会，一头是家庭。身材有的干瘦，有的虚胖，威武雄壮的不多。什么事见得多了，就引不起多大的激情，可一旦觉得某件事一定得尽力时，用不着动员，用不着启发，你都会无怨无悔地去做。心中不是没有委屈没有怨言，但良知提醒你不能无精打采地干活，理直气壮地抱怨。环顾四周，大家活得都不容易。为着自己，为着家庭，为着社会把事情尽量做好，这是责任。

四十岁的男人，人生的观念已经奠定，不再朝三暮四，不再见异思迁；经验富足，不再浅尝辄止，不再夸夸其谈；知识的结构已能支撑大厦的重荷，不再事倍功半，不再井底夸天。这时的你已经体味出人生的大半艰辛。随着浅尝生活的苦辣酸甜，你已能正视理想与现实。孩提时不知天高地厚，满腹的“鸿鹄之志”，憧憬着当个大“家”。成年以后略通人事，追求开始着边际，挂个小职小衔。闯荡江湖多载，“燕雀之心”已“务实”，只要有份安定的工作，能养家足矣。多想将岁月挽留，可岁月板着毫不通融的面孔自顾自走他的路！不知不觉头添白发脸添皱纹，风姿韶华在微微叹息中悄悄溜走。有人说男人到了四十岁是人生第二个青春期的开始。管它可信不可信，心诚则灵，将四十岁掰成两半儿，第二次躁动的青春可得品着味儿过。成熟的男人更懂得分分秒秒兑现成生命的价值，该干就尽快干，该乐就尽兴乐。你竭尽全力获得人生天平上应有的重量，有追求的生命总是充实的。

四十岁的男人，大多是上有老下有小。在家里，年迈的双亲自顾不暇，该是回报他们的时候了。因而时时提醒自己：多多行孝尽顺，弥补以往的缺憾。想想能闯到今日，全凭无私无垠的父慈母爱。父母亲是一部永远读不完的宝卷和爱不尽的恩典。能多厮守在他们身旁，聆听教诲，依偎在他们膝下，絮叨家常，再享稚子之乐，是天大的幸福。然而有时候，忠孝难两全，望子成龙，激励儿女志在四方的父母心与浪迹天涯、搏击异域他乡的游子魂，每每“相煎太急”，常常令人不胜唏嘘。唯有于事业上少让老人操心，在电话里多使他们欢呼，才可聊以自慰。而自己的孩子半大，处于发育阶段，独立个性及世界观正在形成，得操心他的饮食起居，关注他的学习生活，整天忙得像个陀螺。夫妻二人敬老爱幼之余，所剩精力不多，但不需言传，便能体会出彼此的心意，那种片刻千金的平常人家的心怀。不留恋虚荣凡俗，而注重实诚居家，融洽过活。经久耐炼，渐渐地你中有我，我中有你，浑然一体，使得两个人都改变了自己，适应了对方。婚姻生活像酒窖里经年的陈酿，浓郁而芳冽。在工作单位，领导一眼看着快退休的，一眼盯着小年轻的。因为各方面已经成熟，中年男人事业上可以独当一面，用不着他们操心。只是在干活的时候，才想到中不溜的。沉重压出成熟，坚韧压出春天的躁动、秋天的金黄。在人生的竞技场上，成熟的男人凭着先天不足的个儿举起事业的杠铃。四十岁积蓄的艰难困苦酿成财富，酿成荣誉，酿成甘醇的生活美酒。没有四十岁的男人对生活的奉献，这世界恐怕会失去些绚丽。

四十岁的男人是成熟的男人。磨砺太多，变得坚毅；经历太多，铸成稳重；付出太多，凝成宽容。随着难拒的命运摆布，已悟出了生活的真谛。人生苦短，活在世上能少点忧虑就已算幸福了。人的物欲之壑永难填平，拥有金钱、地位、名利并不一定快活，而活得充实、有味的人并不介意收入多寡。拥有精神上的富足和真情挚爱，方为令人羡慕的财帛。有闲暇，或短期旅行，或抓笔涂鸦，十分惬意，怡然自得。看着胜景中印上的身影，读到报刊上刊出的新作，怒放的心花是金钱培植不出来的。危在于多欲，安在于知足。知足常乐，益寿延年。

作为四十岁的男人，深知男人的一生里有着无尽的风雨，有着神圣的责任和义务。只有永远微笑着完成生命的接力，百折不挠地笑傲人生的风雨，才能成为真正的男人，永葆男子汉青春。

第七章

知识经济时代的人生

- 知识经济及其特征
- 知识经济时代的主导是知识
- 知识经济时代需要创新型学习
- 知识经济时代的人力资源管理
- 知识经济时代的知识管理
- 知识经济时代中国的CEO
- 知识经济时代的男性形象
- 知识经济时代对性别的淡化
- 知识经济时代的海归者

第七章　知识经济时代的人生

进入新世纪，面对知识经济浪潮的冲击，我们应该如何迎接挑战和把握机遇？知识经济将给经济社会中的个人发出这样的信号：智慧、知识资本在今后时代中将扮演更加重要的角色，拥有知识的人才将拥有致富取胜的更多机遇，不懂得最新生产方式、生产工具和创新方式的人被社会淘汰的可能性大大增加，学校教育、素质教育和终身学习是个人立足于社会不可或缺的支撑点。处于这一时代，人们将面临更为激烈的竞争。但应当相信，紧迫感给我们带来的是奋进和知识的补给，而不是急流勇退。

知识经济及其特征

当今世界，知识经济初露端倪，科技进步日新月异。

人类社会在其发展历程中，由于科学技术的推动带来了社会结构的重大变革，而每一个新经济时代的来临又对整个社会生产方式和治理模式有巨大影响。由采集、狩猎型经济向农业经营型经济的转变是如此，由农业经济向工业化经济的转变是如此，当工业经济向知识经济转型时，也必然如此。

在知识经济时代，知识、科技、信息和人才已成为重要的生产需要而列入生产函数。密集的知识、高素质的人才、高新的技术、迅捷的信息传播，成为经济和社会发展的基础。高新技术及其产业的迅猛发展，深刻影响着社会生活的方方面面。基于知识经济正成为世界社会经济发展的主要动力源泉，发展高新技术产业、迎接知识经济挑战已成为时代主题。把握知识和知识经济的主要特征则是迎接这一时代挑战的基本前提。

知识就是力量，这是一个古老的真理。当世界范围的知识经济悄然兴起之际，它又被赋予了新的含义。知识成为最重要的直接资源和基本要素进入经济生产领域。在资源与要素的配置中，知识扮演着越来越重要的角色。知识的生产、加工、传播、创新和应用日益成为驱动未来经济增长和社会发展的主要力量。而且，除了作为一种生产要素之外，知识还是一种特殊的资本。它可以反复使用，不断增值，具有连续增长、报酬递增的特征。正是这一特征使得知识正在逐步取代传统的资本，成为世界经济发展的支配力量。

知识经济扑面而来，对其理论和实践的探讨也备受关注。首先是对“知识经济”这一概念的把握。20世纪70年代中后期以来，高科技的发展推动了社会经济的深刻变革，产生了托夫勒在《第三次浪潮》中所称的“后工业经济”，继而奈比斯特在《大趋势》中称其为“信息经济”。到了90年代，联合国提出“知识经济”的概念，并由经济合作与发展组织（OECD）于1996年定义为“以知识为基础的经济”。

由于尚未形成定性的指标体系来界定知识经济，人们对这一虽然科学的定义仍有着不同的解释。解释之一，知识经济是一种全新的经济和社会形态，这是目前较为普遍的一种认识。解释之二，它是一个经济发展阶段，人类从农业经济、工业经济发展到现在的知识经济。解释之三，它是一种经济结构，如经济合作与发展组织国家认为其主要成员国知识经济的比重已超过经济总量的一半。此外，还有人认为知识经济是一种新的经济发展模式和发展理念，它要求以尽可能少的自然资源和最大限度的知识应用实现经济增长，满足社会需求。

无论何种理解，知识经济的出现预示着社会生产领域的一场革命。它的到来是社会发展的必然趋势。只有把握知识经济的内涵特征，才能在历史的洪流中抓住知识经济的时代主题。

第一，知识经济的首要特征在于知识经济中的知识。

知识不仅成为生产材料、劳动工具、劳动对象，而且成为生产产品，成为整个经济发展的核心。知识的生产和再生产，知识的传播、运用、销售和转让在知识经济时代具有决定性的意义。知识已被认为是提高生产率和实现经济增长的驱动器。获取知识的方式、效率及质量成为一国发展的战略性因素。

第二，知识经济是建立在高科技基础上的经济，并随着高新技术的发展而发展。

高技术领域的重大成就及其广泛应用为人类进入知识经济时代奠定了基础。从本质上讲，知识经济是一种集约型的可持续发展的经济。它要求充分利用科学技术和信息资源，以知识和技术密集型产业取代劳动密集型产业。高技术是知识经济中最强劲、最活跃的因素。经济行为、国家的管理行为、社会的交往行为都将高技术化。同时,高技术向传统产业渗透,增加了传统产业的技术含量,带动了传统产业的技术升级,作为新兴支柱产业推动着经济产业结构的优化。

第三,发展知识经济要以较高的社会知识化水平为基础,而教育是传播和生产知识的机构。

教育的发展状况决定着科技队伍的质量、数量和结构。因此,教育事业在知识经济时代得到了空前的重视,教育和人才日益成为经济可持续发展的驱动力。教育在人才培养、知识创新、知识扩散及推动知识应用方面的基础作用决定了教育在知识经济中具有关键地位。知识经济对教育的内容、方法、体制和功能提出了新的要求,也对人才培养提出前所未有的紧迫要求。投资于人、提高人力素质成为世界各国的共同方略。以教育为基础实现劳动者知识化和学习终身化已成为必然趋势和知识经济时代的重要特征。

第四,知识产权在知识经济时代越来越受重视,知识生产的关键地位决定了知识产权的确认及其法律保护更加突显和具有普遍意义。

知识经济的成长必然要求国内市场与国际市场的进一步融合。因此,各国将在世界经济一体化的市场中进行激烈竞争。要想在竞争中生存发展,必须要有自主创新能力,而自主知识产权则是创新能力的基础和保障。知识产权成为企业保持竞争力的重要资源,知识产权的有效利用和保护成为促进知识经济发展的根本性因素。

第五,随着知识经济的发展,生产活动的组织与管理模式也将发生重大变化。

知识经济要求通过科学管理出效益。不仅要在人、财、物的管理上更新观念,而且要重视智力资源和无形资产的管理。以网络化为载体的管理信息系统将使生产组织的管理更具灵活性、适应性。知识管理还要求在信息管理的基础上,使知识获取、知识评估、知识分配乃至领导决策更加科学化。

第六,知识经济是全球性的,而一国知识经济的成长需要适宜其发展的环境。

经济的全球化、社会的知识化和知识的社会化使小小地球村中的居民变得相互依存,遍布全球的信息网络使得跨国界的生产、管理、营销和技术交流日益频繁,知识的传播与应用进一步促进着统一的国际大市场的形成。那些在知识创造、采集加工、传输应用方面占优势的国家将在新的经济增长浪潮中占据优势，而缺乏知识积累，缺乏生产、接受和利用知识能力者，将在竞争中处于不利地位。这不能不说是一种威胁和挑战。同时，知识经济的发展所特有的不对称性和非线性也为一国的跨越发展提供了机遇。

第七，知识经济的出现将对现有的思想观念、生活方式和文化模式产生重大影响。

高技术的发展不仅提供了大量新的文化表现形式，也通过各种途径改造着人们的思维方式和精神面貌，从而推动了整个人类文明的进化。知识经济导向何方，不取决于知识本身，而取决于掌握知识、应用科技的人的价值理性，依赖于人文文化。

知识经济时代的主导是知识

在充分认识知识经济时代的基本特征之后，我们还要进一步认识，知识经济时代是一个“时代”，而这个时代的主导则是“知识”。

知识经济是和渔猎经济、农业经济、工业经济相并列的第四个经济时代，是一个新的经济时代。一个经济时代的特征是由什么来决定的？就是说，你根据什么说它是渔猎经济、农业经济、工业经济、知识经济。根据什么来说，总得有个标准，有个划分的办法。

1.生产因素的决定性是划分经济类型的依据。

经济时代的特征是由生产要素资源的组成(劳动、工具、土地、资金、经验技巧、科学技术等)以及它们的结构形式来决定的。也就是说，在生产要素的资源总体结构中，处在一个主导地位的生产要素，决定了对经济时代的划分。哪一种要素起主导作用，不是说其他要素不管用，其他要素也有用，但是主导的东西是什么？譬如农业经济时代生产要素中起主导作用的是土地，工业经济时代最主要的要素是资金。那么，在知识经济时代最主要或具有主导性的要素是什么？是知识。这不是说农业经济时代只要土地不要知识，知识经济时代只要知识，不要资金，不要土地。各种各样的生产要素组成一个系统，在这个系统中哪一种生产要素起主导作用，这是不一样的。在农业经济时代是土地，工业经济时代是资金，知识经济时代是知识。也就是说，在知识经济时代，科学技术在经济增长、经济发展中的地位，已经不同于渔猎经济时代、农业经济时代、工业经济时代，科学技术的地位发生了变化。这种变化是什么？就是它决定了经济增长和经济发展，所以以此判定社会进入了知识经济时代。这个事情很重要，搞清楚了我们处在知识经济时代，而知识经济时代起决定性作用的生产要素是科学技术，我们今天再来谈科学技术，它对经济社会发展的作用，它的影响也就是它的地位就不同了，它处在了起决定性作用的地位。

2.知识经济是一个时代概念。

常常看到有些宣传报道中，或者某些文章中，把知识经济说成是一种产业，这其实不是“知识经济”这四个字最核心的意义。讲知识经济，讲的是时代，讲的不是产业，而且从严格意义上讲，没有纯粹的知识经济产业，也没有纯粹的非知识经济产业。没有哪一个产业是没有知识，知识等于零的。哪一种产业没有知识？任何一种产业只有科学技术或者说知识的密集程度不同，但是不可能说一个有，一个没有，有的就叫知识经济产业，没有的就不是知识经济产业，所以这个理解是不合适的。我们理解“知识经济”就是它是时代，是知识经济时代，不是讲的某一个具体产业。当然我们有时要求某个产业的科学技术含量很高，科学技术包括的密度大。密集就是密集，并不以密不密集来决定它是知识经济产业，或不是知识经济产业。所以知识经济不是产业的概念，而是时代的概念，这是知识经济的定位。

3.科学技术是第一生产力。

知识在经济增长和经济发展中起决定作用，其实就是科学技术在其中起决定性作用，就是说科学技术的作用成为我们划分它是知识经济时代或者不是知识经济时代的一个标准。假如科学技术起决定性作用，那么这是知识经济时代；假如不是这样，就不是知识经济时代。我们经常说科学技术是第一生产力，马克思那个时候就讲科学技术是生产力，他在工业经济时代说科技是生产力，但是他并没有讲科学技术是第一生产力。而邓小平是处在信息技术极大发展的这个时期，也就是知识经济刚刚萌芽的这个时期，他看到了科学技术不仅是生产力，而且是第一生产力，实际上他从国家战略的高度最早看到了知识经济和非知识经济的本质区别，因为他看到了科学技术是生产力，而且还是第一生产力。马克思所看到的科学技术是生产力，他是处在工业经济时代。邓小平为什么能够发现科学技术是第一生产力？他处在知识经济时代，他把这样一个时代的特殊性看清楚了。大家注意到，邓小平是到许多国家进行了考察，在综合全世界的情况后，才进一步讲科学技术不仅是生产力，而且是第一生产力。

4.经济过程就是科学革命、技术革命和产业革命。

从实践的过程来讲，客观的经济过程是怎样进行下去的？考察这个过程，把它提炼出来,实际上就是三个环节:科学革命、技术革命、产业革命。这是一个历史发展的逻辑,也是实践的逻辑。科学革命、技术革命、产业革命这三件事情循环发展、螺旋上升,就形成了整个人类社会到今天客观经济的过程。在这样一个循环过程中间,不断地螺旋式上升,才有我们今天经济发展的状况,在这个过程中我们看到了科学技术的作用。我们不必再把整个人类社会的历史说一遍,我们就看近代工业经济时代以来的情况,已经发生了四次科学革命、四次技术革命、三次产业革命。第四次技术革命应该说发生在知识经济时代,这次技术革命是以信息技术为核心,导致世界新的产业革命。假如把技术革命的前面说成是科学革命,那么第四次技术革命前面的科学革命是什么?从19世纪20年代开始,科学上发生了重大变化,出现了几个新的支柱学科,就是大家经常说的相对论、量子论、系统科学、现代生物学这四个学科。这是在两个世纪之交发生的。到20世纪40、50年代,信息技术革命浪潮掀起,进一步推动了产业革命。到20世纪70年代,第四次技术革命在工业发达国家形成了一个浪潮,这个浪潮影响了生产劳动方式,产业结构、社会结构发生了重大变化,就成为新的产业革命。这是一个时代的变化。

知识经济时代需要创新型学习

随着知识经济浪潮的席卷而来,知识的更新速度实在是太快了,应付这种变化,学习是现代人的第一需要。新时期,新经济的飞速发展,一切都在发生着“裂变”。面对信息的裂变,现代人必须要找准生存和发展之路。这就给我们提出了一个需要深思的问题。用不变的坚持、持之以恒的学习态度,应万化千变的知识经济社会。掌握多种学习方法,是当今社会发展中每个个体内外在所必需的。在21世纪学习型社会中,要理解、领会、运用好以下五点:

1. 知识培训——“知”——知识更新,提高知识水平。
2. 技能培训——“会”——培训技术,提高能力本领。
3. 思维培训——“创”——思维方式转变,创造性思维。
4. 观念培训——“适”——转变观念,抛弃旧思想。
5. 心理培训——“悟”——开发潜能,适应社会。

理解、领会、运用好上述五个方面,才能在21世纪的学习型社会中,适应时代发展的必然要求。牢固树立现代学习理念,使学习成为自身的基本生存方式,成为社会各项事业与时俱进的保障和途径。为此,要成为一个学习型社会适应知识经济时代发展要求的现代人,就必须具有现代学习理念。

持之以恒,终身学习,这是学习型社会对社会每一个成员的要求。终身学习是21世纪的生存概念,学习型社会要求我们终身学习。这不仅是创建学习型社会的内在动力,本身也是创建工作的重要目标之一。人类今天发展到知识经济时代,外部世界的发展极为迅速。未来的文盲不再是不识字的人,而是跟不上社会发展步伐的人,通过学习锐意创新,不断自我超越,不断提升核心竞争力,才能立足,成为社会的有用之材。科学学习就是要真正懂得学习的本质,真正认识和掌握学习的规律,在学习过程中真正按照科学的学习步骤、习惯、方法进行学习,如此必将具有事半功倍的效果。同时,还要明确学习不是为了学习而学习,更重要的是把知识、理论,内化为自身的素质和能力。

自加压力,自主学习,这是知识经济时代的一种个人和社会自觉。把学习当作一种追求、一种爱好、一种生命状态、一种生活方式、一种消除"本领恐慌"的途径,而不是迫于外界和社会的种种压力而学习,从"要我学"向"我要学"转变。自主学习理念的树立,离不开个人世界观、人生观和价值观的不断改造和完善。所以应该有一个为国家的发展、社会的进步、自身的成长而学习的理想,这是学习活动的内在源泉和根本动力。

学习还有一个消化、实践、创新的过程,需要反复运用、实践,从对各种自然社会现象和发展中的事物的观察中,从实践活动中,获取直接的经验、知识。这样,学习与实践就成为统一的整体,这正是正确的实践学习理念所在。

另外,除了自我提升的学习,还应强调团队共同学习。实际上,没有个人的自主学习作为支撑,学习型社会只能是个"空壳"。但在重视个人学习和个人智力开发的同时,应倡导社会全体成员的集体学习和群体智力的开发。强调"团队学习"的目的是要使团队智力远大于成员智力之和。通过确立共同的目标,提高成员的持续学习能力,提高团队的整体战斗力,促使团队既有创造性又能协调行动。团队学习的核心与工作不可分离,就是要工作学习化,学习工作化。

作为知识经济时代的人,不但要勤于思考,更重要的是独立思考、系统思考能力的养成,在学习的过程中能够获取前人和他人没有获取的新知识、新技能和创新能力,或者对前人、他人已经获得的知识、技能有新理解、新认识、新思路、新解释、新应用。这也就是在学习的过程中要有创新精神,学习的创新性是实践创新性的前提和基础。

创新是一个人自身能力提高的表现,是一个社会发展的关键,是一个民族进步的灵魂,是一个国家兴旺发达的不竭动力。学习没有止境,实践没有止境,创新也没有止境。

学习是"万变"中永恒"不变"的主题。进入知识经济时代,知识已不是通过自身的"构成"价值或政治重要性得到传播,而是被投入与货币相通的流通网络;关于知识的确切划分就像货币一样成为"用于支付的知识"和"用于投资的知识"。也就是说,知识的经济化趋势迅猛扩展,传统的知识结构已经转化为数字化的信息,成为信息仪器可操作的新结构,其研究方式和传播方式也发生了巨大的改变。由于知识的这种转化,使知识的检索、获得、操作、组织、创造、价值均发生了改变,这就需要我们不断创新学习方式,具有运用这类知识的智慧,即运用数字化知识的智慧。首先,我们必须掌握知识经济时代的20个关键词,作为我们提高学习能力的切入点。

1.数字化知识:是一种信息语言,这种语言能将传统的知识形式,转化为数字化知识,如程序、应用软件、大系统控制等都是数字化知识。我们的思维方式、运用知识的方式都应该随之发生转变。对新的知识形式加以研究、认识,使我们具有驾驭数字化知识的智慧。

2.知识经济一体化:这是知识经济最突出的特征,它是指知识与经济相互渗透、相互交融、相互包含的过程。随着知识的经济功能的日益增强,经济的知识取向也日益强烈,二者的进程达到相当高度。作为结果,它是"知识的经济化"和"经济的知识化"这两种趋势的合流。知识经济一体化是当代世界经济和知识发展的新现象、新趋势。

3.知识经济的内动力与外动力:二者都是知识经济的巨大功能。知识经济内动力——人是知识、经济活动的核心和目的,人是知识经济化的中介,同时,人又是知识、经济实体,是知识经济化的直接创造者。因此,人在知识经济化的过程中发挥着中心作用,是知识、经济一体化的焦点。人的"智慧"是知识经济化发展的无穷动力,人的智慧不仅迅猛地创造着物质文明和精神文明,而且迅速地创造着人自身。知识经济外动力——教育力:培养知识产业信息人才的能力;思想力:创造与创新的综合力量;文化力:社会发展文化教育的综合力量;科技力:科技创造、发明的综合力量;信息力:信息产出与流通的综合力量;知识力:社会生产、流通知识的综合力量。

4.知识进化趋势:知识进化已经成了不可逆转的大趋势。在工业社会末期,以高科技知识所领导的社会新潮流,对传统方式进行了有冲击力的否定。人类社会形成至今,一直受知识的推进:石器时代使人类掀开了文明史的扉页,工业革命使人类发生了巨大变化,形成了崭新的知识经济时代。人类群体思维和行为的变化,就是他们的知识更新的标志。社会发展的主要因素是人们的价值观念、动机和创造力。知识不仅局限于文学、艺术、哲学、社会学,还表现为科技创造模式,对环境的控制,以及人的审美、想象等。由于人们对于人与人的关系、人与自然的关系这两个基本问题的深刻思考,产生了根本观念的转化:认为无论是人与人的关系,还是人与自然的关系,都是一种共存的关系,在竞争中求得合作,以合作的、共同的利益求得发展。人类走过了漫长的历史进程,从石器文化到铜器文化,从文字语言文化到信息程序文化,从工业经济的知识到知识经济的知识的进化。知识进化的原动力,是人类智慧的进化。知识、科技、物质形式的进化,是智慧进化的外在形式。反过来,知识的进化又作用于人的智慧进化,构成了智慧与知识进化的互动进化。

5.知识进化利润:是指在知识进化之后,知识生产、交易等过程中所产生的盈利。在知识经济时代,知识的进化导致陈旧的经营观念终结。知识进化是利用一种虚拟操作实验、实验网络的新途径,不断提炼出具有价值的思想与观念,并以最迅速的方式,将其转化为产品,即刻推向市场,从而产生知识进化利润。这方面的知识进化包括:一级进化——产生具有价值的思想与观念的进化;二级进化——创造产品的过程的进化;三级进化——经营、销售、服务的进化。在知识进化中,人的智慧引导着知识进化。知识进化其根本就在于,人类给知识赋予了新的价值观念,由此而产生了新的知识产品,在这个过程中,知识获得了进化。我们知道知识本身不具有观念,知识的价值是人赋予的,知识的根本价值是为人类服务的。所以,知识本身也就不可能产生什么新的价值观念转化。知识的自然存在方式不具有任何价值,它必须在人的智慧的操作下、使用中,并为人类提供了有益的服务,才真正拥有了价值。

6.网络化:这是知识经济时代初期的一大特点。在数字化冲击下,旧时代的老观念已经无法适应网络时代,营销贸易乃至生产在网络时代都会变得更有效率。对于那些网上经营者,网络成了其施展才华的天地,而这一现象充分显示出知识的力量和神奇的作用。网络是知识经济高速公路。麦克尼里认为:“网络就是生意所在,就是未来所在,就是一切的关键。”当人类进入数字化时代后,人们需要不断获得不同方式的、大量的信息,而传统的获得方式,已经不能满足人们的这种需求。国际互联网已经成为人类赖以生存与发展的工具,它不仅是信息最庞大的载体、传播媒介，更是检索信息、获得信息的最有效的途径。

信息高速公路对于社会的影响，广义上表现为三个方面：(1)全球化与殖民化。网络的信息流，将把每一个进入网络的人，紧密地连接在一起，构成“全球化”主流文化。少数发达国家的“信息垄断”，将引起新的技术与文化上的“殖民主义扩张”。(2)透明性与隐私权。社会的透明度受到冲击，人的隐私权受到极大的威胁。(3)方便与脆弱。更多新技术的应用确实给人们带来了许多方便，但有可能由于技术上小小的故障，就会引起社会体系的瘫痪。

7.知识经济的生产资料：一是以光纤为基础的宽带网络以及通信卫星、蜂窝和微波之类的辅助技术。二是面对面通信、“声对声”通信和数据对数据通讯等信息服务。三是信息资源。军事数字化包括快速反应、准确反应，战场数字化、装备数字化、军事行动数字化、国防发展数字化。从网络对于社会、生产资料、军事等方面的影响分析，知识经济的主体正向数字化、网络化转化，这就是知识进化所带来的经济主体的转变。

8.网络：一个虚拟的世界，知识、科技、智慧正在向虚拟化转变，随之而来的是虚拟世界中的虚拟知识、虚拟世界中的虚拟科技、虚拟世界中的虚拟智慧。

9.知识经济企业化：作为知识经济的主要存在方式的计算机就像人体的细胞一样，维系着整个人类的生存。它在企业中的作用更是不能低估，它就是企业的神经系统，随时调整其发展状态。可以说知识经济的企业化主要体现在计算机企业化，这是知识经济时代极其普遍的经营方式。

10.知识与名牌：名牌就是知名商品的品牌，也是知识经济的具体显现。法国科尔贝委员会(名牌商标委员会)的驻华代表马晓和先生认为，名牌有六大要素，一是产品由名牌公司自己设计并生产，二是广告由自己设计，三是具备完美的质量，四是有悠久的历史和长期名牌形象的连续性，五是产品设计有自己独特风格，六是包装质量与产品本身一致。

名牌产品之所以具有巨大的生命力，就是因为在名牌的背后有知识的支撑。创造性知识是名牌产品的设计支柱；一流生产知识、管理知识是名牌产品的质量支柱；独特的审美艺术是名牌产品的特有风格、形象的支柱；包装与质量一致的观念是名牌产品的企业道德支柱。

11.知识经济软竞争：在知识经济时代，高科技发展迅速，竞争的标志便表现在技术较量上。

“软竞争”：是指软科学和软技术方面的竞争。

“软科学”:是指研究复杂的社会问题的科学。

“软技术”:主要指管理技术。市场开发与管理、技术开发与管理,都属于软技术,知识经济软竞争主要表现在这两个方面。

在知识经济时代,如果你不具备市场开发与管理的专业知识与手段,你就无法进行这方面的市场开发与管理;同样,如果你不具备技术开发与管理的专业知识与手段,你就无法进行这方面的技术开发与管理。而市场开发与管理、技术开发与管理的专业知识与手段,是人的智慧创造出来的,所以人的智慧才是知识经济软竞争的第一要素。

12.企业管理战略:是一个企业生存与发展的命脉,这需要管理者不仅具有管理智慧,而且还需要具有战略头脑。战略是指指导战争全局的计划和策略,泛指指导或决定全局的策略。企业管理的全局意识与策略是企业家首先应该考虑的问题。企业家必须运用预测学的知识,预测企业发展的未来,制定出企业未来发展的战略,预测未来管理的方向与手段转化,预测与企业发展相关的科技发展动态与走向,预测社会文化进化、知识进化将对企业发展产生什么影响,从而制定出最具有预见性的企业发展战略。

13.虚拟经济:在知识高度集中的时代,社会的存在形式开始有了明显的变化,各种虚拟化程序的诞生,将取代过去正常的经营模式。人们将不再需要固定的地点工作、起居,他们可以在汽车或居室里,随时随地办公。

14.数字化货币:计算机技术的发展对人类现有的经济和社会都是一个极大的冲击,于是金钱的形式发生了很大的变化,从有形到无形,这是知识经济时代的金融标志。知识货币是以电流与数字运载着的货币形式在社会中流通的价值现象。数字化货币是用数字化支票或数字化银行汇票付款方式进行交易的一种金融媒介。在付款时采用数字化签名,来完成交易。电子金融网络是数字化货币的流通渠道,它使货币的传输速度极大地提高。同时,电子金融网络给予投资公司和类似机构更多的渠道去获得股票、债券和其他金融产品的变动信息。你还可以通过“在线”经纪人的网址为你传送大量信息,实现个人网上投资。在数字化电子金融市场,你也可以使用电子现金进行各种买卖活动。电子经济使得市场可交易一些非常抽象复杂的东西,它们是一种象征的购买力,储存着劳力、智慧和财富,就像一台电脑储存数字一样。

15.虚拟:虚拟一词的含义是指事物看起来好像存在,使用时也像真实存在一样,但实际上却是不存在的。我们可以通过电子手段创造栩栩如生的情景、声音、运动虚拟世界，而这一切就像真的一样充满我们的感观，然而我们确实还置身于虚拟世界之外。

16.虚拟办公室：是利用可移动电脑与互联网连接创造出来的办公室，具有传统办公室所具有的所有功能。另外它还可以实现虚拟操作，利用互联网上的数据库和其他的企业的虚拟设备来完成自己的工作，这就是所谓的虚拟资源共享。

17.虚拟经济：是指以虚拟手段、虚拟操作、虚拟模式构成的经济。虚拟经济在计算机化企业中获得了发展，并在网络中迅速传播。互联网（Internet）和万维网（WWW）的盛行，利用无国界、无区域界限的Internet来销售商品或服务，成为买卖通路的新选择。虚拟商店就是虚拟经济的经典之作，它不需要店铺、摆放之货品、服务人员等。

18.知识革命：也称为“脑业”革命。知识革命价值模型是一个永动的全息动态模型，每一个环节都是知识革命价值的全息元。而整个“知业”体系就是这些无数全息元的自我组织、自我放大。

知识产业革命必将带来知识价值革命，体现在下面八个方面：一是以知识为中心，以知识为财富核心要素。二是以知识为资源、能源，以知识创新为动力。三是以“知业”“脑业”“智业”开发为主导。四是以知识为价值观，以知识为价值和价格的依据。五是以知识为标准。六是以知识为流通工具。七是以知识为交换体系。八是以人为中心，以人的知识创新为目标。

“知业”生产的特点包括：先起名称；注册专利商标；寻找并教育消费者；培育“知业”市场；然后再设计生产“知业”商品；一次性覆盖整个区域、国家、全球市场。比如Windows95，花了2亿美元，在一夜之间覆盖全球。据统计，1995年中国“知业”“脑业”机构已经有20万家单位，知业大军达到150万人。

19.脑力革命：计算机技术的迅速发展将会引发一场脑力革命。当计算机发展为智能机，实现计算机革命时，工业机器人也将发展为智能机器人，实现机器人革命。同时，信息网络随之发展为智能网络，实现网络革命。脑力革命是引发这场社会智能革命的原动力，而这场社会智能革命又为人的智慧的研究、开发奠定了雄厚的智能基础。

20.智慧革命：脑力革命导致了社会的大变革，出现了智能社会。计算机革命是人的智慧推动的，人工智能革命与人的智慧革命是相互作用、彼此促进的。我们绝不能把计算机革命、机器人革命、网络革命，看成是一种纯技术革命，更不能把社会智能革命，只看作是人的智慧革命。这场社会智能革命应该是两者的集成所带来的社会智能革命。

知识经济时代的人力资源管理

21世纪是人力资本导向的世纪。科技的迅猛发展，特别是Internet的普及和计算机技术的应用，正在给我们的经济、社会与文化生活带来前所未有的变化。当地理和空间不再是障碍，当地球越来越像个地球村，我们已全面进入知识经济时代，面对知识经济时代的全新挑战，面对知识给企业带来的巨大价值，面对企业组织开发、流程重组和管理变革等压力，作为知识的创造者和使用者的员工已取代设备、资金等物理资产成为组织的价值体现。知识经济时代人力资源管理已呈现出全新的特点：

1.人力资源资本化。在知识经济社会里，核心竞争资源是知识、技术和信息，而人是创造知识和应用知识的主体，因此，知识经济时代的关键资源实质上是人力资本。人力资本是企业员工所拥有的知识、技能、经验和劳动熟练程度等，其表现为人的能力和素质。在自然资源日益匮乏的今天，人力资本将发挥越来越重要的作用。哪个企业的员工拥有更多的知识，哪个企业就能在竞争激烈的市场上取胜。

2.人力资本管理人性化。知识型员工有其自身的特点，知识型员工的管理是以人为本的管理。人力资本管理者将更多地担当起员工代言人的角色。充分了解员工，服务于员工，将是一个重大的改变。面对时代的要求，人力资本管理者的角色将从行政专家的角色过渡为行政专家、员工关怀者、变革促成者和企业战略伙伴的角色。

3.职业教育终身化。对企业员工进行终身培训是未来企业人力资源管理的一项重要内容。在知识经济时代，无论是从知识的重要性还是从知识的创新速度来看，企业员工都面临着需要不断更新知识和技能的压力。企业只有不断地加强对员工的培训，或员工自觉地学习，才能适应社会的发展要求，否则就要被淘汰。因此，培训或学习将成为员工终身的需要。不久以前我们还认为，学习是员工工作之外的事情，现在我们已经充分认识到，接受培训是员工的工作职责，学习是员工工作的组成部分。

4.管理手段科学化。科学技术的飞速发展，给管理工作带来了一场前所未有的革命。对于人力资源管理而言，将由过去的被动式、经验式的人事管理，步入科学化、专业化、技术化的人力资源管理时代。电子化的人力资源管理系统(eHR)的出现,为人力资本管理手段的科学化带来了全新的体验。

知识经济时代的来临,我们已全面步入以人力资本为导向的时代,人力资源资本化、人力资本管理人性化、职业教育终身化、管理手段科学化的思维更新,Internet技术、eHR系统等科技的进步,将为我们的人力资源管理带来翻天覆地的变化。迅速适应变化,更新管理思维,导入和运用新的技术,将是这个时代人力资源管理的大势所趋。

知识经济时代的知识管理

英国因为抢先搭上产业革命的快车,一度成为世界的霸主,成为“日不落帝国”;美国因为抢先搭上信息革命的快车,已经成为当今世界的霸主,处处“维护地球的和平”;而那些与幸运之神失之交臂的国家,则要花几代人的时间去苦苦追赶。

历史前进的下一个新的交汇处,正是知识经济时代,全世界都在为迎接它的到来做准备。这是一场全新的赛局,有着与以往完全不同的赛场规则,谁能尽快地适应它,谁就有可能像冲浪运动员那样,借助于浪头的推力,冲上风口浪尖,跨越一个新的高度。当然,如果你无力驾驭,也可能会被海浪打翻,甚至被大海所吞没。而那些在未来知识经济的竞争中被淘汰出局的国家,将长久地被排除在繁荣和富足的大门之外。其等待时间之长,肯定不能像奥运会那样,用四年的时间去衡量。虽然大门终究还有打开的那一天,但就不知天上宫阙,到底是何年了。

19世纪,是蒸汽机改变了整个世界。可以说,没有蒸汽机,就不可能造就资本主义。新世纪,知识和创新才是克敌制胜的唯一法宝,它们像蒸汽机取代人力和畜力一样,成为经济增长的“原动力”。看一看微软这样的企业,没有巨型的机车,没有富庶的矿山,甚至没有一个像样的厂房,每年只需推出一两个软件产品,装进几张薄薄的盘片,就可以行销世界,为比尔·盖茨带来高达几百亿美元的财富。

曾几何时,我们一直把高压线、大烟囱和汽车看作是物质文明的象征,看作是经济竞争的王牌;然而,仿佛就在一夜之间,这些景象开始变得模糊起来,而逐渐凸现出来的是一幅完全不同的画面:互联网络和高智能计算机、DNA技术和克隆生物、宇宙飞船和星际探测器。过去的社会,是一个资本主权的社会,那些掌握土地、厂房和设备的人们，拥有发号施令的权利。无论是封建领主控制佃户，还是资本家雇佣工人，都是按这个原则展开的。正是凭借手中的资本，资本家才成为资本主义的司令官。那些有理想改造社会的人们，把这些看作是不平等的根源，他们向往着一个劳动主权的社会，憧憬着劳动支配资本，而不是资本支配劳动。知识经济的到来，无疑会增添他们的信心，因为未来起决定性作用的生产要素，不再是机器设备，而是知识和技能。而这些知识和技能就存储在劳动者的脑海里，而不是固定在资本家的厂房中。那些适应了资本主权逻辑的人们，必须接受这样一个现实：唯一重要的生产要素每天都回家，最基本的生产单元不再是工厂和车间，而是灰色的脑细胞。资本的地位没落了，它们将被劳动所支配。收入和财富的分配是经济的表层，人们首先是借助于它们来认识和勾勒过去的世界的。

知识经济会极大地改变现有的景象。就收入分配而言，差距将进一步扩大，因为在那些受教育和未受教育的人群之间，在富有创造精神和创造天赋的人群与墨守成规的人群之间，效率的差别肯定会更大。但似乎可以预测，经过一个相当长的时期，财富占用上的悬殊，可能会比现在有所缓和。因为目前的不平等，在很大程度上是通过财产继承而层层累积的结果。这就像南极洲，几亿年前的冰川还没有融化，后来的降雪又形成了新的冰层，日积月累，铸成现在的模样。相比之下，知识、技能和创造力则无法继承。如果祖辈恰巧给您留下大笔的财富，那是您的幸运，不过这些昔日曾汩汩流淌的财富之源，在知识经济时代已经干涸；如果您没有祖辈那样发达的大脑，就不可能扩大财富的占用。可以设想，如果全球气温持续变暖，南极洲的冰川，增长速度无疑会放慢，直到有一天完全停止，甚至逐步消融。

知识经济不仅为人们提供了更多的选择，也将深刻地改变人们的信念。别的不论，单说作为一种媒体，它将主宰整个世界。民族国家还能在多长时间内，有能力引导国内舆论？在知识经济的时代，是政治领袖控制媒体，还是铺天盖地的媒体淹没领袖的声音？历史会证明，前者将成为过去，后者将变为现实。今天的世界，就像300年前农耕经济向工业经济发展一样，知识经济正在临近，但并没有真正到来。不过，历史不会在这里定格，它的到来只是时间问题，谁也无法阻挡它临近的步伐。知识经济将造就一个怎样的世界，现在我们还不能准确地预知，但可以肯定，无论是人类的生存方式还是思维方式，精神生活还是物质生活，必将面临空前的冲击。也正因为如此，需要我们对它倍加关注。

按照科学家的理论，知识具有以下特殊性：一是不可替代性，即每一种知识具有独特性。二是不可相加性，即知识不遵从物品的加法定律。三是不可逆性，人们一旦掌握了某种知识，便不可逆转，不可被剥夺，某种知识一旦传播开来，就不可收回。四是非磨损性，知识在使用中本身不会被消耗，可被重复使用；但是，知识存在老化的问题，即知识会随着科技的发展而过时。五是不可分性，一条信息不可能被分成几个部分，即不存在半条信息的说法。六是可共享性，所有物质商品都有排他性，但一人拥有的知识不排除他人也同样完整地拥有。七是无限增值性，知识在生产、传播和使用过程中，有不断被丰富、被充实的可能性。

与有形的物质资源所不同的是，知识是无形的。知识有时会储存在书本或盘片等各种载体中，但多数时候是个人或组织的一种能力、一种象征性的符号，或员工头脑中迸发的一个创意。当知识成为主要经济要素后，经济的增长方式会发生根本变化，经济的高速、持续增长成为可能，从而使作为经济资源的知识，具有传统物质资源所无法比拟的根本优势。

随着知识经济的逐渐形成和不断发展，需要有与之相适应的管理模式、管理理论和实践。如果说诞生在美国的“泰罗制”引发企业管理的“第一次革命”，那么在21世纪，全球的企业管理将迎来以“人性化”的知识管理为标志的“第二次革命”。

知识经济对企业管理的最大影响在于经济环境、竞争焦点的变化与企业战略的相应调整。

在经济环境方面：首先是基础变化，知识经济是以不断创新的知识为基础，是典型的知识密集型经济形态；其次是主导型要素即人才的变化。

在竞争焦点方面：知识经济中竞争的焦点在于谁能创造符合人们新的需求的事实标准，引导时代的潮流。

在企业战略方面：企业的投资战略，重点转移到人才培训、激励创新方面，同时生产和分配要向知识产品及服务倾斜；企业的竞争战略，主要利用知识产权的武器；企业的成长战略，由靠规模经济促进企业发展调整到大力依靠无形资产的创造和增值来实现企业的成长。

知识经济对企业管理的影响将促使企业直接面对许多值得深思的问题：知识经济时代企业竞争优势的游戏规则会有变化；新的竞争优势来源将会有所变迁；企业将以新的制度强化生产、分配与价值创造的效率；知识型组织的管理模式与工业型组织的管理模式有重大本质差异；知识的形态，不同形态的组织的交流、互动、创造新的价值的过程将会不同等等。

因此，现代企业面临诸多因素影响企业的宏观战略，为解决新经济时代带给企业的各类问题，将不得不在企业战略制定与管理理念上进行根本性变革，而其最直接的体现就是知识管理体系在企业战略管理中的应用。如何正确、全面理解新经济时代下的企业资源，尤其是知识资源的价值，如何使企业传统的资源配置体系适应新时代的挑战，真正把握以知识为本、进而以人为本的知识管理体系的本质，如何在理念上和制度上真正将企业的以实物与资本为主导的资源配置体系适时转向以知识为主导的资源配置体系，已成为众多新旧企业不可逾越的课题。

对于企业而言，知识管理是一种全新的经营管理模式，其出发点是将知识视为企业最重要的战略资源，把最大限度地掌握和利用知识作为提高企业竞争力的关键。知识管理把存在于企业中的人力资源的不同方面和信息技术、市场分析乃至企业的经营战略等协调统一起来，共同为企业的发展服务，创造整体大于局部之和的效果。企业知识管理体系的建立将在当今企业的战略制定中起举足轻重的作用。如今，世界上的著名公司都越来越重视无形资产而轻视有形资产，或者说越来越重视知识而轻视库存，中国有越来越多的世界名牌生产厂即为例证。据统计，目前有实力的企业的有形资产和无形资产的比例达到1∶2或1∶3，拥有和利用知识已成为企业的真正动力。

知识管理与现行的科技管理、信息管理等企业管理概念的不同之处，就在于其基本的法则不同，知识经济包含了几项重要的法则："知识扩张乘数法则""规模经济法则""正向回馈法则""赢家通吃法则"等，从而引导了企业内部的知识创新系统的需求，也因此产生了对全社会的知识创新体系的外部环境需求。

继客户关系管理(CRM)、企业资源规划(ERP)之后，是知识管理(KM)的时代。随着高科技及服务产业的发展，越来越多的企业都开始体会到以企业的知识作为竞争武器的时代已经悄然来临。

知识经济时代中国的CEO

"CEO"是中国继"经理""老板"后流行最广的名号。有这样一种说法可以证明CEO在中国的"普及"之广：在北京中关村推倒一面墙，压住的十个人里面至少有三个CEO。

CEO是什么？ CEO是根据美国公司的股权结构特点，企业的主要股东所任命的一个向董事会与投资人直接负责的人。目前在我国,许多创业型企业家事实上已经在扮演CEO的角色,承担着比一般的经营者大得多的责任。像春兰的陶建辛与海尔的张瑞敏都是从企业起步时做起,一步步带大企业的创业者,他们的思想、认识与行事风格对企业有着相当明显的影响。联想的杨元庆在兼任联想的总裁与执行董事时,负责联想的整个日常运作,并执行联想未来发展战略。神州数码的郭为也大抵属于这一类型。他们虽然不是企业最原始的创业人,但也属于在创业阶段历经打拼,一步步成长起来的CEO。而新浪的王志东、搜狐的张朝阳和网易的丁磊等人则是新经济时代的CEO。

目前,中国CEO五花八门,各种各样的CEO多如过江之鲫,但是其中有多少真正意义的CEO呢? 一位曾在号称投资五千万美元的eNet网站任职副总裁的杨先生(化名)说:“我们网站原来的CEO是个学医的,平常根本不管企业运作上的事,因为还有个COO,他只管开会时露个脸讲个话什么的,再就是去美国圈钱。”事实上,当时在很多以门户网站为载体的公司,所谓CEO都属于这种“运钱的铜商”。

在另一方面,CEO也成为企业或是政府关于管理与权力的代名词。东软的刘积仁曾经表示要“在东软培养300个CEO”,口气之大令人咋舌。而东软方面的解释是:所谓CEO其实是“CEO级的人才”。但是有人质疑东软的雄心:CEO是不是培养出来的? 东软到底有没有培养“300个CEO级人才”的土壤? 另有消息说,在重庆市,为了支持三峡工程的建设,要设一个政府拨款的“技术CEO”,在这里,CEO概念被演化成了一个“高度拥有行政权力者”的代名词,而非商业领域的CEO了。

不少企业管理或是人力资源的专家均表示:“判断一个CEO是否名副其实的关键在于其行使的权限。”重点是“CEO的权限问题”:在美国,由于CEO们的权力过大,20世纪90年代许多公司纷纷撤销CEO。CEO的中文名称就是“首席执行官”。那么,CEO的权限有多大? 执行些什么呢?

曾浸淫外企多年的梁斌将企业运作分成两个部分:“一个是行政,一个是业务。前者主要根据地域的不同来划分,最高的长官是总裁;后者以产品线来划分,最高长官是总经理。这两个部分的最高长官都要直接向一个核心人物或小组服务,这个核心人物或小组由董事会批准任命与认可,就是我们现在所说的CEO或CXO。”

中华英才网总裁张杰贤认为:“在一个公司运作的层面上,不能有人在企业的权利或是职务上比CEO更大更高，一个CEO就是负责企业全面工作的。”在他理解中，西方的CEO是“由董事会任命的，直接向董事会汇报，完成董事会设定的目标与任务的企业高层管理者”。

在美国，企业为了缩短决策的时间，因此有些CEO能够获得董事会的授权，拥有某些重大的决策权。比如一些重大的投资决策的权力，同时也拥有一些高层管理、财务主管等方面的人事任免权力。

在中国，除了国有企业外，还有相当数量的民营企业或是私企，其中不少企业打出了CEO的名号。因此，中国要不要CEO呢？张杰贤以中国市场上出现的几种商务职位的演变为例做了解答：“过去，我们叫‘厂长’的人，在80年代中后期成了总经理。在90年代初的时候我们又有了总裁。CEO这个概念是在1999年前后，随着互联网的浪潮兴起的，实际上，在我的认识里面，我觉得现在中国企业的问题关键不是需不需要CEO或是其他的职务，而是如何设定他们的权力范围。”

近年，不少美国企业的CEO纷纷落马，其中原因很简单：收入过高，权力过大，但是不能给企业带来相应的发展。某跨国公司一位负责薪酬福利制度的经理说：“CEO的收入应该是与其业绩挂钩的，如果企业的股票一直走低的话，那么这个企业的CEO所面临的可能就不只是收入的问题了，他还得面临是否要放弃期权甚至走人的选择。这就是所谓的责权利统一。”

有专家指出，在中国，CEO“收入高、风险低”的问题并没有表现得那么普遍。相反，中国具有CEO名号的经理人却需要面对“责权利”不明确的困惑。比如说，从收入上讲，国内的众多CEO大多是十来年扎扎实实打拼出来的。因此，他们的收入与其所负责的董事会对他们的认可程度以及他们的贡献是息息相关的。但是，根据跨国人力资源公司华信惠悦在早先做的调查，结论是中国CEO的底薪收入仅在被调查的亚太区12个国家和地区中位列倒数第二。

曾有传言说联想杨元庆的年薪是1000万人民币，而且他还有更大一部分的收入来源于联想每年的分红。联想多年在市场上的傲视同侪证明了杨元庆是一个成功的CEO。除了杨元庆这样的实力派，有些“聪明人”在接受“CEO”这个职务前，却会考虑更多。从事猎头行业多年的王先生介绍说，现在国内越来越多职业经理人在应聘CEO职务时“更多考虑的是现金部分是否有足够的吸引力”，他们已经不轻易地为“期权”的许诺所打动。

创业型CEO们，由于他们现在的地位更多的是靠其在实践中依靠个人的威望和人格魅力形成的，行使和肩负着市场经济意义上的CEO的权与责，却没有真正体现市场经济中企业CEO在利上的保障。因此，在中国海南改革发展研究院发布的第388期关于“承认并实现创业型企业家价值的框架建议”的简报中，有这么一段话，对中国目前的CEO体系提出这样的观点：“CEO制的出现，反映了现代企业发展的大趋势。董事会赋予CEO更大的权力和责任，同时也赋予相应的分享企业剩余的权利和从企业增值中受益的权利（如股票期权）。建议在有条件的企业实行CEO，并使之制度化。”

前几年日本出了一本在全世界畅销的书《观点》，英文书名叫作*On and Off*。这是索尼社长出井伸之在4年间所写的84篇随笔感言。书分为两大部分，第一部分标题叫作*Backstage of Business*（顶尖企业的后台百景），主要讲工作状态，就是所谓“On”的状态；第二部分叫作*Style of Life*（生活的品位、方式），主要讲多彩多姿的生活，就是所谓“Off”的状态。出井伸之用“*On and Off*”的观念来描绘人工作与生活的状态。如果在日本企业界做一个“你最想听哪一位总裁演讲”的调查，票数最多的估计会是出井伸之。这是因为索尼是世界上最有活力的企业之一，也是最全球化的日本企业。在一次高峰会上，很多国家IT产业的部长都想问问出井伸之，在泡沫经济崩溃后，索尼公司何以在短短几年内重拾辉煌。从出井伸之的这本书中，我们或许可以看到索尼公司长久生命力的来源。

出井认为，在知识经济时代，工作只是生活的一部分，而决定两者取向的一个共同来源是好奇心与兴趣。“On”与“Off”的状态虽然并不直接相关，可是如果你在“Off”的状态下，有很大兴趣与外界广泛交流，开阔视野，拓展生活空间，日益丰富想象力，非工作的话题生动有趣，给你带来很多知识的累积，那么，你从“Off”的世界里面所累积的灵感和能量，不知不觉就会流入到工作“On”的世界里面，产生良性循环。所以在21世纪，谁在“Off”的世界有更宽广的生活、视野和人际，谁就会在知识经济时代更具优势。

出井谈到，自己在“Off”状态的时候，经常做的是喝葡萄酒、听音乐、打高尔夫球、开车、看歌剧、看书、度假；另外他也去参加属于时尚名流的宴会，和名人交往，因为索尼横跨电影和音乐，横跨IT和家电，所以歌手、大导演、指挥家等都成为他的交往对象；他也经常到意大利、法国、巴西、美国、中国等世界各地去感受异国文化；他与比尔·盖茨一起打过球；而当他看到太太把庭院整理得非常好的时候，也会感觉甘之如饴。

因为在“Off”的世界获得了很大的启迪和灵感，并将其充分融入“On”的世界，使他在面对“On”的繁忙紧张时，也能显得从容自如。比如他可以周一周二到美国东岸参加微软的CEO高峰会，晚上飞到西岸，周三紧接着召开公司经理人的会议，然后周四赶回日本，周五再与总部同仁开会，可想而知工作的紧凑性有多强。另外，还要定期与世界上很多CEO碰面，比如参加GM与伊莱克斯的董事会，参加达沃斯的世界经济论坛，参加微软的CEO高峰会，还要去拜访很多世界一流企业，看似“On”的状态，其实是在与世界一流的头脑做大量的知识交流。正是因为“On”与“Off”的丰富性，使他在短短四年中写出大量的随笔感言，凡读到的人都可以感受到出井先生内心的律动。所以，人不仅要经营好自己的事业，也应该努力去经营生活。如果说在“Off”状态的时候，只想睡懒觉，或者在家里发呆、看电视，或顶多逛一下街，而不去广泛交流，只有家庭生活，那么在未来以知识工作者为主体的竞争环境当中，可能会丧失竞争力。

谁在“Off”的世界有更宽广的生活、视野和人际，谁就会在知识经济时代更具优势；在“Off”的世界里获得的启迪和灵感，将融入“On”的世界，使我们在面对“On”的繁忙紧张时，也能显得从容自如。所以，在“Off”的环境里做“On”的事，在“On”的环境里做“Off”的事，将二者的界限模糊化，让彼此交错、互融，在左脑“主控”的环境下，尽量开启右脑。“On”和“Off”的互动、平衡，使能量最大地激发。

这有点像太极：太极图黑中有白，白中有黑，黑到最大化就开始转白，白到最大化黑就出来了，所以黑白不是对剖，不是截然分开的，黑的极致变成白，白的极致变成黑。来自生活的创意会转化成工作中的竞争力；反之，工作中所产生的价值感会丰富生活的内涵。

蒋兴新是法国玛扎尔会计师事务所投资顾问、会计师、审计师。蒋兴新认为，作为一个会计师，一个投资顾问，最大的工作压力不是来自人际关系，因为与他们接触的是不同的投资公司，只要做好每一单分析和策划就可以了。更多的压力来自于“劳动”本身。投资顾问的工作是一种技术层面的劳动，几十页纸的报告总是凝聚着无数个日夜的调查、测算和评估的心血，而且人要不断地从一个特定环境跳到另一个环境，适应不同公司的特点，时间久了，无论从生理上还是心理上都难以承受。工作没有固定时间，出差司空见惯，那么怎样调整自己呢？他是个摄影爱好者，每次出差的时候如果能够赶上周末，他都要多停留一天，感受一下自然，用镜头记录山水风景的美好，给身心以愉悦。

周文是CBE集团董事长。从1994年与几个合伙人回国创办中美合资雷蒙赛博公司到现在，已经有十个年头了，周文把它从一个公司，做成了产供销服务一条龙的集团公司。因为工作需要，现在周文基本上是在国内工作一个半月，回加拿大住一个半月，其中在加拿大的时间会有三分之二用来休息。

刘浩是智联招聘CEO。或许很多人羡慕那些企业的老板、高管，觉得他们位高、权重、薪水丰厚，每天以自己的决策左右着公司甚至商战的发展方向。刘浩说，其实做企业是一个很枯燥的事情，除非能保证自己每天都有激情，否则就不要选择这样的生活。"如果你跟踪一个做企业的人一天的生活，你会发现，他每天做的都是些枯燥琐碎的事情。他一天确实要做很多决定，但这些'决定'并不都是让人觉得新鲜刺激的东西。因此排遣压力最好的办法，就是保持激情。"关于工作和生活的矛盾，刘浩认为，对大部分人来说，工作是最主要的，好的工作是好的生活的一部分。通过工作，你能认识很多你喜欢的人，打开更多不同的生活圈子。"如果说不工作而去说生活其实是有缺失的。我很难想象，如果自己不工作，跑到海边去休息，我肯定待一个礼拜就回来了，没有多么向往的感觉。"把工作当作生活的一部分，所以，很容易找到平衡点。而人不管是工作还是生活，都应该是多元化的。多培养一些爱好，会使自己人生更丰满。不管你喜欢唱戏还是喜欢收集古董，对于排解压力都有好处。幸福的人，有很多自己喜欢做的事情。

张杰贤是中华英才网CEO。中华英才网从创业到快速发展，在很短的时间内发生了非常大的变化。其间，张杰贤承受着来自市场的压力、投资人的压力、公司发展过快的压力、团队管理的压力。1995年张杰贤刚做公司的时候，做的是猎头，规模相对小，上班也是朝九晚五，很少加班，偶尔加班也是面试候选人，工作方式很轻松。1997年8月，为配合猎头业务，张杰贤推出网站，虽然钱"烧"得不多，一年几十万，但也有了要用网站赚钱的压力。1999年底，当张杰贤拿到风险投资以后，更大的压力就来了——必须定期把300万美金"烧"掉。而"烧钱"才半年，2000年3月互联网泡沫破灭了，张杰贤又不能"烧钱"了，必须要控制成本，面对赚钱的压力。不同阶段，张杰贤承受着不同的压力，压力对他而言就像波浪般一个接着一个涌来，留给他喘息、调节的时间很短暂。每当张杰贤忙碌紧张、倍感压力时，就会生出很多白头发，而过段时间压力消减，头发又变黑回去了。所以张杰贤认为，压力是自己拿捏、把握的一个问题，一定要自我调整好。"人面对压力有两个结果，要么被压力压垮，要么战胜它从中得到你想要的东西。"张杰贤认为，其实，减轻压力最有效的方法就是找朋友聊天，聊天时很专注，什么也不想，话题也很轻松，一般也与工作无关。张杰贤特别喜欢和朋友一起毫无保留地聊天。在他看来，朋友是个人生活品质的一个重要方面，一定要有很多朋友,有经常聚在一起的,有不经常见面、有事才联系的,有非常信任的,朋友大都是工作以外,没有任何利益关系的,和他们在一起很放松,张杰贤认为这是减压的重要方式。另外,就是陪家人。一有时间,张杰贤就回家吃晚饭,和家人一起看看电视,不想其他的事情,很放松。

潘立是德国磁悬浮高速列车国际公司市场销售专员。尽管他形容自己的工作很充实,但是其中的忙碌、压力却是可想而知的。压力主要来自对自我的挑战。许多职业人在重压之下都抱怨,工作和生活简直就是一对纠缠不清的冤家。但潘立不这么认为。在他看来,工作是人生历程中必不可少的一部分。而且随着企业体制的健全完善和个人职位的升迁,人们应该越来越有能力妥善安排好自己的工作与生活。工作之外,潘立是个狂热的棒球迷,并且把它视为一种有效的缓解职场压力的方式。不同于高尔夫的宁静致远、斯诺克的缜密精准、网球的激烈刺激,棒球是一项讲究配合与技巧、张弛有度的群体性运动。棒球运动要求很强的参与性,由于每次都至少需要20个人参加,这使得棒球可以极大地调动身边的人参与进来,这也使它成为一项可以与家人、朋友一起享受阳光、草地、清风的运动。潘立认为,如今一些大公司都将棒球运动作为拓展训练的一部分,以此培养员工的团队意识。

金忠毅是北京双鹤药业股份有限公司副总经理、董事。"以休闲的心态看待工作",金忠毅如是说。在他看来,随着社会化进程,对白领,尤其是企业高层管理者而言,工作与休闲的界限越来越模糊。工作是无止境的,但快乐是可以自己创造的,快乐的心态尤为重要。他的工作总是伴随着一项爱好,只是不同阶段爱好会有差异。年龄、经济实力、社会环境都是影响因素。毕竟,休闲方式也应量力而行。以前,他将打羽毛球、网球作为休闲方式,甚至还有一段时间迷恋打保龄球。后来,他则是将打高尔夫视为最佳选择。在没有工作的周末、假日,球场上总会出现他的身影。金忠毅与高尔夫的"第一次亲密接触"是在2001年。偶然机会下,经人推荐,他对高尔夫产生了浓厚兴趣。几年下来,他的最好成绩是88杆。许多人都有在高尔夫球场上谈生意的习惯,金忠毅却并不认同这种做法。他认为,高尔夫可以边玩边聊,的确有助于工作,但不能将球场也变成生意场所。如今,不少人乐于用成功与否来衡量一个人的成就。但100个人会有100种不同的成功标准。金忠毅选择这样的组合:家庭和睦+身体健康+没有损害身心的烦恼。他从来不会刻意去寻找工作与生活的平衡点,因为刻意寻觅本身就是一件累人的事情。

魏真正是北京正荣网际科技有限公司CEO。压力是什么?“压力是自己设下的圈套,人要寻找办法挣脱出来。”魏真正如此解读“压力”。每个人都有理想,原本以为对魏真正这样的企业高层管理者而言,将企业不断发展壮大才是最大的理想,没想到他的答案却是——与家人一起安静地享受人生。正是因为有了这个理想的支撑,魏真正将现在工作的辛劳、忙碌当作实现人生理想的美丽过程来经历,用快乐的心态、饱满的状态笑对压力。“每个人都在穿透迷雾看未来。”诗化的语言道出了魏真正的感悟。不同的是,在这段跋涉中,他拒绝苦闷与茫然,选择充满情趣的生活方式。一如他的减压方式,丰富多彩。“学习就是一种减压方式,它是为达到目标而进行的铺垫,它也是一个沟通、借鉴、少走弯路的途径。”在魏真正的辞典中,“学习”是“减压”的同义词。他还会把设立新目标作为减压方法,在循环往复里,在更新、提炼的过程中,将目标压力转化为目标动力。

刘东东是北京京都管理顾问有限责任公司执行董事。大学毕业分配到首钢,两年后进入北京京都会计师事务所(浩华国际),现在为北京京都管理顾问公司的执行董事。事业发展平顺的刘东东一路走来,其实一直都从事着高压力的工作。一方面,作为咨询顾问,他必须不断了解市场规则的变化,企业的不同需求,必须不断地创新;另一方面,作为公司的执行董事,他必须带领他的团队步入一个高效、稳定的运作轨道,从而实现股东价值的最大化。这两个担子,每一个都沉甸甸的,很多时候,他都会觉得时间不够用。面对目前激烈的竞争环境,它只能选择跟进,不断地跟进,然后创新,压力可想而知。而百忙之中,陪女儿玩耍,成了他最大的乐趣。

李搏是北京浩天律师事务所律师。“学习的压力是我一直以来不得不面对的最大压力。”不要惊讶,此话确实出自这位年轻有为的律师之口。“律师这个职业具有很强的社会性和时代性,接手林林总总的案子,面对形形色色的人群,你必须能够敏锐地把握时代的脉搏。哪些新的法规出台,经济领域有了什么新动向,科学领域有了什么新发现,甚至是最时新的词藻你都要去领会。你必须时时刻刻地充实自己。”面对这样的压力,如何去缓解?李搏又是语出惊人:“一个人待着。”他已经成家立业,也有散步的爱好,但是他认为最好的放松方式是一个人待着,这种境界里,你可以什么都去想,也可以什么都不去想。说起减压,李搏更有心理医生的“范”:“普通人的大脑容量是有限的,必须给自己时间去消化、沉淀,真正吸收了之后,压力自然而然地就会少很多。”他认为,人最多的压力是来自于自己的,只有调整好心态才是最根本的减压之道,人们应该把自己摆在很低的姿态，尊重他人，这样心态会更加健康。

知识经济时代的男性形象

在人们传统的性别观念中，男性的形象应该是粗犷的、刚强有力的，这种对于男性形象的认同标准，可以说是由来已久并且根深蒂固。然而，在知识经济时代，这种男性刻板形象正在逐渐被打破，人们对于男女性别特征的观念正在逐步淡化。近年来metrosexual（都市玉男）和以这个群体为代表的生活方式在全世界迅速流行，正反映了传统男性形象正在发生时代变迁。

何谓“都市玉男”？“都市玉男”这一词语由metrosexual翻译而来。metrosexual是metropolis（都市）和sexual（性的）的复合词，由英国的马克·辛普森在1994年首先提出。原意为“都市性别”，指的是那些走中性路线的都市男女。通过英国传媒的散播，这一意义发生微小变化，现专指大都市中新出现的那些时尚、敏感、阴柔的男人。这些男人内心坚强，外表却细腻精致，颇具中性化倾向，但绝大多数不是同性恋或者双性恋。引领metrosexual这一潮流的是体育界、娱乐界的众多明星们。球坛巨星贝克汉姆，泳坛名将索普，好莱坞明星布拉德·皮特，日韩当红演员木村拓哉、元斌等都被视为“都市玉男”的典范。

在人们眼中，传统男性的形象应该是粗犷、刚强的，其他再多一点的装饰都被视为涂脂抹粉的娘娘腔。而“都市玉男”与传统男性的刻板形象具有明显的差异：留长发、打耳洞、涂指甲、戴配饰、美容、着装新异、追逐时尚等都是“都市玉男”常见的特点。这些特点在人们传统的眼光看来不仅怪诞，甚至无法容忍。但如今情况却发生了巨大的变化。metrosexual和以这个群体为代表的生活方式已经在欧美，甚至是在全世界范围内迅速流行。

全球第五大广告公司Euro RSCG Worldwide在全美进行了一次名为“男人的未来”的调查，随机抽样了1058名成年都市男女，考察21世纪的人们对待男人的态度和男人自身对未来的期许。通过分析调查结果，得出一个有趣的结论：“男人开始不介意向人们展示自己女性化的一面”，“在新世纪，男人们已经有勇气改变人们心目中传统男人的形象”，而这种男人的新形象就是“都市玉男”。另有调查显示，在美国，已经有30%～35%的年轻男子喜欢男人的这种新形象。而在亚洲地区，木村拓哉、元斌、柏原崇、胡兵等“都市玉男”的形象也频繁在媒体、广告中出现，并深受大众喜爱。

这说明大众对于男性形象的认同标准已经发生了很大的变化，人们不再把那种粗犷、刚强的男性形象奉为男性美的圭臬，细腻、精致、清纯、阴柔的男性形象也开始为人们所接受，并逐步消解人们心目中传统的男性形象。这其中包含了多方面包括经济、社会、文化等方面的深层次原因。“都市玉男”潮流背后有其深层的原因：

首先，时代生活环境的变迁是“都市玉男”等新男性形象得以存在的基础。

在古老的战争年代，人类通过相互搏斗来获得生存的权利，人们所崇拜和赞赏的对象是那些可以在战争中为自己的部落或族群争取胜利的英雄，而能成为战争英雄的往往是刚健、有力、粗犷的男性，可以说这是男性传统形象以阳刚为美的早期原因。而在过去以体力劳动为主要生产方式的社会中，社会需要能够从事高强度体力劳动的强壮男性来生产生活资料，而生活资料的多寡与个人体力成正比例关系，一个刚健有力的男性比一个细腻阴柔的男性显然更符合社会的要求。因此在这样的时代中那种具有阴柔气质的男性难以被社会所认同。而如今，在知识经济时代，体力已不再占绝对优势，脑力劳动同样可以创造社会价值，并且它所创造的价值远远超过了体力劳动。换句话说，个人的气质形象和所能创造的社会价值已经脱钩。所以，刚健有力不再是男性的唯一追求与目标，男性可以更加自由地选择和塑造自己的形象。同样，在另一方面，生活在知识经济时代里的女性可以用智慧换得腰包的充盈，女性经济地位的提高，大大降低了在经济上对男性的依赖程度，两性经济关系逐渐平等和依赖关系的消解淡化了男女性别的严格界限，男性和女性都可以在两性的中间地带自由徜徉。概言之，“都市玉男”潮流化是社会经济进步在性别文化中的一种体现。

其次，商业社会与“都市玉男”潮流的相互影响和相互推动作用也在逐步改变着传统男性的形象。

美国心理学家贝姆指出：“男性之所以女性化，是因为意识到女性品质中注重打扮的特点更适合商业氛围，更具有公关、沟通和推销等方面的优势。”因此，人们想在竞争激烈的商业社会里取得成功，就必须符合社会的需求，改造自己的形象。既然商品社会意识更加认同女性品质中注重打扮的特点，那么男性也就有可能在有意无意中去迎合商业社会的这种意识。“都市玉男”趋于中性化的打扮恐怕与此也脱不了干系。在迎合商业社会意识的同时，“都市玉男”潮流也对商业产生反作用，成为促进商业发展的一大因素。精明的市场战略专家们敏锐地捕捉到了“都市玉男”目光中流露出的强烈购买欲，并全力推动这种风潮。一家调查公司调查发现，在美国18至34岁的男性，过去5年在化妆品上的消费大幅增加，现在男士化妆品市场已有超过100亿美元的销售总量，并每年都以两位数的速度在扩展市场。面对如此诱人的“金矿”，商人们自然不会视而不见，纷纷重新进行市场定位。联合利华、妮维雅等一些大公司纷纷依据这个消费群体的特点制定战略，大力开拓男性市场，誓要掀起一股男性消费的热潮。看来，有商业作用在背后推波助澜，世界上将会有越来越多的男人卷入“都市玉男”的潮流。

再次，女性主义思潮对性别的纠偏客观上改变了人们对男性形象的传统观念，从而促进了男性形象发生时代变迁。

随着妇女解放运动发展，西方女性主义发现，人的性(sexuality)是由多种要素构成的，其中包括生物学意义上的性别(biological sex)、性倾向(sexual orientation)、性身份(gender identity，心理学意义上的男性或者女性)和社会学意义上的性角色(social sex role，符合男性和女性行为的文化规范)。性角色身份具有社会建构性，也就是说，所谓男性和女性行为举止言谈的规范是人所处的一定的文化体中的经济状况、风俗、传统、习惯、认知等诸多非生物、非生理因素互动而形成的。不可否认，构成性角色的文化规范中不乏一些与人的生物因素或者生理因素有关的外部特征，例如男性与女性在音调、音色上的差异。但是，我们不能将这些差异绝对化、僵化和固化。因为这些差异原本就是相对而言的，它们原本就是在一定的社会文化体中形成和变化的，因此是人的类同性和人的多样性的反映和体现。这种性别研究视角逐渐为越来越多的人所认同和理解，人们开始着重从社会性别的角度理解男性和女性，并提出了“性度(masculinity-femininity)”这一概念。

所谓“性度”，是衡量某一个人身上男性特点与女性特点比重的性心理学概念，可分为男性度和女性度两个方面。男性度就是男性特点在某人身上所占的比重；女性度就是女性特点在某人身上所占的比重。从性度的角度看，世界上本来就没有绝对纯粹的男性，也没有绝对纯粹的女性，任何人都是男性特点和女性特点的综合体。当越来越多的人认识到以“都市玉男”为代表的男性只不过是与一般的男性相比，其身上的女性度较高而已的时候，人们便会对传统的男性形象评价标准的合理性产生怀疑，同时也就容易从心理上接受“都市玉男”的新男性形象。

从“都市玉男”这一人群出发，传统男性形象的时代变迁已可见一斑。概言之，由于时代变迁造成经济、社会、文化因素的变化，传统阳刚、有力、粗犷的男性形象正在向阴柔、精致、细腻的形象转变。通过分析我们发现，这种转变的趋势绝非社会发展中的一种偶然,而是社会发展的必然产物。因此可以预见,随着社会的进一步发展,类似“都市玉男”的新时代男性形象将会得到更加广泛的认同,“都市玉男”的队伍也将会继续扩大。

当然,这一切都是知识经济时代的产物。

知识经济时代对性别的淡化

知识经济时代,谁更善于管理企业?谁最会赚钱?是男人还是女人?女性也能管理企业吗?很多人不以为然。有钱的女人固然不少,资产超过10亿美元的女富豪全球在20位以上。但都是些什么人呢?无非是英国女王、荷兰女王、美国沃尔玛公司创办人的遗孀、希腊船王奥纳西斯之女,所获财产不是父亲给的便是丈夫遗留的,基本上没有白手起家、创业致富的。

虽然,令人景仰的女企业家实在少得可怜,许多女企业家都是因其父或其夫逝去,面对窘困不得不半路出家,即便守业有道也不是从零到有,比如台湾裕隆集团的吴舜文、日本八佰伴的和田加津、美国《花花公子》的克丽斯蒂·海夫纳、香港华懋集团的龚如心。但是,进入新世纪以来,成功的女企业家群体在不断迅速扩大,这说明,女人是能够成为企业家的,女人做企业不比男人差。人数少是一个社会问题,是以前走出来创业的女人少,是传统观念的因素在起作用。

女人比男人会赚钱,这确实是有道理的。在工业经济时代,成功的典型全是男性;在知识经济时代,成功的典型许多都是女性。知识经济的致富领域实在很多,包括娱乐业、服务业、咨询业、金融业四大板块。这里的娱乐业是指演艺、体育、文博、翻译、新闻、出版、广播、电视诸文化产业;服务业可谓包罗万象,从百货、饮食、饭店、旅游到美发、洗浴、照相;咨询业包括策划、设计、公关、经纪、广告、猎头、预算、会计等;金融业是广义的,包括银行、保险、基金、证券、期货、外汇、黄金、彩票等。所有这些领域,都具有创业空间大、资金投入小、重视智力而不依靠体力的特征,如果年轻一代的女性们不能实现创业致富的宏愿,就只能怪你没有认真地体会到这个最明显的现实:知识经济其实就是女性经济,女性创业者就是新人类!

如果我们对一个从未做过买卖的女性说“女人比男人会赚钱”,她一定不相信地摇头说:“男人才是赚钱能手,女人做买卖谈何容易。”其实,身为女性,不妨与自己身边最亲近的男人比一比,看一看比他们有哪些更优越的素质。只要你找一找自己的能力,你就会信心大增。

在中国，劳动妇女人数高达几亿，为自己经营的有1900万人，其中亏损者只占1.5%。最让男人不服气的是：女性创业者中成功的占55%，而同时男性创业者中成功的仅占25%。众所周知，广东的妇女，如今发财的实在太多，自己独立开店、办公司的，多得不可胜数。在全国大型服装市场株洲服装市场，做服装生意的百分之七八十是妇女，她们一个个腰缠万贯，少的也有三五十万。

在国外，也是妇女会赚钱。就连非洲大陆遍布城乡的集市，也几乎都是妇女一统天下，她们中间的一些人已从小商贩变成了巨富。西方世界就更不用说了。在美国，约有6000万妇女全职工作，自己开业的是800万名，拥有净资产100万美元的女富翁中她们占到43%。

在当今的女富豪之中，她们更多的是在梦想与创意上白手起家，通过运筹帷幄管理企业，依靠永不退减的激情最终创立了自己的金钱帝国。靠老爸或老公的钱？那早已经是过去的事情。

改革开放以来，所有妇女经营的商店中，有大约40%的商店能够持续稳定地增长，虽然公司的规模通常比较小，名不见经传，但是，与男人掌管的公司相比，破产率却相当低。

统计数字虽然难免有水分，但大方向还是可信的，即女性更善于管理企业，确实是有道理的。

女性在许多方面优于男性，具有“比男人会赚钱”的素质。一是语言方面。女性的语言表达能力比男性发育早，小女孩个个伶牙俐齿，不说话就难受，女性在词汇积累量方面比男性大得多，甚至许多新的流行语都是女性首创的。二是听觉方面。女性的听觉比男性敏锐，女性对声音的敏感度一般比男性高40%左右。在激烈竞争、信息瞬变的今天，不少成功者大占便宜的，往往就在于具有高敏感度上，而失败者就吃亏在对信息麻木。三是记忆方面。女性的记忆力比男性强，短时记忆比男性记得详细得多，长期记忆比男性记得牢靠得多，鸡毛蒜皮的小事也能一千年“耿耿于怀”。做生意就是从一分钱开始的数字游戏，高楼大厦平地起，没有好的记忆力，岂能做好生意。四是心理方面。女性的心理比男性稳定，而且从某种意义来讲，简直是顽固不化，在同样情况下对同一件事，女性一旦先入为主，就很难改变自己的观点，但是坏事变好事，她们的这种较为稳定的心理素质，更接近于对现代企业家的素质要求。而男性则往往相反，他们对事业的方向朝秦暮楚，对执行的政策朝令夕改，最终结果往往是朝不保夕。五是思维方面。女性思维的发散能力比男性幅度宽，女性对某件事进行思维时经常离题万里，但这样一来，判断时往往有多种选择和正确的处理。而男性常常是沿着某一思路进行思考，虽然可以高效率地直达目标，但却漏掉了创新的机会，使好多天才的火花白白熄灭。女性的这种思维发散能力，恰恰是新产品开发、新项目上马、新经营方式创立、新企业形象设计等最需要的关键性因素。六是直觉方面。女性的直觉能力比男性准确，有一见钟情的爱好。她们对同一事、同一人，常常不用逻辑推理就能准确看透，而男性在这方面则常常望尘莫及，这是女性被上帝赋予的慧性。七是操作方面。女性在操作方面比男性的协调性好，特别在高精技术方面，女性干起活来显得心灵手巧，男性在操作上则往往慢得多，所以在必须以高速打拼的商界，女性中的高手比男性中的高手强得多。八是忍耐方面。女性的忍耐力比男性持久，不见兔子不撒鹰，而男性却急不可待，生意人没有耐心常常是很难做好生意的。

知识经济时代颠覆了人们的传统观念，女人完全依靠男人的时代在逐步终结，没有女人不能创造的奇迹，也没有女人不能创造的财富。而在某些领域，女人可以比男人更容易创造财富。知识经济时代容易让女人获得财富的职业是：

1.公关。公关是女性的“传统优势项目”，也是现代社会经济生活中一门高深的学问。传统上，女性比男性具有更大的公关优势：表达能力、交际能力、协调能力都比男性强而且更富于情感性。在竞争越来越激烈的知识经济时代，在眼球经济时代，公关比任何时候都更重要，女性中高级公关人员总是在全球各地飞来飞去，为效力的各大公司做专题、组织培训，以至企业战略咨询、与政府的联络等，成为最耀眼的白领女性之一。

2.人力资源。在国外，没有行政经理一职，只有人事经理，专门管理公司的行政事务、人事安排、职工考核培训，建立公司人事制度、利益分配制度等，权利自是一人之下万人之上。国内随着体制改革和经济发展的深入，人力资源的开发和管理越来越受到重视，一个现代企业，最重要的不是资金是否充足，而是是不是有一群有知识有能力并与企业同生共死的员工，而女性所特有的亲和力及号召力使她们更能胜任人事经理的工作。

3.传播媒介。如今的时代可以叫作传媒时代，任何风潮都可能在一夜之间传遍世界的每一个角落，因而传媒红人无不红得发紫，从由中央电视台“综艺大观”一飞冲天的倪萍，到湖南卫视“快乐大本营”起家的李湘，从由当红影视明星转入电影导演行业一剧成名的赵薇，到原来效力于传媒后来驾驭传媒的杨澜，女性在传媒行业中始终是一道亮丽养眼的风景线，她们的收入自然是一般人几辈子也挣不来的。

4.外企白领。严格说来，外企白领不是一种职业，而是很多种职业的总称，泛指在跨国企业里任中高级职务的人员。她们的言谈举止显示出她们经过了良好的专业培训，中文、洋文随口便来；她们依级别不同，穿着不同档次的优雅套装，淡妆浓抹，进出于高级写字楼；她们的收入是国内一般职员收入的几倍到几十倍，如以人民币计算，月收入应在七八千到数万不等，如果是年薪制则会更高。这一类的代表人物是曾经的吴士宏，她在微软任中国区总经理的时候名利双收，荣获“打工皇后”桂冠，以至于无数少女都以她为榜样，发誓要像她那样出人头地。

5.注册会计师。这是一个女性和男性争夺饭碗的行业，目前男女比例大约是1:1。虽然女性只占半壁江山，但整个行业的前景非常看好，市场缺口很大。国内注册会计师考试统计数字很能说明问题。2001年各科通过考试，及格百分比如下：会计5.7%，审计13.6%，财务9.27%，经济法7.96%，税法6.81%，一次性五科全部通过的比例仅有0.36%，一方面是国家对于注册会计师质量的严格控制，但另一方面也说明注册会计师是不折不扣的“紧俏货”。

6.保险经纪人。同保险代理人一样，保险经纪人代表投保人购买保险单或向其介绍保险业务，促成保险合同成立。不同的是，保险代理人代表保险公司与投保人洽谈保险业务，保险经纪人的佣金，一般由保险人即保险公司支付，其主要形式有保险经纪人佣金、招揽佣金、特佣等。美国保险经纪人平均年薪在20万～30万美元，属于高薪收入行业。中国保险业的开放，保险经纪人及相应的薪资水平将逐步提高，成为女性们大展宏图的好时机。

7.职业经理人。女性做职业经理人是虎口夺食——这一向是男性的领地。但近年来越来越多的女性进入这个行业。职业经理人一生的目标似乎便是在各个大公司里当经理。这个行业的女中豪杰里，前面说的吴士宏是一个，格力电器总裁董明珠是一个，在一些大的股份制企业里，副总经理的年薪达到50万～60万元人民币，部门经理等高层管理人员也可达到30万～40万元人民币。

8.金融银行业。金融银行业在国内算是垄断行业之一，一般职员的薪金在全国平均薪金中高高在上，进入这个行业的门槛较高。中国入世后，垄断被打破，国外大量资金进入，大量的投资人进入，带来了大量的人才需求，拉动行业薪资水平的攀升。据预测，一般骨干员工的年薪在6万元人民币左右，中层管理人才的年薪在20万～30万人民币，高层管理人才的年薪可达50万人民币，甚至冲上100万元人民币大关。

9.体育明星。有男性体育明星,也有女性体育明星,而且这个行业是少有的井水不犯河水的行业之一。体操、游泳、跳水等历来是女性竞技项目热门,并在今后若干年内将继续热门。她们平时的待遇跟男子足球运动员之类比起来尚有一定差距,但一旦拿到世界冠军之类荣誉,除了俱乐部的奖金、国家体育总局的奖金外,还有各种企业赞助和奖励,动辄几十上百万,而随之而来的广告收入让这些奖金简直不值一提——但是,这个行业的不确定性也是最突出的:谁能保证拼老命就一定有出头之日?

10.影视明星。影视明星大约不需要多说,少男少女们都是最忠实的追星族,明星们长年在国内国外飞来飞去,在各种媒体上唱来跳去,惹红了多少人的眼。她们的显性收入其实不一定算得上最高,但隐性收入大约无人能比,像走穴的、广告的收入等等,没有人知道她们到底有多少钱,媒体上只有她们的豪宅名车。但这个行业也有不确定性的问题:不是"先天资源"好就可以成明星的。

知识经济时代的海归者

2015年3月5日教育部发布了2014年度我国出国留学人员情况。数据显示,2014年度我国出国留学人员总数达45.98万人,其中国家公派2.13万人,单位公派1.55万人,自费留学42.3万人。同时,2014年度各类留学回国人员总数为36.48万人,其中国家公派1.61万人,单位公派1.26万人,自费留学33.61万人。据介绍,2014年度与2013年度的统计数据相比较,我国出国留学人数和留学回国人数均有进一步增加。出国留学人数增加4.59万人,增长了11.09%;留学回国人数增加1.13万人,增长了3.2%。据统计,从1978年到2014年底,各类出国留学人员总数达351.84万人。截至2014年底,以留学身份出国、在外的留学人员有170.88万人,其中108.89万人正在国外进行相关阶段的学习和研究。改革开放以来,留学回国人员总数达180.96万人,有74.48%的留学人员学成后选择回国发展。另据人事部介绍,我国81%的中国科学院院士、54%的中国工程院院士、72%的"九五"期间国家"863计划"首席科学家是留学归国人员,他们在载人航天工程、高温超导、人类基因组序列"工作框架图"绘就等重大项目和高科技领域的重大突破中,以及在夺取抗击非典胜利的斗争中,都做出了重大的贡献。

海归给我们带来了管理理念、资金、技术、人才和新思想、新意识;让我们知道了什么是VC(风险投资),促进了WTO词汇在国内的普及。如专家所言,“海归给我们带来了改革的生产力要素,推动了我们改革的发展”。

海归猛一下从咸水扎到淡水生活,这些年来,生活怎样?海归是怎么走来的?雁过留声,海归留下了什么?他们的命运究竟如何?

同样站在风口浪尖的《知识经济》杂志,关注海归这样的群体,关注他们的人生观、价值观、财富观,终极目标是为了探索知识改变命运、知识创造财富、知识改变社会这样一个永恒的话题。

海归是中国政府和企业国际化的产物,曾在一定程度上承载着推进我国全球化进程的使命。随着国际化的加剧,到我国融入“地球村”一定程度之后,“海归”终将成为过去。其时,将不再有海归与土鳖之分,海归更将成为一个历史的名词。

改革开放以来,我国每年有大量的人才出国“深造”“镀金”,其中有大量的人员定居海外。但随着近年来我国经济的飞速发展,在全球经济普遍不景气的情况下,风景这边独好,大量的“海归”出现在国家经济建设的各行各业并做出了巨大的贡献。“海归”在历史上从来没有像今天这样引起我们整个社会的关注。

“海归”这一说法最早出现在20世纪90年代后期,尤其是随着互联网的出现,“海归”的叫法在社会上更加流行。那到底应如何定义“海归”呢?据中关村管委会人力资源处负责人介绍,海归的官方定义是海外归国留学人员。对这类人员,国家有两个标准,第一是在海外获得大学以上学历的归国人员;或者是在海外做访问学者一年以上归来的人员。这些海外归国留学人员回国以后,其“海归”身份由我国驻所在国的大使馆或者是教育部、人事部和北京市人事局留学人员的认定部门出具认定证书。是不是属于海归,一是要看你是否在国外拿了文凭,二是要看你是否拿了大使馆或者是国家有关人事部门出具的证书,只有这些条件都具备了,你才能享受国家规定给予海归的优惠政策。

欧美同学商务会会长王辉耀对此有不同看法。他认为必须加上是否取得国家相关人事部门出具的证书的条件来确定是否属于海归是值得商榷的。他说,我国每年出国留学人员的数据可以通过国家大使馆比较准确地统计出来,基本上都是10万左右,但回国留学生的统计就比较困难了,有很多留学生回来时根本不到使馆去登记,这就造成一部分海归在国家人事部门统计之外。因此,从这个角度上看,人事部门公布的我国海外留学归国人员的数据是不够准确的。按照王辉耀的观点,是否具有国家人事部门出具的“海归”证书只能是海归能否享受国家有关优惠政策的一个条件，难以作为海归身份的衡量条件。

其实海归这一群体的出现可以上溯到20世纪二三十年代。这个时代的代表是以梁启超、周恩来等为代表的东渡日本和西行欧洲探求救国救民真理的政治精英。由于对当时的社会沉疴和时弊有切肤之痛，所以他们更多地从政治理想上来探寻救中国的途径，与现在经济建设时期的海归相比，无论在个人理想还是回国动因上都有显著的不同。这部分人更多的是“铁肩担道义”，属于意识形态道路上的探寻者。

随着社会的发展，新中国成立前后，为了向苏联学习，我国出现大量的“留苏”人员。这部分人承担着学习技术、建设祖国的重任，学成回国，为新中国的建设立下了汗马功劳。如著名经济学家薛暮桥、孙冶方等。直到今天仍有部分留苏人员活跃在我国市场经济的各行各业。当然这个时期以“两弹元勋”钱学森为代表的一大批科学家也属于海归的范畴，他们更是我国国防建设的中流砥柱。

1978年改革开放之后，我国的市场经济体制逐步建立，经济与国际接轨，国际的交流与合作力度大大增加，大批人员到国外留学，也壮大了我国的海归队伍。这才是我们现在意义上所称的海归。由于这部分人越洋过海从海外归来，也被形象地称为“海归”。这个时期的海归人员，不论是前期出国还是后期的回国都具有较强的个人发展目的，他们多学习国外先进的技术、管理和文化知识，并不担负意识形态上的重任。个人发展被这个时期的海归放到了第一位。从某种意义上来说，这个时期的海归也不如之前两个时期的海归更具有个人英雄色彩和人格特征。

除了“官方”对海归的定义和“民间”关于海归的理解外，有些地方政府为了吸引高层次的海外留学人员，也开始对“海归”进行界定，甚至立法对其定义。例如，深圳市的《深圳市引进留学人才条例》的制定，首次对海归进行了定义。

业内人士认为，海归随着互联网的兴起而逐渐叫响海内外，这不仅仅是因为互联网打破了时间和空间上的限制，带来了快速便捷的传输方式，更重要的是因为海归带来了VC(风险投资)，是VC培养了互联网。从这个意义上说，互联网的兴起和繁荣，海归功不可没。

早在1995年，亚信的丁健就组建亚信科技(中国)有限公司，他本人也被业内人士誉为“国内最早传播互联网概念、介绍互联网技术并提出互联网商业化的先驱之一”。

1997年，以张朝阳为代表的一批海归看重国内的互联网产业，并积极投身其中。张本人也在赢得导师引荐的尼葛洛庞帝的青睐后回到国内积极投身互联网的发展，这也成就了今天三大门户网站之一的SOHU。“如果没有VC，国内的互联网产业不会发展那么快，没有VC的支持，也难有今天的SOHU。”某互联网评论家说。

1999年，哈佛MBA毕业的谭海音和邵亦波在上海组建易趣网，李彦宏成立百度在线等，这些海归在互联网生存的艰难时刻仍然积极投身，足见他们对互联网的情有独钟。

对海归带来资金的观点，欧美同学商会会长王辉耀也积极赞同，他说，海归创业项目主要靠外商投资，项目成功之后在纳斯达克上市，吸引国内外大量的资金。除了资金外，海归还带来了技术、人才、管理和新观念、新思维。

在技术上，互联网的兴起推动了IT技术的应用和发展，促进了PC的普及，大量的高科技被带回国内。据统计，目前已有近六成在中关村创业的“海归派”拥有自己的科技成果，其中40%以上的获得专利，一批重大技术创新项目不断涌现。比如中关村的邓中翰结束了中国的无“芯”史，程京博士研发出了被评为世界十大科技突破的缩微芯片等等。“像程京博士研发出来的博奥芯片，把基因技术和微电子技术结合起来，是通过人的体液进行检测，可以把人体的基因和未来可能得什么病，以及你现在所患的病需要什么药来治疗检查清楚。把这个技术运用到奥运会的兴奋剂检测上，在运动员入场之前，就可以提取体液检测，结果立即可取。”中关村管委会人力资源处负责人介绍说。

高级管理人才的匮乏曾被认为是我国国有企业亏损的主要原因。大量海归加入到国有企业改革的研究和实践当中，壮大了改革的推动力量，提高了我国企业的管理水平。这类海归以学院派的张维迎和实践派的许小年为代表，前者为北京大学光华管理学院副院长，后者是中国国际金融公司董事总经理，他们都在自己的岗位上取得了不俗的成绩。

另外，2002年和2003年连续两年，国家人事部、发改委、国资委，两度联合为我国国有大型企业面向海内外招聘具有国际化视野和管理经验的高级管理人才，这可以看作是国家对海归管理人才的肯定。

MBA在国内的兴起并一度成为热门，是海归带来管理的又一例证。20世纪90年代后期大量MBA学成回国，参与到我国企业的管理当中，使我们逐渐真正认识到“管理也是生产力”，管理的重要性也更加令人刮目相看。随着国外MBA热的出现，国内也掀起MBA热，直到现在MBA仍旧是国内最热门的专业之一。

目前,国家教委批准的具有MBA招生资格的院校已达50多所。

“在海归带回的各项‘产品’中,优秀的观念和意识是最重要的。”王辉耀说,“这种新的思想和意识逐渐改进了人们传统的行事风格,有利于打破墨守成规的局面,提高工作效率,并能体现对个人价值的尊重。”例如随着海归的出现,人本思想在社会上开始回归;海归参与的沙龙和论坛为各种新的思想和意识的碰撞提供了开放的平台等。

在今天这个张扬个性、个人价值被充分尊重的时代,怎样才能吸引到海外留学生的回归,成了我们政府吸引外来人才的重要课题。近年来,国家更多在创业政策和创业软环境上给海归以支持。政府吸引海归政策也在不断变化。以中关村为例,为了给海归营造良好的环境,除了建立科技园区之外,还积极建立联络中心、海外留学人员回国创业孵化器和创业支持基金。中关村科技园是国家第一个高新技术开发区,再加上地处首都教育发达区域,因此备受海外留学人员的青睐。在全国53个开发区中,中关村科技园区在企业数、从业人数和收入上都位居全国前列。中关村科技园区至今已经建立了一套成熟和完整的归国人员创业服务体系。

完整的归国人员创业服务体系包括,在海外设立联络中心、在国内建立留学人员服务中心、建立留学人员归国创业企业孵化器等。目前,中关村科技园在海外已经有5处联络处,包括日本的东京、英国的伦敦、加拿大的多伦多等,这些联络处负责留学生归国的联络工作,在国内,中关村还建立了留学人员服务中心。

对于要创业的海归,凡是在中关村成立公司,注册资金在50万元以上的,科技园将给予10万元以内的无偿资助。如今,对大部分的海归来说,创业资金仍是他们难以迈过的一道坎儿,尤其是对于那些研发型的公司来说,这更是个问题。因此,中关村科技园建立了针对留学人员的小额贷款制度,一年期一百万元人民币的贷款,只要经过担保公司的评审获得担保后,政府给予贴息,一年内发生的所有利息和保费,科技园都给予补贴。后来小额信贷制度调整为现在的贴息50%,但是保费还是全额补贴。应该说条件还是比较优惠的。

不但北京中关村科技园对海归给予这样优惠的政策,其他地方政府在吸引海归上也是不甘落后,天津、上海、广州、深圳都竞相发展科技开发区并提出各类吸引海归人才的措施。

从全国范围来看,政府在之前提出的“支持留学,鼓励回国,来去自由”的留学工作方针的基础上,又于2003年提出了“拓宽留学渠道,吸引人才回国,支持创新创业，鼓励为国服务”。这些也都极大地吸引和鼓励了海归回国创业。

据人事部门介绍，人事部制定了留学人员创业园管理办法和留学回国人员资助办法，各地区也出台了相应的优惠政策。据人事部统计，20世纪90年代以来的20年，人事部累计拨款近2亿元，择优资助了4000多名留学回国人员的科研项目，资助了3000多名海外留学人员短期回国服务。2003年，人事部又增设了吸引海外高层次留学人才专项经费。

目前，各级人事部门逐渐形成了包括各地留学人员服务中心、留学人员创业园、留学人员工作站、留学人员联谊会等在内的较为全面的服务体系。据报道，中国广州留学人员智力交流会、北京高新技术产业国际周、中国辽宁海外学人创业周等，都已成为我国组织留学人员为国服务而打造的“名牌产品”。仅2003年，回国参加大中型科技交流活动的留学人员就有3000多人，人事部还开通了“中国留学人才信息网”，为留学人员为国服务搭建信息平台。

“海归是一个时代的音符。”在书生公司和《知识经济》联合主办的海归沙龙论坛上主持人这样开场。自20世纪90年代中后期“海归”随着互联网的兴起逐渐叫响，出国热可以说是海归热的一个延伸，因为出去之后便是回归。同时，海归也是改革开放的产物，随着我国走向国际舞台，海归也逐渐走向我国市场经济发展的前台。有经济专家认为，从这个意义上说，海归承载了我国走向世界的重任。

针对海归的现状，也有不同的观点，认为海归最终会“消失”或“归去”。当当网前副总裁高翔就认为，再过几年，随着国内教育水平的提高，本土人才和国际人才的差别不存在之后，“海归”也可能会消失，因为，毕竟这只是“一个时代的音符”。他还举例说，自己在当当网招聘技术人才时，收到大量的国内外高校毕业求职者的求职，看到有些留学生并不比国内北大清华等名牌大学毕业的学生应聘招聘职位有什么优势，他或许就会选择国内大学毕业的人才。按照高翔的观点，从国内外教育水平的差别逐渐缩小上看，海归终会消失。

参加海归沙龙的京东方副总裁冯慰东对高翔的观点极为赞同。冯慰东说，“海归如果不能表现出‘海归’应有的水准，或者不能表现出比‘土鳖’更高的水平，两者没有什么差别，那海归的消失是一定的。”冯还以在欧美等教育和经济发达的国家就没有“海归”的叫法来印证自己的观点。

也有经济专家认为，海归在我国改革开放的一定时期出现，是我国国际化和世界经济全球化的产物，在这段时期，无形中他们在一定程度上承载了我国国际化的使命，但是随着全球化的加剧，我国国际化水平的不断提高，当我们融入“地球村”一定程度之后，海归也必然会消失。“因此，可以说，海归起于国际化，也终于国际化。”从这个意义上说，海归终将归去！

当然，近几年海归的形态也出现了多种分化，比如由于一些“方鸿渐式”海归的出现和国内就业压力的增大，衍生出“海待”（海归在家待业）等海归的同胞词汇；另因部分海外留学人员的妻子儿女都在国外，不得不长年累月地在国内和国外飞来飞去，被称作“海鸟”。中搜网副总王鑫以“每到节日乘机，一不小心就碰到几个认识的朋友回去过节”来说明“海鸟”之多。

从“海归”到“海待”，“海归”经历了一个从备受瞩目到饱受争议的起伏，然而时至今日，不管是“海归”还是“海待”已经逐渐从热门话题上退位下来，在创业和投资、招聘人才等方方面面，像以前那样对“海归”敏感的时代已经结束。更被人们所认可的一种观点是，未来，“海归”将变成一个与国际接轨过程中的历史性词汇，海归所面对的环境将更透明更遵从市场机制。但目前，国内与国外无论在政策环境还是文化差别上都还需要相互融合的过渡期，怎样帮助“海归”缩短这个休眠期，尽快地发挥他们的潜能，可能是政府、企业和“海归”自己都需要考虑的问题。

第八章

谁将引领时代潮流

- 无法绕过的一颗最闪亮的明星
- 21世纪人类的自行车
- 信息业中永远的创新者
- 世界因他无限美好
- 人生的三个故事
- 引领世界科技与生活潮流
- 乔布斯的经典语录

第八章　谁将引领时代潮流

读完《乔布斯传——神一样的传奇》这本书，我用了将近一个月的时间。特意看了这本书的出版发行时间，是2011年8月第一次印刷。而在2011年10月6日，苹果公司在其官方网站登出讣告：前首席执行官乔布斯于2011年10月5日因病逝世，享年56岁。乔布斯是被世界公认的计算机业界与娱乐业界标志性人物，同时人们也把他视作麦金塔计算机、iPod、iTunes、iPad、iPhone等知名数字产品的缔造者。这些风靡全球的电子产品，深刻地改变了现代通讯、娱乐乃至生活的方式。乔布斯是改变世界的天才，他凭借敏锐的商业嗅觉和过人的智慧，勇于变革，不断创新，引领全球资讯科技和电子产品的潮流，把电脑和电子产品变得简约化、平民化，让曾经是昂贵稀罕的电子产品变为现代人生活的一部分。2011年，人类失去了乔布斯。其后的日子里，谁将引领时代潮流？

无法绕过的一颗最闪亮的明星

创新工场董事长兼首席执行官李开复认为："今天，国内互联网产业如火如荼，千百万年轻人从大学甚至中学时起就憧憬着有一天可以成为像乔布斯、比尔·盖茨、拉里·佩奇、谢尔盖·布林、马克·扎克伯格那样引领时代潮流的人。在所有伟大的硅谷创业英雄里，乔布斯是我们无法绕过的一颗最闪亮的明星。"道理很简单，没有乔布斯，今天的世界就一定是另一副模样；没有乔布斯，就没有1977年的Apple Ⅱ、1984年的Macintosh、1998年的iMac、2001年的iPod、2007年的iPhone和2010年的iPad；没有乔布斯，今天我们随时打开iPad上微博、玩"植物大战僵尸"的快乐生活就至少要被推迟三年。

人类社会的前行是需要不断创新的，创造力其实就是社会发展的动力。李开复曾经说："我一直告诉那些有激情、希望改变世界的年轻人，你们每个人都应该读一读乔布斯，都应该认识一下真实的乔布斯。"为什么李开复会这样说？因为，乔布斯向世界展示的，除了不断创新的电子产品而外，更多的是他的创造激情和创新能力。当创造已经开始并不断向前推进时，创造就不再神秘。正如乔布斯所说："创造力只不过是连接某些东西的能力。如果你问一个有创造力的人，他们如何'创造'某个东西，他们会觉得有点儿委屈，因为他们真的不是在'创造'东西，他们只是看到了某种东西。因为，他们能够把曾经见过的不同体验连接在一起，然后综合成某种新东西。"我的理解，这就是创造。

1955年2月24日，史蒂夫·乔布斯出生在美国旧金山。刚刚出生，就被在美国旧金山一家餐馆打工的父亲与潇洒派的酒吧管理员母亲遗弃了。幸运的是，一对好心的夫妻收留了他。虽然是养子，但养父母对他很好，如同亲子。学生时代的乔布斯聪明、顽皮，肆无忌惮，常常喜欢别出心裁地搞出一些令人啼笑皆非的恶作剧。不过，他的学习成绩倒是十分出众。当时，乔布斯就生活在后来著名的"硅谷"附近，邻居都是"硅谷"元老——惠普公司的职员。在这些人的影响下，乔布斯从小就很迷恋电子学。一个惠普的工程师看他如此痴迷，就推荐他参加惠普公司的"发现者俱乐部"。这是个专门为年轻工程师举办的聚会，每星期二晚上在公司的餐厅中举行。就在一次聚会中，乔布斯第一次见到了电脑，他开始对计算机有了一个朦胧的认识。上初中时，乔布斯在一次同学聚会上，与斯蒂夫·沃兹尼亚克(Steve Wozniak)见面，两人一见如故。19岁那年，乔布斯只念一学期就因为经济原因而休学，成为雅达利电视游戏机公司的一名职员，借住朋友沃兹家的车库，常到社区大学旁听书法等课程。1974年，他赚钱往印度灵修，吃尽苦头，只好重新返回雅达利公司做了一名工程师。安定下来之后，乔布斯继续自己年少时的兴趣，常常与沃兹尼亚克一道，在他们家的小车库里琢磨电脑。他们梦想着能够拥有一台自己的计算机，可是当时市面上卖的都是商用机，且体积庞大，极其昂贵，于是他们准备自己开发。制造个人电脑必须有微处理器，可是当时的8080芯片零售价要270美元，并且不出售给个人。两个人不灰心，仍继续寻找，终于在1976年度旧金山威斯康星计算机产品展销会上买到了摩托罗拉公司出品的6502芯片，功能与英特尔公司的8080相差无几，但价格只要20美元。带着6502芯片，两个狂喜的年轻人回到乔布斯的车库，开始了自己伟大的创新。他们设计了一个电路板，将6502微处理器和接口及其他一些部件安装在上面，通过接口将微处理器与键盘、视频显示器连接在一起，仅仅几个星期，电脑就装好了。乔布斯的朋友都震惊了，但他们都没意识到，这个其貌不扬的东西，会给以后的世界带来多大的影响。但是精明的乔布斯立即估量出这种电脑的市场价值所在。为筹集批量生产的资金，他卖掉了自己的大众牌小汽车，同时沃兹也卖掉了他珍爱的惠普65型计算机。就这样，他们有了奠基伟业的1300美元。1976年4月1日那天，乔布斯、沃兹及乔布斯的朋友龙·韦恩做了一件影响后世的事情：他们三人签署了一份合同，决定成立一家电脑公司。随后，21岁的乔布斯与26岁的斯蒂夫·沃兹尼亚克在自家的车房里成立了苹果公司。公司的名称由偏爱苹果的乔布斯一锤定音，称为“苹果”。后来流传开来的就是那个著名的商标——一只被人咬了一口的苹果。而他们的自制电脑则被顺理成章地追认为“苹果Ⅰ号”电脑了。

21世纪人类的自行车

开始的时候，“苹果”机的生意很清淡，毕竟它是一个全新的东西，除了对电子感兴趣的人，谁知道这个东西会有什么用，而原先对“苹果Ⅰ号”感兴趣的朋友们现在开始持观望态度，等待更好的“苹果Ⅱ号”出台。一个偶然机遇给“苹果”公司带来了转机。1976年7月，零售商保罗·特雷尔（Paul Terrell）来到了乔布斯的车库，当看完乔布斯熟练地演示电脑后，他认为“苹果”机大有前途，决意冒一次风险——订购50台整机，但要求一个月内交货。乔布斯喜出望外，立即签约，拍板成交，这可是他们做成的第一笔“大生意”。时间太仓促，任务又繁重，乔布斯和沃兹冒着酷暑，没日没夜地干了起来，为了公司的生存，他们豁出去了。他们每天几乎都在挥汗如雨、顽强拼搏中度过，每周工作66小时。终于在第29天他们奇迹般地完成了任务，把50台“苹果”电脑如数交给了商人特雷尔。50台整机在特雷尔手里很快销售一空，有了良好的开始。“苹果”公司名声大振，开始了小批量生产。乔布斯和沃兹开始意识到，他们的小资本根本不足以应付这急速的发展。乔布斯后来回忆道：“大约是在1976年秋，我发现市场的增长比我们想象的还快，我们需要更多的钱。”为此，他们分头去找资金支持，包括沃兹就职的公司惠普；但遗憾的是，这些公司都没意识到这其中蕴藏的商机和市场。机遇往往垂青努力的人。1976年10月，百万富翁马尔库拉慕名前来拜访沃兹和他们的车库工场。马尔库拉是位训练有素的电气工程师，且十分擅长推销工作，被人们称为推销奇才。由于在股票生意上发了财，他很早就选择了退休的生活。但看到这两个年轻人的新产品，马尔库拉决心重操旧业，帮助他们把公司大张旗鼓地办起来。他主动帮助他们制订了一份商业计划，给他们贷款69万美元，将自己的命运与两个年轻人联系在了一起。有了马尔库拉这样行家里手的指导，有了这笔巨资,“苹果”公司的发展速度大大加快。1977年4月,美国有史以来的第一次计算机展览会在西海岸开幕。为了在展览会上打出名声,乔布斯四处奔走,花费巨资,在展览会上弄到了最大最好的摊位。更引人注目的当然是苹果Ⅱ号样机,它一改过去个人电脑沉重粗笨、设计复杂、难以操作的形象,以小巧轻便、操作简便和可以安放在家中使用等鲜明特点,紧紧抓住了观众的心。它只有12磅重,仅用10只螺钉组装,塑胶外壳美观大方,看上去就像一部漂亮的打字机。人们都不敢相信这部小机器竟能在大荧光屏上连续显示出壮观的、如同万花筒般的各种色彩,“苹果Ⅱ”在展览会上一鸣惊人,几千名用户涌向展台观看、试用,订单纷纷而来。1980年,《华尔街日报》的全页广告写着“苹果电脑就是21世纪人类的自行车”,并登有乔布斯的巨幅照片。1980年12月12日,苹果公司股票公开上市,在不到一个小时内,460万股被抢购一空,当日以每股29美元收市。按这个收盘价计算,苹果公司高层产生了4名亿万富翁和40名以上的百万富翁。乔布斯作为公司创办人当然排名第一。

1983年,Lisa数据库和Apple IIe发布,售价分别为9998美元和1395美元。Apple成为历史上发展最快的公司。但是Lisa的发布预示了苹果的没落,一台不合实际,连美国人都嫌贵的电脑是没有多少市场的,而Lisa又侵吞了Apple大量研发经费。可以说苹果兴起之时就是其没落开始之时。因为巨大的成功,乔布斯在1985年获得了由里根总统授予的国家级技术勋章。然而,成功来得太快,过多的荣誉背后是强烈的危机。由于乔布斯经营理念与当时大多数管理人员不同,加上蓝色巨人IBM公司也开始醒悟过来,也推出了个人电脑,抢占大片市场,使得乔布斯新开发出的电脑节节惨败,总经理和董事们便把这一失败归罪于董事长乔布斯,于1985年4月经由董事会决议撤销了他的经营大权。乔布斯几次想夺回权力均未成功,便在1985年9月17日愤而辞去苹果公司董事长一职。斯蒂夫的出走,使他更加意识到自己的错误,吸取教训,也为今后重回Apple并拯救它做好准备。辞职几天后,乔布斯又创办了“NeXT”电脑公司,继续开始他的事业之旅。

信息业中永远的创新者

1986年,乔布斯花1000万美元从乔治·卢卡斯手中收购了Lucasfilm旗下位于加利福尼亚州的电脑动画效果工作室,并成立独立公司皮克斯动画工作室。在之后十年,该公司成为众所周知的3D电脑动画公司,并在1995年推出全球首部全3D立体动画电影《玩具总动员》。这个公司已在2006年被迪士尼收购,乔布斯也因此成为最大股东。

1996年12月17日,全球各大计算机报刊几乎都在头版刊出了“苹果收购NeXt,乔布斯重回苹果”的消息。此时的乔布斯,正因其公司皮克斯成功制作第一部电脑动画片《玩具总动员》而名声大振,其个人身价已暴涨逾10亿美元;而相形之下,苹果公司却已濒临绝境。乔布斯于苹果危难之际重新归来,苹果公司上下皆十分欢欣鼓舞。就连前行政总裁阿梅利奥也在迎接乔布斯的欢迎词中说:“我们以最隆重的仪式欢迎我们最伟大的天才归来,我们相信,他会让世人相信苹果电脑是信息业中永远的创新者。”乔布斯重归苹果,心中牵系“大事业”的梦想。他向苹果电脑的追随者们说:“我始终对苹果一往情深,能再次为苹果的未来设计蓝图,我感到莫大荣幸。”这个曾经的英雄终于在众望所归下重新归来了。

受命于危难之际,乔布斯果敢地发挥了行政总裁的权威,大刀阔斧地进行改革。他首先改组了董事会,然后又做出一件令人瞠目结舌的大事——抛弃旧怨,与苹果公司的宿敌微软公司握手言欢,缔结了举世瞩目的“世纪之盟”,达成战略性的全面交叉授权协议。乔布斯因此再度成为《时代》周刊的封面人物。接着,他开始推出了新的电脑。1998年,iMac背负着苹果公司的希望,凝结着员工的汗水,寄托着乔布斯振兴苹果的梦想,呈现在世人面前。它是一个全新的电脑,代表着一种未来的理念。半透明的外装,一扫电脑灰褐色的千篇一律的单调,似太空时代的产物,加上发光的鼠标,以及1299美元的价格标签,令人赏心悦目。不愧是苹果设计,标新立异,非同凡响。为了宣传,乔布斯把笛卡尔的名言“我思故我在”变成了iMac的广告文案“I think, therefore iMac”,由此,成了广告业的经典案例。新产品重新点燃了苹果机拥戴者们的希望。三年来他们一直在等待的东西出现了,iMac成了当年最热门的话题。1998年12月,iMac荣获《时代》杂志“1998最佳电脑”称号,并名列“1998年度全球十大工业设计”第三名。1999年,乔布斯又推出了第二代iMac,有着红、黄、蓝、绿、紫五种水果颜色的款式供选择,一面市就受到用户的热烈欢迎。1999年7月,推出的外形蓝黄相间,像漂亮玩具一样的笔记本电脑iBook,在市场上迅即受到用户追捧。iBook融合了iMac独特的时尚风格、最新无线网络功能(WLAN)与苹果电脑在便携电脑领域的全部优势,是专为家庭和学校用户设计的“可移动iMac”。1999年10月,iBook夺得“美国消费类便携电脑”市场第一名,还在《时代》杂志举行的“1999年度世界之最"评选中,荣获"年度最佳设计奖"。

在乔布斯的改革之下,"苹果"终于实现盈利。乔布斯刚上任时,苹果公司的亏损高达10亿美元,一年后却奇迹般地盈利3.09亿美元。1999年1月,当乔布斯宣布第四财政季度盈利1.52亿美元,超出华尔街的预测38%时,苹果公司的股价立即攀升,最后以每股4.65美元收盘,舆论哗然。苹果电脑在PC市场的占有率已由原来的5%增加到10%。乔布斯被评为"最成功的管理者",越来越多的业界同人认同了此观点。甚至连当初将乔布斯挤出苹果公司的斯卡利也情不自禁地赞叹:"苹果的逆转不是骗局,乔布斯干得绝对出色。苹果又开始回到原来的轨道。"乔布斯成为一个奇迹,但这个奇迹还将继续进行下去。他总是给人以不断的惊喜,无论是开始还是后来,他天才的电脑天赋、平易近人的处世风格、绝妙的创意头脑、伟大的目标、处变不惊的领导风范,筑就了苹果企业文化的核心内容,苹果公司的雇员对他的崇敬简直就是一种宗教般的狂热。雇员甚至对外面的人说:我为乔布斯工作(I work for Jobs)。

世界因他无限美好

2011年8月24日,史蒂夫·乔布斯向苹果董事会提交辞职申请。他还在辞职信中建议由首席营运长蒂姆·库克(Tim Cook)接替他的职位。乔布斯在辞职信中表示,自己无法继续担任行政总裁,不过自己愿意担任公司董事长、董事或普通职员。苹果公司股票暂停盘后交易。乔布斯在信中并没有指明辞职原因,但他一直都在与胰腺癌做斗争。2011年8月25日,苹果宣布他辞职,并立即生效,职位由蒂姆·库克接任。同时苹果宣布任命史蒂夫·乔布斯为公司董事长,蒂姆·库克将担任董事。乔布斯的辞职信全文是:

> To the Apple Board of Directors and the Apple Community: I have always said if there ever came a day when I could no longer meet my duties and expectations as Apple's CEO, I would be the first to let you know. Unfortunately, that day has come. I hereby resign as CEO of Apple. I would like to serve, if the Board sees fit, as Chairman of the Board, director and Apple employee. As far as my successor goes, I strongly recommend that we execute our succession plan and name Tim Cook as CEO of Apple. I believe Apple's brightest and most innovative days are ahead of it. And I look forward to watching and contributing to its success in a new role. I have made some of the

best friends of my life at Apple, and I thank you all for the many years of being able to work alongside you.

致苹果董事会及苹果社区:我曾经说过,如果有一天我不再能履行作为苹果CEO的职责和期望,我会是第一个告诉你们知道的人。不幸的是,这一天到来了。在此,我宣布从苹果CEO的职位上辞职,如果董事会同意,我将担任苹果董事会主席。针对接任者,我强烈建议执行我们制订的接任计划,提名蒂姆·库克为苹果CEO。我相信,苹果的未来将更加光明,更具创造力。我期待未来苹果的成功,也将为此尽自己的绵薄之力。我在苹果结交了一些人生中最好的朋友,能和你们所有人一起共事这么多年,非常感谢你们。

北京时间2011年10月6日,苹果董事会宣布前行政总裁乔布斯于当地时间10月5日逝世,终年56岁。苹果董事会声明:我们沉痛宣布,史蒂夫·乔布斯今天去世。史蒂夫的才华、激情和精力是无尽创新的来源,丰富和改善了我们的生活。世界因他无限美好。他对妻子劳伦和家庭付出了极大的爱。我们向他的家人,以及所有被他的杰出天才而触动的人表达哀悼之情。

社会各界也对乔布斯的逝世发表致辞。比尔盖茨致辞说:“惊闻乔布斯辞世的消息我深感悲痛。梅林达和我向史蒂夫的家人和朋友,以及向所有被史蒂夫的作品所打动过的人们,致以诚挚的慰问和哀悼。史蒂夫和我相识已经近30年,在此后的大半生中,我们一直是伙伴、同事、竞争对手和朋友。很少有人对世界产生像乔布斯那样的影响,这种影响将是长期的。对于我们这些有幸与乔布斯共事的人来说,这是一种无上的荣幸,我将深刻怀念乔布斯。”Facebook创始人兼首席执行官马克扎克·伯格致辞说:“史蒂夫,感谢你作为一个导师和朋友所做的一切,谢谢你展现出你的工作和努力如何改变世界。我会想念你。”微软联合创始人保罗·艾伦致辞说:“向史蒂夫的朋友和家人致以深切慰问,我们失去了一个无与伦比的科技潮流先驱和导演者,他懂得如何创造出令人惊叹的伟大产品。”纽约市市长布隆伯格致辞说:“今晚,美国失去了一个天才,乔布斯的名字将与爱迪生和爱因斯坦一同被铭记。他们的理念将继续改变世界,影响数代人。在过去的四十年中,史蒂夫·乔布斯一次又一次预见了未来,并把它付诸实践。乔布斯的热情、信念和才识重新塑造了文明的形态。”

人生的三个故事

在斯坦福大学2005年的毕业典礼上,乔布斯发表过一个著名的演讲:

我今天很荣幸能和你们一起参加毕业典礼。斯坦福大学是世界上最好的大学之一。我从来没有从大学中毕业。说实话,今天也许是在我的生命中离大学毕业最近的一天了。今天,我想向你们讲述我生活中的三个故事。不是什么大不了的事情,只是三个故事而已。

第一个故事是,关于如何把生命中的点点滴滴串联起来。我在Reed大学读了六个月之后就退学了,但是在十八个月以后——我真正地做出退学决定之前,我还经常去学校。我为什么要退学呢? 故事从我出生的时候讲起。我的亲生母亲是一个年轻的,没有结婚的大学毕业生。她决定让别人收养我,她十分想让我被大学毕业生收养。在我出生的时候,她已经做好了一切的准备工作。所以,我的养父母突然在半夜接到一个电话:“我们现在这儿有一个不小心生出来的男婴,你们想要他吗?”他们回答道:“当然!”但是,我亲生母亲随后发现,我的养母从来没有上过大学,我的养父甚至从没有读过高中。她拒绝签这个收养合同。只是在几个月以后,我的父母答应她一定要让我上大学,那个时候她才勉强同意。在17岁那年,我真的上了大学。但是,我很愚蠢地选择了一个几乎和你们斯坦福大学一样贵的学校,我父母还处于蓝领阶层,他们几乎把所有积蓄都花在了我的学费上面。在六个月后,我已经看不到其中的价值所在。我不知道我真正想要做什么,我也不知道大学能怎样帮助我找到答案。在这里,我几乎花光了我父母这一辈子的全部积蓄。所以我决定要退学,我觉得这是个正确的决定。不能否认,我当时确实非常的害怕,但是现在回头看看,那的确是我这一生中最棒的一个决定。在我做出退学决定的那一刻,我终于可以不必去读那些令我提不起丝毫兴趣的课程了。然后我可以开始去修那些看起来有点意思的课程。但是,这并不是那么浪漫。我失去了我的宿舍,所以我只能在朋友房间的地板上面睡觉,我去捡可以换5美分的可乐罐,仅仅为了填饱肚子。在星期天的晚上,我需要走七英里的路程,穿过这个城市到Hare Krishna神庙(注:位于纽约Brooklyn中心),只是为了能吃上好饭——这个星期唯一一顿好一点的饭,我喜欢那里的饭菜。我跟着我的直觉和好奇心走,遇到的很多东西,此后被证明是无价之宝。让我给你们举一个例子吧:Reed大学在那时提供也许是全美最好的美术字课程。在这个大学里面的每个海报,每个抽屉的标签上面全都是漂亮的美术字。因为我退学了,不必去上正规的课程,所以我决定去参加这个课程,去学怎样写出漂亮的美术字。我学到了San serif和Serif字体,我学会了怎么样在不同的字母组合之中改变空白间距,还有怎么样才能做出最棒的印刷式样。那种美好、历史感和艺术精妙,是科学永远不能捕捉到的,我发现那实在是太迷人了。当时看起来这些东西在我的生命中,好像都没有什么实际应用的可能。但是十年之后,当我们在设计第一台Macintosh电脑的时候,就不是那样了。我把当时我学的那些东西全都设计进了Mac。那是第一台使用了漂亮的印刷字体的电脑。如果我当时没有退学,就不会有机会去参加这个我感兴趣的美术字课程,Mac就不会有这么多丰富的字体,以及赏心悦目的字体间距。因为Windows只是照抄了Mac,所以现在个人电脑才能有现在这么美妙的字形。当然,我在大学的时候,还不可能把从前的点点滴滴串联起来,但是当我十年后回顾这一切的时候,真的豁然开朗了。再次说明的是,你在向前展望的时候不可能将这些片断串联起来,你只能在回顾的时候将点点滴滴串联起来。所以你必须相信这些片断会在你未来的某一天串联起来。你必须要相信某些东西:你的勇气、目的、生命、因缘……这个过程从来没有令我失望,只是让我的生命更加地与众不同。

我的第二个故事是,关于爱和失去。我非常幸运,因为我在很早的时候就找到了我钟爱的东西。Woz和我在20岁的时候就在父母的车库里面开创了苹果公司。我们工作得很努力,十年之后,这个公司从那两个车库中的穷小子发展到了超过四千名的雇员、价值超过十二亿的大公司。在公司成立的第九年,我们刚刚发布了最好的产品,那就是Macintosh。我也快要到30岁了。在那一年,我被炒了鱿鱼。你怎么可能被你自己创立的公司炒了鱿鱼呢?嗯,在苹果快速成长的时候,我们雇用了一个很有天分的家伙和我一起管理这个公司,在最初的几年,公司运转得很好。但是,后来我们对未来的看法发生了分歧,最终我们吵了起来。当争吵到不可开交的时候,董事会站在了他的那一边。所以在30岁的时候,我被炒了。在这么多人的目光下我被炒了。在而立之年,我生命的全部支柱离自己远去,这真是毁灭性的打击。在最初的几个月里,我真是不知道该做些什么。我觉得我很令上一代的创业家们失望,我把他们交给我的接力棒弄丢了。我和创办惠普的David Pack、创办Intel的Bob Noyce见面,并试图向他们道歉。我把事情弄得糟糕透顶了。但是我渐渐发现了曙光,我仍然喜爱我从事的这些东西。苹果公司发生的这些事情丝毫没有改变这些,一点也没有。我被驱逐了,但是我仍然钟爱我所做的事情。所以,我决定从头再来。我当时没有觉察,事后证明,从苹果公司被炒是我这辈子发生的最棒的事情。因为,作为一个成功者的负重感被作为一个创业者的轻松感觉所重新代替,没有比这更确定的事情了。这让我觉得如此自由,进入了我生命中最有创造力的一个阶段。在接下来的五年里，我创立了一个名叫NeXT的公司，还有一个叫Pixar的公司，然后和一个后来成为我妻子的优雅女人相识。Pixar制作了世界上第一个用电脑制作的动画电影——《玩具总动员》，Pixar现在也是世界上最成功的电脑制作工作室。在后来的一系列运转中，Apple收购了NeXT，然后我又回到了Apple公司。我们在NeXT发展的技术在Apple今天的复兴之中发挥了关键作用。而且，我还和Laurence一起建立了一个幸福完美的家庭。我可以非常肯定，如果我不被Apple开除的话，这些事情一件也不会发生的。这个良药的味道实在是太苦了，但是我想病人需要这个药。有些时候，生活会拿起一块砖头向你的脑袋上猛拍一下。不要失去信仰。我很清楚唯一使我一直走下去的，就是我做的事情令我无比钟爱。你需要去找到你所爱的东西。对于工作是如此，对于你的爱人也是如此。你的工作将会占据生活中很大的一部分。你只有相信自己所做的是伟大的工作，你才能怡然自得。如果你现在还没有找到，那么继续找，不要停下来，只要全心全意地去找，在你找到的时候，你的心会告诉你的。就像任何真诚的关系，随着岁月的流逝只会越来越紧密。所以继续找，直到你找到它，不要停下来！

我的第三个故事是，关于死亡的。当我17岁的时候，我读到了一句话："如果你把每一天都当作生命中最后一天去生活的话，那么有一天你会发现你是正确的。"这句话给我留下了深刻印象。从那时开始，过了33年，我在每天早晨都会对着镜子问自己："如果今天是生命中的最后一天，你会不会完成你今天想做的事情呢？"当答案连续多天是"No"的时候，我知道自己需要改变某些事情了。"记住你即将死去"是我一生中遇到的最重要的箴言。它帮我指明了生命中重要的选择。因为几乎所有的事情，包括所有的荣誉、所有的骄傲、所有对难堪和失败的恐惧，这些在死亡面前都会消失。我看到的是留下的真正重要的东西。你有时候会思考你将会失去某些东西，"记住你即将死去"是我知道的避免这些想法的最好办法。你已经赤身裸体了，你没有理由不去跟随自己内心的声音。大概一年以前，我被诊断出癌症。我在早晨七点半做了一个检查，检查清楚地显示在我的胰腺有一个肿瘤。我当时都不知道胰腺是什么东西。医生告诉我那很可能是一种无法治愈的癌症，我还有三到六个月的时间活在这个世界上。我的医生叫我回家，然后整理好我的一切，那是医生对临终病人的标准程序。那意味着你将要把未来十年对你小孩说的话在几个月里面说完；那意味着你要把每件事情都安排好，让你的家人能尽可能轻松地生活；那意味着你要说"再见"

了。我拿着那个诊断书过了一整天,那天晚上我做了一个活切片检查,医生将一个内窥镜从我的喉咙伸进去,通过我的胃,然后进入我的肠子,用一根针在我的胰腺上的肿瘤上取了几个细胞。我当时是被麻醉的,但是我的妻子在那里,后来告诉我,当医生在显微镜下观察这些细胞的时候他们开始哭,因为这些细胞最后竟然是一种非常罕见的可以用手术治愈的胰腺癌症细胞。我做了这个手术,现在我痊愈了。那是我最接近死亡的时候,我希望这也是以后的几十年最接近的一次。从死亡线上又活了过来,我可以比以前把死亡只当成一种想象中的概念的时候更肯定一点地对你们说:没有人愿意死,即使人们想上天堂,也不会为了去那里而死。但是死亡是我们每个人共同的终点。从来没有人能够逃脱它。也应该如此。因为死亡就是生命中最好的一个发明。它将旧的清除以便给新的让路。你们现在是新的,但是从现在开始不久以后,你们将会逐渐地变成旧的然后被送离人生舞台。我很抱歉这很戏剧性,但是这十分的真实。你们的时间很有限,所以不要将它们浪费在重复其他人的生活上。不要被教条束缚,那意味着你和其他人思考的结果一起生活。不要被其他人喧嚣的观点掩盖你真正的内心的声音。还有最重要的是,你要有勇气去听从你直觉和心灵的指示——它们在某种程度上知道你想要成为什么样子,所有其他的事情都是次要的。

当我年轻的时候,有一本叫作《整个地球的目录》的杂志,它是我们那一代人的圣经之一。它是一个叫 Stewart Brand 的家伙在离这里不远的 Menlo Park 编辑的,他像诗一般神奇地将这本书带到了这个世界。那是六十年代后期,在个人电脑出现之前,所以这本书全部是用打字机、剪刀还有偏光镜制造的。有点像用软皮包装的 Google,在 Google 出现三十五年之前。这是理想主义的,其中有许多灵巧的工具和伟大的想法。Stewart 和他的伙伴出版了几期的《整个地球的目录》,当它完成了自己使命的时候,他们做出了最后一期的目录。那是在七十年代的中期,我正是你们的年纪。在最后一期的封底上是清晨乡村公路的照片(如果你有冒险精神的话,你可以自己找到这条路的),在照片之下有这样一段话:“Stay hungry, stay foolish.”(求知若饥,虚心若愚。)这是他们停止了发刊的告别语。“求知若饥,虚心若愚”,我总是希望自己能够那样。现在,在你们即将毕业,开始新的旅程的时候,我也希望你们能这样:求知若饥,虚心若愚。非常感谢你们!

引领世界科技与生活潮流

读完了《乔布斯传》,我的第一感受是:谁将引领时代潮流?不可否认的事实是,世界发展潮流由成功者引领。而乔布斯就是一个成功者,因为他引领了世界科技与生活的潮流。之所以这样,不是源于乔布斯的聪明,而是源于他无时不在、无处不在的创新精神和创造能力。这两个方面,决定了乔布斯是一个充满激情与活力四射的人。

读乔布斯,学乔布斯,一定要分清楚:乔布斯纵横捭阖、自由不羁的性情你想学也学不到,乔布斯的传奇人生更是可遇而不可求;但乔布斯在创新、创业历程中那些有效的方法论,比如产业趋势预测、产品设计理念、市场营销技巧、人才观、管理方法等,完全可以学习和借鉴。

《乔布斯传》的作者是王咏刚、周虹。前者是谷歌公司资深软件工程师,后者书中并没有介绍。我猜想,他们俩大概是夫妇。

结束语:我们的生活渴望激情,我们的事业需要创造!

乔布斯的经典语录

史蒂夫·乔布斯一手创立的苹果公司,后来成为全球最大的科技企业。他在首席执行官任期内,使人类与科技互动的方式产生了根本性改变,因而会被人久久铭记。他也因高明的推销术,卓越的辩才,以及除去复杂概念,使其易于理解的巧妙技能为世人所熟知。

以下汇编了一些史蒂夫·乔布斯的经典语录。

关于科技

*指令本身十分傻瓜——“调用个数值,把它跟现有的数值相加,把结果写在这儿,看看是不是比另外一个数值大”——可要以某种速度,比方说每秒一百万次运行,当以一百万次每秒运行时,结果就像是魔法。

*问题是我现在年纪大了,我已经40岁了。这东西并没有改变世界。真的没有。

*我很抱歉,这是真的。有了孩子会改变你对这些东西的看法。我们降生于世,短暂地活过一辈子,然后死去。这样的周而复始已经重复很久了。

*如果真有可能,科技根本不会让生活有多少改变。

*有些技术确实能让生活变得轻松些,能让我们接触到可能本来接触不到的

人。你可能有个天生有缺陷的孩子,现在能接触到其他的父母和互助团体,获取些医疗信息,拿到最新的试验性药物。这些事都能深刻地影响生活。我没说这些无关紧要。

*但要是总把事情套在这种激进的新视角中,就有害无益了——那样将改变一切。有些事的确很重要,但不非得能够改变世界。

*我想它使世界联系得更紧密了,并且今后还会如此。一切事物都有弊端,一切事物都有无法预期的后果。在我眼中,科技最有侵蚀性的产物是电视——但我还是要说,在最佳状态下,电视棒极了。

关于设计

*我们认为麦金塔电脑(苹果电脑的统称)价值连城,但是我们并不是为其他人设计麦金塔电脑,我们为自己而设计。我们是判别它是否是一款伟大产品的一群人。我们不会走出去做所谓的市场调查。我们只想做我们能够做到的最好的产品。

*当你作为一名木工正在打造一款漂亮的衣柜时,你不会在它的背面使用一块胶合板,哪怕它是面对着墙壁,没有人会注意到它。你知道它在那里,所以你将会在它的背面使用一块漂亮的木板。为了你在晚上能够睡上安稳觉,审美的要求和质量的要求必须贯穿整个过程的始终。

*设计是一个有趣的话题。一些人认为设计意味着外观。但是,如果你深入地考虑的话,设计意味着工作性能。麦金塔电脑的设计重点不在于它的外观,虽然这也是其中一部分。从根本上,在于它的工作性能。如果想把产品设计得很好,这一点必须考虑到。你必须对于它的一切心领神会。真正彻底地理解一些东西是需要热心奉献精神的,细细咀嚼,而不要囫囵吞枣。绝大多数人都不愿意在这上面花费时间。

*所谓创造力,就是把事物联系在一起。当你问那些有创造力的人们他们是如何做事的,他们会感觉很内疚,因为他们并没有真正创造什么,他们仅仅是观察到了一些事物。对他们而言,片刻工夫就昭然若揭。那是因为他们善于将已有的经验联系在一起并整合出新的东西。而他们能做到这一点的原因,是他们拥有更多的经验,或者相比于其他人,他们对自己的经历有过更多的思考。

*不幸的是,这样的产品实属罕见。在我们的行业中,很多人并没有丰富的经验。所以他们没有足够的圆点用以链接,他们对待问题通常没有开阔的视野,

只是以片面的解决方案草草了事。对人类经验的理解越开阔,我们的设计也就会越好。

*对有些事情来说,这是很复杂的,为关注群体设计产品是一件很难的事情。很多时候,人们并不知道自己需要什么,直到你向他们展示出来为止。

*这是我的一个秘诀——聚焦和简化。简单比复杂更难:你必须辛勤工作理清思路并使之简单化。但是,这一切到最后都是值得的,因为一旦你做到了,你便创造了奇迹。

*这就是客户向我们购买的——对细节精益求精,所以他们能够轻松和舒适地使用我们的电脑。我们应该在这方面做得出类拔萃。这并不意味着我们不去聆听消费者的心声,只是对于他们从未见过的东西,他们很难告知你他们需要什么。拿桌面视频编辑来说,我从来没有得到过任何需求告知,谁需要在他的电脑上编辑电影,现在人们看见它了,他们说,“天啊,这个玩意太给力了!”

*看看众多消费品的设计——它们的表面着实复杂。我们尝试着让产品更加整体化和简单化。当你开始着手解决一个问题时,你首先想到的解决方案是很复杂的,很多人止步于此。但是,如果你继续探究,将它纳入到你的生活中,像剥洋葱皮一样一层一层地剥去,你很可能找到一种很讲究的和简单的解决方案。绝大多数人没有投入时间和精力去得到它。我们相信消费者是明智的,他们需要经过深思熟虑而得到的产品。

关于产品

*我从未在别的事情上如此努力。创作Macintosh是我生命中最绝妙的体验,几乎所有为之奋斗过的人都会这么说。直到最后,我们都不想发布它了,好像一旦我们最终将它发布出去,它就永远都不属于我们了。最终,当我们在股东大会上展示它的时候,在场的所有人都给予了它长达五分钟的热烈掌声。让我难以置信的是,我看到Mac的工作团队坐在会场的前几排,每个人都哭了,就像我们几乎不敢相信我们可以完成它一样。

*我们曾经警告过你:在这次采访之前,有人说我们会“被如潮的好评淹没”。

*我们创造了如此漂亮的按钮,要让你看到它了会想去舔一舔它。

*它将永远改变音乐产业,这是具有里程碑意义的,我不能做出比这更高的评价了。

*每一个革命性的产品的到来都将改变一切……如果在你的职业生涯中能够为其中的一件工作过,那将是非常幸运的。Apple很幸运地能够将它们中的一

些引入到这个世界。

关于商业

*你知道,对钱这个东西我主要的看法是:有人只关注钱这很好笑。因为钱并不是我所碰到的最有远见或最有价值的东西。

*成为墓地里最富有的人对我来说无关紧要。晚上睡觉的时候能说,我们做了一件很棒的事情,这对我来说才重要。

*问:你的回归有很多象征意义。这足够魔术般地重振(苹果)公司了吧? 答:你理解错了。这不是一场个人秀。重振这家公司有两点,第一,这个公司里面有很多真正有才能的人,他们听到外界说他们是失败者已经有几年了,其中有些人自己开始快要相信这点了。但是他们不是失败者。他们缺少的只是一个好的教练团队,一个好的计划,一个好的高级管理层。但现在他们有了。

*创新和你投入多少研发经费无关。当苹果造出Mac苹果机的时候,IBM正在投入至少超出苹果100倍的资金进行研发。这不是钱的问题。这和你的人,和怎么领导他们,和你对此理解多少有关。

*苹果的药方不是消减成本。苹果的药方是要用创新走出当前的困境。

*互联网创业热潮的问题不是太多人开创公司,而是太多人没有坚持做下去。这也可以理解,因为当你必须解雇人,取消项目,应对非常困难的情形时,有太多时刻充满了绝望和痛苦。那时,你才能发现你是谁,你的价值是什么。因此,当这些人卖掉自己的公司时,即使他们变得非常富有,他们其实是在欺骗自己远离一段潜在的最值得付出的人生经历。没有了这段经历,他们可能永远也不知道自己的价值,也不知道如何去恰当地面对新得到的财富。

*制度就是没有制度。这不表示我们没有流程。苹果是一个非常有纪律的公司,我们有很棒的流程。但苹果不是专做这事的。流程可以让你更有效率。

*创新来自于人们在走廊里偶然遇到,或者晚上10点半想到了一个新主意而互相打电话,或者因为他们意识到了有办法可以解决一个总在困扰我们的问题。创新就是一个人认为他想出了最酷的东西,想知道其他人怎么看,而召集六个人开临时会议。

*创新就是对1000件事说不,来确保我们不会误入歧途或者做得过度。我们总是在想着我们能够进入的新市场,但是只有说不,你才能专注于那些真正重

要的事情。

*有些人在宣扬说为了提高生产力,我们应该把IBM电脑放在美国的所有办公桌上。那不会成功的。这次你需要学会的是叫作“斜杠Q-Z”的特殊咒语以及类似的东西。最流行的文字处理软件Word Star的用户手册有400页厚。想要写一本小说,你不得不先读小说,一本对大多数人而言像本天书的小说。他们再也不会去学习斜杠Q-Z,正如他们不会去学习莫尔斯电码语言。

*(我)唯一与微软持异见的地方在于他们没有品位。他们完全没有品位。我不是说在某一个小方面,而是指在一个很大的方面,从某种意义上来说,他们不考虑原创的想法,同时他们也不在他们的产品中注入文化。我感到很难过,不是因为微软的成功,对于他们的成功我没有意见。成功的很大一部分是他们努力赢得的。我持异议的是他们真的只做第三流的产品。

*我送他最好的祝愿,真的。我只是觉得他和微软稍微有点狭隘。如果在他年轻的时候,他能试一试迷幻药或者去贫民窟(看看),他会变成一个视野更广阔的人。

关于预见未来

*我会一直与苹果保持联系。我希望在我的一生中,我的生活轨迹能够和苹果编织的轨迹就像挂毯上的线一样彼此交织。我可能会不在几年,但是我总会回来的。

*对大多数人而言,给家里买一台电脑最令人不可抗拒的理由是,它将链接到一个全国性的交流网络。对大多数人而言,我们正处于一个真正了不起的突破的开始阶段,这个突破将像电话一样了不起。

*台式电脑行业已经完了。创新几乎停滞了。微软占据了首要的位置,却只有极少量的创新。那就完了。苹果迷失了。台式机市场进入了黑暗时代,这将延续十年,或者至少延续到这个十年末。就像当年在微处理器出现之前,IBM将大量创新逐出了电脑行业一样。最终,微软会崩溃,因为自满,并且一些新的事物会慢慢成长。但是等到那时候,等到某种基础性的技术革新了,这就会结束了。

*Desktop Metaphor桌面出现的唯一原因是,你一个或两个单独的设备,你得自己管理存储。这在桌面世界是一个非常大的事。你可能不需要管理自己的存储。短时间内,你可能不需要存储很多东西。

关于生活

*做一名海盗比参加海军更有趣。

*小时候,我们看着电视,觉得里面藏着什么阴谋。网络让我们噤声。随着年岁渐长,你认识到事实并不是这样。网络是一门生意,人们想要什么,它就能给你什么。那是一种无比让人沮丧的想法。阴谋是乐观的!你可以开枪杀了这个混蛋!我们可以来一场革命!但网络真的是一门生意,能给人们他们想要的东西。这就是事实。

*我是一个乐观主义者,因为我相信,人是高尚的,是可敬的,其中一些还确实很聪明。我会非常乐观地看待个体——因为作为个体,我们的本性是善良的。而不知为什么,我对于团队的看法要更加悲观。当我看到我们的国家——一个在很多方面都是世界上最幸运的国家——正在发生的事情时,我一直感到非常担心。我们似乎对于为了我们的子孙后代将我们的国家建设得更加美好这样的事情不感兴趣。

*你不可能充满预见地将生命中的点点滴滴串联起来。只有在你回头看的时候,你才会发现这些点点滴滴之间的联系。所以,你要坚信,你现在所经历的一切都将或多或少与你的未来产生关联。你必须相信某些东西——你的决心、命运、生活、因缘际会等等。这种信仰从来没有让我感到失望,(相反,)它让我的人生变得与众不同。

*你的工作将会是你生活中很大一部分,唯一能使自己得到真正满足的是,做你认为是伟大的工作。做一份伟大工作的唯一方法是:热爱你所做的工作。如果你还没有找到这样的伟大工作,那就继续寻找吧。不要妥协。

*记住我即将死去是我一生中得到的最重要的工具,它帮助我做出了生命中的重大抉择。因为几乎所有的事情——包括所有的外部期望、所有的荣耀、所有对难堪或失败的恐惧——都会在死亡面前烟消云散,留下的则是真正重要的东西。记住你即将死去是我知道的能让你避免陷入你会失去某些东西这一想法的最佳方式。你已经一无所有,那就没有理由不去坚持自己的梦想。

*我认为,如果你做了某件事而成果还不错,那么你应该试着去做其他更好的事情,而不要长时间地沉溺于斯。要搞清楚接下来该做什么。

*没有任何人希望死去,即使人们梦想着能上天堂却依旧没有人真的想这么做。死亡对于我们每一个人来说是终点,没有任何人能够逃脱。事实就是如此。因为死亡可能是生命最棒的发明,它是生命的调节剂,旧的不去新的不来,

现在的你光鲜亮丽充满活力抱负，可是假以时日，你将逐渐老去。抱歉，这充满了戏剧性，但它就是这样。

*你的时间是有限的，所以不要浪费时间活在别人的生命里，不要迷信教条——那意味着你将活在其他人的想法里。不要让他人的意见的噪音淹没你的内心。最重要的是，永远要有勇气去跟随你的心与直觉，只有它们才能知道你真正想要的是什么。其他一切都是次要的。

第九章

影响人生的文化因素

- 历史使人深沉
- 文学使人奔放
- 哲学使人模糊
- 法律使人严谨
- 经济学使人现实

第九章　影响人生的文化因素

生活的品位在于细节。人生的品位，是一种生活态度，更是一种无形的智慧和财富。生活的品位与金钱和时间有关，更与知识和文化有关。而一个人的文化品位，则与历史、文学、哲学、法律和经济学密切相关。

历史使人深沉

金戈铁马，刀光剑影，踌躇满志，气吞山河。古往今来，不论是兴衰，不论是成败，记忆从来就是主观的记忆，历史从来就是生命的历史、风花雪月的历史、爱恨交织的历史。比如吴越争霸，历史记住了勾践、范蠡、夫差和成语卧薪尝胆，历史也没有忘记西施，还有争权争霸、爱恨情仇。

在我看来，历史越久远越具韵味，就像一瓶上好的红酒，越是陈年，味道才越深沉。

历史有一种近乎宗教仪式般的神秘力量，对每个人都有一种神秘的牵引。每一部历史书籍，都提升着人生的品位，也培养着人们深沉的性格。品味历史，不是一种简单的回顾，而是一种鉴赏活动，需要一定的修养。从某种程度上说，品味历史不但是一种生活方式，也是一种感悟人生的过程。

历史是最容易让人思考的。品味历史，是很个人的事。要问感觉，你会从品味历史中体会出一种从容，一种人生的从容。你要有品位，你必须学会与历史相处。如果你爱历史，你会发现，历史中融合了人应该具备的品质：从容，内敛，思考，自然。人生有很多乐趣，都需要从容地享受，而品味历史则是人的物质生活之外的独特享受。

品味历史有如品茗，不知何处生，唯有暗香来。品茗是有品位生活的专属。俗语云：酒醉不如烟醉，烟醉不如茶醉。闲暇时候，约三五私友，在悠闲的气氛里，轻言细语，浅酌小饮，完全释放自己紧绷的心情，真是别有一番滋味。茶是很理性的，它要先被仔细地摘下，细心地烘焙，周全地储藏，然后还要人们懂得正确的炮制，什么样温度的水，什么样的茶具，什么样的心情，什么样的人。所以我们应懂得品茗，西湖龙井风味绝佳，六安瓜片有荒野气息，岳阳君山清香不俗。若懂得品茗，便懂得了一半人生。同样，若能够品味历史，便懂得了品味人生。

有人会说，历史会让人郁闷。当然，郁闷只是浮躁的游戏，多了浮躁自然就少了深沉，少了淡定的气质。深沉之于男人，正如细腻之于女人。男人的深沉是成熟、从容、内涵丰富的体现，而女人的细腻，是聪慧、知性的标签。男人的深沉气质，是对人生百般磨炼的体验。

一个男人可以没有风度，但绝对不能没有深度。当然有深度的男人不是装深沉的男人。不懂历史的男人，可能会一脸深沉而两眼却空洞无物。但懂得历史的男人，不但目光深邃还会使深沉富有诗意。

一个深沉的人，会有点黯淡，有点冷漠，但这才是成熟的特征。不可否认，虽然少了许多温情味道，但是有着更多的可敬可畏。深沉是自信、自尊、风度的集合体，缓释出了一个人内心深处的纯净和自然。深沉展现了人格的力与美，这是历史给予人的理性和成熟。才智与深沉共存，才更具吸引力。

历史是生活的老师，它可以帮助我们过有意义的、聪明的生活。历史是对人类生活经验的总结，一切有意义的历史故事告诉我们如何做事和做人，并将从历史中获得的智慧贡献于有价值的人生。因此，品味历史不仅需要扎实的历史知识，而且依赖于对历史的深刻认识而增长的价值判断能力，同时还需要获得一种对人类文明历程的透析能力，并通过有质量的批判性思考为自我定位。从历史中获得的经验和教训，是人类文明的阶梯，只有能够将其中的重要基石奠基到位，作为“有教育意义的历史”，才是鲜活的，有价值的。

我们在中学时期接受的历史教育，把我们引入了历史的原野。但这不同于一般意义上的历史学习和研究，更不能满足我们品味历史的要求。历史教育在内容概念与形式概念上，也不能完全等同于历史学的内容与形式概念。历史学是人文科学的重要组成部分，它的学科属性是人文科学。尽管实态的历史学不像自然科学那样在性质上一目了然，人们还习惯将它与文科、哲学、文学、人文科学或精神学科的概念等同起来；但是，不可否认的是，正是在“科学时代”，历史学成为社会科学的中心。甚至有学者认为，在大学的“文化复兴”中，历史学家连同古典学者和民族文化学者所起的作用，远远地大于自然科学家。

如何平衡人与人、人与社会、人与自然的关系问题，是关系到人自身的生存、本能与发展的大问题。然而，如何解决民族生存、发展等问题，不仅需要社会学去说明，也需要历史学的研究。直到20世纪前半叶，人类被掠夺性的“创造”、残酷的战争、严重的民族间冲突、不平衡的国际关系、日益恶化的社会生存环境困扰、嘲弄、惩罚之后，尤其是在人类跨进信息社会的门槛的时候，才再次把目光投向人文主义、人文学科的重建。人们缅怀文艺复兴时代的伟大贡献，因为在那个时候人于发现外部世界之外，“由于它首先认识和揭示了丰满的完整的人性而取得了一项尤为伟大的成就”。“那个时期首先给了个性以最高度的发展，其次并引导人以一切形式和在一切条件下对自己做最热诚的和最彻底的研究。”（布克哈特《意大利文艺复兴时期的文化》）由于那个时候的人文主义者和人文科学家，都担当了从哲学上探讨人的尊严、人的地位、人的命运的重任，才使得近代文明的全部基础奠定得非常坚实。面对更高级的科学技术发展，再次要求我们从人的生存发展本质出发重建人文学科，高度地关注整个人文世界——人的文化世界——的发展。今天的人们必须坚信，没有人文科学（一种新的生存观念、发展观念和文化观念）的存在就不能协调好人与自然、人与社会及人与人之间的关系。区别于自然世界的人文世界不仅是存在的，而且是极富价值、极为重要的。人文学科针对人文世界，既属于人（现实的个人），又属于文化的传统。人文世界是人的存在和人进行创造活动的前提。人文世界是个人的内在世界或精神世界与外在于个人的文化世界的统一。这就使现代历史学定位在了人文学科，并成为承担重新营造人类精神家园任务的重要角色。

历史的概念，包括自然和人类社会发展的全部过程。“历史”的概念，有两种含义：过去发生的事情；对过去发生的事情的了解。历史学的任务主要也有两条：要知道过去发生了怎样的事情；对所发生的过去的事情进行甄别和考察。品味历史，既是对历史了解的过程，又是对历史研究的过程。而研究过程，实质也是总结过程。所谓历史的“总结”，就是系统地了解发生的历史事件的全部过程，以及从中所获得的认知内容。当然，我们欲求得正确的历史总结，且能合理地解释人类文明进步的动因，则是一件十分困难的事。

人是自己历史的创造者，因此历史对于每个人来说都是重要的，可以理解的；对历史的总结都是由人类来做的，因此历史对于每个人来说又都是可以认识的。但这不等于说，我们所识、所感、所总结的历史，就都是真实的、可信的、可用的。谈历史的总结，等于在谈历史认识。如何正确地理解人类文明进步的本质，首先要明确和端正历史认识。历史学家的著述就是一种历史总结方式，左右其中的史家思想，体现着他本人的世界观和理论思考。品味历史，则是一种再思考。

为什么说品味历史就是品味人生？马克思主义认为："历史什么事情也没有做，它'并不拥有任何无穷无尽的丰富性'，它并'没有在任何战争中作战'！创造这一切、拥有这一切并为这一切而斗争的，不是'历史'，而正是人，现实的、活生生的人。'历史'并不是把人当作达到自己目的的工具来利用的某种特殊的人格。历史不过是追求着自己目的的人的活动而已。"这是作为人的存在的历史前提。"人们自己创造自己的历史，但是他们并不是随心所欲地创造，并不是在他们自己选定的条件下创造，而是在直接碰到的、既定的、从过去承继下来的条件下创造。"这是作为人的活动的历史概括。人创造了历史，历史又解说了人。从这个意义上讲，历史学科也是一门解说人的活动的科学。因之，品味历史便成了品味人生。

时常披览前踪，有利鉴往开来。历史是由以往时代的许许多多的人及其活动构成的。在历史学家看来，如果能把历史上那些看似单个的、孤立的人和事联系起来，发现其相互间的关系，发现其对后世特别是对当世的影响与作用，无论这种影响与作用是直接的还是间接的，是经验启示的还是思想启示的，那历史本身于现代人而言，就具有了意义，历史就不是死亡的过去，而是现实的一部分。从这个意义上讲，作为人类的一种古老的精神活动，历史学其实也就是每一时代的人类在反思自己往昔经历的过程中，对历史之本质和意义的一种理性追问和情感体验。这种对历史意义、历史本质的理性反思与情感体验，在每一时代人类的精神生活中，都占据着特殊的地位。

从根本上说，追问历史的本质与意义，探究历史的变因与动力，在不断与自己的历史进行对话的过程中，在对自己历史的重新体验与反思中，获得对自我个性本质与特征、对自我现实存在状态的真切认识，乃是人类源自内心深处的一种永恒的精神需求。历史使我们看清过去的路而得以知道现在的位置。那"我从何处来，现在在哪里，将向何处去"的追问，那对"天人之际""古今之变"的不懈探究，那对文明之兴衰交替、社会之治乱相因的艰难解读，总是会深深地牵动每一时代人的精神世界，拨动每一时代人的情感心弦。

人类的文明犹如一条江河，它从遥远的昨天流淌而来，还要流向明天，流向未来；而它之所以永远奔腾向前，正由于它有着历史这一永不枯竭的源泉。所谓

“欲明大道，必先知史”，没有历史，没有对历史的承继与发展，我们并不会比“北京猿人”有更多的智慧。生生不息的历史，智慧与知识日积月累的历史，发展与变化着的历史，使我们得以继承以往一切时代、一切民族的精神、思想和情感，以此来面对当前的生活，应付未来新的挑战。同时，对自己历史的认同与守护，更是每一个民族保持自尊心、自信心的前提。失去与自己历史联系的民族，忘记或背叛了自己历史的民族，必将沦为一个心灵漂泊的精神放逐者，成为一个无家可归的精神流浪者，这种无根的痛苦是一个民族最大的不幸。

历史学具有博大的时空胸襟，它是人类超越个体生命时空局限而得以认识感受世界无限丰富性和多样性的根本途径。人类的历史是一个如此漫长绵延的过程，每一个个体的人生之旅都只不过是这个历史长河中的一瞬。而世界之大，使得每一个个体的人生可能的生存空间范围都不过如同茫茫沙漠之中的一粒沙石。历史时空的无限性，既是文学、哲学、艺术世界里永恒的主题，是一代代的诗人、文学家、哲学家体验生命本质、抒发内心情感的主题，更是历史学得以显示它对于人类精神生活和情感需求之重要意义的根源所在。面对无限之宇宙与历史，有情感有意识的人不能不生发出超越自我、超越当下而去追问无限历史的内在精神冲动，所谓“生年不满百，常怀千岁忧”。咏史而伤今，每一个时代的人是这样为历史而情动神伤，以至“一篇读罢头飞雪”(毛泽东《贺新郎·读史》)。读史而白头，可知历史学是一个多么富于人类情感的世界。面对亘古无际的历史，你是否会生出“念天地之悠悠，独怆然而涕下”的那种历史情感与历史意识呢？其实，这深沉厚重的历史情感与历史意识，正是人性之本质的一个突出方面。我们可以说，试图对个体生命的这种时间空间有限性困境做出超越与突破的不懈努力，构成了历史学产生与发展的一个重要内在动因。每一个个体的人，尽管他的个体生命是短暂的，他的生存空间是局促的，但却可以通过历史这个浓缩着人类以往时代丰富智慧与思想的巨大宝藏，去认识、去感受、去体验遥远时代遥远地域里人类历史的无限恒久性与丰富性。

通过历史学家为我们提供的关于悠悠往昔岁月、关于遥远异国他乡的人类生活图景，我们获得了无限丰富的人类的知识、智慧，体验到了其他时代的人们的情感与思想，感受到了遥远世界其他民族的欢乐与痛苦。历史学使我们不是简单地只生活在我们自己的时代、自己的国度里，而是生活在一个更为广阔更为漫长的“历史学时空”里，从而得以同过去以往时代、同所有地域的人进行交流对话，汲取全人类的智慧与经验，把自己短暂局促的个体生命融入世界历史的无限进程中去，获得对自我的超越和升华。

中国传统文化是中华民族在长期的历史发展过程中，由于特殊的自然环境、经济形式、政治结构、意识形态的作用而形成的文化积累，它不仅以程式化的经典文献、制度等客体形式存在着，而且广泛地以在长期历史过程中积淀而成的民族的思维模式、知识结构、价值观念、伦理规范、行为方式、审美情趣、风尚习俗等主体形式存在着。

在人生态度上，司马迁那种逆境奋发的精神，苏东坡豪放达观的胸怀，张衡、徐霞客那种对真理的执着热爱，孟子的“吾善养浩然之气”，均是一种健康的精神境界。对待自然、命运上，荀子“制天命而用之”的“天人交相胜”，王夫之的“相天”“造命”说，无不包含着人定胜天的思想光辉。在对待个体生命的权利和自由上，《古诗十九首》和阮籍《咏怀诗》对人生意义的关注，《世说新语》中对个人价值的肯定，《红楼梦》中贾宝玉、林黛玉对自由爱情的热烈追求，都为中国传统思想文化注入了一股新鲜的血液。

中国人崇尚天伦，“独在异乡为异客，每逢佳节倍思亲”“慈母手中线，游子身上衣”很大程度上温暖着我们的人生，支持着我们战胜各种困难。“鸟兽不可与同群，吾非斯人之徒而谁与”“起舞弄清影，何似在人间”，中国人热爱现实，关心现实，很大程度上克服了各种虚无主义思想对人心灵的浸染，能把人们的注意力吸引到建设现实生活上。“天行健，君子以自强不息”，面对生活中种种挑战，中国人并不屈服，而始终保持一种信心、斗志，一种不屈不挠的精神。“仁者爱人”，中国人常常讲究道德，以友善态度看人、待人，这对于社会秩序的优化和构建和谐社会有着积极的作用。

在对待个人和民族、国家利益上，“与利国家，而不为身谋”均是很高尚的精神境界。在义利取向上，“见义忘利，见危授命”“临财毋苟得，临难毋苟免”。对拜金主义、金钱至上，“一切向钱看”等思想的侵蚀，其抗击力闪着道德的光辉。在修身方面，《国语》中的“从善如登，从恶如崩”、老子的“自胜者强”，无一不是良言警训。

在咄咄逼人的自由泛滥让责任感处处失守的今天，白居易的“百姓多寒无可救，一身独暖亦何情”、顾亭林的“天下兴亡，匹夫有责”何啻于一记警钟？在见义勇为精神缺失、诚实守信品德失落的时下，“三杯吐然诺，五岳倒为轻”的千金一诺，令我们汗颜。

追溯历史，成吉思汗率领的蒙古骑兵将中国版图扩张至历史最大，同时也使其子孙在欧亚两洲的土地上繁衍，现在全球至少有1600万男性与成吉思汗有血缘关系，英伦三岛也有可能有他的子孙，其中还包括英国皇室家族。

丝路古道虽以丝绸而名，但千百年来，人们更多的是对那些为汉唐时期开发西域、经营西域以及开展与西方的物质文化交流做出巨大贡献的历代出使西域的外交家、军事家、高僧、文人武将、诗人墨客、改革家的崇敬和景仰。

在辽阔的土地上，自然的风沙并没有淹没历史的辉煌，历史的影子仍然笼罩着自然，自然的光彩又映照着历史。这自然的伟奇与历史的深沉相映相融，浑然一体，时与空相参，意与象互生。寻踪历史，寻觅历史上古人的踪迹以及他们所追求的美好意愿，有如我们在仰望深邃的夜空，我们被历史的伟大力量深深感动。面对久远的历史时空，我们在有生之年难以停止思考。

文学使人奔放

文学是社会意识形态之一。因为用语言塑造形象，以反映社会生活和表达作家思想感情，故又称“语言”艺术。文学通过形象的美感作用，对读者产生潜移默化的影响，并借此反作用于社会生活。在阶级社会中，文学带有一定的阶级性。作家总是站在一定的阶级立场，用一定的世界观去认识、评价和反映生活，表现出一定的阶级倾向。

历来文艺评论家对文学的起源有多种说法，影响较大的是起源于游戏和起源于宗教魔法的观点。“游戏”说最先由德国哲学家康德提出，认为文学艺术是一种想象力与意志力的自由活动，它来源于游戏，并同游戏一样，能使人产生快感，故称诗为“想象力的自由游戏”，称音乐、美术为“感觉游戏的艺术”。“魔法”说由德国考古学家雷纳克最先提出，认为最初的文学艺术是原始宗教魔法的直接表现。如原始人描画动物是为了把动物当作膜拜对象，戴上野兽面具跳舞是为了使自己具有召唤野兽的魔力等。马克思主义认为，最初的文学艺术是原始人在生产劳动中创造的，或是劳动经验的介绍，如原始洞穴壁画；或是劳动生活的美化，如原始舞蹈；或是组织、协调劳动动作的手段，如原始诗歌；或是以幻想的形式表现征服自然、争取丰收的理想，如神话。因受生产发展水平的制约，原始人的文学艺术多为诗歌、音乐、舞蹈三者结为一体，并以劳动的节奏为共同纽带。

从文学的起源来分析，无论是哪一种说法，都离不开人。文学与人的联系是直接的，无论它以何种方式产生，都离不开人。人创造了文学，文学为人服务。因而文学对人的影响是巨大的。

原始社会中的文学艺术是通过劳动形式表现的。而原始社会中,由于生产生活生存的需要,特别是群居的劳动方式与生活方式,原始人的思想是开放的,行为是开放的,因此形成的文学艺术也是开放的。可以说,原始社会中的人们是无拘无束的,文学艺术也是无拘无束的,当然,原始社会中人的思想和行为是奔放的。

中国先秦时期,"文学"一词曾用以指包括哲学、历史、政治、文学等在内的一切学术和文化方面的书面著作。魏晋南北朝时期,又将文学分为韵文和散文两大类。此后又有了唐诗、宋词、元曲和明清小说。封建社会,文学艺术基本是男人的专利品。虽有女诗人、女词人和精通棋琴书画的歌女,但这一切皆由男人而来,是为男人服务的。封建社会中男人更加特殊的地位,形成了对女人的封闭,对男人的开放。十年寒窗苦,求得功名在,这是男人的专利。女子无才便是德,这是对女人的普遍要求。男人的开放造就了开放的文学,开放的文学增加了人性的奔放。

近现代以来,又将文学分为诗歌、散文、小说、戏剧等四种体裁。在各种文体中,又有多种多样的形式。无论是哪一种表现形式,文学都是随着社会发展而发展的,都是随着人的发展而发展的。中国社会的发展,始终离不开儒家文化的影响和封建思想的桎梏,文学的产生与发展始终被打上了封建文化的烙印,即使现代文学和当代文学也不能例外。在中国文学的分期上,将上古以来至晚清时期文学称为古代文学,将晚清时期至五四运动前期的文学称为近代文学,将五四运动前期至中华人民共和国成立前的文学称为现代文学,将中华人民共和国成立至现在的文学称为当代文学。也有的将近代和现代文学通称为现代文学的分法。无论哪一种分法,都反映了社会的进步与发展。而中国社会的进步与发展,从文学的意义上讲,始终是与反封建联系在一起的。封建观念在中国人的思想中是根深蒂固的,这也是国人的劣根性。

中国的妇女解放口号是五四时期才提出的,这是国人思想的进步,也是男人思想的进步;是反封建的成果,也是文学的发展成果。男人思想的解放,才有了对妇女的解放。但可悲的是,中国女人的解放还是要男人说了算。而在解放女人的口号掩盖下,推进了男人的解放,更加成全了男人的奔放。

中华人民共和国成立后,反封建没有停止,而且取得了很大成效。特别是《婚姻法》的颁布,一夫多妻制的废除和一夫一妻制的确立,从法律上保障了妇女的权益。妇女得到了真正意义上的解放,女人的地位得到了真正的提高,这是中国社会的又一次大进步，是人性的又一次大解放，是男人的开放，更是女人的解放——这在当代文学中也有充分的反映。诗人阮章竞的叙事诗《漳河水》，表现了漳河沿岸三个不同性格的农村妇女在新中国成立前后爱情婚姻上的遭遇，歌颂了革命斗争为妇女的解放开辟了道路，揭示了农村政治、经济上的巨大变化对于封建习俗、意识所产生的冲击。戏剧有夏衍的《枯木逢春》、郭沫若的《蔡文姬》《武则天》、老舍的《龙须沟》等，塑造了众多的妇女形象。小说有杨沫的《青春之歌》、罗广斌和杨益言的《红岩》、周克芹的《许茂和他的女儿们》、茹志鹃的《百合花》等，塑造的妇女形象影响了一代又一代人。当代的妇女作家也如春笋出土，古代和近现代与当代无法相较。但是，人们的思想禁锢仍未彻底打破，与外面世界的隔断，限制了社会的发展速度，使中国社会远远落后于发达国家。

改革开放以来，中国历史进程中的又一轮思想解放活跃了文学作品创作，人们长期的压抑需要释放，一大批作家写出了人性解放的新作品，这些作品对整个社会又产生了新的影响。

中国在20世纪末的高度开放中，加快了追赶世界强国的步伐。国人的思想意识比较容易接受世界最新的知识信息，中国经济进入了世界经济大循环之中，中国特色社会主义市场经济不断完善，而西方国家更加看重中国的巨大市场，客观上加速了中国的发展。在综合经济实力显著增强的同时，各种文化在古老的中华大地上相互激荡，多元文化展开了对中国传统文化的冲击。中国仍然保持着传统文化的特征，文明古国的文化既影响着外来文化，又在与外来文化相融合，中国的意识形态也在发生变化。作为一个时代的鲜明特征，文学作品和新闻媒体中出现了大量的新词。如：

反映职业变化的“白领”“空姐”“打工妹”“漂一代”“北漂”“波波族”“月嫂”“钟点工”等。

反映消费方式变化的“AA制”“按揭”“超前消费”“金卡”等。

反映新的求职方式的“加盟”“技术移民”“竞聘”“人才市场”“面试”“公考”“公选”“双向选择”“司考”等。

反映经济现象的“双赢”“市值”“湿租”“融资”“抢滩”“派送”“攀升”“烂尾楼”“借壳上市”“购并”“炒家”“坚挺”“软着陆”“假日经济”“技术壁垒”“接轨”“垃圾股”等。

反映信息化发展的“加密”“灰客”“机顶盒”“兼容机”“局域网”“宽带”“蓝牙技术”等。

反映资源环境问题的“荒漠化”“环境友好材料”“再生资源”“空气污染指数”“空气质量预报”“绿肺”“资源友好型、环境友好型社会”“绿色食品”“湿地”等。

反映观念变化的“换脑”“换位思考”“绩效”“嫁接”“快车道”“理念”“另类”“脑库”“情商”“失范”“团队精神”“知识经济”“知识产权”“边缘化”等。

反映新的生活方式的“黄金周”“双休日”“唐装”“彩民”“股民”“托老所”等。

反映文化现象的“积淀”“酷评”“快餐文化”“假唱”“街舞”“金曲”“卡拉OK”“开镜”“三级片”“超女”“哈韩”等。

反映教育现象的“家教”“继续教育”“家长学校”“教育贷款”“考研”“考级”“扩招”“陪读”等。

反映体育现象的“假球”“假摔”“金球”“金哨”“禁赛”“铿锵玫瑰”等。

反映科技发展的“基因工程”“克隆”“空间站”“粒子束武器”“纳米技术”等。

反映社会保障的“社保”“低保”“两金”“医保”“失业保险”“新农合”“经济适用房”“安居工程”等。

反映新型婚育观念的“丁克家庭”“试婚”“亲子鉴定”“婚保”“计生”“二人世界”等。

反映新型男女关系的“婚外恋”“二奶”“傍大款”“黄昏恋”“拍拖”“泡妞”“小蜜”“一夜情”等。

当然,还有很多。有关部门统计,汉语每年出现大约1000个新词。这些词语大多比较鲜活,在报纸杂志频频出现,却又在词典里查不到。词汇体现了语言的变化,语言的变化反映了时代的变化。为什么改革开放以来,特别是进入新世纪以后,新事物、新概念会层出不穷?这充分说明我们的社会生活在不断发生变化,是文化融合的结果,也是社会进步的结果。这些词语的来源是社会生活,它的载体是文学作品和媒体,而关键的关键还是文学作品。因为文学作品相对于媒体而言,局限性要小一些;媒体,特别是主流媒体,往往对新词的出现把关还是比较严的。这说明,在追求语言的鲜活上,文学作品更善于提炼和吸收反映时代变化的词汇。

还有一个需要大家关注的问题:现代社会中人们普遍对传统的文学作品不重视,特别是对名家名篇的阅读人数在不断下降。有网络统计资料显示,2010年全国人口中,能够经常阅读的人群占全国人口的65%(包括中小学生),我们把这部分人称为阅读人群。在阅读人群中,能够经常阅读文学作品的占51%,男性和女性的比例为2.2∶1。在经常阅读文学作品的人群中,能够经常阅读古今中外名著的占23%，而阅读杂志类作品的占77%。有人说，读唐诗宋词是中小学老师和学生的事情，当然，有一部分家长出于望子成龙的想法，给子女准备了《红楼梦》《三国演义》《西游记》《水浒传》等中国四大名著和一些其他名著，但真正能认真阅读的仍然占不到一半。大学生当中，读名著为主的能占到三分之一，读杂志为主的能占到三分之一，阅读甚杂的能占到三分之一。公务员人群中，能阅读名著的占9%，能阅读文艺类杂志的占71%，纯粹不阅读文学作品的占20%。工人群体中，能阅读名著的占3%，能阅读文艺类杂志的占88%，纯粹不阅读文学作品的占9%。科研和医疗群体中，能阅读名著的占5%，能阅读文艺类杂志的占90%，纯粹不阅读文学作品的占5%。农民群体中，能阅读名著的占1%，能阅读文艺类杂志的占33%，纯粹不阅读文学作品的占66%。这些统计不一定科学和精确，但至少反映出阅读群体的一种趋势，同时还能反映出其他一些问题。

为什么阅读文艺类杂志的人数较多？现在，文艺类杂志五花八门、种类繁多，要购买阅读十分方便。杂志的内容也满足了不同人群的需要，国内的、国外的，历史的、现代的，猎奇的、平淡的，趣味的、故事的，武打的、警匪的等等。这其中，甘肃的《读者》创造了一个奇迹，发行量从创刊时月发行量3万册到2005年4月份月发行量已达910万册，2006年以来月平均发行量稳定在1000万册左右，稳居中国期刊排名第一，亚洲期刊排名第一，世界综合性期刊排名第四。同时，《读者》杂志行销世界90多个国家和地区，在美国、日本、澳大利亚、新加坡等国家和香港等地区拥有众多读者，可以说，有华人的地方就有《读者》，《读者》杂志在全世界具有广泛的影响力，被誉为“中国人的心灵读本”“中国期刊第一品牌”，成就了一种“读者现象”。这本杂志也被称为中国杂志的净土，在继承中国传统文化养分的基础上，提炼着人生的精华，透析着人生的真谛，以其高雅、清新、隽永的风格，如和风细雨，将高尚、纯真、爱心播撒，潜移默化地影响了中国几代人。当然，还有其他一些优秀的杂志也为我国传播优秀文化，启迪民众智慧起到重要作用。社会的开放性也可以从种类繁多的杂志中看出，这种开放包容了各种各样的思想观念，对人们产生着各种各样的影响。

用这篇网络文章《放纵的爱，也会让天空划满伤痕》，来作为这节的结束：

秋天，一个用伤感悼念回忆的季节，我遇上了你，那种狂恋的程度，有点叫人害怕。快乐的时光总是走得很急，随之而来的是，你对我说，你就要走了，而且有可能永远都不会回来，也许这次就是我们的最后一次见面。那一瞬间，我晴朗的天空顿时闪起了闪电，我的泪也随同雨滴坠落。伤心的，伤人的，伤心雨。

你说，我们只是人海中的两名匆匆过客，在交叉点上碰巧地相遇了，但始终还是要擦肩而过的，虽然留给对方的，可能是遗憾，总算我们曾经美丽，能遇上就是一种缘分，都是一种美的存在。

如果有一天，我们再见面，我不期望时间能够退回到那年秋天，毕竟那是不可能的事情。如果真的有那么一天，我想对你说："想你，很想，很想。"只那么简简单单的一句话，中间包含着多少激动与眼泪，也许就只有我自己知道了。我的放弃，使我得不到幸福，得到的是我今生难以磨灭的痛。

也许是时候走了，不回头。我先走了，我不爱你了。当空虚还是空虚的时候，那也许是爱。当空虚成了真的触碰时，原来全都是空。

云，拧下一片雨，淋湿了那段记忆。我无奈地笑了，傻瓜，要起风了，拾掇起最后的忧伤，让他看见我的坚强，要面对现实，总不能只活在过去，我知道沉浸于过去只会令自己徒增伤感，不如一笑而过，结束它吧。我知道要割断思念会很痛很痛，当爱痛到极处，灵魂在黑暗中走失，眼泪在不停寻找着坚强的借口，告诉自己：不哭不哭。

还记得，那是幸福的一天，他曾对我说："你就像我生命中的结，逃也逃不掉。"我笑了。

"如果我就是那个结，就让我来帮你解吧。"对着屏幕那边的他，我没再出声，可以感觉出这般无奈是那么的真切。我知道，那一刻，谁的心都是酸的，我们谁都无从选择，如果说我是他的结，那他也是我的劫啊。

我会流泪，是因为思念在孤单地歌唱；为何会有想念，是因为有一个人在心里住着。在那时我才发现，原来幸福也可以这样简单。若干年后的今天，仍然不敢有任何的期盼，只希望这份不太现实的美好，不会像昙花一现，结束时记得告诉我，因为我曾爱过。

你的过去与将来我都无缘参与。"也许和你一切的一切，只是一种丰富的感觉，如此而已，没有其他的，就这么简单。"突然间，感觉手指变得沉重而无力，键盘上再也敲不出一个字符，一串串的省略号发过去给你，我知道，只要微微动一下，就能把思念传递给你，可是那三个字却刺得那么痛，那么痛。对，我们也只是朋友，在网络里靠着一条宽带线联系彼此，如此而已，谈什么未来，可笑至极。

"我们谁都没有错，在你我之间不存在错与对，不要说对不起。"你在短信里安慰我说。我哭了，眼泪停不下来，可惜你却看不到。

“我知道自己的位置,在你我之间只有等号,只能这样。”我说。

“那个等号只适用于我和你的地理位置而已,而不是你在我心里或我在你心里的位置,没关系,距离而已。”他不知道,这样的安慰有时也会变成一种轻柔的痛刺入骨髓。

眼泪滑落,仿佛在宣告悲伤的结局。忘了曾经爱过谁,也许就能慢慢习惯了寂寞相随。你走了,伤却留了下来。到最后又要让我独自去收拾这残局,我根本无法承受这伤痛的重量。

他,一个看来很模糊,却又显得那么清晰的实体,如果硬是要将他赶出心门之外,无非是想在我身体上割下一片肉来,切身的疼痛,他不能体会。他曾说过:“他会用理智去控制这一切,不可能发生的就别让它发生,接受现实吧。我们的相遇只是一场很美丽的梦罢了。”是梦吗?哦,原来只是梦,仅此而已。

我知道该放手了,退出游戏,因为我们都违反了游戏的规则。结束不是我想要的结果。可这是命,注定的。我得不到,一直都得不到。

曲终了,人也该散了。他很冷静地把心退了回去。

那年,那月,那天。有风,有痛,有泪。

我无奈地笑着:“醒醒吧。你们不可能的,你把自己当什么了?其实你什么都不是!不能得到,便全身而退吧。”可是我能吗?欲抽身离去,谈何容易。放纵过后的心在偷偷地叹息。现在能做的,也只有等着让时间来将这些伤一一抚平了。

离别的钟声已敲响。别了,我曾深深依恋的你。别了,我那童话般的梦。别了,我的悠悠网事。如风,无影。眼泪悄悄躲进寂寞的空间,感觉心微微地痛了。

别为我难过。别祝我快乐。但你,一定要幸福。为你,也为以后的那个她。

将来,我不会去看你。你说过,如果见了我,你会更舍不得放开我。我笑了。为了那个约定,我成全你。

云,该散的时候自然会散。风来了,带走了,吹散了,也就没了。风吹,云过,无痕,没有泪。

有一首歌《太委屈》,其中的一句歌词就是“放纵的爱,也会让天空划满伤痕”。为什么?许多网友在问。因为,天空是你的情感世界,爱的放纵,会让自己或者别人受伤,让你的情感划满伤痕。

哲学使人模糊

首先提出这样几个判断:

哲学的,就是调和的。

调和的,就是模糊的。

模糊的,就是快乐的。

快乐的,就是哲学的。

按照这几个判断,似乎可以列一个等式:

哲学 = 调和 = 模糊 = 快乐 = 哲学

是这样吗? 回答是否定的。判断是一家之言,可以探讨;等式则是绝对不能成立的。因为汉语的表意是很灵活的,可以理解为有一点儿意思,基本是这个意思,就是这个意思,没什么意思,没什么意思就这个意思;而等式则是凝固的,相等的就是相等的,不相等的就是不相等的,不能说有点儿相等或有点儿不相等,基本相等或基本不相等。从判断的角度讲,因为前后概念是相互联系的,而联系则有部分联系和全部联系,并非所有的联系都一定有因果关系。

哲学的理论可以调和事物,但哲学不等于调和。

哲学的性格在于寻根问底,而这种寻根问底大都比较抽象。这种抽象的打破砂锅问到底,就是探究"人活着为什么""社会发展到哪里去"等诸如此类的抽象的问题。而这些问题的回答,由于思考的角度不同,答案是多种多样的,并不是唯一的,因而需要有一些调和。也许有人会说,你这里的调和不就是综合嘛。非也,调和也不等于综合。综合,是把客观对象的各个本质的方面,按其内在联系有机地结合成一个统一的整体,使事物作为整体在思维中再现出来,实现从理性的抽象到理性的具体;调和,就是对复杂的矛盾问题的简单化处理。现实生活中的许多事情,只需要简单的调和,而不需要复杂的综合。原则性问题则需要在坚持中调和,不追求理性的具体,只需要人性的简单。既保留相同意见,又保留不同意见。求同存异,就是一种调和。比如,要回答"人活着为什么"这个问题:

有人说,人活着为了别人;也有人说,人活着为了自己。

有人说,人活着为了社会;也有人说,人活着为了儿女。

有人说,人活着为了传宗接代,延续人类;也有人说,人活着为了创造财富、奉献社会。

有人说,人活着为了实现自己的理想;也有人说,人活着为了消磨时光。

有人说，人活着为了吃饭睡觉；也有人说，人活着为了劳动创造。

有人说，人活着为了追求生命的意义；也有人说，人活着没有什么特殊意义，既然来到这个世界，就必须好好地活着。

古代哲学家老子的消极思想是，活着不如死了好，有用不如无用好。

对这些五花八门的回答，综合是困难的，调和是容易的。

辩证唯物主义认为，存在决定意识。有什么样的生活环境，就有什么样的思想观念；有什么样的成长道路，就有什么样的人生态度。因而对同一问题的回答会产生不同的结果。在各种意见并存的情况下，可以用哲学的理论加以调和。辩证唯物主义还认为，任何事物任何时候都处于矛盾运动状态，矛盾相互依存、相互依赖，谁也离不开谁。一个问题也总有两个方面，这就是辩证唯物主义的二元论。对二元论的调和，就是要你中有我，我中有你。我们认为，调和是一种运用哲学的方法，并非是一个哲学观点。

现实生活中是需要调和的，因而调和具有现实意义。从一定意义上讲，调和既是一种坚持，又是一种退让。英国维多利亚女王结婚不久，便和丈夫发生了一次激烈的争吵，原因是讨论到当她的公婆身体欠佳时，她究竟应该不应该主动前去问安的问题时二人发生了严重分歧。丈夫姿态傲然地离开了卧室，将自己关在书房里。维多利亚气冲冲地跟在他后面，用鞋尖踢书房的门。丈夫高声喝问："谁？"她回答："英国女王驾到。"丈夫未开门。她又踢门。丈夫又问："谁？"她又回答："英国女王。"丈夫还是不开门。等她终于有礼貌地、轻轻地敲了一下门，回答道："你亲爱的妻子，阿尔伯特。"丈夫才开门让她进去。在这个故事中，矛盾最终调和了。这个调和过程中，维多利亚丈夫是一种坚持的调和，维多利亚是一种退让的调和。

现实生活中是需要调和的，而调和并非是中庸之道。《中庸》和《大学》一样，也是《礼记》中的一篇。到了宋朝，新儒家把《大学》《中庸》和《论语》《孟子》放在一起，并称为"四书"，作为新儒家哲学的基本经典。仲尼曰："君子中庸，小人反中庸。君子之中庸也，君子而时中。小人之中庸也，小人而无忌惮也。"中庸，就是永远恪守中道。中，指不偏不倚，无过与不及。庸，有"常"的意思。中庸是儒家所奉行的最高道德标准，只有时时按照中庸的标准行事，才是君子所为。这就是儒家的中庸思想。《中庸》来自于《礼记》，中庸最讲究"礼"。按照中庸的观点，立身行事，遵行正道，不偏不倚是应该的。但是，有时矫枉需要过正，有时落水狗需要痛打，一味地不偏不倚，不温不火，也未必正确。因此，中庸之道是有害的。

《左传》记载了公元前638年宋国与楚国的泓水之战。古板的宋襄公亲自指挥宋军。在楚军正在渡河的时候，又在楚军渡了河还未排列成阵的时候，宋军司令官两次请求襄公下令攻击，襄公都说“不可”，还说不攻击不成阵势的队伍。结果宋军惨败，襄公本人也受伤。尽管如此，襄公仍然辩护他原来的决定，还说“君子不重伤，不禽二毛”。宋襄公所说的虽然符合传统的礼，但却导致了战斗的失利。前面我们说过，调和是一种运用哲学的方法，并非是一个哲学观点。而中庸则是一个鲜明的哲学观点。这就是调和与中庸的本质区别。

哲学的观点可以模糊一些，但哲学不等于模糊。

郑板桥有一句名言“难得糊涂”，多少年来为天下人所推崇。为什么？因为这是一种人生态度，更是一种人生哲学。“难得糊涂”，难道是真糊涂吗？非也。只不过是模糊一些罢了。为什么模糊一些就好呢？其实，这种模糊是一种无可奈何的模糊，是一种明了事理的模糊，是一种大智若愚的模糊。哲学的观点是清楚的，但现实生活中有时需要模糊，这种模糊就是对待哲学观点的一种态度。因此，我们常说的模糊哲学，就是对待事物的一种态度，一种为人处世的方法，而哲学并不等于模糊。

郑板桥还有一句名言“吃亏是福”，多少年来也受到国人的推崇。“吃亏是福”与“难得糊涂”，在对待人生的态度上，有异曲同工之妙。“吃亏是福”实际包含了两层意思，一层是对待事物态度的“两点论”，祸兮福之所倚，福兮祸之所伏，塞翁失马，焉知非福。从这个意义上讲，吃亏是一件好事情。另一层意思是对待人和事要豁达一些，不要斤斤计较，不要太认真。后一层意思是在前一层的基础上确立的。如何豁达？又如何不要太认真？说到底还是要糊涂一些。仍然是对待事物的一种态度，一种为人处世的方法。

子曰：“宁武子，邦有道则知，邦无道则愚。其知可及也，其愚不可及也。”（《论语·公冶长》）意思是说，卫国大夫宁武子，国家有道时，他就表现出他的聪明才智；国家无道时，他就装出很愚笨的样子。他表现出的聪明才智别人能达到，他装出的很愚笨的样子别人达不到。宁武子之愚，是所谓“大智若愚”之愚。为人处世，当审时度势，当进则进，当退则退，当争则争，当让则让。人之愚，在知进不知退，能争不能让。四川青城山天师洞有一副对联说：“事在人为，休言万般皆是命；境由心造，退后一步自然宽。”能进能退，才是真智者。“吃亏是福”也罢，“难得糊涂”也罢，都是适应环境的处世之道，是能进能退的智者所为，是看清了事物本质之后所采取的模糊态度。

哲学的智慧可以使人快乐,但哲学不等于快乐。

渴望生存的愉悦,追求生命的快乐,是人的天性,也是人的权利。但是,一个人生活在大千世界中,难免遭受种种忧虑、烦恼和痛苦。有人悲叹:“智慧愈高,痛苦愈深”,“进取心愈强,苦闷愈盛”。然而,不论你处在何种社会地位或思想境界,有谁不在内心真诚地呼唤:“给我更多的生活快乐!”罗素探讨人生快乐的名著原名《获得快乐》,以超凡的智慧、切实的经验,透彻地揭示了获得人生快乐的哲理和方法,令人心悦诚服,启智开窍。

人为什么不快乐?罗素认为,人类各种不快乐,一部分源于外在社会环境,一部分源于内在个人心理。通常,个人要改变社会环境是无能为力的,但是可以通过改变个人心理因素,改善自己的生活观念和思想习惯,做到对环境困难应付自如,获得生活的快乐。罗素认为,从个人心理角度看,不快乐的根源在于自我沉湎,过分重视个人事务,对外界缺乏应有的兴趣。每种对外界的兴趣,都会激发你的生命力,只要兴趣持续不衰,你就不会感到生活无聊。相反地,如果只专门关心自己,就不能促使你去进行任何进取活动。

兴趣是快乐的根源。人生的根本快乐,最重要的是依赖于对人对物有种友善的兴趣。对人友善的兴趣,是爱的一种形式,而不是想控制、占有他人,老是渴望对方回报。后一种常常是不快乐的根源。能促进快乐的人生态度是喜欢观察别人,从别人独特的性格中发现乐趣;希望与自己有接触的人能有机会感受到趣味和欢悦,而不是想要去支配他们或要他们热烈崇拜自己。如果一个人用这种真诚的态度待人,一定能产生快乐,领受到对方的友爱。他与别人的交往,无论是随意的还是严肃的,都能满足他的兴趣和感情。他不致尝到忘恩负义的辛酸,因为他一则不大会遇到,二则他遇到时也不大放在心上。某些古板的癖性,会使旁人非常恼怒,但他处之泰然,只觉得好玩。这样,他不费力地得到了别人经过长期奋斗之后也得不到的无穷乐趣。他内心感到快乐,便会以友善的态度交友,而这又将增加他的快乐。不过,这一切须出自真心,而不可出自因责任感而产生的自我牺牲的观念。责任感在工作上是有益的,但在人与人的关系上是有害的。人愿意接受爱,而不愿意耐着性子屈从别人。个人快乐的原因固然不少,但其中最主要的一个恐怕就是:自然而毫不做作地喜爱众人。快乐的秘诀是:让你的兴趣尽可能地扩张,让你对人对物的反应尽可能出自善意而不是恶意的兴趣。

自我是快乐的牢狱。太强的自我是一座牢狱。缺少兴致的主要原因之一,是觉得自己不为人所爱。这也许是由于在幼年时得到的爱比别的儿童少而缺少自信。他可能竭力去博得别人的爱,试图通过特别友善的举动去争取别人的友谊,然而这种动机很容易被受惠者觉察,以致失败。因为人类的天性是乐于对最不需要爱的人给予爱,而对刻意求爱的人持冷漠态度,所以他的期待往往会因人类的无情义而招致幻灭。于是他可能会寻求对社会报复,或是鼓动革命或煽动战争,或是用尖刻的笔调来泄恨。一般说来,他们的生活总是以自我为中心,以为这样就不会陷入冷酷的外部世界中去。所谓真心的爱,是双方彼此都有一种真正的兴趣,这种兴趣不只是获取各自利益的手段,也是共同利益的一种融合体,是真正快乐的最重要的因素之一。凡是把自己封闭在铁墙之内而不求开阔视野者,无论他在事业上怎样成功,总不免错失人生所能提供的最好的东西。倘若你想在这个世界上充分地享受人生,就得从这牢狱里走出来。能够真心地爱,便表明一个人已经逃出了自我的牢狱。仅仅是得到爱是不够的,得到爱时应当释放出你的爱。唯有得到爱和给予爱平等存在时,才有可能达到最好效果。

家庭是快乐的港湾。你的朋友为了你的优点而爱你;你的爱人为了你的魅力而爱你。假如优点或魅力消失了,朋友和爱人便可能跟着不见了。在患难或患病的时候,父母却是最可信赖的人;如果父母是通情达理的,即使你蒙受耻辱,他们也还是疼爱你的。因自身的长处而受人喜爱时,我们都会感到快乐,但心里也明白,这样的喜爱是不可靠的,故不会忘乎所以。父母爱我们,是因为我们是他们的孩子,这是一个无法改变的事实,所以我们觉得和父母在一起比和任何其他人在一起更安全些。父母的爱,在万事如意时,可能显得无关紧要;但在遭受挫折时,便会给你一种安慰和保护,而这种安慰和保护是其他任何地方都找不到的。

工作是快乐的温床。对大多数人来说,只要工作适度,即使最乏味的工作所带来的苦恼也比无所事事的苦恼要少些。以工作的性质和工作者的能力而定,工作有各种等级,从仅仅解闷的工作一直到令人十分愉快的工作。大多数人不得不做的许多工作,本身是无味的,但就是这些工作也有相当的益处。第一个益处是,工作占去了一个人大部分时间,而不必使他决定在这段时间内应该做些什么。多数有闲的富人感受着无可言喻的烦闷,仿佛这是他们不工作的代价。因此,较聪明的富人几乎尽力工作,好像他们是穷人一样。至于有钱的女人,大多忙着无数琐碎之事,坚定地相信那些事情有着震撼世界的重要性。因此,工作之所以吸引人,第一个原因是可驱除烦闷。工作的第二个益处是给人以成功的机会和满足志向的条件。人生快乐最重要的一个要素,便是始终有一个目标,而大多数人主要是靠工作来实现的。因从事一项很有价值的建设性工作而感到快乐，是人生所能获取的最大快乐之一。

闲逸是快乐的力量。忧愁、疲劳、神经紧张的原因之一，便是对那些与个人没有切身利害的事不感兴趣。结果意识老是集中在少数问题上，结果意识永远不得安宁，变得不大明智，烦躁易怒，并失去了平衡感，以致对外界的兴趣越来越小，导致恶性循环。一切闲情逸致，最重要的是使人得以放松。此外，还能帮助人保持平衡的意识，明了自己的所作所为在整个人类活动中是如何的渺小，世界上有多少事情丝毫不受我们所作所为的影响，从而不再对于自己的追求、自己的社交圈和自己的工作过于患得患失。平时，由于我们过于看重自己所生活的世界的一角和生与死之间的短促时光，因此我们变得太兴奋、太紧张和太压抑。对于我们自身过分地关切和看重，只记住眼前追求的一两件事而忘记其余的一切，结果实在不妙。一个有勃勃生机与广泛兴趣的人，可以战胜一切不幸。他对于人生和世界有着多方面的丰富的兴致，不致使一次打击成为致命。凡为一次或数次挫折所击倒的人，不能作为他们多愁善感的证据而加以赞美，应当作为他们缺乏活力的表现而痛惜。我们一切的情感都在死神的掌握之中，它随时能夺去我们所爱的人。因此，我们的生活不可置于狭隘的兴趣之上，否则，我们人生的意义和目的就完全受偶然性因素支配。一个明智地追求快乐的人，除了培养生活赖以支撑的主要兴趣之外，总得设法培养其他许多闲情逸趣。

兴趣是快乐的根源，自我是快乐的牢狱，家庭是快乐的港湾，工作是快乐的温床，闲逸是快乐的力量，这是哲学的智慧为人们创造出的快乐。哲学是对世界的认识和看法，快乐是人生追求之一，哲学本身并不等于快乐。

用哲学理论调和事物，用哲学观点模糊矛盾，用哲学智慧快乐自己，构成了一种人生态度和处世方法。世界是物质世界，是客观存在的一切。人是客观世界的组成，是社会的主导。人的态度决定着社会的发展方向，但决定不了自然规律。人要掌握自然规律、社会规律，就必须学哲学、用哲学，形成哲学的态度。有了哲学的态度，调和的事物就变得模糊，模糊就减少了矛盾，减少了矛盾就生出了快乐。因此，哲学的模糊就应该是人生的模糊，人生的哲学就应该是模糊的哲学。

以下用一些人生经典感悟，作为本节的结束：

1.父子二人经过五星级饭店门口，看到一辆十分豪华的进口轿车。儿子不屑地对他的父亲说："坐这种车的人，肚子里一定没有学问！"父亲则轻描淡写地回答:“说这种话的人,口袋里一定没有钱!”

评注:你对事情的看法,是不是也反映出你内心真正的态度?

2.晚饭后,母亲和女儿一块儿洗碗盘,父亲和儿子在客厅看电视。突然,厨房里传来打破盘子的响声,然后一片沉寂。儿子望着父亲,说道:“一定是妈妈打破的。”“你怎么知道?”“她没有骂人。”

评注:我们习惯以不同的标准来看人看己,以致往往是责人以严,待己以宽。

3.有两个台湾观光团到日本伊豆半岛旅游,路况很坏,到处都是坑洞。其中一位导游连声抱歉,说路面简直像麻子一样。而另一个导游却诗意盎然地对游客说:“诸位先生女士,我们现在走的这条道路,正是赫赫有名的伊豆迷人酒窝大道。”

评注:虽是同样的情况,然而不同的意念,就会产生不同的态度。思想是何等奇妙的事,如何去想,决定权在你。

4.同样是小学三年级的学生,在作文中说他们将来的志愿是当小丑。中国的老师斥之为:“胸无大志,孺子不可教也!”而外国的老师则会说:“愿你把欢笑带给全世界!”

评注:身为长辈的我们,不但容易要求多于鼓励,更狭窄地界定了成功。

5.在故宫博物院中,有一个太太不耐烦地对她先生说:“我说你为什么走得这么慢,原来你老是停下来看这些东西。”

评注:有人只知道在人生的道路上狂奔,结果失去了观看两旁美丽花朵的机会。

6.妻子正在厨房炒菜。丈夫在她旁边一直唠叨不停:“慢些。小心!火太大了。赶快把鱼翻过来。快铲起来,油放太多了!把豆腐整平一下!”“我懂得怎样炒菜。”妻子脱口而出。“你当然懂,太太,”丈夫平静地答道,“我只是要让你知道,我在开车时,你在旁边喋喋不休,我的感觉如何。”

评注:学会体谅他人并不困难,只要你愿意认真地站在对方的角度和立场看问题。

7.一辆载满乘客的公共汽车沿着下坡路快速前进着,有一个人在后面紧紧地追赶着这辆车子。一个乘客从车窗中伸出头来对追车子的人说:“老兄!算啦,你追不上的!”“我必须追上它,”这人气喘吁吁地说,“我是这辆车的司机!”

评注:有些人必须非常认真努力,因为不这样的话,后果就十分悲惨了!然而也正因为必须全力以赴,潜在的本能和不为人知的特质终将充分展现出来。

8.甲:“新搬来的邻居好可恶,昨天晚上三更半夜、夜深人静之时跑来猛按我家的门铃。”乙:“的确可恶! 你有没有马上报警?”甲:“没有。我当他们是疯子,继续吹我的小喇叭。”

评注:事出必有因,如果能先看到自己的不是,答案就会不一样。在你面对冲突和争执时,先想一想是否心中有愧,或许很快就能释怀了。

9.某日,张三在山间小路开车,正当他优哉地欣赏美丽风景时,突然迎面开来一辆货车,而且满口黑牙的司机还摇下窗户对他大骂一声:“猪!”张三越想越纳闷,也越想越气,于是他也摇下车窗回头大骂:“你才是猪!”才刚骂完,他便迎头撞上一群过马路的猪。

评注:不要错误地诠释别人的好意,那只会让自己吃亏,并且使别人受辱。在不明所以之前,先学会按捺情绪,耐心观察,以免事后生发悔意。

10.小男孩问爸爸:“是不是做父亲的总比做儿子的知道得多?”爸爸回答:“当然啦!”小男孩问:“电灯是谁发明的?”爸爸:“是爱迪生。”小男孩又问:“那爱迪生的爸爸怎么没有发明电灯?”

评注:很奇怪,喜欢倚老卖老的人,特别容易栽跟斗。权威往往只是一个经不起考验的空壳子,尤其在现今这个多元开放的时代。

11.小明洗澡时不小心吞下一小块肥皂,他的妈妈慌慌张张地打电话向家庭医生求助。医生说:“我现在还有几个病人在,可能要半小时后才能赶过去。”小明妈妈说:“在你来之前,我该做什么?”医生说:“给小明喝一杯白开水,然后用力跳一跳,你就可以让小明用嘴巴吹泡泡消磨时间了。”

评注:Take it easy,放轻松放轻松些,生活何必太紧张。事情既然已经发生了,何不坦然自在地面对。担心不如宽心,穷紧张不如穷开心。

12.一把坚实的大锁挂在大门上,一根铁杆费了九牛二虎之力,还是无法将它撬开。钥匙来了,他瘦小的身子钻进锁孔,只轻轻一转,大锁就“啪”的一声打开了。铁杆奇怪地问:“为什么我费了那么大力气也打不开,而你却轻而易举地就把它打开了呢?”钥匙说:“因为我最了解他的心。”

评注:每个人的心,都像上了锁的大门,任你再粗的铁棒也撬不开。唯有关怀,才能把自己变成一只细腻的钥匙,进入别人的心中,了解别人。

法律使人严谨

法律是成文的,是经过历史传统慢慢形成的。正如佛教的戒律,并不是刻意要有那么多戒律，而是每当出现一些不如法的事，佛陀就召集僧团制定一些新的戒律。如此下来，慢慢才形成了比丘戒等戒律。从数学理论来看，法律的条款是可数的，它映射到的现实情况也是可数的，而现实所有可能的情况是不可数的。可数不能决断不可数，所以，法律不可能就现实可能发生的所有情况都做好规定。这也是法律历史形成和不断变化的根本原因。

关于法律的局限性，柏拉图在《政治家》里借客人之口说道："因为法律从来不能用来确切地判定什么对所有的人说来是最高尚的和最公正的从而施予他们最好的东西；由于人与人的差异，人的行为的差异，还由于可以说人类生活中的一切都不是静止不变的，所以任何专门的技艺都拒斥针对所有时间和所有事物所颁布的简单规则。"

关于法律的政治家可修改性，柏拉图又说道："任何一个人或一群人，无论是谁，他制定了法律，如果他在认为那些法律需要改进时着手对它们进行修改，难道他不是在尽力做着与我们的真正的政治家所做的同样的事吗？"

亚里士多德也认为："关于行动的全部理论，只能是大体的而非精确的。"亚里士多德在法律的"公正"概念之上又提出了更高意义上的"公平"概念。他认为，"公平虽然就是公正，然而不是法律上的公正，而是法律的矫正。因为法律是普遍的，针对大多数的，有时难免弄错。不过法律的错误不在法律中，也不在立法者中，而在事物的本性中。"

我国古代郭象在《庄子注》中说："夫先王典礼，所以适时用也。时过而不弃，即为民妖，所以兴矫效之端也。"意思是，社会是处于不断变化之中的。人类的需要都是经常变化的。在某一时代好的制度和道德，在另一时代可能不好。

法律是统治阶级或一定的社会群体关于秩序的意志体现。一个最古老的典型例子是，罗马法中有一种颇为原始的缔约形式，叫作"要式口约"(stipulation)，表现为缔约双方采用固定的套语以一问一答的形式就某事达成协议。一方问："你答应吗？"对方回答说："我答应。"这样协议就算达成。如果对方回答说，"我愿意"，这种答复就是无效的，因为他用错了套语，虽然同样是在表达允诺的意愿。这种纯粹的形式主义缔约程式本来已濒临消亡，但银行业却把它视为至宝，利用要式口约的原理创造了金融票据制度。只要当事人提交的票据严格符合预先确定的形式要件，银行将一概接受并付款，而不问签发票据的原因以及所涉交易的内容。

法律是严谨的。从严格区分物权(尤其是所有权)和债权上可以充分体现。

物权是一种受到普遍保护的权利,它对除所有者以外的任何其他人均构成约束,所有权的享有者可以要求一切人尊重自己的权利;而债权是针对特定人的权利,这个特定人就是“债务人”,除了这个特定人外,债权对于其他任何人毫无约束力。如果你的汽车丢失了,当你见到其他人开着你那辆丢失的汽车时,可以拨打110报警,要求追回丢失的汽车。但是,如果你把汽车借给了一位朋友,即使此人恶意地违约不还,当你见到任何人开着这辆被借出的汽车并请求警察帮助追讨时,警察肯定会告诉你:“去起诉你的债务人吧,我无能为力。”这就是法律的严谨。

法律是调整整个社会行为的最高规范,既固化了社会生活的秩序,也决定了社会文明的发展方向。因而,一个国家的法律文本理所当然地应当代表着最高的语言文字表达水准。法律概念是国家立法机关根据法规内容专门界定的特定名词,使用时应谨慎、严密、准确,不可“臆断”或“望文生义”,这也体现了法律的严谨性。在日常工作和生活中,一些人常误用或者是混淆使用这些法律概念。如:

“罚金”与“罚款”。罚金是指人民法院在处理刑事案件时,强制被告人在一定期限内缴纳一定数量钱币的刑罚;而罚款则是指行政执法部门对不够刑事处分的违法行为人,依法强制其在一定期限内缴纳一定数量钱币的行政处罚。

“法人”“法定代表人”“法人代表”。《民法通则》第三十六条规定:“法人是具有民事权力能力和民事行为能力,依法独立享有民事权利和承担民事义务的组织。”第三十八条规定:“代表法人行使职权的负责人,是法人的法定代表人。”“法人代表”则是“法定代表人”的通俗称谓。

“讯问”与“询问”。“讯问”是一个法律概念,即指公、检、法等司法机关就案件事实对犯罪嫌疑人或被告人的审讯、审问。而“询问”是一个一般概念,意思是:打听情况,征求意见;同时也指司法人员对证人、知情人的调查访问,是获得证言的一种方式。

“连带责任”。指债务人中的任何一人都有清偿全部债务的义务。可见,连带责任只适用于民事案件中连带债务方面。现实中,有人却把它“推而广之”,把“连带责任”误解为“对某件事多个人都负有责任”,广泛用于公文、新闻报道或文书档案中,如“要追究领导的连带责任”“此决定班子成员集体负责,负连带责任”等等,这些都是法律概念不确切的表述。

历史地看,法律基本是由男人制定的,女人参与到法律的制定中,已经是很迟的事情了，因而法律对男人的约束大于女人。尽管这样，法律中歧视妇女的现象仍然较为普遍，特别是古代法律。我们从唐朝的法律可以看出唐朝女性卑下的地位。

唐朝均田制虽然承袭于隋，但却取消了隋朝妇人、奴婢都受田的法律规定，这是唐代妇女地位比隋朝妇女地位降低的一个标志。隋朝政府颁布的均田令规定：丁男受露田八十亩，永业田二十亩。妇女受露田四十亩。奴婢五口给一亩。而唐朝政府规定：十八岁以上至六十岁的男人，每人可分田八十亩，永业田二十亩。老男（六十岁以上），笃疾、废疾的男人为四十亩。寡妻妾为三十亩。而普通妇女、部曲、奴婢都不受田。这足以证明唐朝广大女人的地位明显不如男人，甚至不如六十岁以上的老年男子及男性残疾人。唐朝给守寡的女人分田三十亩，而不守寡的女人什么都不给，这就证明唐政府明显地提倡与奖励守寡。

《唐律》作为影响中国后世千百年的封建社会的大法，其中有许多压迫妇女，证明唐朝妇女地位低下的法律条文。如："妇人以夫为天，哀类父母。闻丧即须哭泣，岂得择日待时？若匿而不即举哀者，流二千里。""生礼死事，以夫为尊卑。""妇人品命既因夫、子而授，故不得荫亲属。"这些法律条文就足以证明唐朝男女地位是不平等的。"妇人以夫为天，以夫为尊卑。"特别是唐朝把压迫妇女的"七出"（七种休妻条件）用法律的形式写入封建大法《唐律》。"七出"分别为，不顾父母、无子、淫、妒、恶疾、哆言、窃盗。《唐律》规定，只要妻子犯了其中一条，丈夫就可以不必经官府判断，名正言顺地把妻子休了。不顾父母、淫、窃盗可以勉强说得过去，无子、恶疾这本身不是女人自身能掌握的，妒、哆言作为休妻理由那太容易找借口了。说你妒你就妒，说你哆言你就哆言，无子、妒、恶疾、哆言就可轻易地把妻子休了，再次证明唐朝妇女所处的悲惨地位。

男人可以很容易地休妻，而女人却不能很容易地离夫。《唐律》规定："妻妾擅自离去者，两年徒刑。逃离后又改嫁他人，罪加二等。"《唐律》也有"三不离"：女方为舅姑服丧三年者不能离，娶时贫贱后来富贵者不能离，现在无家可归者不能离。但"三不离"对于掌握土地与实权的男方来说不具有多大的约束力，离婚的主导权在掌握土地与实权的男方。当"三不离"与"七出"产生矛盾时，往往是"七出"更有作用。正因为唐朝法律使男人可以很容易地休妻，所以唐朝男人休妻已成为社会较普遍的现象。唐朝诗人的作品中对此也有反映：

其一：杜甫（712—770）《佳人》。

"关中昔丧乱，兄弟遭杀戮。官高何足论，不得收骨肉。世情恶衰歇，万事随转烛。夫婿轻薄儿，新人美如玉。合昏尚知时，鸳鸯不独宿。但见新人笑，哪闻旧人哭。”

这是因妻族不在显贵而遗弃妻子现象。

其二：张籍(767—830)《离妇》。

“十载来夫家，闺门无瑕疵。薄命不生子，古制有分离。托身言同穴，今日事乖违。念君终弃捐，谁能强在兹。堂上谢姑嫜，长跪请离辞。姑嫜见我往，将决复沉疑。与我古时钏，留我嫁时衣。高堂拊我身，哭我于路陲。昔日初为妇，当君贫贱时。昼夜常纺织，不得事蛾眉。辛勤积黄金，济君寒与饥。洛阳买大宅，邯郸买侍儿。夫婿乘龙马，出入有光仪。将为富家妇，永为子孙资。谁谓出君门，一身上车归。有子未必荣，无子坐生悲。为人莫作女，作女实难为。”

这是娶时贫贱后来富贵者不能离与无子产生矛盾而遗弃妻子现象。

其三：顾况(727—815)《弃妇词》。

“古人虽弃妇，弃妇有归处。今日妾辞君，辞君欲何去？本家零落尽，恸哭来时路。忆昔未嫁君，闻君甚周旋。及与同结发，值君适幽燕。孤魂托飞鸟，两眼如流泉。流泉咽不燥，万里关山道。及至见君归，君归妾已老。物情弃衰歇，新宠方妍好。”

这就是明显的没有原因，就是厌旧，而不顾妻子死活的弃妻现象。

法律与我们的生活总有千丝万缕的联系。法律与时尚，法律与音乐，法律与电影，法律与艺术，等等。生活中有法律，更有法律的精神。这些都是我们指点江山、谈今论古、激扬文字的最佳素材。法律是严谨的，电影是轻松休闲的，这二者似乎风马牛不相及。那么，法律与电影之间是什么样的关系呢？法律与电影确有不同，但至少有共通的一点，即法律与电影都是对社会生活的反映。电影用光影声色生动形象地描写生活，法律用严谨的规则和逻辑编织生活。生活是一出戏剧，每个人都是主角，而电影是银幕上的生活，从各个侧面影射甚至细致刻画出社会、历史和人生，是真实生活的再现，甚至可说是生活本身。电影可能涉及各种法律问题，诸如，展示作为人类文化中最理性部分的审判场景，法律人的生活，冲突、纠纷、案件的解决，甚至演绎一段真实的故事，以最贴近民众的方式展示正义的实现，或者揭示实现正义之艰难。电影为法律分析提供了生动形象、活泼有趣的素材，通过电影可以揭示出深刻的法理。电影反映了社会生活，展示了大众文化视野中的法律，体现了社会公众对法律的认知和理解，当然也包括对法律的误解。因此电影可以是法律与社会沟通的一种途径。但无论如何，电影必须在法律的框架内展现,法律也需要电影来表现。

法律与文学看起来相隔很远,法律很枯燥,文学很有趣,法律很机械,文学很有灵气。但如果以诗性的态度对待生活,法律和文学就会有机地结合。法律体现正义,文学体现诗性。正义与诗性,虽然是两个极端——最理性和最感性,最抽象和最形象,最逻辑和最直觉,但两者可以融合在一起。正义的事业,沉重而艰巨;诗性的生活,轻快而浪漫。人生需时轻时重,适时转换角色和心情。既追求正义,也享受生活;既理性分析,也偶发诗性;既勤奋努力,也情怀浪漫。追求正义,能体现男人的严谨;追求诗性,能体现男人的个性。一个尊重法律、富有个性的男人,他既是热爱生活的象征,也是严谨处世的化身。

生活是一个万花筒,现代生活更是丰富多彩。法律造就了规范有序的社会,社会造就了展现自我的人们。没有游戏规则的社会是混乱不堪的,没有女人的社会是失去色彩的,没有男人的社会更是清冷苍白的。我们生存的这个社会,总体上仍然是男人主导的社会,如果没有法律,男人可以约束女人,而女人却约束不了男人。从这个意义上讲,社会需要法律,更需要人们严谨地遵从法律。因为,法律使人严谨。

经济学使人现实

经济学是一门古老而又年轻的科学,有人曾经把它比作"皇冠上的明珠",就是说它在整个科学中的地位显赫。从历史上看,经济学无论对理论工作,还是对经济建设的实践,都做出过重大的贡献。在中国,经济学是作为一个大的学科门类来出现的,包括理论经济学和应用经济学两个一级学科。其中理论经济学包括:政治经济学、西方经济学、经济思想史、经济史、世界经济、人口经济学、资源经济学与环境经济学等二级学科;应用经济学包括:国民经济学、区域经济学、财政学、金融学、产业经济学、国际贸易学、劳动经济学、统计学、数量经济学和国防经济学等二级学科。而从国际上看,没有做理论和应用的区分,但是经济学的研究更加注重方法。

经济思想在人类历史中是最先出现的重要思想之一,可以说只要有生产(也就是人类只要摆脱蒙昧时代)就有经济问题。古希腊著名的哲学家们和中国古代的先哲们都有关于经济思想的描述。而现代经济学的开始,公认是亚当·斯密的"看不见的手"的理论,后来在李嘉图、马歇尔、凯恩斯、萨谬尔森等经济学家的努力下,经济学逐渐成熟。需要说明的是,与这些经济理论无论在研究方法上还是在结论上迥然不同的是马克思的经济理论，在这种理论下，马克思描绘的奋斗目标是“大同社会”，而且这种理论已经影响了世界上1/5的人口的生活。难怪著名经济史学家、经济学家熊彼特曾将斯密的《国富论》、马克思的《资本论》和凯恩斯的《通论》并称为经济学说史上的划时代的三部巨著。

自从经济学的诞生，经济学专业或者说经济学科就越来越“科学化”，这种“科学化”使经济学在整个社会科学中知识体系最完善，研究方法最多样和成熟，其中所谓的现代主流经济学的研究方法，秉承欧美实验科学的思想，使其整个的理论体系日臻完善。这一完善的知识体系对其他学科的影响是显而易见的，比如现在的公共选择理论、寻租理论。除了对理论的贡献外，对现实的经济管理工作作用更大，可以说经济学的每一次重大的变革都是遭遇到了现实的经济问题的巨大冲击而发生的，如凯恩斯经济学的诞生、新制度经济学的诞生等等。反过来，这些理论又为现实的经济建设提供了思路。

目前，经济学发展的特点和趋势体现在五个方面：

第一，数学在经济学中得到广泛而深入的应用。经济学反映经济中的数量关系，因此，经济学与数学就有着千丝万缕的联系。而数学在经济学中的应用，主要体现在三个领域：一是将经济理论和数学相结合形成数理经济学。这主要是运用微积分、线性代数、集合论、拓扑学等数学工具来表述经济理论并进行推理、证明。二是将经济理论、数学和统计学相结合形成计量经济学。计量经济学即根据经济理论关于经济变量间的相互关系，用联立方程构建数学模型，再根据实际经济统计资料，对模型的参数进行估计，最后反过来检验理论的正确与否，进行经济预测。三是在纯经验分析中，也是通过对大量统计资料的分析而归纳出某些经济规律。

第二，经济学的研究逐渐拓展到政治学、社会学、法学、心理学等领域，反映了其人文社会化的趋势。一些诺贝尔经济学奖得主成功地从政治学、法学、社会学和心理学等不同角度来分析经济问题。

第三，经济学在内容上也得到拓宽和深化。一是国际经济学将经济分析的视野从一国扩展到其他国家，直至全世界。二是发展经济学将微观经济学、宏观经济学理论运用到分析发展中国家的经济问题上。三是现代宏观经济学和宏观经济政策，奠定在传统宏观经济学内部深化的基础上，即凯恩斯体系中分离的产品市场和货币或资产市场相结合的结果。四是现代微观经济学和微观经济政策，也在传统微观经济学的基础上得到进一步的发展。

第四,围绕国家干预问题,既有斗争,又有妥协。

第五,理论研究贴近现实,为解决实际问题做出贡献。

根据目前世界经济发展形势,我国经济学适应市场要求,侧重经济全球化的有关内容,区域经济创新的有关内容,宏观经济中的热点问题,人口、资源与环境经济,金融学特别是国际金融和保险学,微观经济特别是市场营销、管理经济等内容的研究。

我们现在所处的时代,是一个迅速发展变化的时代。从世界经济看,经济全球化正在加速蔓延,新的世界格局正在形成;从国内经济看,我国经历了30多年的改革与发展,经济体制和经济生活也发生了巨大变化;从经济科学本身的发展看,经济学的新思想、新理论和新的分支,不断丰富人们对现实生活的认识和理解。

不管经济学家怎样表述,也无论这门学科如何变迁,经济学所必须面对的问题,归根结底却只有一个:如何选用有限的资源来生产有价值的商品,并把它们进行合理分配。

事实上,只要存在人类社会,便一定有人的生理或心理上的欲望,也就一定会有满足这些欲望的物质资料生产。但是,相对于人的无穷无尽的欲望而言,生产物质资料的经济资源总是显得不够,即总是处于一种稀缺状态。

稀缺是一个永远的话题。如果我们懂得了稀缺,我们就会变得成熟;如果我们认识了稀缺,我们就会变得现实。这个世界上,懂得稀缺的人可能很多,而懂得经济学的人不一定很多。懂得稀缺的人是现实的,而懂得经济学的人则会更加现实。因为现实生活中的许多问题,总是需要用经济学来解释。

当然,解释现实世界有很多方法,经济学只是其中的一种。现实世界里有穷人和富人,人们也许会问:为什么有的人会穷,有的人会富呢?是不是富人创造的财富就多,穷人创造的财富就少呢?如果富人没有创造那么多的财富,他们是怎么变富的?穷人又是怎样变穷的呢?其实,富人不一定创造了那么多的财富,他们富,是因为他们有很强的获取财富的能力。人获取财富的能力和其创造财富的能力没有必然的逻辑联系。那么,财富是怎么积累起来的呢?首先,积累财富的基础是所有制,没有所有制,就没有所谓的财富,没有财富,就没有财富的积累。其次,是有限责任的公司制度。有限责任公司制度是一种风险有限、收益无限的制度。比如你花50万成立一个有限责任公司,你前10年每年盈利30万,分红20万,第11年开始亏损,由于你分得的红利不会因为后面的亏损需要补偿,你最终仍然是赚钱的。在现实生活中，许多事情需要用经济学来分析，有国家大事，也有民间小事。

经济学一般并不研究道德，因为道德要求的是多为他人着想，而经济学理论的前提却强调人都是自利的。假定一个人要散尽钱财，甘愿贫困潦倒，流落街头，这用经济学是没法解释的，也许伦理学、心理学或者哲学可以解释这个问题。

希望越大，失望也越大，其实也是符合经济学道理的。经济学有一个公式：幸福=效用/期望值。一般来说，同样的事物效用大致是相当的，但是期望值越高，则幸福感越少。举个例子：假定我和乞丐都捡到了1元钱，1元钱的作用对两人来说是一样的，比方说可以买一碗白米饭。但是，我现在的期望是去美国夏威夷度假，需要10万元，1除以10万，结果我的幸福感是十万分之一；而乞丐的期望值是今天能够吃碗白米饭，1除以1，结果他的幸福感是100%。

假如你给老板做完了一份设计，报酬是10万元，但付酬方式有两种可供你选择。一种是一次性付10万，另一种是付你15万，但却要分15年给，你选哪一种？一般情况下人们都会选第一种。因为未来的不确定因素太多，天知道几年后这个钱还有没有？再说，到那个时候，钱也不一定值钱。既然现在的钱比未来的钱更值钱，那么同样的道理，现在的痛苦就比未来的痛苦更痛苦。因为，未来的不确定因素太多，也许没有了痛苦，也许比现在的痛苦要轻，但现在的痛苦却是实实在在的。所以，还是选择现实。

第十章

容斋启示录

■ 欧率更帖
■ 黄鲁直诗
■《史记》世次
■ 唐重牡丹
■ 汉采众议
■ 俗语有所本
■ 典章轻废
■ 张浮休书
■ 诗中用茱萸字
■ 二疏赞
■ 字省文
■ 畏无难
■ 将军官称
■ 陶渊明
■ 人物以义为名
■ 唐三杰
■ 梅花横参
■ 三省长官
■ 古人重国体
■ 君子为国

第十章　容斋启示录

《容斋随笔》是宋朝洪迈数十年博览群书、经世致用的智慧和汗水的结晶，主要内容是历史、文学、哲学、艺术等方面的读书笔记，以考证、议论、记事为中心内容。既有宋代的典章制度，更有三代以来的一些历史事实、政治风云和文坛趣话，以资料丰富、格调高雅、议论精彩、考证确切等特点，卓然超越众多的同类著作，被《四库全书总目提要》推为南宋笔记小说之冠。《容斋随笔》共“五笔”，74卷，1220则。其中，《容斋随笔》16卷，329则；《容斋续笔》16卷，249则；《容斋三笔》16卷，248则；《容斋四笔》16卷，259则；《容斋五笔》10卷，135则。据作者自述，该书写作时间历近四十年。后人读这部书，就像在书林中穿行，在文海中畅游，在史坛上俯瞰，在政界中视察。明代河南巡抚、监察御史李瀚对此书的评论是：“此书可以劝人为善，可以戒人为恶；可使人欣喜，可使人惊愕；可以增广见闻，可以澄清谬误；可以消除怀疑，明确事理，对于世俗教化颇有裨益。”

洪迈（1123—1202），南宋饶州鄱阳（今江西波阳）人，字景卢，号容斋，出生于一个士大夫家庭。他的父亲洪皓、哥哥洪适，都是著名的学者、官员，洪适官至宰相。宋高宗绍兴十五年（1145），洪迈以博学宏词科中进士，先后在地方做过知州，在中央朝廷做过中书舍人、直学士院、同修国史、翰林学士、端明殿学士。在宋高宗、孝宗、光宗、宁宗四朝度过了79年的一生。他学识渊博，著书极多，文集《野处类稿》、志怪笔记小说《夷坚志》，编纂的《万首唐人绝句》、笔记《容斋随笔》等等，都是流传至今的名作。

《容斋随笔》也是我喜欢阅读的古籍之一。多年来，偶读，偶有所思，偶有所记，现摘录其中自己点评的20篇于此。

欧率更帖

临川石刻杂法帖一卷，载欧阳率更一帖云：“年二十余，至鄱阳，地沃土平，饮食丰贱，众士往往凑聚。每日赏华，恣口所须。其二张才华议论，一时俊杰；殷、薛二侯，故不可言；戴君国士，出言便是月旦；萧中郎颇纵放诞，亦有雅致；彭君摛藻，特有自然，至如《阁山神诗》，先辈亦不能加。此数子遂无一在，殊使痛心。”兹盖吾乡故实也。

这篇短文的核心是欧阳询的一段话，这段话是在临川县的石刻当中夹着的一卷法帖中出现的，讲的又是作者洪迈家乡的旧事。据这卷字帖记载：欧阳询二十岁的时候，有一次到鄱阳，这里土地肥沃平坦，饮食丰盛而又便宜，许多读书人常常聚会。每天赏花，想吃什么就吃什么。其中二位张姓之人才华横溢，擅长议论，是当时不可多得的人才；姓殷、姓薛的二位士人，更不必说了；戴君是个才华出众的人，发言就成定论；萧中郎狂放不羁，有文雅的风度；彭君满腹经纶，文章写得特别自然，至于像他的《阁山神诗》，前辈的文章大家也不能超过。这几个人竟然一个也不在了，特别令其痛心。

欧阳询（557—641），字信本，楷书四大家之一。南朝梁太平二年（557）出生于衡州（今湖南衡阳），祖籍潭州临湘（今湖南长沙）。文中的欧率更即欧阳询，大唐盛世，他累迁银青光禄大夫、给事中、太子率更令、弘文馆学士，封渤海县男，故也称“欧阳率更”。欧阳询与同代的虞世南、褚遂良、薛稷三位并称“初唐四大家”。因其子欧阳通亦通善书法，故又称其“大欧”。他与虞世南俱以书法驰名初唐，并称“欧虞”。后人以其书于平正中见险绝，最便初学，号为“欧体”。代表作楷书有《九成宫醴泉铭》《皇甫诞碑》《化度寺碑》，行书有《仲尼梦奠帖》《行书千字文》。对书法有其独到的见解，有书法论著《八诀》《传授诀》《用笔论》《三十六法》。所写有《化度寺邑禅师舍利塔铭》《虞恭公温彦博碑》《皇甫诞碑 》，被称为“唐人楷书第一”。

文中出现的临川，很有必要详细介绍一下。为什么？因为自古以来，临川人才辈出，才子之多向为世人瞩目。名儒巨公，彬彬辈出，不可胜数，属于中国的“才子之乡”。

临川，江西省抚州市的市辖区，位于江西省东部，抚河中游。公元前221年，秦统一六国后分天下为三十六郡，抚州属九江郡。汉改九江郡为豫章郡；汉高祖五年（前202），建南城县，属豫章郡；东汉永元八年（96）分南城一部置临汝县，县治设在临川古邑，仍属豫章郡。三国时为吴地，吴太平二年（257）建临川郡，辖十县，郡治设在临汝县。南朝梁陈时增设七县。隋开皇九年（589），取安抚之意置抚州，抚州之名始于此；将西丰、定川两县并入临汝县，改称临川县。抚州辖临川、南城、崇仁、邵武四县，治所临川；大业三年(607)，改抚州为临川郡。唐武德五年(622)，改临川郡为抚州，辖八县；天宝元年(742)，改抚州为临川郡；乾元元年(758)，临川郡复为抚州；元和六年(811)，升抚州为上州。北宋初年，抚州为南唐辖地。开宝八年(975)，南唐亡，归宋，属江南西路。元朝至元十三年(1276)，为抚州路，属江西行中书省。明洪武元年(1368)正月，改抚州路为抚州府。清雍正九年(1731)，抚州、建昌两府改隶江西省南抚建道。民国二十四年，划为江西省第七行政区。1949年成立抚州分区，辖临川市及临川九县。1950年，临川市并入临川县。1951年，改临川县城关镇为抚州市临川县。1987年，临川县与抚州市合并设立县级临川市。2000年，设立地级抚州市，原县级临川市改为临川区，是抚州市委、市政府所在地，总面积2121平方公里，总人口130多万。

纵观历史，古临川治属相当于现在抚州市的绝大部分，并囊括了庐陵、豫章、瓯闽部分。东连吴越，西接潇湘，南控闽粤，北襟江湖，横跨吴、越、楚三地，为古代通往闽粤沿海地区的要冲。这里，地气殊异，山川炳灵，林奇谷秀，水绕川环。土地肥沃，气候温和，江山形胜而人稠勤富，交通便利而商贾常行。荆楚、吴越文化交汇于此，中原、闽粤文化滋润其中。秀美的风光，发达的农业，悠久的历史，丰厚的文化积淀，优越的地理位置，孕育出灿烂的"临川文化"。魏晋以来，特别是两宋以后，临川古郡，抚河两岸，名人辈出，文事昌盛，素有"才子之乡、文化之邦"的称誉。"邺水朱华，光照临川之笔"，这是"初唐四杰"之一的王勃在《滕王阁序》中对临川赞美的千古绝唱。古往今来临川出现的"子男双封爵，文武两状元，参政代天子，师保五六人，一门十进士，两朝四尚书，进士五十二，知县四十多，乡举百六余，会解监元群，乡贤祀十二，秀才如繁星"，就是临川才子大量涌现的生动写照。据有关资料统计，自宋而清，仅临川(抚州)进士及第者就有2000余人，涌现了举世瞩目的才子群体。王安石、汤显祖、曾巩、晏殊、晏几道、陆象山、乐史、饶节、谢逸、谢过、李觏、吴澄、纪大奎、李瑞清、谭纶、陈自明、危素、蔡上翔、吴与弼、罗汝芳、陈彭年、危亦林、邓茂七、徐奋鹏、陈际泰、罗万藻、章世纯、艾南英、黄爵兹、欧阳竟无等等，是临川(抚州)古代才子群体中的佼佼者。文化之邦，才子之乡，常是名人、墨客聚会之地。历史上有不少名人、学士来临川(抚州)任职和宦游。东晋王羲之、南朝谢灵运、唐朝颜真卿、南宋陆游等，曾在这里为官；宋代诗人黄庭坚、梅尧臣、范成大，明代思想家李贽、地理学家徐霞客也都来过此地游览常驻。《世说新语》的编著者刘义庆袭封临川王。这些名人、学士在临川都留下了大量遗墨华章，为闪光的临川才子群体增添了辉煌。近现代史上，抚州的政界要员、科技名流、文坛巨匠、音乐明星、留学博士同样各领风骚，为丰富和推动人类文明，做出了卓越的贡献。黄禄祥、饶毓泰、周建屏、赵醒侬、傅烈、游国恩、肖涤非、舒同、李井泉等，都是抚州人氏。

文中出现的鄱阳，也有必要详细介绍。为什么？就因为《容斋随笔》的作者洪迈是鄱阳人氏。

鄱阳县，位于江西省的东北部，鄱阳湖的东岸，属于江西省直管县。鄱阳县古称番邑、饶州，汉时更名鄱阳县。辖区面积4215平方公里，其中水域面积948.7平方公里，占辖区总面积的22.5%，因此有“中国湖城”的美誉，总人口157万多。春秋时期，鄱阳县为楚番邑。秦始皇二十六年（前221）置番阳县。西汉名鄱阳县，属豫章郡。建安十五年（210）属鄱阳郡，为郡治，郡县均治今古县渡。三国吴赤乌八年（245）鄱阳县还治今址。南朝、齐，鄱阳郡还治鄱阳县。梁承圣二年（553）分江州立吴州，领鄱阳郡，州郡同治鄱阳县。隋平陈属饶州，为州治，大业初复为鄱阳郡治。唐武德五年为饶州治，天宝元年（742）为鄱阳郡治，乾元元年（758）复为饶州治。元为饶州路辖区。明为饶州府辖区。民国时期，1912年废府属省，1914年属浔阳道，1926年复属省。新中国成立后，1952年属上饶专区，1957年改名波阳县，1971年属上饶地区。2003年恢复为鄱阳县。2014年，鄱阳县为江西省直管县。以洪迈为代表，鄱阳县的历史名人有：陶侃（259—334），字士行，一作士衡，东晋大司马。《晋书》《世说新语》等史书中有记载。陶母（243—318），陶侃的母亲，与孟母、欧母、岳母齐名，是著名的“四大贤母”之一。吉中孚（生卒年不详），大历十才子之一。吉中孚工诗，与卢纶、钱起等齐名。彭汝砺（1041—1095），字器资。宋英宗治平二年（1065）乙巳科状元。洪迈（1123—1202），字景卢，号容斋，洪皓第三子。南宋著名文学家。姜夔（1154—1221），字尧章，号白石道人。南宋文学家、音乐家。著有《白石道人歌曲》。周伯琦（1298—1369），元朝人，字伯温，号玉雪坡真逸。南海县主簿，后转为翰林修撰。胡克家（1756—1816），乾隆四十五年（1780）进士。著有《考异》十卷。

这篇短文中出现一个名人——欧阳询，两个县名——临川、鄱阳，还有一段叙述。作者洪迈要表达一个什么意思？是否可以理解为洪迈要说自己的家乡人杰地灵？这在文中显而易见。第一是在讲鄱阳之优。一是地方好，这里土地肥沃平坦，到处鲜花盛开，许多读书人常常聚会；二是特产丰，饮食丰盛又便宜，想吃什么就吃什么；三是人才多，而且各有特点，姓张的二位擅长议论，姓殷、姓薛的二位更不必说，戴君发言就成定论，萧中郎狂放不羁，彭君的《阁山神诗》前辈的文章大家也不能超过。第二是借欧阳询之笔来说。洪迈向世人证明,这些话是欧阳询说的,而且是刻在石刻上,以书法帖的形式展现的。欧阳询是大书法家,大文人,说出的话自然影响力大。第三,拿鄱阳与临川相比较。文章的出处在临川,临川知名度高,古往今来,人才辈出。但文章中说的却是鄱阳的旧事,讲的是地方好、物产丰、人才多。意思是临川好,鄱阳可以媲美。第四是讲鄱阳的衰落。如:“此数子遂无一在,殊使痛心。”这是欧阳询的原话,可以理解为对这些人才或故交的追忆。而洪迈说这些都是家乡的旧事了。总之,我们可以理解为:洪迈到临川,看到了欧阳询的法帖,又发现了帖上的这段文字,因为与自己的家乡有关,才专门记录下来。

黄鲁直诗

徐陵《鸳鸯赋》云:“山鸡映水那相得,孤鸾照镜不成双。天下真成长会合,无胜比翼两鸳鸯。”黄鲁直《题画睡鸭》曰:“山鸡照影空自爱,孤鸾舞镜不作双。天下真成长会合,两凫相倚睡秋江。”全用徐语点化之,末句尤精工。又有《黔南十绝》,尽取白乐天语,其七篇全用之,其三篇颇有改易处。乐天《寄行简》诗,凡八韵,后四韵云:“相去六千里,地绝天邈然。十书九不达,何以开忧颜!渴人多梦饮,饥人多梦餐。春来梦何处?合眼到东川。”鲁直翦为两首,其一云:“相望六千里,天地隔江山。十书九不到,何用一开颜?”其二云:“病人多梦医,囚人多梦赦。如何春来梦?合眼在乡社。”乐天《岁晚》诗七韵,首句云:“霜降水返壑,风落木归山。冉冉岁将晏,物皆复本源。”鲁直改后两句七字,作“冉冉岁华晚,昆虫皆闭关”。

这篇短文的核心是黄鲁直改诗,涉及两个诗人三首诗。一个是徐陵的《鸳鸯赋》。原诗是:“山鸡映水那相得,孤鸾照镜不成双。天下真成长会合,无胜比翼两鸳鸯。”黄鲁直的《题画睡鸭》全都是从徐陵的诗中加以变化提炼,尤其是最后一句,特别精妙传神。《题画睡鸭》全诗是:“山鸡照影空自爱,孤鸾舞镜不作双。天下真成长会合,两凫相倚睡秋江。”二是白居易的《寄行简》。原诗一共八韵,后面四韵说的是:“相去六千里,地绝天邈然。十书九不达,何以开忧颜!渴人多梦饮,饥人多梦餐。春来梦何处?合眼到东川。”黄鲁直《黔南十绝》,全都是取自白居易的诗,把它分成两首,一首写的是:“相望六千里,天地隔江山。十书九不到,何用一开颜?”另一首写的是:“病人多梦医,囚人多梦赦。如何春来梦?合眼在乡社。”三是白居易的诗《岁晚》。原诗一共七韵,第一韵写的是:“霜降水返壑,风落木归山。冉冉岁将晏，物皆复本源。”黄鲁直只是改了最后两句一共七个字变作：“冉冉岁华晚，昆虫皆闭关。”

黄鲁直，即黄庭坚（1045—1105），字鲁直，号山谷道人，晚号涪翁，洪州分宁（今江西省修水县）人，北宋著名文学家、书法家，为盛极一时的江西诗派开山之祖，与杜甫、陈师道和陈与义一同素有“一祖三宗”之称。与张耒、晁补之、秦观同游学于苏轼门下，合称“苏门四学士”。与苏轼齐名，世称“苏黄”。著有《山谷词》。黄庭坚书法独树一格，为“宋四家”之一。文学成就方面，黄庭坚是江西诗派的开派宗师和领袖。江西诗派是北宋后期形成的一个以杜甫为祖，黄庭坚、陈师道、陈与义为宗的诗歌流派，崇尚黄庭坚的诗学理论，且诗派成员大多受黄庭坚的影响，作诗风格以吟咏书斋生活为主，重视文字的推敲技巧。黄庭坚的诗以唐诗的集大成者杜甫为学习对象，构建并提出了“点铁成金”和“夺胎换骨”等诗学理论，成为江西诗派作诗的理论纲领和创作原则，对后世的文学创作产生了深远的影响。作为宋代大诗人之一，黄庭坚对宋诗的影响甚至超过了一代大文豪苏轼。苏轼作诗以气运笔、放笔纵意、纵横驰骋、大开大阖、变化莫测、结构复杂，无迹可求，所以苏诗成就虽高，师之者极少，未能形成流派。黄庭坚的创作思路则有迹可循，甚讲法度，便于学习，所以其追随者很多。黄庭坚的诗，法度严谨，说理细密，代表了宋诗的特点。可以说，黄庭坚诗是最具宋诗艺术特色的，受黄庭坚影响形成的江西诗派，也影响了南宋一代诗风，并对后世有深远影响。苏轼做侍从官时，曾举荐黄庭坚代替自己，推荐词中有“瑰伟之文，妙绝当世；孝友之行，追配古人”之句，可见推举之重。黄庭坚作诗一是注重用字。用字“要字字有来处”。时人评黄庭坚作诗“一字一句，必月锻季炼，未尝轻发”。黄庭坚还提出诗的“句中眼”，所谓“句中眼”即后人所说的“诗眼”，就是注重对关键字词的锤炼，如“春风又绿江南岸”之“绿”字，即是锤炼而来，可谓“置一字如关门之键”。二是重视句法。黄庭坚《送顾子敦赴河东》诗：“无人知句法，秋月自澄江。”何谓“句法”？从这句诗可以看出，黄庭坚诗的句法尚简易，如秋月澄江，明晰可感。在《与王观复第二书》中说：“但熟观杜子美到夔州后古律诗，便得句法简易而大巧出焉。平淡而山高水深，似欲不可企及，文章成就，更无斧齿凿痕，乃为佳耳。”三是讲究章法。黄庭坚讲章法命意言论甚多，如：“欲作楚辞，追配古人，直须熟读《楚辞》，观古人用意曲折处讲学之，然后下笔。譬如巧女绣妙一世，若欲作锦，必得锦机乃能作锦。”这里把章法结构喻为“锦机”。如：“山谷文章必谨布置，每见后学，多告以《原道》命意曲折。”又如：“作诗正如作杂剧，初时布置，临了须打浑，方是出场。”综合起来看，黄庭坚所谓章法是讲求诗的结构的曲折变化，而这些曲折变化是通过学习前人作品揣摩出来的。黄庭坚虽讲诗法，但他并不固守诗法，而是要求最终超越诗法，达到“不烦绳削而自合”的境界。

徐陵(507—583)，字孝穆，东海郯(今山东郯城)人，徐摛之子。南朝梁陈间诗人，文学家。早年即以诗文闻名。八岁能文，十二岁通《庄子》《老子》。长大后，博涉史籍，有口才。梁武帝萧衍时期，任东宫学士，常出入禁闼，为当时宫体诗人，与庾信齐名，并称“徐庾”。入陈后，历任尚书左仆射、中书监等职，继续宫体诗创作，诗文皆以轻靡绮艳见称。至德元年去世，时年七十七岁，赠镇右将军、特进，谥曰章。有四子：徐俭、徐份、徐仪、徐僔。文学成就体现在《玉台新咏》中，这是徐陵在梁中叶时选编的一部诗歌总集。有人怀疑此书非徐陵所编，而出于稍后之人，但此说尚不足以成定论。《玉台新咏》收入东周至梁诗歌共769篇。据近人考证，系专为梁元帝萧绎的徐妃排忧遣闷而编。在取材上，主要收男女闺情之作，大体不出离愁别恨、伤遇感时、中道弃捐等类，范围比较狭窄。但其中也收入了不少感情真挚并具有现实意义的诗篇，如汉乐府民歌《陌上桑》，中国古代长篇叙事诗《为焦仲卿妻作》(又名《孔雀东南飞》)、《上山采蘼芜》等。这些诗表现了真挚爱情和妇女的痛苦，说明《玉台新咏》所录诗作并非全是艳情诗。而这些民间文学作品都不见于萧统的《文选》，乃经《玉台新咏》的保存而得以流传。注本有清代纪容舒的《玉台新咏考异》等。

白居易(772—846)，字乐天，号香山居士，又号醉吟先生，祖籍太原，到其曾祖父时迁居下邽，生于河南新郑。唐代伟大的现实主义诗人，唐代三大诗人之一。白居易与元稹共同倡导新乐府运动，世称“元白”。与刘禹锡并称“刘白”。白居易的诗歌题材广泛，形式多样，语言平易通俗，有“诗魔”和“诗王”之称。官至翰林学士、左赞善大夫。公元846年，白居易在洛阳逝世，葬于香山。有《白氏长庆集》传世，代表诗作有《长恨歌》《卖炭翁》《琵琶行》等。白居易是中唐时期影响极大的大诗人，他的诗歌主张和诗歌创作，以其对通俗性、写实性的突出强调和全力表现，在中国诗史上占有重要地位。在《与元九书》中，他明确说：“仆志在兼济，行在独善。奉而始终之则为道，言而发明之则为诗。谓之讽谕诗，兼济之志也；谓之闲适诗，独善之义也。”由此可以看出，在白居易自己所分的讽谕、闲适、感伤、杂律四类诗中，前二类体现着他“奉而始终之”的兼济、独善之道，所以最受重视。诗的功能是惩恶劝善、补察时政，诗的手段是美刺褒贬、炯戒讽谕，所以他主张：“立采诗之官，开讽刺之道，察其得失之政，通其上下之情。”他反对离开内容单纯地追求“宫律高”“文字奇”，更反对齐梁以来“嘲风月、弄花草”的艳丽诗风；强调语言须质朴通俗，议论须直白显露，写事须绝假纯真，形式须流利畅达，具有歌谣色彩。也就是说，诗歌必须既写得真实可信，又浅显易懂，还便于入乐歌唱，才算达到了极致。白居易对诗歌提出的上述要求，全部目的只有一个，那就是补察时政。所以他紧接着说：“总而言之，为君、为臣、为民、为物、为事而作，不为文而作也。”（《新乐府序》）在《与元九书》中，他回顾早年的创作情形说：“自登朝来，年齿渐长，阅事渐多，每与人言，多询时务；每读书史，多求理道，始知文章合为时而著，歌诗合为事而作。”为时为事而作，首要的还是“为君”而作。他也说，“但伤民病痛，不识时忌讳”（《伤唐衢二首》其二），并创作了大量反映民生疾苦的讽谕诗，但总体指向却是“唯歌生民病，愿得天子知”（《寄唐生》）。因为只有将民情上达天听，皇帝开壅蔽、达人情，政治才会趋向休明。《琵琶行》与《长恨歌》是白居易写得最成功的作品，其艺术表现上的突出特点是抒情因素的强化。与此前的叙事诗相比，这两篇作品虽也用叙述、描写来表现事件，但却把事件简到不能再简，只用一个中心事件和两三个主要人物来结构全篇，诸如颇具戏剧性的马嵬事变，作者寥寥数笔即将之带过，而在最便于抒情的人物心理描写和环境气氛渲染上，则泼墨如雨，务求尽情，即使《琵琶行》这种在乐声摹写和人物遭遇叙述上着墨较多的作品，也是用情把声和事紧紧联结在一起，声随情起，情随事迁，使诗的进程始终伴随着动人的情感力量。除此之外，这两篇作品的抒情性还表现在以精选的意象来营造恰当的氛围，烘托诗歌的意境上。如《长恨歌》中“行宫见月伤心色，夜雨闻铃肠断声”，《琵琶行》中“枫叶荻花秋瑟瑟”“别时茫茫江浸月”等类诗句，或将凄冷的月色、淅沥的夜雨、断肠的铃声组合成令人销魂的场景，或以瑟瑟作响的枫叶、荻花和茫茫江月构成哀凉孤寂的画面，其中透露的凄楚、感伤、怅惘意绪为诗中人物、事件染色，也使读者面对如此意境、氛围而心旌摇荡，不能自已。白居易的思想，综合儒、释、道三家，以儒家思想为主导。孟子说的“达则兼济天下，穷则独善其身”是他终生遵循的信条。白居易不仅留下近三千首诗，还提出一整套诗歌理论。他把诗比作果树，提出“根情、苗言、华声、实义”（《与元九书》）的观点，他认为“情”是诗歌的根本条件，“感人心者莫先乎情”，而情感的产生又是有感于事而系于时政。因此，诗歌创作不能离开现实，必须取材于现实生活中的各种事件，反映一个时代的社会政治状况。白居易继承了《诗经》以来的比兴美刺传统，重视诗歌的现实内容和社会作用；强调诗歌揭露、批评政治弊端的功能；在诗歌表现方法上提出一系列原则，《与元九书》中他提出了著名的"文章合为时而著,歌诗合为事而作"的现实主义创作原则。

这篇短文叙述的是黄庭坚的诗歌创作,作者要表达的是一种不拘一格的思想,同时也反映出洪迈对诗歌的阅读与研究。黄庭坚一生创作2300多首诗词作品,白居易一生创作3000多首诗词作品,徐陵一生创作40多首诗词作品,而自《诗经》至洪迈时代,中国的诗词作品更是浩如烟海。如此之下,洪迈能从中对比到具体的几首诗,发现其中的奥秘,如果没有很大的阅读量,又怎么会写出这样的文章?对这篇短文,我们可以这样理解:一是对黄庭坚作品的推崇。在众多的诗词名家中,单以黄庭坚的诗作而论,不但对其作品熟悉,而且是对其创作风格的赞赏。二是对借用名人之句的认可。黄鲁直把白居易的诗《岁晚》"霜降水返壑,风落木归山。冉冉岁将晏,物皆复本源",只是改了最后两句一共七个字,变作"冉冉岁华晚,昆虫皆闭关"。三是对诗歌创作中锤炼的肯定。黄鲁直的《题画睡鸭》写道:"山鸡照影空自爱,孤鸾舞镜不作双。天下真成长会合,两凫相倚睡秋江。"全都是从徐陵的诗中加以变化提炼,尤其是最后一句特别精妙传神。四是对灵活多变诗风的关注。白居易的《寄行简》,黄鲁直既改又变,把它分成两首,一首写:"相望六千里,天地隔江山。十书九不到,何用一开颜?"另一首写:"病人多梦医,囚人多梦赦。如何春来梦?合眼在乡社。"从中我们体会到,学习名人也要灵活地学,不可生搬硬套;名人之句可用,不可望而生畏,用而却步。

《史记》世次

《史记》所纪帝王世次,最为不可考信,且以稷、契论之,人皆帝喾子,同仕于唐、虞。契之后为商,自契至成汤凡十三世,历五百余年。稷之后为周,自稷至武王凡十五世,历千一百余年。王季盖与汤为兄弟,而世之相去六百年,既已可疑。则周之先十五世,须每世皆在位七八十年,又皆暮年所生嗣君,乃合此数,则其所享寿皆当过百年乃可。其为漫诞不稽,无足疑者。《国语》所载太子晋之言曰:"自后稷之始基靖民,十五王而文始平之。"皆不然也。

这篇短文讲的是对《史记》中帝王世代次序的质疑,洪迈认为最经不起考验,甚至是荒谬的。如稷和契,二人都是帝喾的儿子,同在尧、舜时代做官。契的后代是商,从契到成汤共十三代,历时五百余年。稷的后代是周,从稷到武王,共十五代,历时一千一百多年。论辈分王季(文王之父)应和商汤是兄弟,差了两代,竟差了六百年,这已经很可疑了。这样说来,周朝的先人十五代,必须每代在位七八十年,又都是晚年得子,才符合此数。而他们所享的年寿,当超过一百岁才可以。《史记·国语》所载太子晋的话,“从后稷莫定基础,安定人民,经过十五代至文王才得天下”,都是不对的。

文中涉及《史记》和《帝王本纪》中的上古人物。我们理解,洪迈是对其中内容的质疑,而不是对《史记》的全部否定。所以,我们既要弄清《史记》,又要弄清短文中的上古人物。

《史记》,是西汉著名史学家司马迁撰写的一部纪传体史书,是中国历史上第一部纪传体通史,被列为“二十四史”之首,记载了上至上古传说中的黄帝时代,下至汉武帝元狩元年间共3000多年的历史。与后来的《汉书》《后汉书》《三国志》合称“前四史”。《史记》对后世史学和文学的发展都产生了深远影响。其首创的纪传体编史方法为后来历代“正史”所传承。同时,《史记》还被认为是一部优秀的文学著作,在中国文学史上有重要地位,被鲁迅誉为“史家之绝唱,无韵之《离骚》”,有很高的文学价值。刘向等人认为此书“善序事理,辩而不华,质而不俚”。《史记》全书包括:记历代帝王政绩的十二本纪,记诸侯国和汉代诸侯、勋贵兴亡的三十世家,记重要人物言行事迹的七十列传(主要叙人臣,其中最后一篇为自序),记大事年表的十表,记各种典章制度如礼、乐、音律、历法、天文、封禅、水利、财用的八书,共130篇,526500余字。其中,《十二本纪·五帝本纪》记载了上古帝王世代次序及主要成就,短文中的人物全部记载于此。

帝喾,姬姓,名俊(一作夋),五帝之一。出生于高辛,黄帝的曾孙,中国上古时期一位著名的部落联盟首领。《山海经》等古籍中天帝帝俊的原型就是帝喾。15岁受封为辛侯,30岁受禅即位,号高辛氏。春秋战国后,被列为“三皇五帝”中的第三位帝王。帝喾前承炎黄,后启尧舜,奠定华夏根基,是华夏民族的共同人文始祖。被商族认为是其第一位先祖。其祖父玄嚣,是黄帝次妃女节的大儿子;父亲名蟜极,颛顼是其伯父。帝颛顼死后,帝喾继承帝位,时年30岁。帝喾继为天下共主后,以亳为都城,以木德为帝,深受百姓爱戴,死后葬于故地辛,建有帝喾陵。

稷,后稷,姬姓,名弃,黄帝玄孙,帝喾嫡长子,母姜嫄,尧舜时期掌管农业之官,周朝始祖。后稷出生于稷山(今山西省稷山县),被称为稷王(也作稷神或者农神)。后稷为童时,好种树麻、菽。成人后,好耕农,相地之宜,善种谷物稼穑,民皆效法。后稷被尧举为“农师”,被舜命为后稷。后稷善于种植各种粮食作物,曾在尧舜时代当农官,教民耕种,被认为是开始种稷和麦的人。《诗经·大雅·生民》全诗64句,分8章,记录了关于始祖后稷的传说,大约很早就在周人内部口头流传，西周初年写定，是先秦时代汉民族的史诗之一。诗中追述周王朝的始祖后稷的事迹，主要记叙他出生的神奇和他在农业种植方面的特殊才能。在神话里，后稷是被当作农神的，这首诗所写的内容既有历史的成分，也有一些神话的因素。诗中叙说了怎样收获、脱粒、加工成熟食品，把它们放在祭祀用的豆器里，尊祖配天，香喷喷的熟食，连上帝也高兴地享受。文中还反映了西周时的农作物结构，从种到收的技术，直到祭祀祖先上帝为止，完整地把周族的农业起源、农业结构和操作技术内容，以歌颂的诗句，非常简洁而又生动地描述出来。

契，一作卨，子姓，尊称阏伯。上古时代汉族传说历史人物，五帝之一帝喾之子，帝尧的异母弟，生母为简狄，出生于上古时代的商。封为契玄王，尧称帝时为司徒。相传为帝喾后妃简狄吞玄鸟之卵而生。《左传》载："陶唐氏之火正契居商丘，祀大火，而火纪时焉。相土因之，故商主大火。"阏伯在公元前2400年，传说中的尧舜时代，发明了以火纪时的历法，在管火的同时曾筑台观察星辰，以此为依据测定一年的自然变化和年成的好坏，为中国古老的天文学做出了贡献。契在他的出生地与封地"商"（今商丘）做火正，呕心沥血，深受人民的爱戴，中国民间尊他为"火神"。契死后葬于封地，建有阏伯台，由于契的封号为"商"，他的墓冢也被称为"商丘"，即今商丘市的由来。

商朝（约前17世纪—前11世纪），因契被封于商，所以他的后世子孙商汤将自己在亳（今河南商丘）建立的王朝称为"商"。之后，商朝国都频繁迁移，至盘庚，又将国都迁往殷（今河南安阳），国都才稳定下来，商在此建都长达273年，所以商朝又称为"殷"或"殷商"。商朝是中国历史上继夏朝之后的一个王朝，相对于夏朝具有更丰富的考古发现。商朝的世系年代无定说，前后相传历17世31王，延续600年左右。

商汤（约前1670—前1587），即成汤，子姓，名履，又名天乙（殷墟甲骨文称成、唐、大乙，宗周甲骨文与西周金文称成唐），商丘人。汤是契的第十四代孙，主癸之子，商朝开国君主。商汤原是夏朝方国商国的君主，在伊尹、仲虺等人的辅助下陆续灭掉邻近的葛国（在今河南商丘宁陵）以及夏朝的方国韦（在今河南滑县，即后来的大彭）、顾（在今河南范县）、昆吾（在今河南许昌）等，十一征而无敌于天下，成为当时的强国，而后作《汤誓》，与桀大战于鸣条（今河南封丘东），最终灭夏。经过三千诸侯大会，汤被推举为天子，定都南亳（今河南商丘谷熟镇），定国号为"商"，成为商朝的开国君主。商汤吸取夏朝灭亡的经验教训作《汤诰》，要求其臣属"有功于民，勤力乃事"，否则就要"大罚殛汝"。对那些亡国的夏民，则仍保留“夏社”，并封其后人。汤注意“以宽治民”，因此在他统治期间，阶级矛盾较为缓和，政权较为稳定，国力也日益强盛。《诗·商颂·殷武》称：“昔有成汤，自彼氐羌，莫敢不来享，莫敢不来王，曰商是常。”商汤为商国君主17年，建立商朝后称王在位12年。百岁而崩，庙号商太祖，因其长子太丁早逝，由次子外丙继位。葬处据传有六处，多数认为是在今河南商丘北面。

周朝（前1046—前256），是中国历史上继商朝之后的朝代。周亦为“华夏”一词的创造者与最初指代。周朝共传30代37王，共计约791年。周朝分为“西周”（前11世纪中期—前771）与“东周”（前770—前256）两个时期。西周由周武王姬发创建，定都镐京（宗周），成王五年营建东都成周洛邑；公元前770年（周平王元年），平王东迁，定都雒邑（成周），此后周朝的这段时期称为东周。其中东周时期又称“春秋战国时期”，分为“春秋”及“战国”两部分。周朝是中国第三个也是最后一个世袭奴隶制王朝，其后的秦汉开始成为具有从中央到地方的统一政府的大一统国家。史书常将西周和东周合称为“两周”。在灭商之前，周部落源自华夏（汉）民族，因为遭到戎、狄等游牧部落的侵扰，周部落的首领古公亶父率领周人迁移到岐山（今陕西岐山县东北）下的平原定居下来，生活于渭河流域（陕西关中地区），其始祖姬弃就是被称为农神的“后稷”，《说文》云“黄帝居姬水（一说是陕西关中中部武功县一带的漆水河，另一说是位于陕西关中北部黄陵县附近的沮河，两河均是渭河的支流），以姬为氏，周人嗣其姓”，语言为上古汉语，文字上仍采用古汉字，在民间记事仍以龟骨和牛骨刻字记事为主，王室则以新兴的锦帛等记事为主。周朝行分封制，周王为“天下共主”。周人的祖先是黄帝曾孙帝喾、元妃姜嫄的儿子弃，即后稷。商朝初年，后稷的后代公刘率族人从邰迁到豳。周人早期居于陕西武功一带，公刘时，周部落则已迁居于豳（今陕西旬邑），由游牧部族转变为以农耕为主。自公刘起，又经九世传位，到古公亶父为部族首领时，周人受薰育戎侵袭逼迫，不得不远徙。他们越过漆、沮和梁山，迁至渭河流域岐山以南之周原。“周”字最初写法是上田下口，上下合成，后来演变为周字。

周武王，姬姓，名发（西周时代青铜器铭文常称其为珷），周文王姬昌与太姒的嫡次子，其正妻为邑姜，西周王朝开国君主，在位13年。因其兄伯邑考被商纣王所杀，姬发得以继位。姬发继承父亲遗志，于公元前11世纪消灭商朝，夺取全国政权，建立了西周王朝，表现出卓越的军事、政治才能，成为中国历史上的一代明君。周文王15岁时生武王，武王即位后，继续用姜子牙为国相，以兄弟周公旦、召公奭为助手，进一步整顿内政，增强军力，国力日益强盛。受命九年（约前

1048)姬发在盟津(孟津)大会诸侯,前来会盟的诸侯有800个,一起举行伐商演习。受命十一年(约前1046),商纣王穷兵黩武,持续发动征讨东南夷的战争,已把商朝弄得国困民乏。武王见时机已到,便联合庸、蜀、羌、髳卢、彭、濮等部族,亲率战车三百辆,虎贲三千、甲士四万五千,进攻朝歌,在牧野大败商军后攻入朝歌。商朝因为军人不足,故武装奴隶兵,奴隶对商厌弃,阵前倒戈,殷商大败,纣王自焚于鹿台,周武王以钺砍纣王遗体,代表诛杀商纣,殷商正式灭亡,史称武王克殷。周王朝建立,定都镐京(在今陕西西安西南)。周武王追封父亲为文王,并分封诸侯。

《国语》是中国最早的一部国别体著作,记录了周朝王室和鲁国、齐国、晋国、郑国、楚国、吴国、越国等诸侯国的历史。上起周穆王十二年(前990)西征犬戎,下至智伯被灭(前453年)。包括各国贵族间朝聘、宴飨、讽谏、辩说、应对之辞以及部分历史事件与传说。《国语》的作者,自古存在争议,迄今未有定论。最早提出《国语》作者为左丘明的是西汉大史学家司马迁。他在《报任安书》中说:“左丘失明,厥有《国语》。”此后东汉史学家班固在《汉书·艺文志》中也记载:“《国语》二十一篇,左丘明著。”但是在晋朝以后,许多学者都怀疑这类说法。晋代思想家傅玄最先提出反对意见,他在《左传·哀十三年:正义》中言:“《国语》非左丘明所作。凡有共说一事而二文不同,必《国语》虚而《左传》实,其言相反,不可强合也。”宋人刘世安、吕大光、朱熹,直至清人尤侗、皮锡瑞等也都对左丘明著《国语》存有疑问。宋代以来,包括康有为在内的多位学者怀疑《左传》为西汉刘歆的伪作。到了现代,学界仍然争论不休,一般都否认左丘明是国语的作者,但是缺少确凿的证据。普遍看法是,国语是战国初期一些熟悉各国历史的人,根据当时周朝王室和各诸侯国的史料,经过整理加工汇编而成。他们认为,《国语》并非出自一人、一时、一地。它主要来源于春秋时期各国史官的记述,后来经过熟悉历史掌故的人加工润色,大约在战国初年或稍后编纂而成。

太子晋(前565—前549),姓姬,名晋,是周灵王姬泄心的太子,人称太子晋。因被奉为王氏始祖,所以后世又称他为王子晋、王子乔或王乔。《列仙传》云:“王子乔者,周灵王太子晋也。好吹笙作凤凰鸣,游伊洛间,道士浮丘公接以上嵩高山上。三十年后,求之于山上,见桓良,曰:‘告我家,七月七日,待我于缑氏山头。’至时,果乘白鹤驻山头。望之不得见,举手谢时人,数日而去。”武则天借古喻今,对当时的大唐社会做了尽情的讴歌。说她是“承天命,开基业”,“正八柱于乾纲,纽四维于坤载”,“郎堤封于百亿,声教洽于无垠,被正朔于三千,文轨同于有载”，而且人口众多，政令通行，风调雨顺，五谷丰登，民族和睦，天下太平。在位二十七年的周灵王是东周时期一个平庸的帝王，但太子晋却口碑极佳，温良忠厚，聪明博学，年纪较轻就开始以太子的身份辅佐朝政。师旷是春秋时代著名的音乐家，晋平公派他晋见太子晋时，太子晋曾与他探讨君子之德。太子晋联系舜、禹、周文王、周武王的作为，精辟地阐述了自己的理解，使得曾经劝说晋平公治国要以“仁义为本”的师旷心悦诚服。周灵王二十一年（前551），谷、洛二水泛滥，王宫也受到洪水的威胁。就在这个时候，太子晋与周灵王在治洪策略上发生分歧。周灵王准备沿用壅堵的方法，太子晋反对道：“不可，曾听自古为民之长者，不堕高山，不填湖泽，不泄水源，天地自然有其生生制约之道。”同时以禹的父亲鲧用壅堵的方法治水失败的教训批评了周灵王的治水计划。忠言逆耳，也许是太子晋的批评过于尖锐，周灵王一怒之下将太子晋废黜为庶人。太子晋被废黜后，内心的苦闷可想而知，不到三年，就抑郁而终，年仅十七岁。就在师旷拜见太子晋的时候，见到太子面色发红，认为这是其身体不佳的兆示，太子晋预言说：“我再过三年，就要上天到玉帝之所。”太子晋的死神奇地验证了他的预言，正因为如此，民间逐渐将他传说成为一位神仙人物。《列仙传》中记载的神话故事说，太子晋喜欢吹笙，声音酷似凤凰鸣唱，游历于伊、洛之间，仙人浮丘生将他带往嵩山修炼。三十余年之后，一个名叫桓良的人遇见太子晋，太子晋对他说：“请你转告我的家人，七月七日与我在缑氏山相会。”到了那一天，太子晋乘坐白鹤出现在缑氏山之巅，可望而不可即，几天之后，太子晋挥手与世人作别，升天而去，这也就是“王子登仙”的传说。唐代武则天封禅泰山时，封太子晋为“升仙太子”，并为他立庙，多年之后武则天来到嵩山，立制了御书升仙太子碑。据说，河南偃师县缑氏山上仍有别名仙君观的升仙太子庙。后世的文人在他们的诗作中也常常引用这一典故，屈原在《远游》中有云：“轩辕不可攀援兮，吾将从王乔而娱戏。”李白也曾写过“吾爱王子乔，得道伊洛滨”的诗句。由此看来，“王子登仙”的神话传说在历史上影响还是比较大的。

弄清了这些人物关系之后，我们再来思考洪迈为什么能写出这篇短文。首先，洪迈对历史的研究。他熟读《史记》《国语》等历史著作，特别是对帝王世代次序经过了认真研究，对其中的人物关系也进行了厘清。其次，大胆的质疑。短文中说，稷的后代是周，从稷到武王，共十五代，历时一千一百多年。论辈分王季（文王之父）应和商汤是兄弟，差了两代，竟差了六百年，这已经很可疑了。这些都是建立在有所考证的基础上的，非是妄言。第三，经过阅读比较。洪迈将《史记》中的内容与《国语》中的内容经过比对，才得出了太子晋“从后稷莫定基础，安定人民，经过十五代至文王才得天下”的话是不正确的这样一个结论。当然，我们应该清楚，洪迈对《史记》中有关问题的质疑，这是一种学术精神，并非否定。正如太阳黑子不会影响太阳的光辉一样，《史记》中的瑕疵也不会影响它在史学史上的伟大地位！

唐重牡丹

欧阳公《牡丹释名》云：“牡丹初不载文字，唐人如沈、宋、元、白之流，皆善咏花，当时有一花之异者，彼必形于篇什，而寂无传焉，唯刘梦得有咏鱼朝恩宅牡丹诗，但云一丛千朵而已，亦不云其美且异也。”予按：白公集有《白牡丹》一篇十四韵，又《秦中吟》十篇，内《买花》一章，凡百言，云：“共道牡丹时，相随买花去。一丛深色花，十户中人赋。”而《讽谕乐府》有《牡丹芳》一篇，三百四十七字，绝道花之妖艳，至有“遂使王公与卿士，游花冠盖日相望”，“花开花落二十日，一城之人皆若狂”之语。又《寄微之百韵》诗云：“唐昌玉蕊会，崇敬牡丹期。”注：崇敬寺牡丹花，多与微之有期。又《惜牡丹》诗云：“明朝风起应吹尽，夜惜衰红把火看。”《醉归盩厔》诗云：“数日非关王事系，牡丹花尽始归来。”元微之有《入永寿寺看牡丹》诗八韵，《和乐天秋题牡丹丛》三韵，《酬胡三咏牡丹》一绝，又有五言二绝句。许浑亦有诗云：“近来无奈牡丹何，数十千钱买一窠。”徐凝云：“三条九陌花时节，万马千车看牡丹。”又云：“何人不爱牡丹花，占断城中好物华。”然则元、白未尝无诗，唐人未尝不重此花也。

这篇短文说的是文人赏咏牡丹之事，并列举了众多唐宋著名文人。首先，从欧阳修的《牡丹释名》说起：“牡丹最初不见文字记载，唐人像沈铨期、宋之问、元稹、白居易等，都是咏花能手，当时有一种奇异的花，都要写入诗中。然而却没有人写牡丹。只有刘禹锡有歌咏鱼朝恩宅中牡丹诗，也只说它一丛千朵罢了，并没有夸它美丽和奇异。”这是借欧阳修的文字说明唐朝最初是少有文人歌咏牡丹的。其次，洪迈又查阅了白居易诗作中对牡丹的描写。白乐天集中有《白牡丹》一篇，共十四韵，又有《秦中吟》十篇，其中有《买花》一章，共一百字，诗曰：“共道牡丹时，相随买花去。一丛深色花，十户中人赋。”他的《讽谕乐府》有《牡丹芳》一篇，三百四十七字，很讲花的妖艳，甚至有这样的句子：“遂使王公与卿士，游花冠盖日相望。”“花开花落二十日，一城之人皆若狂。”又《寄微之百韵》诗说：“唐昌玉蕊会，崇敬牡丹期。”自注：“崇敬寺正开牡丹花，常邀元微之去看。”又《惜牡丹》

诗说:“明朝风起应吹尽,夜惜衰红把火看。”《醉归盩厔》诗说:“数日非关王事系,牡丹花尽始归来。”第三,又从元稹的诗中说唐人喜咏牡丹。元微之有《入永寿寺看牡丹》诗八韵,《和乐天秋题牡丹丛》三韵,《酬胡三咏牡丹》一绝句,又有五言二绝句。第四,从许浑的诗说唐人诗咏牡丹。许浑也有诗说:“近来无奈牡丹何,数十千钱买一窠。”第五,还从徐凝的诗说唐人诗咏牡丹。徐凝诗曰:“三条九陌花时节,万马千车看牡丹。”又说:“何人不爱牡丹花,占断城中好物华。”第六,最后得出唐人重视牡丹的结论。洪迈认为:元稹、白居易不是没有牡丹诗,唐人也不是不重视牡丹。

欧阳修(1007—1072),字永叔,号醉翁、六一居士,吉州永丰(今江西省吉安市永丰县)人,北宋政治家、文学家,且在政治上负有盛名。因吉州原属庐陵郡,以“庐陵欧阳修”自居。官至翰林学士、枢密副使、参知政事,谥号文忠,世称欧阳文忠公。累赠太师、楚国公。后人又将其与韩愈、柳宗元和苏轼合称“千古文章四大家”。与韩愈、柳宗元、苏轼、苏洵、苏辙、王安石、曾巩被世人称为“唐宋散文八大家”。欧阳修是宋代文学史上最早开创一代文风的文坛领袖,领导了北宋诗文革新运动,继承并发展了韩愈的古文理论。他的散文创作的成就与其正确的古文理论相辅相成,从而开创了一代文风。欧阳修在变革文风的同时,也对诗风词风进行了革新。在史学方面,也有较高成就。

沈铨期(约656—715),字云卿,相州内黄(今属河南)人,唐代诗人。上元二年(675)进士及第,由协律郎累迁考功员外郎。神龙三年(707),召拜起居郎兼修文馆直学士,常侍宫中。后历中书舍人、太子少詹事。开元初卒。建安后,讫江左,诗律屡变,至沈约、庾信,以音韵相婉附,属对精密,及铨期与宋之问,尤加靡丽。回忌声病,约句准篇,如锦绣成文,学者宗之,号为沈宋。语曰:苏李居前,沈宋比肩。

宋之问(约656—712),字延清,汾州隰城县(今汾阳市)人,并无显赫的门第家世。上元二年(675),进士及第。武则天时,以文才为宫廷侍臣,颇受恩宠;后因结交张易之获罪,贬泷州参军。中宗景龙中转考功员外郎,与杜审言、薛稷等同为修文馆学士。睿宗景云元年(710)流放钦州。玄宗先天元年(712)被赐死。著有《宋之问集》。

元稹(779—831),字微之,河南府(今河南洛阳)人,唐朝著名诗人。北魏昭成帝拓跋什翼犍的第十世孙,父元宽,母郑氏。聪明过人,年少即有才名,与白居易同科及第,并结为终生诗友,二人共同倡导新乐府运动,世称“元白”。诗作号为“元和体”，给世人留下“曾经沧海难为水，除却巫山不是云”的千古佳句。其诗辞浅意哀，仿佛孤凤悲吟，极为扣人心扉，动人肺腑。元稹的创作，以诗成就最大。其乐府诗创作，多受张籍、王建的影响，而其“新题乐府”则直接缘于李绅。名作有传奇《莺莺传》《菊花》《离思五首》《遣悲怀三首》等。现存诗830余首，收录诗赋、诏册、铭谏、论议等共100卷，留世有《元氏长庆集》。短文中提到的元稹咏牡丹诗作有三首。一是《与杨十二、李三早入永寿寺看牡丹》：“晓入白莲宫，琉璃花界净。开敷多喻草，凌乱被幽径。压砌锦地铺，当霞日轮映。蝶舞香暂飘，蜂牵蕊难正。笼处彩云合，露湛红珠莹。结叶影自交，摇风光不定。繁华有时节，安得保全盛。色见尽浮荣，希君了真性。”二是《和乐天秋题牡丹丛》：“敝宅艳山卉，别来长叹息。吟君晚丛咏，似见摧颓色。欲识别后容，勤过晚丛侧。”三是《酬胡三凭人问牡丹》：“窃见胡三问牡丹，为言依旧满西栏。花时何处偏相忆，寥落衰红雨后看。”

刘禹锡(772—842)，唐代文学家、哲学家，字梦得，洛阳人，自称“家本荥上，籍占洛阳”，又自言系出中山。其先为中山靖王刘胜。有“诗豪”之称。贞元九年(793)，进士及第，初在淮南节度使杜佑幕府中任记室，为杜佑所器重，后从杜佑入朝，为监察御史。贞元末，与柳宗元、陈谏、韩晔等结交于王叔文，形成了一个以王叔文为首的政治集团。后历任朗州司马、连州刺史、夔州刺史、和州刺史、主客郎中、礼部郎中、苏州刺史等职。会昌时，加检校礼部尚书。卒年七十，赠户部尚书。刘禹锡诗文俱佳，涉猎题材广泛，与柳宗元并称“刘柳”，与韦应物、白居易合称“三杰”，并与白居易合称“刘白”，有《陋室铭》《竹枝词》《杨柳枝词》《乌衣巷》等名篇。哲学著作《天论》三篇，论述天的物质性，分析“天命论”产生的根源，具有唯物主义思想。著有《刘梦得文集》，存世有《刘宾客集》。

许浑(生卒年不详)，字用晦(一作仲晦)，唐代诗人，润州(今江苏镇江)人。晚唐最具影响力的诗人之一，七五律尤佳，唯诗中多描写水、雨之景，后人拟之与诗圣杜甫齐名，并以“许浑千首湿，杜甫一生愁”评价之。代表作有《咸阳城东楼》。短文中提到许浑咏牡丹的诗作有《杂俎》：“近来无奈牡丹何，数十千钱买一窠。今朝始得分明见，也共戎葵不校多。”

徐凝(生卒年不详)，浙江睦州分水人，唐代诗人，与白居易、元稹同时而稍晚。明人杨基《眉庵集》卷5“长短句体”赋诗云：“李白雄豪妙绝诗，同与徐凝传不朽。”徐诗留存102首，五七言绝句占了96首，其中五言绝句16首，七言绝句80首，七绝高手矣。提及徐凝的三首牡丹诗作，首首无以复加，为后人所推崇。代表作有《奉酬元相公上元》等。短文中提到徐凝咏牡丹诗《寄白司马》:“三条九陌花时节,万户千车看牡丹。争遣江州白司马,五年风景忆长安。”《牡丹》:“何人不爱牡丹花,占断城中好物华。疑是洛川神女作,千娇万态破朝霞。”

白居易,其生平成就已在前文《黄鲁直诗》中做介绍,这里只录入短文中提及白居易的咏牡丹诗作共六首。

《白牡丹》:“城中看花客,旦暮走营营。素华人不顾,亦占牡丹名。闭在深寺中,车马无来声。唯有钱学士,尽日绕丛行。怜此皓然质,无人自芳馨。众嫌我独赏,移植在中庭。留景夜不暝,迎光曙先明。对之心亦静,虚白相向生。唐昌玉蕊花,攀玩众所争。折来比颜色,一种如瑶琼。彼因稀见贵,此以多为轻。始知无正色,爱恶随人情。岂惟花独尔,理与人事并。君看入时者,紫艳与红英。”

《买花·牡丹》:“帝城春欲暮,喧喧车马度。共道牡丹时,相随买花去。贵贱无常价,酬直看花数。灼灼百朵红,戋戋五束素。上张幄幕庇,旁织巴篱护。水洒复泥封,移来色如故。家家习为俗,人人迷不悟。有一田舍翁,偶来买花处。低头独长叹,此叹无人喻。一丛深色花,十户中人赋。”

《牡丹芳》:“牡丹芳,牡丹芳,黄金蕊绽红玉房。千片赤英霞烂烂,百枝绛点灯煌煌。照地初开锦绣段,当风不结兰麝囊。仙人琪树白无色,王母桃花小不香。宿露轻盈泛紫艳,朝阳照耀生红光。红紫二色间深浅,向背万态随低昂。映叶多情隐羞面,卧丛无力含醉妆。低娇笑容疑掩口,凝思怨人如断肠。浓姿贵彩信奇绝,杂卉乱花无比方。石竹金钱何细碎,芙蓉芍药苦寻常。遂使王公与卿士,游花冠盖日相望。庳车软舆贵公主,香衫细马豪家郎。卫公宅静闭东院,西明寺深开北廊。戏蝶双舞看人久,残莺一声春日长。共愁日照芳难驻,仍张帷幕垂阴凉。花开花落二十日,一城之人皆若狂。三代以还文胜质,人心重华不重实。重华直至牡丹芳,其来有渐非今日。元和天子忧农桑,恤下动天天降祥。去岁嘉禾生九穗,田中寂寞无人至。今年瑞麦分两岐,君心独喜无人知。无人知,可叹息。我愿暂求造化力,减却牡丹妖艳色。少回卿士爱花心,同似吾君忧稼穑。”

《寄微之百韵》:“忆在贞元岁,初登典校司。身名同日授,心事一言知。肺腑都无隔,形骸两不羁。疏狂属年少,闲散为官卑。分定金兰契,言通药石规。交贤方汲汲,友直每偲偲。有月多同赏,无杯不共持。秋风拂琴匣,夜雪卷书帷。高上慈恩塔,幽寻皇子陂。唐昌玉蕊会,崇敬牡丹期……”

《惜牡丹花》:“惆怅阶前红牡丹,晚来唯有两枝残。明朝风起应吹尽,夜惜衰红把火看。”

《醉中归盩厔》:“金光门外昆明路,半醉腾腾信马回。数日非关王事系,牡丹花尽始归来。”

最后,我们再分析一下洪迈写这篇短文的原因。文章的标题是《唐重牡丹》,实际就是洪迈的观点。为了说明这个观点,他纠正了另一个观点,就是欧阳修《牡丹释名》云:“牡丹初不载文字,唐人如沈、宋、元、白之流,皆善咏花,当时有一花之异者,彼必形于篇什,而寂无传焉,唯刘梦得有咏鱼朝恩宅牡丹诗,但云一丛千朵而已,亦不云其美且异也。”欧阳修是北宋文学家,当时的文化名人,一般人不会随意发表质疑之言。但洪迈却对其看法提出质疑。我们从以下几个角度来分析这个问题。一是从唐代社会经济发展的形态看,唐人的牡丹情结反映出大唐的经济兴盛。史称上古无牡丹之名,统称芍药,花大而色深者称木芍药。汉代以牡丹为木芍药,唐武则天以后始盛,最著者有姚黄魏紫。开元、天宝年间,禁中皆呼木芍药为牡丹,盛行于长安。至宋代,以洛阳牡丹为天下第一。自唐讫宋,即有花王之誉。晚唐皮日休《牡丹》诗有云:“落尽残红始吐芳,佳名唤作百花王。”尚花与赏花,与人们的生活息息相关,也折射和牵动着时代气象。不同的时代风尚,就会出现不同的社会意象。唐代的社会繁荣,使整个社会呈现出一种雍容华贵,在人们的潜意识中就必须有一种事物来寄托,于是唐人就选择了牡丹。牡丹的雍容华贵、美艳绝伦、国色天香,成为富贵的象征,也为唐人所喜爱,当然会成为唐代人们最重要的审美对象。唐代诗人李正封“天香夜染衣,国色朝酣酒”,给牡丹的“国色天香”做了准确定位。二是从唐代社会文化发展的形态看,唐人的牡丹情结反映出大唐的思想开放。经济繁荣承载了文化繁荣,文化兴盛激发了整个社会的思想活跃。唐代科举制度逐步完善,朝廷打破魏晋以来世族门阀的政治局限和人才选拔垄断,庶族士人得到了广阔的发展空间,心中充满着梦想的欢悦,整个社会呈现出开放的文风。而经济发展、城市扩张、民生改善,也使生活在社会底层的庶民们产生了更多的文化审美需求。这样,上层社会与下层社会形成了一种文化共鸣,就构成“牡丹”怒放的时代特征。三是从唐代诗人歌咏牡丹的内容看,唐人的牡丹情结反映出大唐的社会矛盾。这些诗歌中,有直接赞美牡丹形色之美的,如刘禹锡《赏牡丹》:“唯有牡丹真国色,花开时节动京城”;有描述当时社会有关牡丹的习俗与风尚的,如邵雍《洛阳春吟》:“洛阳人惯见奇葩,桃李花开未当花。须是牡丹花盛发,满城方始乐无涯”;有借牡丹抒怀表达诗人思想情感的,如陈与义《牡丹》:“一自胡尘入汉关,十年伊洛路漫漫。青墩溪畔龙钟客,独立东风看牡丹”,徐夤《郡庭惜牡丹》:“断肠东风落牡丹,为祥为瑞久留难。青春不驻堪垂泪,红艳已空犹倚栏”;有通过牡丹反映社会各阶层差别的,如白居易《买花》:“一丛深色花,十户中人赋”,《牡丹芳》:“花开花落二十日,一城之人皆若狂。……我愿暂求造化力,减却牡丹妖艳色。少回卿士爱花心,同似吾君忧稼穑”;有借牡丹谴责当时社会问题的,如王毂《赏牡丹》:“牡丹娇艳乱人心,一国如狂不惜金”。因此,洪迈的这篇短文,展示了人们尚花、赏花、爱花的精神风貌,也反映了唐代的社会问题,具有较高的文化追求和思想境界。至于欧阳修说唐人诗作中少咏牡丹,则确实与事实不符。

汉采众议

汉元帝时,珠崖反,连年不定。上与有司议大发军,待诏贾捐之建议,以为不当击。上以问丞相、御史,御史大夫陈万年以为当击,丞相于定国以为捐之议是,上从之,遂罢珠崖郡。匈奴呼韩邪单于既事汉,上书愿保塞上谷以西,请罢边备塞吏卒,以休天子人民。天子令下有司议,议者皆以为便,郎中侯应习边事,以为不可许。上问状,应对十策,有诏勿议罢边塞事。成帝时,匈奴使者欲降,下公卿议,议者言宜如故事受其降。光禄大夫谷永以为不如勿受,天子从之。使者果诈也。哀帝时,单于求朝,帝欲止之,以问公卿,亦以为虚费府帑,可且勿许。单于使辞去。黄门郎扬雄上书谏,天子寤焉,召还匈奴使者,更报单于书而许之。安帝时,大将军邓骘欲弃凉州,并力北边,会公卿集议,皆以为然,郎中虞诩陈三不可,乃更集四府,皆从诩议。北匈奴复强,西域诸国既绝于汉,公卿多以为宜闭玉门关绝西域。邓太后召军司马班勇问之,勇以为不可,于是从勇议。顺帝时,交趾蛮叛,帝召公卿百官及四府掾属,问以方略,皆议遣大将发兵赴之,议郎李固驳之,乞选刺史太守以往,四府悉从固议,岭外复平。灵帝时,凉州兵乱不解,司徒崔烈以为宜弃,诏会公卿百官议之,议郎傅燮以为不可,帝从之。此八事者,所系利害甚大,一时公卿百官既同定议矣,贾损之以下八人,皆以郎大夫之微,独陈异说。汉元、成、哀、安、顺、灵皆非明主,悉能违众而听之,大臣无贤愚亦不复执前说,盖犹有公道存焉。每事皆能如是,天下其有不治乎?

这篇短文说的是汉朝时期关乎国家兴亡的八件事。一是珠崖之乱。汉元帝时候,珠崖(在今海南琼山县东南)反叛,几年平定不了。皇帝和大臣商议用兵平叛,待诏贾捐之建议,以为不应当打。皇帝便问丞相和御史,御史大夫陈万年认为应当打,丞相于定国以为贾捐之的建议对,皇帝采用了贾捐之的意见,撤销了珠崖郡。二是裁撤边备。匈奴呼韩邪单于既归服了汉朝，上书说愿意保卫汉朝边塞，从上谷（今北京市怀来县东南）以西，撤走汉朝守边的军队，让人民得以休养生息。皇帝让大臣们商议，都以为可行。郎中侯应熟悉边疆情况，以为不可答应。皇帝询问情况，侯应提出了十条不能答应的意见，皇帝于是下诏不可再谈撤掉边备。三是匈奴诈降。汉成帝时候，匈奴使者想要投降，皇帝召大臣们商议，大臣们主张应按旧例接受投降。光禄大夫谷永以为不可答应，皇帝采纳了谷永的意见。使者果然是诈降。四是单于朝见。汉哀帝时候，单于要求朝见皇帝，皇帝不想答应，便征求大臣意见，大臣们也认为耗费国家钱财，不宜答应，单于使臣便走了。黄门郎扬雄上书劝谏，皇帝省悟过来，召回匈奴使臣，另写了诏书，答应了单于的请求。五是巩固凉州。汉安帝时候，大将军邓骘想放弃凉州，加强力量，以对付北方边患。朝廷召集公卿商议，都以为可行。郎中虞诩陈述了三条意见，以为不能放弃。于是又召集四府（丞相、御史、车骑将军、前将军）商议，都同意虞诩的建议。六是玉门守关。北匈奴再度强盛，西域诸国断绝了和汉朝的关系，大臣们多主张关闭玉门关（今甘肃敦煌市西北小方盘城），和西域断绝交往。邓太后召来军司马班勇，询问他的意见，班勇以为不宜断绝，于是采纳了班勇的意见。七是安抚交趾。汉顺帝时候，交趾（今越南河内一带）蛮反叛，皇帝召集公卿百官和四府的僚属商讨对策，都主张派大将进兵征讨，议郎李固提出反对意见，要求选派刺史太守去安抚，四府都听从了李固的意见，岭南又安定下来。八是稳定凉州。汉灵帝时候，凉州军士骚乱不止，司徒崔烈以为应该放弃，朝廷乃召集公卿百官商议，议郎傅燮以为不能放弃，皇帝听从了傅燮的建议。这八件事，都关系着国家成败，当时公卿百官都有了共同意见，贾捐之等八人，都是郎、大夫一类的小官，却敢提出不同意见。汉元帝、成帝、哀帝、安帝，顺帝、灵帝都不是英明的皇帝，却都能够违背众人，听从他们的意见，大臣们不论贤愚，也不再坚持前议，这是公道还存在的表现。洪迈认为，如果每件事都能这样，天下就太平了。

汉元帝刘奭（前74—前33），是汉宣帝刘询与嫡妻许平君所生之子，西汉第十一位皇帝。刘奭出生几个月后，刘询即位为帝。两年后，其母许平君被霍光妻子霍显毒死。地节三年（前67）四月，刘奭被立为太子。黄龙元年（前49）十月，汉宣帝驾崩，皇太子刘奭继位，是为汉元帝。汉元帝多才艺，善史书，通音律，少好儒术，为人柔懦。在位期间，因为宠信宦官，导致皇权式微，朝政混乱不堪，西汉由此走向衰落。竟宁元年（前33），汉元帝在长安未央宫病死，终年42岁，在位

16年，葬于渭陵。汉元帝期间，在汉匈关系上发生过两件大事，一件是陈汤平灭郅支，一件是昭君出塞。班固《汉书·元帝纪第九》载："壮大，柔仁好儒。""臣外祖兄弟为元帝侍中，语臣曰：元帝多材艺，善史书。鼓琴瑟，吹洞箫，自度曲，被歌声，分刌节度，穷极幼眇。少而好儒，及即位，征用儒生，委之以政，贡、薛、韦、匡迭为宰相。而上牵制文义，优游不断，孝宣之业衰焉。然宽弘尽下，出于恭俭，号令温雅，有古之风烈。"

汉成帝刘骜（前51—前7），西汉第十二位皇帝，汉元帝刘奭与孝元皇后王政君所生嫡子。汉成帝即位后，荒于酒色，外戚擅政，大政几乎全部为太后王氏一族掌握，为王莽篡汉埋下了祸根，各地相继爆发农民起义和铁官徒起义。汉成帝竟宁元年至绥和二年（前33—前7）在位，终年44岁，共在位25年。谥号孝成皇帝，庙号统宗，葬于延陵。主要成就：一是重视农业。汉成帝在位时，农学家氾胜之被举荐到长安，担任议郎，又被任命为劝农使者，负责"教田三辅"。氾胜之"教田三辅"成绩卓著，被提升为御史。他还将关中地区大规模农业生产的实践，关中地区以及当时中国北方黄河中下游广大地区的农业生产，进行了全面系统的总结，撰成了一部农书——《氾胜之书》。这是中国第一部较为完整的农业科学专著，对后世产生了深远的影响。唐贾公彦《周礼疏》说："汉时农书数家，氾胜为上。"二是采集图书。河平三年（前26），汉成帝鉴于秘府之书多有亡散残缺，继汉武帝刘彻之后，又一次大规模地在全国范围内采访图书文献。这一时期的图书征集和编校文献活动，对后世的目录学、校雠学、藏书学有十分深远的影响。最早的分类法和目录《别录》《七略》就在此间问世，开创了世界上最早的图书分类、编目工作的实践。三是结好邻邦。河平四年（前25）正月，匈奴单于来长安朝汉。同年四月，罽遣使朝汉。

汉哀帝刘欣（前25—前1），字和，汉元帝刘奭之孙，汉成帝刘骜之侄，定陶恭王刘康之子，母丁姬，西汉第十三位皇帝，在位7年。阳朔二年（前23）八月二十二日，其父定陶恭王刘康去世，刘欣袭封定陶王爵位。刘欣年长后，伯父汉成帝无子嗣，在与叔父中山王刘兴经过一年的激烈争夺后，于绥和元年（前8）被立为太子。绥和二年（前7）三月十八日，汉成帝病逝，刘欣即位为帝，改元建平元年。元寿二年（前1）六月初三日，在位仅7年的刘欣驾崩，时年25岁，谥号孝哀皇帝，葬于义陵。在位时期的经济状况是，宫室、苑囿、府库的收藏已经很多，百姓资财富有虽比不上汉文帝、汉景帝时期，但天下的人口是最多的；军事上，继位前因封地靠近边境而时常与外族爆发战争，继位后即命大将军霍照统领十万兵征讨边疆得胜而归。

汉安帝刘祜(94—125),东汉第六位皇帝,在位19年。他是汉章帝的孙子,当年被废太子清河王刘庆的儿子,母左小娥。范晔《后汉书·孝安帝纪》评价:孝安虽称尊享御,而权归邓氏,至乃损彻膳服,克念政道。然令自房帷,威不逮远,始失根统,归成陵敝。遂复计金授官,移民逃寇,推咎台衡,以答天眚。既云哲妇,亦"惟家之索"矣。安德不升,秕我王度。降夺储嫡,开萌邪蠹。冯石承欢,杨公逢怒。彼日而微,遂祲天路。

邓太后邓绥(81—121),南阳新野人,东汉王朝著名女政治家,东汉王朝第四代皇帝汉和帝的皇后。邓绥系出名门,其祖父正是向光武帝刘秀进献了"图天下策"的东汉开国重臣、云台二十八将之首的太傅高密侯邓禹。邓绥15岁入宫,22岁被册封为皇后。东汉延平元年(106),年仅27岁的汉和帝突然驾崩,面对着"主幼国危"的局面,25岁的邓绥临朝称制。邓绥执政期间,对内帮助东汉王朝度过了"水旱十年"的艰难局面,对外则坚决派兵镇压了西羌之乱,使得危机四伏的东汉王朝转危为安,被誉为"兴灭国,继绝世"。但另一方面,邓绥亦有专权之嫌,其废长立幼,临朝称制达十六年而不愿还政于刘氏,朝中多有非议。东汉永宁二年(121),邓绥驾崩,谥号"和熹",与汉和帝合葬于慎陵。

汉顺帝刘保(115—145),汉安帝刘祜之子,母宫人李氏,东汉第七位皇帝,在位20年,享年31岁,庙号敬宗(后除庙号),谥号孝顺皇帝,葬于宪陵。

汉灵帝刘宏(156或157—189),生于冀州河间国(今河北深州)。汉章帝刘炟的玄孙。世袭解渎亭侯,父刘苌早逝,母董氏。永康元年(167)十二月,汉桓帝刘志逝世,刘宏被外戚窦氏挑选为皇位继承人,于建宁元年(168)正月即位。刘宏在位期间,大部分时间施行党锢及宦官政治,又设置西园,巧立名目搜刮钱财,甚至卖官鬻爵以用于自己享乐,在位晚期爆发了黄巾起义,而凉州等地也陷入持续动乱之中。中平六年(189),刘宏去世,谥号孝灵皇帝,葬于文陵。刘宏喜好辞赋,作有《皇羲篇》《追德赋》《令仪颂》《招商歌》等。后人评价中,诸葛亮《出师表》云:"亲贤臣,远小人,此先汉所以兴隆也;亲小人,远贤臣,此后汉所以倾颓也。先帝在时,每与臣论此事,未尝不叹息痛恨于桓、灵也。"

介绍了汉朝六位皇帝和一位太后,我们分析洪迈这篇短文的意义。上述六位皇帝中,汉元帝、汉成帝、汉哀帝三位西汉皇帝,汉安帝、汉顺帝、汉灵帝三位东汉皇帝,都不是强势英明的皇帝,倒是东汉邓太后强于众帝。文中叙述的八件事,都是事关汉朝国家领土完整、边疆巩固、社会稳定的大事,但处理的结果,以现在的眼光回顾,无疑是举措得当的。而且,提出反对意见被皇帝采纳者,都是地位并不很高的小官。这至少说明了三个问题:一是尊重事实。现在我们讲“没有调查就没有发言权”,在古代也是要尊重实际情况的。提出意见并被皇帝采纳其意见的小官,他们对具体情况应该是很熟悉的。这些正确的建议,得到了大家的采纳,其实反映出对事实的尊重。就是在现代社会,也会有官员层层阿谀逢迎,报喜不报忧,致使不熟悉具体情况和不干事者往往掌握了话语权,而上层一些官员则自以为是,造成官风世风之弊。二是民主思想。汉元帝、成帝、哀帝、安帝、顺帝、灵帝都不是英明的皇帝,但能够不从众人,听从这些小吏的意见,这说明皇帝有某种程度上的民主意识,在有关军国大事上还是清醒的。三是公道至上。众多大臣,不论贤愚,对正确的意见不再坚持反对,也不再坚持前议,是因为公道的存在。什么是公道?公道就是从大局出发,尊重具体事实,不掺夹个人好恶与私心杂念。以史为鉴,洪迈借此强调,天下之事应该讲公道、重公理。

俗语有所本

俗语谓钱一贯有畸曰千一、千二,米一石有畸曰石一、石二,长一丈有畸曰丈一、丈二之类。按《考工记》:“殳长寻有四尺。”注云:“八尺曰寻,殳长丈二。”《史记·张仪传》:“尺一之檄。”汉淮南王安书云:丈一之组。《匈奴传》:尺一牍。《后汉》:尺一诏书。唐,城南去天尺五之类,然则亦有所本云。

这篇短文说的是古代人们对事物定量的习惯。习惯,就是约定俗成的表达方式。这篇短文翻译成现代白话文是这样的:俗语说钱一吊有余叫一千一、一千二,米一石有余叫一石一、一石二,长一丈有余叫一丈一、一丈二等。按《考工记》:“殳长寻又四尺。”《注》说:“八尺叫寻,殳长一丈二。”《史记·张仪传》:一尺一的木简。汉淮南王刘安书说:一丈一的绦。《史记·匈奴传》说:一尺一的木牍。《后汉书》说:一尺一的诏书。唐时谣谚说“城南韦杜,去天尺五”之类,那也都是有根据的呀!

“城南韦杜,去天尺五”出自汉辛氏《三秦记》。天指宫廷或皇帝。这里有两层意思:一是与宫廷距离近。二是极言地势之高。“韦杜”指的是唐代长安城南韦氏和杜氏,都是世代相传的贵族,两家都离皇帝很近。

从这篇短文中我们可以得出这样几点启示:一是数量判定是有标准的。如:钱一吊有余,米一石有余,长一丈有余等,都有规定,应是大家都认同的。二是民间俗语是有依据的。如:八尺叫寻,一尺一的木简,一丈一的绦,一尺一的木牍,一尺一的诏书，还有“城南韦杜，去天尺五”等。三是说话办事要有根据。日常生活中，无论做什么事，说什么话，都要有所依据。

典章轻废

典帝故事，有一时废革遂不可复者。牧守铜鱼之制，新除刺史给左鱼，到州取州库右鱼合契。周显德六年，诏以特降制书，何假符契？遂废之。唐两省官上事宰臣，送上，四相共坐一榻，各据一隅，谓之押角。晋天福五年，敕废之。

这篇短文说的是：典章旧事，有一时废除就不能再恢复。太守发给合铜鱼的制度，新任命的刺史给左半个鱼，各州刺史到州以后，取出库存的右半个鱼验证符合才算数。周世宗显德六年，诏命称任官时特下诏书，还用什么符契？就把这个制度废除了。唐朝两省官员有事上报宰相，送上以后，四个宰相，同坐一个矮床上，各占一角，叫押角。晋高祖天福五年，下诏废掉了。

铜鱼即铜鱼符，铜制的鱼形符信，古代官员用以证明身份和征调兵将的凭证；也是郡县长官或官职的代称。铜鱼之制在后周世宗显德六年废除，但后世仍以“铜鱼符”“铜符”作为郡县长官或官职的代称。《隋书·高祖纪下》：“丁亥，制京官五品已上，佩铜鱼符。”《旧唐书·职官志二》：“凡国有大事，则出纳符节，辨其左右之异，藏其左而班其右，以合中外之契焉。一曰铜鱼符，所以起军旅，易守长。”宋程大昌《演繁露·罢太守铜鱼》：“唐制，太守交事皆合铜鱼为信，周世宗显德六年以除州自有制书，罢铜鱼不用。”

押角指坐于榻角。押角是唐中书省和门下省官员上事之制。宋庞元英《文昌杂录补遗》记述，唐国子祭酒李涪作《刊误》云：“两省官上事日，宰相临焉。上事者，设床几面南而坐，判三道案，宰相别施一床，连上事官南坐于四隅，谓之押角。”

洪迈在短文中讲了两个制度被废止的事情。一个是铜鱼之制，另一个是押角之制。作者借此阐述了自己的观点：有的规章制度，如果一时废除也就不能再恢复了。当然，不是所有的，只是强调有一些无法恢复。我们可以借此讨论一下制度问题。制度是一种社会规范，存在的意义在于降低社会成本。人类社会产生以来就产生了制度，就是原始社会也不例外。制度使整个社会行为更加规范，大大降低了社会运行成本。如果制度失范，社会混乱动荡，就会增加全社会的成本，无论对于统治阶层，还是平民百姓。历史不断向前，社会不断发展，新制度会不断产生，旧的制度会不断消亡，新制度会代替旧制度，因为新制度可能成本更低，这是社会发展的规律。回望历史，历朝历代的统治者都有改革的举措，而改革的核心就是制度改革，有的成功，有的失败，也有的付出了沉重的、血淋淋的代价。但有一点毋庸置疑，凡是强盛的王朝，都是在制度改革上取得成效的。因此，铜鱼之制与押角之制能否恢复，有无必要恢复，全在于社会的需要。

张浮休书

张芸叟《与石司理书》云："顷游京师，求谒先达之门，每听欧阳文忠公、司马温公、王荆公之论，于行义文史为多，唯欧阳公多谈吏事。既久之，不免有请：'大凡学者之见先生，莫不以道德文章为欲闻者，今先生多教人以吏事，所未谕也。'公曰：'不然。吾子皆时才，异日临事，当自知之。大抵文学止于润身，政事可以及物。吾昔贬官夷陵，方壮年，未厌学，欲求《史》《汉》一观，公私无有也。无以遣日，因取架阁陈年公案，反覆观之，见其枉直乖错不可胜数，以无为有，以枉为直，违法徇情，灭亲害义，无所不有。且夷陵荒远褊小，尚如此，天下固可知也。当时仰天誓心曰：自尔遇事不敢忽也。'是时苏明允父子亦在焉，尝闻此语。"又有答孙子发书，多论《资治通鉴》，其略云："温公尝曰：'吾作此书，唯王胜之尝阅之终篇，自余君子求乞欲观，读未终纸，已欠伸思睡矣。书十九年方成，中间受了人多少语言陵藉。'"云云。此两事，士大夫罕言之，《浮休集》百卷，无此二篇。今豫章所刊者，附之集后。

这篇短文说的是张芸叟《与石司理书》和答孙子发书中的两个故事和洪迈的看法。一个是《与石司理书》中的故事：最近到京城，要求拜见前辈官员，常听欧阳文忠公（修）、司马温公（光）、王荆公（安石）等人的议论，在道德文章方面为多，只有欧阳公多讲居官的事情。时间久了免不了就问他："凡是读书人来见先生，没有不想听道德文章的，现在先生教人最多的是居官的道理，这是我不明白的。"欧阳公说："不是这样，你是现时的人才，以后做官理政，就会知道。大凡文学只能使自己光彩，政事可以影响事物。我过去贬官到夷陵（今湖北宜昌市），正在壮年，向往学习，想找《史记》《汉书》看看，公家私人都没有。无法打发日子，因此去取架上的旧案卷宗，反复阅读，见里边冤判枉判差错的，数不胜数，把理屈作为理直的，违反法律徇私情的，害死亲人破坏道义的，什么样的都有。夷陵是荒僻的小县，尚且这样，整个中国就可想而知了。当时我对天发誓说：从此处理政事，不敢疏忽大意。"当时苏明允父子也在座，曾听到这话。另一个是答孙子发书的故事，书中多谈论《资治通鉴》的事。司马温公曾说："我著此书，只有王胜之读完过，其余众官员，找此书想看，一页都没有读完，就打呵欠伸懒腰想睡觉了。这书经过十九年才写成，中间受到了多少人的语言糟蹋。”洪迈最后总结对这两件事的看法：士大夫很少谈到，《浮休集》一百卷，没有这两篇，现在豫章（今江西南昌市）刊刻的《浮休集》附在了后面。

张芸叟，即张舜民，生卒年不详，北宋文学家、画家。字芸叟，自号浮休居士，又号矴斋。邠州（今陕西彬县）人。诗人陈师道之姊夫。英宗治平二年（1065）进士，为襄乐令。元丰中，环庆帅高遵裕辟掌机密文字。元祐初做过监察御史。为人刚直敢言。徽宗时升任右谏议大夫，任职七天，言事达六十章，不久以龙图阁待制知定州。后又改知同州。曾因元祐党争事，牵连治罪，被贬为楚州团练副使，商州安置。后又出任过集贤殿修撰。张舜民随高遵裕西征灵夏，无功而还，他作诗嘲讽，有“灵州城下千株柳，总被官军斫作薪”及“白骨似沙沙似雪，将军休上望乡台”（《西征途中二绝》）等句。因遭转运判官李察劾奏，贬为监郴州酒税。其后位渐通显，而议论雄迈，气不少衰。晁公武称其“文豪重有理致，而最刻意于诗”。晚年作乐府百余篇。自序中说：“年口耳顺，方敢言诗，百世之后，必有知音者。”其代表作《打麦》吸取民间乐府手法，描述四月麦熟田家辛勤收割的劳动场面，并揭露官赋剥削造成的不平等现象，具有极强的现实意义。张舜民的词作与苏轼风格相近，所以有的作品被人误为苏词。宋人周紫芝《书张舜民集后》认为，世所歌东坡南迁词，“回首夕阳红尽处，应是长安”二语，乃舜民过岳阳楼作。张舜民生平爱画，且题评精确。虽南迁羁旅中，所经各地也必搜访题识，东南各处士大夫家所藏名作，全被载录。亦能自作山水。其文集今存《画墁集》8卷，补遗1卷，有《知不足斋丛书》本及《丛书集成》本。词存四首。以《卖花声》最为杰出。

苏明允，即苏洵，北宋散文家。与其子苏轼、苏辙合称“三苏”，均被列入“唐宋八大家”。明允是其字，号老泉。眉州眉山（今属四川）人。应试不举，经韩琦荐任秘书省校书郎、文安县主簿。长于散文，尤擅政论，议论明畅，笔势雄健。著有《嘉祐集》。苏洵是有政治抱负的人。他说他作文的主要目的是“言当世之要”，是为了“施之于今”。在《衡论》和《上皇帝书》等重要议论文中，他提出了一整套政治革新的主张。他认为，要治理好国家，必须“审势”“定所尚”。他主张“尚威”，主张加强吏治，破苟且之心和怠惰之气，激发天下人的进取心，使宋王朝振兴。由于苏洵比较了解社会实际，又善于总结历史的经验教训，以古为鉴，因此，他的政论文中尽管不免有迂阔偏颇之论，但不少观点还是切中时弊的。同时期的作家有：曾巩、欧阳修、王安石、苏轼、苏辙。

司马光（1019—1086），字君实，号迂叟，陕州夏县（今山西夏县）涑水乡人，世称涑水先生。北宋政治家、史学家、文学家。历仕仁宗、英宗、神宗、哲宗四朝，卒赠太师、温国公，谥文正，为人温良谦恭、刚正不阿；做事用功刻苦、勤奋。以“日力不足，继之以夜”自诩，其人格堪称儒学教化下的典范，历来受人景仰。宋仁宗时中进士，英宗时进龙图阁直学士。宋神宗时，反对王安石施行变法。王安石变法以后，司马光离开朝廷十五年，主持编纂了中国历史上第一部编年体通史《资治通鉴》。生平著作甚多，主要有史学巨著《资治通鉴》《温国文正司马公文集》《稽古录》《涑水记闻》《潜虚》等。

《资治通鉴》，常简作《通鉴》，是由北宋司马光主编的一部多卷本编年体史书，共294卷，历时19年完成。主要以时间为纲，事件为目，从周威烈王二十三年（前403）写起，到五代后周世宗显德六年（959）征淮南停笔，涵盖十六朝1362年的历史。全书按朝代分为十六纪，即《周纪》5卷、《秦纪》3卷、《汉纪》60卷、《魏纪》10卷、《晋纪》40卷、《宋纪》16卷、《齐纪》10卷、《梁纪》22卷、《陈纪》10卷、《隋纪》8卷、《唐纪》81卷、《后梁纪》6卷、《后唐纪》8卷、《后晋纪》6卷、《后汉纪》4卷、《后周纪》5卷。内容以政治、军事和民族关系为主，兼及经济、文化和历史人物评价，目的是通过对事关国家盛衰、民族兴亡的统治阶级政策的描述警示后人。宋神宗认为该书“鉴于往事，有资于治道”，而钦赐此名。由此可见，《资治通鉴》的得名，既是史家治史以资政自觉意识增强的表现，也是封建帝王利用史学为政治服务自觉意识增强的表现。《资治通鉴》是中国第一部编年体通史，在中国官修史书中占有极重要的地位。

王胜之（1015—1086），名益柔，胜之是其字。河南（今河南洛阳）人，王曙子，用荫入官。庆历四年（1044）以殿中丞召试，除集贤校理。庆历四年，预苏舜钦进奏院会，醉作《傲歌》，黜监复州酒税。神宗时，累迁知制诰，直学士院，先后知蔡、扬、亳州和江宁、应天府。元祐元年卒，年72岁。《宋史》《东都事略》有传。《全宋词》录其词一首。

短文中介绍了一个观点，是欧阳修的：“大抵文学止于润身，政事可以及物。”意思是，文学只能使自己光彩，政事可以影响事物。当然，我们也可以理解为文学是为了修身，而政事却可以影响具体的事物。作为一名朝廷官员，所处理的每一政事，莫不与国家兴亡相关，也莫不与庶民百姓息息相关。欧阳修还讲了如何处理政事的一席话：“吾昔贬官夷陵，方壮年，未厌学，欲求《史》《汉》一观，公私无有也。无以遣日，因取架阁陈年公案，反覆观之，见其枉直乖错不可胜数，以无为有，以枉为直，违法徇情，灭亲害义，无所不有。且夷陵荒远褊小，尚如此，天下固可知也。当时仰天誓心曰：自尔遇事不敢忽也。”这段话明确了一个政治家应该具备的素质，认为官员应加强自身修养，此观点于现代也有现实意义。现代社会的国家公职人员，也应做到欧阳修所言对于政事“不敢忽”，时刻心系国家，情倾百姓。最后，还有一个学习的问题。短文中写了司马光讲的故事：“吾作此书，唯王胜之尝阅之终篇，自余君子求乞欲观，读未终纸，已欠伸思睡矣。书十九年方成，中间受了人多少语言陵藉。”许多官员叶公好龙，口头上讲修身学习，书拿到手却睡着了，把学习修身挂在嘴上，没有落实到行动上。一部著作，众多文人学士花了十九年的心血，用以“鉴于往事，有资于治道”，所有的官员都应该认真研读，洪迈讲的就是这个道理。

诗中用茱萸字

刘梦得云：“诗中用茱萸字者凡三人。杜甫云‘醉把茱萸子细看’，王维云‘插遍茱萸少一人’，朱放云‘学他年少插茱萸’，三君所用，杜公为优。”予观唐人七言，用此者又十余家，漫录于后。王昌龄“茱萸插鬓花宜寿”，戴叔伦“插鬓茱萸来未尽”，卢纶“茱萸一朵映华簪”，权德舆“酒泛茱萸晚易曛”，白居易“舞鬟摆落茱萸房”“茱萸色浅未经霜”，杨衡“强插茱萸随众人”，张谔“茱萸凡作几年新”，耿湋“发稀那敢插茱萸”，刘商“邮筒不解献茱萸”，崔橹“茱萸冷吹溪口香”，周贺“茱萸城里一尊前”，比之杜句，真不侔矣。

刘梦得，即刘禹锡，唐代文学家、哲学家，字梦得。前文《唐重牡丹》中已做介绍。

茱萸，又名越椒、艾子，是一种常绿带香的植物，具备杀虫消毒、逐寒祛风的功能。木本茱萸有吴茱萸、山茱萸和食茱萸之分，都是著名的中药。佩茱萸，汉族岁时风俗之一。在九月九日重阳节时爬山登高，臂上佩带“茱萸囊”，即插着茱萸的布袋。茱萸是一种落叶小乔木，开小黄花，果实椭圆形，红色，味酸，可入药。汉族民间把九月九日重阳节称作登高节、茱萸节、茱萸会，可见茱萸自古已广泛被人们所喜爱。茱萸在唐宋咏重阳的诗词中经常被提到，这些写到茱萸的诗词主要有四种内容：一是佩戴茱萸囊于臂肘；二是插茱萸于发冠；三是饮茱萸酒；四是以茱萸节、茱萸会代称重阳节。

洪迈在短文中提到有关茱萸诗句的作者和原文：

杜甫《九月蓝田催氏庄》：“老去悲秋强自宽，兴来今日尽君欢。羞将短发还吹帽,笑请旁人为正冠。蓝水远从千涧落,玉山高并两峰寒。明年此会知谁健?醉把茱萸仔细看。”

王维《九月九日忆山东兄弟》:“独在异乡为异客,每逢佳节倍思亲。遥知兄弟登高处,遍插茱萸少一人。”

朱放《九日与杨凝、崔淑期登江上山会有故不得往因赠之》:“欲从携手登高去,一到门前意已无。那得更将头上发,学他年少插茱萸。”

王昌龄《九日登高》:“青山远近带皇州,霁景重阳上北楼。雨歇亭皋仙菊润,霜飞天苑御梨秋。茱萸插鬓花宜寿,翡翠横钗舞作愁。谩说陶潜篱下醉,何曾得见此风流。”

戴叔伦《登高回乘月寻僧》:“插鬓茱萸来未尽,共随明月下沙堆。高缁寂寂不相问,醉客无端入定来。”

卢纶《九日奉陪侍郎登白楼》:“碧霄孤鹤发清音,上宰因添望阙心。睥睨三层连步障,茱萸一朵映华簪。红霞似绮河如带,白露团珠菊散金。此日所从何所问,俨然冠剑拥成林。”

权德舆《九日北楼宴集》:“萧飒秋声楼上闻,霜风漠漠起阴云。不见携觞王太守,空思落帽孟参军。风吟蟋蟀寒偏急,酒泛茱萸晚易醺。心忆旧山何日见,并将愁泪共纷纷。”

白居易《九日宴集,醉题郡楼,兼呈周、殷二判官》:“前年九日余杭郡,呼宾命宴虚白堂。去年九日到东洛,今年九日来吴乡。两边蓬鬓一时白,三处菊花同色黄。一日日知添老病,一年年觉惜重阳。江南九月未摇落,柳青蒲绿稻穗香。姑苏台榭倚苍霭,太湖山水含清光。可怜假日好天色,公门吏静风景凉。榜舟鞭马取宾客,扫楼拂席排壶觞。胡琴铮鏦指拨刺,吴娃美丽眉眼长。笙歌一曲思凝绝,金钿再拜光低昂。日脚欲落备灯烛,风头渐高加酒浆。觥醆艳翻菡萏叶,舞鬟摆落茱萸房。半酣凭槛起四顾,七堰八门六十坊。远近高低寺间出,东西南北桥相望。水道脉分棹鳞次,里闾棋布城册方。人烟树色无隙罅,十里一片青茫茫。自问有何才与政,高厅大馆居中央。铜鱼今乃泽国节,刺史是古吴都王。郊无戎马郡无事,门有棨戟腰有章。盛时傥来合惭愧,壮岁忽去还感伤。从事醒归应不可,使君醉倒亦何妨。请君停杯听我语,此语真实非虚狂。五旬已过不为夭,七十为期盖是常。须知菊酒登高会,从此多无二十场。”

白居易《九日寄微之》:“眼暗头风事事妨,绕篱新菊为谁黄。闲游日久心慵倦,痛饮年深肺损伤。吴郡两回逢九月,越州四度见重阳。怕飞杯酒多分数,厌听笙歌旧曲章。蟋蟀声寒初过雨,茱萸色浅未经霜。去秋共数登高会,又被今年减一场。”

杨衡《九日》:“黄菊紫菊傍篱落,摘菊泛酒爱芳新。不堪今日望乡意,强插茱萸随众人。”

张谔《九日》:“秋来林下不知春,一种佳游事也均。绛叶从朝飞著夜,黄花开日未成旬。将曛陌树频惊鸟,半醉归途数问人。城远登高并九日,茱萸凡作几年新。”

耿湋《九日》:“九日强游登藻井,发稀那敢插茱萸。横空过雨千峰出,大野新霜万壑铺。更望尊中菊花酒,殷勤能得几回沽。”

刘商《句》:“邮筒不解献茱萸。赵侯首带鹿耳巾,规模出自陶弘景。”

崔橹《重阳日次荆南路经武宁驿》:“茱萸冷吹溪口香,菊花倒绕山脚黄。家山去此强百里,弟妹待我醉重阳。风健早鸿高晓景,露清圆碧照秋光。莫看时节年年好,暗送搔头逐手霜。”

周贺《重阳》:“云木疏黄秋满川,茱萸城里一尊前。几回为客逢佳节,曾见何人再少年。霜报征衣冷针指,雁惊幽隐泣云泉。古来醉乐皆难得,留取穷通委上天。”

这篇短文就说了一件事,唐宋诗人作品中用“茱萸”和以“茱萸”为题的很多,相比之下,都不及杜甫写得好。我们可以读出:一是洪迈对唐宋诗人的理解和对众多诗文的熟悉。二是这样的写法显现出一种清丽脱俗的文风。三是严谨求真的学习精神来源于点滴不断地累积。

二疏赞

作议论文字,须考引事实无差忒,乃可传信后世。东坡先生作《二疏图赞》云:“孝宣中兴,以法驭人。杀盖、韩、杨,盖三良臣。先生怜之,振袂脱屣。使知区区,不足骄士。”其立意超卓如此。然以其时考之,元康三年二疏去位,后二年盖宽饶诛,又三年韩延寿诛,又三年杨恽诛。方二疏去时,三人皆亡恙。盖先生文如倾河,不复效常人寻阅质究也。

这篇短文是对东坡先生《二疏图赞》一文有关内容的大胆质疑。文中涉及的一个事实与实际情况有出入。苏东坡所作的《二疏图赞》中说:“西汉孝宣帝重振汉朝,以法治国驭人。先后杀掉了盖宽饶、韩延寿和杨恽,这三位都是忠臣。疏广、疏受二先生很怜悯他们,以致为此而振袂脱屣。假使他们知道自己是区区小臣，他们就不会盛气凌人。”但是，根据当时的实际情况考察，宣帝元康三年，疏广、疏受二人已经去职，此后二年盖宽饶被杀，又过了三年，韩廷寿被杀，又过了三年杨恽被杀。当疏广、疏受二人免职时，三人都还安然无恙。

苏东坡，即苏轼（1037—1101），字子瞻，又字和仲，号东坡居士，自号道人，世称苏仙。北宋眉州眉山（今属四川省眉山市）人。宋代重要的文学家，宋代文学最高成就的代表。宋仁宗嘉祐年间进士。其诗题材广泛，清新豪健，善用夸张比喻，独具风格，与黄庭坚并称“苏黄”。词开豪放一派，与辛弃疾同是豪放派代表，并称“苏辛”。又工书画。著有《东坡七集》《东坡易传》《东坡乐府》等。苏轼在词的创作上取得了非凡的成就，就一种文体自身的发展而言，苏词的历史性贡献又超过了苏文和苏诗。苏轼继柳永之后，对词体进行了全面的改革，最终突破了词为“艳科”的传统格局，提高了词的文学地位，使词从音乐的附属品转变为一种独立的抒情诗体，从根本上改变了词史的发展方向。苏轼对词的变革，基于他诗词一体的词学观念和“自成一家”的创作主张。曾为疏广、疏受作《二疏图赞》：“惟天为健，而不干时。沈潜刚克，以变和之。于赫汉高，以智力王。凛然君臣，师友道丧。孝宣中兴，以法驭人。杀盖、韩、杨，盖三良臣。先生怜之，振袂脱屣。使知区区，不足骄士。此意莫陈，千载于今。我观画图，涕下沾襟。”

二疏，即疏广、疏受。疏广字仲翁，西汉东海兰陵（今山东省枣庄市峄城区）人。自幼好学，博通经史，被朝廷征为博士。汉宣帝时，选疏广为太子太傅。疏广的侄子疏受，当时亦以贤明被选为太子家令，后升为太子少傅。疏广、疏受在任职期间，曾多次受到皇帝的赏赐。人们并称疏广、疏受为“二疏”。“二疏”去世之后，乡人感其散金之惠，在其宅旧址筑一座方圆三里的土城，取名“二疏城”；在其散金处立一碑，名“散金台”；在二疏城内又建二疏祠，祠中雕塑二疏像，世代祭祀不绝。叔侄两人均为储君师友，太子每当朝见时，“太傅在前，少傅在后”，“朝廷以为荣”。太子经二疏教导，12岁时，便通晓《论语》《孝经》大义。当时君恩隆重，官秩在二千石。正当有为之时，疏广却有了告老返乡的惊人之举。他与疏受同时向宣帝提出了以病告退的辞呈，得到了同意。宣帝赐以黄金二十斤，太子赠以黄金五十斤。公卿大夫则在东都门外为二疏饯行，送者车辆达数百乘。他们荣归故里，在汉代官僚中是少见的。

刘询（前91—49），即汉宣帝，本名刘病已，字次卿，即位后改名询，西汉第十位皇帝，前74—前49年在位。他是汉武帝刘彻和卫子夫的曾孙，戾太子刘据和史良娣的孙子，史皇孙刘进和妾王翁须的儿子。汉宣帝在位期间，经济繁荣，在西汉后期出现太平盛世。当时社会民生富庶，人民安居乐业，呈现政治繁荣的局面。西汉政府重视生产，劝课农桑，兴修水利，民和俗静，家给人足，牛马遍野，余粮委田，出现了天下康宁的升平景象，汉朝达到了鼎盛。史称“宣帝中兴”。征和二年（前91），巫蛊之祸爆发，刘询家人蒙难，襁褓中的刘询因而下狱，后被祖母史家收养，直到武帝下诏掖庭养视，上属籍宗正。元平元年（前74）昌邑王被废后，霍光等大臣将他从民间迎入宫中，先封为阳武侯，于同年七月继位，时年18岁。第二年改年号为“本始”。汉宣帝刘询是中国历史上唯一一位在即位前受过牢狱之苦的皇帝。由于刘询幼年遭遇变故，长期生活在民间，因此对百姓的疾苦和吏治得失有所了解，这对他的施政有直接影响。他在位期间，励精图治，任用贤能，贤相循吏辈出。他能注意减轻人民负担，恢复和发展农业生产。他重视吏治，认为治国之道应以“霸道”“王道”杂治，反对专任儒术。在对外关系上，刘询于本始二年（前72）联合乌孙大击匈奴，后趁匈奴内部分裂之机，与呼韩邪单于建立友好关系，使边境逐步宁息。神爵元年（前61）击败西羌，后任将军赵充国实行屯田，加强边防，使羌人归顺。神爵二年（前60），在乌垒城（今新疆轮台东北），设立西域都护府，监护西域诸城郭国，使天山南北这一广袤地区正式归属于西汉中央政权，文治武功彪炳史册，为中华民族的中兴繁荣做出了巨大贡献。

盖宽饶（前105—前53），字次公，魏郡（今属河北）人，当生于西汉武昭宣时期，为汉宣帝太中大夫，奉使称意，擢为司隶校尉。司隶校尉为武帝特置，专门负责对京城的监察，上至皇后太子，下至公卿百官，都可以监督，故称“虎臣”。盖宽饶刚直奉公，正色立朝，公卿贵戚惧恨，因上书言事，宣帝信谗不纳，神爵二年（前60）九月，宽饶引佩刀自杀，众莫不怜之。

韩延寿（？—前57），汉宣帝时期著名的士大夫，燕国人，父亲反对燕王刘旦谋反被害。霍光听从魏相的劝说善待韩延寿。任职时以道义、教化为主，深受百姓爱戴。韩延寿与杨恽、盖宽饶等友好，是士大夫集团的重要成员，官至左冯翊。汉宣帝重用皇族、外戚，排挤、打击士大夫集团。张安世病后，用戴长乐接替张延寿担任太仆，不久盖宽饶被弹劾自尽。魏相病逝后，韩延寿也在与萧望之的冲突中，被控告判死罪。好友杨恽竭力救护未果，自己也被戴长乐弹劾遭罢免。韩延寿虽然受魏相尊父提携的恩德，但是与魏相、萧望之他们同皇族、外戚关系密切不同。魏相与外戚许氏密切，而萧望之则是汉宣帝亲信。韩延寿与杨恽等士大夫集团关系更亲近。五凤元年“匈奴大乱，议者多曰匈奴为害日久，可因其坏乱举兵灭之。诏遣中朝大司马车骑将军韩增、诸吏富平侯张延寿、光禄勋杨恽、太仆戴长乐问望之计策”，此时就表明汉宣帝已经把御史大夫萧望之置于众卿之上，军事决策不听从大司马韩增的意见，让他向萧望之问策。所以也可以认为韩延寿和萧望之的矛盾是士大夫集团与皇族集团的矛盾。就在五凤元年这年，韩延寿被害。次年，大司马韩增病逝，光禄勋杨恽遭罢免。韩延寿是古代士大夫君子的杰出代表。

杨恽（？—前45），西汉政治家。字子幼，西汉华阴（今属陕西）人。宣帝时曾任左曹，后因告发霍氏谋反有功，封平通侯，迁中郎将。神爵元年（前61）升为诸吏光禄勋，位列九卿。其父杨敞曾两任汉宣帝时丞相，其母司马英是著名史学家、文学家司马迁的女儿。其文章《报孙会宗书》被后人认为颇有司马迁的《报任安书》的风格。杨恽是汉宣帝时期著名的士大夫，他轻财好义，把上千万财物分给别人。从小在朝中就有很大的名气。为官之时也能大公无私，奉公守法，不徇私情。据《汉书·杨恽传》载，杨恽母亲司马英去世后，其父杨敞为之娶一后母，后母无子，杨恽侍之如亲娘，孝敬有加。其后，后母去世，留下财产数百万，临终前，他的后母叮嘱由杨恽继承，但是后母去世后，杨恽没有将这笔财产据为己有，而是将后母留下的大笔财产分给她的几位亲戚。父亲杨敞去世后，杨恽还从父亲那里继承五百万的财物，为官清廉，经济状况并不很好的杨恽却将其全部用来救济那些宗亲。步入仕途的杨恽，目睹朝廷之中贪赃枉法成风。对此，朝中大大小小的官吏视而不见，独杨恽同他外祖父一样，出污泥而不染，铁骨铮铮，一身正气，敢于冒死在皇帝面前直谏，大胆进行揭发。他还告发与父亲杨敞有深交的朝廷元老重臣霍光的儿子谋反之事。因此，杨恽和另外几个与他一同告发此事的人都获取了封侯的赏赐，还加官晋爵。他出身名门，全家为公卿、秩在两千石以上的有十人。任职时候廉洁、公正，整顿吏治，杜绝行贿。因与太仆戴长乐失和，被戴长乐检举“以主上为戏（拿皇帝开玩笑），语近悖逆”，汉宣帝把杨恽下狱，后予释放，贬为庶人。其后，杨恽家居治产，以财自慰。安定郡太守孙会宗，是杨恽的老朋友，写信给杨恽，劝他应当闭门思过，不应宾客满堂，饮酒作乐。杨恽给孙会宗写了回信，这就是《报孙会宗书》。此信中，有对皇帝的怨恨，有对孙会宗的挖苦，为自己狂放不羁的行为辩解。整封信写得锋芒毕露，与其外祖司马迁《报任安书》桀骜不驯的风格如出一辙。后逢日食，有人上书归咎于杨恽骄奢不悔过所致。他再次被捕入狱。廷尉按验时，在他家中搜出《报孙会宗书》，汉宣帝看后大怒，判以大逆不道罪，杨恽遭腰斩。这是中国历史上以文字罪人之始，孙会宗也因此被罢官。杨恽被害是汉宣帝时期统治阶级内部矛盾的结果，是皇族、外戚集团打击、迫害士大夫集团的结果，也是汉朝开始衰败的转折。

对洪迈这篇短文，我们除了肯定他大胆质疑的精神而外，还需要思考他写这篇短文的意向，主要有二。

第一，短文本身给我们的思考：议论性文章引证事实必须准确无误。大凡议论性文章，都要阐述作者的观点，让读者接受这一观点，也就是文章的论点。为了证明自己的观点，就要有论据，因此需要引证一些大家公认的事实或史实。引证是为自己作证，所以，引证的材料必须准确无误。倘若引证材料有误，则文者不能自圆其说。因此，洪迈在短文开头就说："作议论文字，须考引事实无差忒，乃可传信后世。"就是说，写作议论性的文章，必须考证所引事实没有差错之后，才可以使之流传于后世。显然，苏东坡先生的《二疏图赞》一文中引用的事例与事实不符，在时间上有很大出入。这样，就影响了文章立意的正确性。苏东坡赞二疏，赞的是什么？是对三位忠良之臣的同情，对他们平时不能够严谨恭谦的叹息，还体现出二疏的正义感。而事实是，在盖宽饶、韩延寿和杨恽这三位忠良之臣被害前，二疏早就去官归家了，所以与"先生怜之，振袂脱屣。使知区区，不足骄士"的事实不符。当然，苏东坡的文章仍然得到了千古流传，这是因为苏东坡的名气太大了，其中的一篇文章影响不了什么。就连洪迈在短文最后也说，大概东坡先生文思敏捷，不像平常那样重于考究事实罢了。

第二，短文内容给我们的思考：每个人都要善于把握自己的荣辱进退。老子说："知足不辱，知止不殆。"又说："功遂身退，天之道也。"荣辱进退是辩证的，身在官场中的人，能知道这个道理而能亲身实践它，显然是难能可贵的。二疏回归乡里后所做的事有两点值得注意：一是以朝廷赏赐的黄金与乡党亲族共享，而不留其余；二是教育子孙后代，要勤业不殆，不要在父母的庇护下过日子。当老人们向疏广提出留些钱财买田宅以遗后代子孙时，他回答道："吾岂老悖不念子孙哉？顾自有旧田庐，令子孙勤力其中，足以共衣食，与凡人齐。今复增益之以为赢余，但教子孙怠惰耳！贤而多财，则损其志；愚而多财，则益其过。且夫富者，众人之怨也；吾既亡以教化子孙，不欲益其过而生怨。"他的说法得到了族人的赞服。如何教育子女及处置财产，古今有异，但疏广的做法，应该有一定的历史借鉴作用。应该指出的是，二疏的求退，不单是个人的"知足不辱，知止不殆"，而是有政治上的背景。萧望之以宿儒为元帝傅，与佞臣石显结怨，结果为石显所陷害。疏广、疏受为元帝傅时，太子外祖父许伯以其弟许舜去监护太子家，遭疏广反对。他说："太子，国储副君，师友必于天下英俊，不宜独亲外家许氏。且太子自有太傅、少傅，官属已备，今复使舜护太子家视陋非所以广太子德于天下也。”二疏之所以告退，是以为许氏侵权，自己疏不敌亲。许氏权势大，得罪不起。此外，宣帝持法严峻，大臣动辄得罪被诛，所用多是文法吏，太子年幼柔仁，好儒，二疏则又是儒师，在政见上彼此各异，这恐怕是二疏联袂求退的背后原因。

字省文

今人作字省文，以禮为礼，以處为处，以與为与，凡章奏及程文书册之类不敢用，然其实皆《说文》本字也。许叔重释“礼”字云：“古文。”“处”字云：“止也，得几而止，或从处。”“与”字云：“赐予也，与與同。”然则当以省文者为正。

这篇短文说的是简化字的事情。是说现在的人们写字时都简化，把“禮”写成“礼”，把“處”写成“处”，把“與”写成“与”。一般在章奏及程文书册之类中都不敢用简化字，其实经常用的这些简化字，都是《说文解字》中本来就有字。许慎解释“礼”字云：“古文。”“处”字云：“止也，将几而止，或周凝。”“与”字云：“赐予也，与與同。”既然这样，那应当以简化的字为正确。

许慎（约58—147），字叔重，东汉时期汝南郡召陵县（今属河南省漯河市召陵区）人，东汉著名经学家、文字学家。许慎倾尽毕生精力，弘扬和发展中国传统文化。《说文解字》是许慎一生最经心之作，前后花费了他半生的心血。由于许慎对文字学做出的不朽贡献，后人尊称他为“字圣”。因许慎所著的《说文解字》闻名于世界，所以研究《说文解字》的人，皆称许慎为“许君”，称《说文解字》为“许书”，称传其学为“许学”。

《说文解字》，简称《说文》，东汉许慎著。它是世界上最早的字典之一，是我国第一部按部首编排的字典，对文字学影响深远。许慎根据文字的形体，创立540个部首，将9353字分别归入540部。540部又据形系联归并为14个大类，字典正文就按这14个大类分为14篇，卷末叙目别为一篇，全书共有15篇。许慎在《说文解字》中系统地阐述了汉字的造字规律——六书。《说文解字》的体例是先列出小篆，如果古文和籀文不同，则在后面列出。然后解释这个字的本义，再解释字形与字义或字音之间的关系。《说文解字》中的部首排列是按照形体相似或者意义相近的原则排列的。《说文解字》开创了部首检字的先河，后世的字典大多采用这个方式。段玉裁称这部书“此前古未有之书，许君之所独创”。历代都有许多学者研究《说文解字》，清朝时研究最为兴盛。段玉裁的《说文解字注》、朱骏声的《说文通训定声》、桂馥的《说文解字义证》、王筠的《说文释例》《说文句读》尤备受推崇，四人也获尊称为“说文四大家”。造字法上提出象形、指事、会意、形声、转注、假借的所谓“六书”学说，并在《说文解字·叙》里对“六书”做了全面的、权威性的解释。从此，“六书”成为专门之学。不能单纯地认为“六书”就是造字法，前四种象形、指示、会意、形声是造字法，而转注和假借则为用字法。

洪迈是南宁时代人氏，距今890多年。而《说文解字》形成于东汉时期。这说明两个问题：一是所谓汉字简化字，其实许多就是《说文解字》中原来就有的本字。二是使用汉字简化字，在历史上早已有之。

我们现在使用的汉字简化字，是新中国成立后经国务院汉字简化方案审订委员会审订，1956年1月28日，国务院全体会议第23次会议通过，并于当年1月31日由《人民日报》正式公布的。现在的汉字简化有两种含义：一是指把汉字加以简化这项工作。二是指被简化了的汉字。后一含义一般多称为简化字。简化字是繁体字的对称。同一汉字，一般简体比繁体笔画为少。简化字旧称破体、小写、简体字、简易字、简字、手头字、俗体字、俗字。简化汉字，在古代是汉字形体的自然演变，到近代是字形的有意识的改革。汉字的简化主要有两种：第一种是对繁体笔画的“省简”，大多是从俗字、古字、草书中演变而来的；第二种是用同音字或近音字取代，比如後面的後和皇后的后，本来是两个字，而为了省略笔画，就统一用笔画少的“后”替代了。

近年来，有的学者借弘扬国学之名，大力呼吁恢复使用繁体字，并说什么“親”不“見”，“愛”无“心”，“產”不“生”，“麵”无“麥”，“運”无“車”，“廠”空空，“飛”单翼等莫名其妙的话，还有的人把一般社会矛盾问题归咎于简化字。岂不知，大部分简化字是古已有之的。当然，繁体字作为中华文化的内涵，喜欢使用也无可厚非。但是，一些人使用时由于没有理解其意，就出现了很多错误。因此，还需要有一点繁体字常识。这里选取一些常见的容易写错用错的繁体字。

干，繁体字是“幹”“乾”。当写“干涉”“大动干戈”时不能用“幹”或“乾”；当表示物体没有水分或水分少，如“干粮”“干脆”“干燥”时，可对应繁体字“乾”；当指事物的主体或重要部分，如“干部”“躯干”“树干”时，可对应繁体字“幹”。

后，繁体字“後”。如“後面”；用作“皇后”时只能用“后”。

道，它没有标准的繁体字。“衜”“噵”“衟” 都是“道”的异体字。

历，繁体字是“歷”和“曆”。用为“经历”“历代”“历史”时可写“歷”；用为“日历”“历法”可写“曆”。

钟，繁体字是“鐘”和“鍾”。当写“时钟”“钟表”时可写“鐘”；当写“钟情”“钟意”“钟山风雨起苍黄”时可写“鍾”。

板，繁体字是“闆”。当写“老板”时可写“闆”；写“木板”时写“板”。

地，它没有标准的繁体字。“墬”“嶳”“埊”“坔”“埅”都是“地”的异体字。

丑，繁体字为“醜”。写“丑怪”时可写“醜”；写“子丑寅卯”时只能写“丑”。

范，繁体字为“範”。写“模范”时写“範”；做姓氏时只写“范”。

德，没有标准的繁体字。“悳”“徳”“㥁”“惪”都是“德”的异体字。

刮，繁体字为“颳”。“刮风”可写作“颳風”；写“搜刮”只能用“刮”。

回，繁体字为“迴”。“回避”“回旋”可写“迴”；写“回报”“几回”“回家”等不能用“迴”。

伙，繁体字为“夥”。“伙计”可写为“夥計”；写“伙食”不用“夥”。

困，繁体字为“睏”。写“困倦”时可写“睏”；“围困”只能写“困”。

“萅”与“旾”古同“春”，但它们并不是“春”的繁体字，只是意义与“春”相同的异体字，“春”没有标准的繁体字。

里，繁体字为“裏”“裡”。用在表示长度、居住时，如写“公里”“里程”“故里”时只能写“里”；表示与外相反时，繁体字可用“裏”或“裡”。

面，繁体字为“麵”。“面粉”可写“麵粉”；“表面”只能用“面”。

松，繁体字为“鬆”。“松散”可写“鬆散”；“松树”只能用“松”。

余，繁体字为“餘”。“业余”可写“餘”；做第一人称代词时只能写“余”。

郁，繁体字为“鬱”。用在草木茂盛、忧愁时可写“鬱”，比如“鬱鬱葱葱”；用在有文采和姓氏时只能写“郁”，比如“浓郁”“姓郁”。

云，繁体字为“雲”。用在表示云彩、云雾时可写“雲彩”“雲雾”；表示说的意思时只能写“云”，如“子曰诗云”。

朱，繁体字为“硃”。可写“硃砂”；表示红颜色时只能用“朱”。

准，繁体字为“準”。“准则”可写作“準則”；“准许”只能用“准”。

辟，繁体字为“闢”。“精辟”可写作“精闢”；写“复辟”只能用“辟”。

别，繁体字为“彆”。表示“差别”“告别”“别人”不能用“彆”，只能写“别”；“别扭”可写作“彆扭”。

斗，繁体字为“鬥”。“星斗”“车载斗量”只能写“斗”；“斗牛士”“斗智斗勇”可写“鬥”。

谷，繁体字为“穀”。可写“稻穀”；“山谷”不能用“穀”。

划，繁体字为“劃”。可写“刻劃”；“划船”不能用“劃”。

几，繁体字为“幾”。可写“幾乎”；“茶几”不能用“幾”。

据，繁体字为“據”。可写“凭據”；“拮据”不能用“據”。

卷，繁体字为“捲”。可写“風捲殘雲”；“试卷”不能用“捲”。

蜡，繁体字为“蠟”。可写“蠟燭”；表示古代年终祭祀，如“蜡腊”“蜡坛”时不可用“蠟”。

了，繁体字为“瞭”。可写“瞭解”；“了却”只能用“了”。

累，繁体字为“纍”。可写“纍计”；“劳累”只能用“累”。

朴，繁体字为“樸”。可写“樸素”；“朴刀”只能用“朴”。

仆，繁体字为“僕”。可写“公僕”；“前仆后继”中作为动词用只能写“仆”。

曲，繁体字为“麯”。可写“麯酒”；表示“弯曲”时只能用“曲”。

舍，繁体字为“捨”。可写“捨棄”“施捨”；作为名词用只能写“宿舍”。

术，繁体字为“術”。可写“技術”；中草药“苍术”不能用“術”。

台，繁体字有“臺”“檯”“颱”。表示“讲台”“台鉴”“兄台”用“台”；“舞台”繁体作“舞臺”；“写字台”繁体作“寫字檯”；“台风”繁体作“颱風”。

佣，繁体字为“傭”。可写“雇傭”；“佣金”不用“傭”。

折，繁体字为“摺”。可写“奏摺”；“折本”不用“摺”。

征，繁体字为“徵”。可写“象徵”；“远征”不用“徵”。

发，繁体字为“發”“髮”。与“收”相反时，比如“发誓”“发达”可以用“發”；“理发”“头发”只能写“髮”。

复，繁体字为“複”“復”。“繁复”用“複”；“复习”可用“復”。

汇，繁体字为“匯”“彙”。可写“匯合”“匯款”，“詞彙”“彙聚”。

尽，繁体字为“儘”“盡”。可写“儘管”；“前功尽弃”不用“儘”用“盡”。

苏，繁体字有“蘇”“甦”。可以写“紫蘇”“江蘇”“蘇维埃”；“苏醒”写作“甦醒”。

坛，繁体字为“壇”“罎”。“花坛”不用“罎”用“壇”；“坛坛罐罐”不用“壇”用“罎”。

团，繁体字为“團”“糰”。“团结”可用“團结”；“饭团”繁体为“飯糰”。

须，繁体字为“須”“鬚”。“必须”不用“鬚”用“須”；“胡鬚”才用“鬚”。

脏，繁体字为“髒”“臟”。可写“肮髒”；“五脏六腑”却不可用“髒”而用“臟”。

只，繁体字为“隻”“衹”。可写“隻言片語”；“只有”却不可写为“隻有”而写作“衹有”。

姜:繁体字为“薑”。可写“生薑”;用作姓氏,如“姜子牙”,却不可写为“薑”。

畏无难

圣人不畏多难而畏无难,故曰:“惟有道之主能持胜。”使秦不并六国,二世未亡;隋不一天下服四夷,炀帝不亡;苻坚不平凉取蜀,灭燕翦代,则无肥水之役;唐庄宗不灭梁下蜀,则无嗣源之祸;李景不取闽并楚,则无淮南之失。

这篇短文的观点是:真正英明的帝王并不害怕困难多,而是害怕没有困难,一旦没有了困难就容易只图安逸,不思危亡。结论是:只有圣明的国君才能始终保持胜利。文中假设了五个例证:一是假如秦国不吞并六国,天下一统,秦二世也未必会很快灭亡。二是假如不是隋文帝统一了中国,结束了南北朝的分裂局面,又征服了四周的少数民族,隋炀帝也没有条件大兴土木,骄奢淫逸,终致灭亡。三是如果十六国时的前秦皇帝苻坚不去平定凉国(今甘肃黄河以西地带),攻取蜀国(今四川西部一带),灭掉燕国(今北京以北以西的地方),铲除代国(今内蒙古中部和山西北端),也不会头脑膨胀,征集九十万人马去攻晋国,招致淝水之战的失败。四是五代时后唐庄宗如不灭梁国,攻蜀国,也不致口出狂言,荒淫专横,终致李嗣源兵变,最后被杀。五是南唐李景如果不去攻取闽国和楚国,也就不会有淮南的大败。

秦二世胡亥(前230—前207),嬴姓,秦始皇第十八子,公子扶苏之弟,秦朝第二位皇帝,前210—前207年在位。胡亥少从中车府令赵高学习狱法。秦始皇出游南方病死沙丘宫平台,秘不发丧,在赵高与李斯的帮助下,杀死兄弟姐妹二十余人,并逼死扶苏而当上秦朝的二世皇帝。秦二世即位后,赵高掌实权,实行残暴的统治,终于激起了陈胜、吴广起义,六国旧贵族复国运动。公元前207年,胡亥被赵高的心腹阎乐逼迫自杀于望夷宫,时年24岁。

隋文帝杨坚(541—604),隋朝开国皇帝。弘农郡华阴(今陕西省华阴市)人,汉太尉杨震十四世孙。鲜卑姓氏为普六茹,是其父杨忠受西魏恭帝所赐。后杨坚掌权后恢复汉姓“杨”,并让宇文泰鲜卑化政策中改姓的汉人恢复汉姓。杨坚在位期间,军事上攻灭陈国,成功地统一了严重分裂数百年的中国,击破突厥,被尊为“圣人可汗”;内政方面,开创先进的选官制度,发展文化经济,使得中国成为盛世之国。开皇年间,隋朝疆域辽阔,人口达到700余万户,是中国农耕文明的辉煌时期。

隋炀帝杨广(569—618),一名英,小字阿摐,华阴(今陕西华阴)人,隋文帝杨坚与文献皇后独孤伽罗次子，隋朝第二位皇帝。生于大兴，开皇元年(581)立为晋王，开皇二十年(600)十一月立为太子，仁寿四年(604)七月继位。在位期间开创科举制度，修大运河，营建东都，迁都洛阳，对后世颇有影响。然而频繁地发动战争，如亲征吐谷浑，三征高句丽，加之滥用民力，致使民变频起，造成天下大乱，直接导致了隋朝的覆亡。大业十四年(618)，骁果军在江都发动兵变，杨广被叛军缢杀。《全隋诗》录存其诗40多首。

前秦苻坚(338—385)，字永固，又字文玉，小名坚头，氐族，略阳临渭(今甘肃秦安)人，十六国时期前秦的君主，公元357—385年在位。苻坚在位前期励精图治，重用汉人王猛，推行一系列政策与民休息，加强生产，终令国家强盛；接着以军事力量消灭北方多个独立政权，成功统一北方，并攻占了东晋领有的蜀地，与东晋南北对峙。苻坚于公元383年发兵南下意图消灭东晋，史称淝水之战。但最终前秦大败给东晋谢安、谢玄领导的北府兵，国家亦陷入混乱，各民族纷纷叛变独立，苻坚最终亦遭羌人姚苌杀害，终年48岁，谥号宣昭帝，庙号世祖。

后唐李存勖(885—926)，沙陀族，山西应县人，本为朱邪氏，小名亚子，唐末河东节度使、晋王李克用的长子，五代时期后唐王朝的建立者。唐光启元年(885)正月生于晋阳宫，天佑五年(908)继承王位，之后经过多年的征战，北却契丹，南击朱梁，东灭桀燕，西服岐秦，一步一步使得晋国逐渐强盛起来，就是死敌梁太祖朱温都不得不感叹“生子当如李亚子”。同光元年(923)四月在魏州(河北大名府)称帝，国号“唐”，史称后唐，并于同年十二月灭后梁，定都洛阳。天成元年(926)死于兴教门之变，庙号庄宗，谥号光圣神闵孝皇帝。

南唐李璟(916—961)，即洪迈文中之李景，五代十国时期南唐第二位皇帝，公元943年嗣位。后因受到后周威胁，削去帝号，改称国主，史称南唐中主。即位后开始大规模对外用兵，消灭楚、闽二国。他在位时，南唐疆土最大。不过李璟奢侈无度，导致政治腐败，国力下降。李璟好读书，多才艺，常与宠臣韩熙载、冯延巳等饮宴赋诗。他的词，感情真挚，风格清新，语言不事雕琢，“小楼吹彻玉笙寒”是流芳千古的名句。公元961年逝世，时年46岁，葬顺陵。庙号元宗，谥号明道崇德文宣孝皇帝。其诗词被收录在《南唐二主词》中。

洪迈在短文中讲了创业与守成的关系，安逸与祸患的关系，张扬与谨慎的关系，国力与民意的关系，战略与细节的关系，以此向世人警示。秦统一了六国，其实已经隐藏了祸患，秦二世在统治中没有注意到危机的存在，最终国家陷入混乱和灭亡。隋炀帝在盛世面前，大兴土木，不珍惜民力，导致败局。还有前秦苻坚、后唐李存勖、南唐李璟之失，都是荒淫专横、头脑发热、缺乏战略眼光又不注意细节的结果。将这些事情与做人联系起来，得出无论何时何地，都要谨慎稳重、不事张扬，都要居安思危、未雨绸缪，都要珍惜民力、量力而行，都要长远规划、注重细节。

将军官称

《前汉书·百官表》："将军皆周末官，秦因之。"予按《国语》："郑文公以詹伯为将军。"又："吴夫差十旌一将军。"《左传》："岂将军食之而有不足。"《檀弓》："卫将军。"《文子》："鲁使慎子为将军。"然则其名人矣。彭宠为奴所缚，呼其妻曰："趣为诸将军办装。"《后汉书》注云："呼奴为将军，欲其赦己也。"今吴人语犹谓小苍头为将军，盖本诸此。

这篇短文说的是"将军"称谓的由来。"将军"一词最早可以追溯到周代末年的时候，秦代沿用了这个称号，这是《汉书·百官表》中记载的。春秋战国时期也用这一称谓，这是《国语》里有记载的，如郑文公以詹伯为将军，吴王夫差十旌一将军等。还有《左传》记载的"岂将军食之而有不足"，《檀弓》记载的"卫将军"的称呼，《文子》记载的"鲁国任用慎子为将军"。由此可见，"将军"的称谓由来已久。东汉时，彭宠被奴隶缚捆，他急忙喊叫对他的妻子说："快去为各位将军置办行装。"《后汉书》在这一句下作注说："称呼奴隶为将军，是为了要他们释放自己。"现在吴（今江苏苏州）人仍称名叫小苍头的奴隶为将军，其根据也在于此。

《汉书》，又称《前汉书》，由我国东汉时期的历史学家班固编撰，颜师古释注，是中国第一部纪传体断代史，"二十四史"之一。《汉书》是继《史记》之后我国古代又一部重要史书，与《史记》《后汉书》《三国志》并称为"前四史"。《汉书》全书主要记述了上起西汉的汉高祖元年（前206），下至新朝的王莽地皇四年（23），共230年的史事。《汉书》包括纪12篇，表8篇，志10篇，传70篇，共100篇，后人划分为120卷，共80万字。

《国语》，前文《史记世次》已做介绍。

《左传》全称《春秋左氏传》，儒家十三经之一。《左传》既是古代史学名著，也是文学名著。《左传》是中国第一部叙事详细的编年史著作，相传是春秋末年鲁国史官左丘明根据鲁国国史《春秋》编成，记叙范围起自鲁隐公元年（前722），迄于鲁哀公二十七年（前468），主要记载了东周前期二百四五十年间各国政治、经济、军事、外交和文化方面的重要事件和重要人物，是研究我国先秦历史很有价值的文献，也是优秀的散文著作。

《檀弓》，《礼记》中的一篇。主要观点有："平等以礼，互相尊重"，"贫者岂受嗟来之食"，"苛政猛于虎"等。《礼记》是一部儒家经典著作，它在经学中的地位早有定论，所收文章是孔子的学生及战国时期儒家学者的作品。汉朝学者戴德将汉初刘向收集的130篇综合简化，一共得85篇，被称为《大戴礼记》。后来其侄戴圣又将《大戴礼记》简化删除，得46篇，再加上《月令》《明堂位》和《乐记》，一共49篇，被称为《小戴礼记》。《大戴礼记》至隋唐时期已散佚大半，现仅留传39篇，而《小戴礼记》则成为今日通行的《礼记》。《礼记》是先秦儒家学术论文汇编，非一人一时所著。它包含了从孔子直到孟、荀各家各派的论著，其中皆为孔子七十子后学所记，内容相当庞杂。大多写就于春秋战国时期，文中反映的基本内容多系先秦古制，其中录有一些孔子言论或其弟子对孔子思想真谛的发挥，即使有个别篇章是秦汉儒生所撰，但其基本内容也都是对先秦古制的追记。书中包含古代礼制和当时社会生活情景的内容；另外从治国方略至家庭准则，《礼记》中都有专门篇章论述。这些篇章处处体现出宗法制的原则和精神。

《文子》是道家祖师文子所著。文子姓辛氏，号计然。汉族，生卒年不详，被尊为太乙玄师，老子的弟子，与孔子同时，是《通玄真经》一书的作者，思想尚阳。常游于海泽，越大夫范蠡尊之为师，授范蠡七计。范蠡佐越王勾践，用其五而灭吴。《汉书·艺文志》道家类著录《文子》九篇，班固在其条文下注明："老子弟子，与孔子同时。"文子学道早通，游学于楚。楚平王孙白公胜曾向他询问"微言"。后又游学到齐国，彭蒙、田骈、慎到、环渊等皆师事之。三晋之地的文子学派和齐国的黄老学派共同形成了北方道家。《文子·上德》篇有明显的易学特色。《上德》解易与《彖》《象》为同一思想脉络的发展。

《后汉书》是一部由我国南朝宋时期的历史学家范晔编撰的记载东汉历史的纪传体史书。与《史记》《汉书》《三国志》合称"前四史"。书中分十纪、八十列传和八志（司马彪续作），全书主要记述了上起东汉的汉光武帝建武元年（25），下至汉献帝建安二十五年（220），共195年的史事。

洪迈就"将军"一称，查证了大量著作，涉及《前汉书》《后汉书》《国语》《左传》等四部史书和《礼记》《文子》等儒家、道家文献，其阅读可谓广泛。

陶渊明

陶渊明高简闲靖，为晋、宋第一辈人。语其饥则箪瓢屡空，瓶无储粟；其寒则裋褐穿结，絺绤冬陈；其居则环堵萧然，风日不蔽。穷困之状，可谓至矣。读其《与子俨等疏》云："恨室无莱妇，抱兹苦心。汝等虽不同生，当思四海皆兄弟之义，管仲、鲍叔，分财无猜，他人尚尔，况同父之人哉！"然则犹有庶子也。《责子》诗云："雍、端年十三。"此两人必异母尔。渊明在彭泽，悉令公田种秫，曰："吾常得醉于酒足矣。"妻子固请种粳，乃使二顷五十亩种秫，五十亩种粳。其自叙亦云："公田之利，足以为酒，故便求之。"犹望一稔而逝，然仲秋至冬，在官八十余日，即自免去职。所谓秫粳，盖未尝得颗粒到口也，悲夫！

这篇短文通过描述陶渊明的日常生活，评价他高超、闲静、淡远，是晋宋间第一流人物。说到饥饿，他是饭瓢常空，家无存粮。说到寒冷，他是粗布短衣，冬天还穿着夏天的葛衣，没有替换的衣服。他的住房是四壁空空，难以遮蔽寒风和太阳。穷困之状可以说是到了极点。读他的《与子俨等疏》说："我常恨家中没有楚国老莱子之妻那样的贤内助来开导我，只有自己怀抱这样的一片苦心了。你们虽然不是一母所生，也应该思索四海之内皆兄弟的意义，齐国的管仲、鲍叔二人是朋友，在经商赢利分财时，分得多少并无猜疑之意。外人尚可以如此，何况你们是同父的兄弟呢！"这样看来，陶渊明还是妾生的儿子。他的《责子》诗说"雍、端两人年龄都是十三"，看来这两个人一定不是同母的弟兄了。陶渊明在彭泽县做县令时，下令公田全都种成高粱，说："这样我就能常饮酒，便心满意足了。"但妻子和儿子坚决请求种粳稻，他就下令让二顷五十亩种高粱来酿酒，五十亩种粳稻供食用。他在《归去来兮辞》中自叙："公田的收成，足够做酒，所以顺便求了彭泽令这个小官。"他本希望种的庄稼熟了，一年后离任。然而从仲秋到冬天，他在官仅八十几天，就自动免官离职。所谓的高粱粳稻，都没能吃到一颗一粒，可悲啊！

陶渊明（352或365—427），字元亮，又名潜，私谥"靖节"，世称靖节先生。浔阳柴桑人。东晋末至南朝宋初期伟大的诗人、辞赋家。曾任江州祭酒、建威参军、镇军参军、彭泽县令等职，最末一次出仕为彭泽县令，仅八十多天便弃职而去，从此归隐田园。他是中国第一位田园诗人，被称为"古今隐逸诗人之宗"，著有《陶渊明集》。

最后，我们透过洪迈的文章，再认识陶渊明。鲁迅先生说："陶潜正因为并非浑身是静穆，所以他伟大。”梁启超说：“自然界是他爱恋的伴侣，常常对着他笑。”林语堂说：“陶渊明是整个中国文学传统上最和谐最完美的人物，他的生活方式和风格是简朴的，令人敬畏，使那些聪明与谙于世故的人自惭形秽。”总之，陶渊明达到了一种物我一体、心与道冥的人生境界。他领悟到大自然的不息生机是自己生命的最好安归之所，完全融入自然中去。在他心中，大自然的一切都是生生不息、自乐自得的存在，一切都那么和谐美好。在他的诗中，没有用语言赞美自然，而自然的大美却从心里流溢出来。他诗作的境界韵味，是一种平和淡泊，与世事无所争，无所求，心与自然泯一的人生境界的自然流露，表现为宁静平淡的境界，是一种新的意境美。

人物以义为名

人物以义为保者，其别最多。仗正道曰义，义师、义战是也。众所尊戴者曰义，义帝是也。与众共之曰义，义仓、义社、义田、义学、义役、义井之类是也。至行过人曰义，义士、义侠、义姑、义夫、义妇之类是也。自外入而非正者曰义，义父、义儿、义兄弟、义服之类是也。衣裳器物亦然。在首曰义髻，在衣曰义襕、义领，合中小合子曰义子之类是也。合众物为之，则有义浆、义墨、义酒。禽畜之贤，则有义犬、义乌、义鹰、义鹘。

这篇短文说的是：人和物用“义”为名的，分门别类最多。主持正义、维护百姓利益的叫义，如义师、义战。大众所尊重拥戴的叫义，如义帝。与大众共享或共同从事的叫义，如义仓、义社、义田、义学、义役、义井之类。至高无上、超过常人的行为叫义，如义士、义侠、义姑、义夫、义妇之类。外来而不是正统的叫义，如义父、义儿、义兄弟、义服之类。衣裳器用之物也是这样。如在头上的叫义髻，在衣服叫义襕、义领，盒子里有小盒子叫义子之类。把多类物品相混合，就有义浆、义墨、义酒。禽鸟牲畜中有善行的，就叫义犬、义乌、义鹰、义鹘。

洪迈这篇短文说明了一个问题：在儒家文化影响下，“义”在人的思想中具有崇高的地位，这种崇高由人及物，渗透到了中华文化的骨髓之中。以“义”为首的成语，也说明了这一问题。如：义浆仁粟，义薄云天，义愤填膺，义正辞约，义无反顾，义胆忠肝，义无旋踵，义结金兰，义不生财，义正词严，义断恩绝，义不取容，义重恩深，义形于色，义海恩山，义不容辞。

唐三杰

汉高祖以萧何、张良、韩信为人杰。此三人者，真足以当之也。唐明皇同日拜宋璟、张说、源乾曜三故相官，帝赋《三杰诗》，自写以赐。其意盖以比萧、张等也。说与乾曜岂璟比哉！明皇可谓不知臣矣。

这篇短文说的是：汉高祖把萧何、张良、韩信看成是人中豪杰。这三个人真正能够称是人杰了。唐明皇在同一天授予宋璟、张说、源乾曜三位前宰相官职，皇帝作了《三杰诗》，亲自书写来赐赠给他们。他这样做大概是把这三人比作萧何、张良等人。张说和源乾曜难道能跟宋璟类比吗？唐明皇可以说不了解大臣了。

汉太祖刘邦（前256—前195），沛丰邑中阳里人，汉朝开国皇帝，汉民族和汉文化伟大的开拓者之一，中国历史上杰出的政治家，卓越的战略家和指挥家。对汉族的发展，以及中国的统一和强大有突出贡献。萧何、张良、韩信都是汉朝开国功臣。

唐玄宗李隆基（685—762），公元712—756年在位。唐朝在位最久的皇帝，唐睿宗李旦第三子，母窦德妃。庙号“玄宗”，又因其谥号为“至道大圣大明孝皇帝”，故亦称唐明皇。清朝为避康熙皇帝之名“玄烨”讳，多称其为唐明皇。宋璟、张说、源乾曜都是唐朝重臣，官至宰相。

作为一国之君，知人善任多么重要。在这里，相比之下，汉高祖是强于唐明皇了。

梅花横参

今梅花诗词多用“参横”字，盖出柳子厚《龙城录》所载赵师雄事，然此实妄书，或以为刘无言所作也。其语云：“东方已白，月落参横。”且以冬半视之，黄昏时参已见，至丁夜而西没矣，安得将旦而横乎？秦少游诗：“月落参横画角哀，暗香消尽令人老。”承此误也。唯东坡云：“纷纷初疑月挂树，耿耿独与参横昏。”乃为精当。老杜有“城拥朝来客，天横醉后参”之句，以全篇老之，盖初秋所作也。

这篇短文说的是：现在人们歌咏梅花的诗词中，有很多用“参横”字样的，这可能是出自柳宗元《龙城录》所记载的赵师雄的事，然而这实际上是荒诞的书，有人认为是刘无言所写。其中说，“东方已白，月落参横。”再说在冬季过了一半时观察星空，黄昏时参星已经出现，到深夜四更时就在西边落下了，怎么会天已亮时还横在天上呢？秦少游的诗句“月落参横画角哀，暗香消尽令人老”，继续了这种错误。只有苏东坡说的“纷纷初疑月挂树，耿耿独与参横昏”，才是精确允当的。杜甫有“城拥朝来客，天横醉后参”的诗句，根据整个诗篇来考察，大约是初秋所作。

参横：参星横斜。指夜深。

柳宗元(773—819)，字子厚，河东(今山西运城永济)人，唐宋八大家之一，唐代文学家、哲学家、散文家和思想家，世称“柳河东”“河东先生”，因官终柳州刺史，又称“柳柳州”。柳宗元与韩愈并称“韩柳”，与刘禹锡并称“刘柳”，与王维、孟浩然、韦应物并称“王孟韦柳”。柳宗元一生留下诗文作品600余篇，其文的成就大于诗。骈文有近百篇，散文论说性强，笔锋犀利，讽刺辛辣。游记写景状物，多所寄托，著有《河东先生集》，代表作有《溪居》《江雪》《渔翁》。《龙城录》又名《河东先生龙城录》，唐代汉族传奇小说。旧题柳宗元撰，但历来学者对此存疑。主要记述隋唐时期帝王官吏、文人士子、市井人物的逸闻奇事。部分内容影响后世小说创作。

秦观《和黄法曹忆建溪梅花》：“海陵参军不枯槁，醉忆梅花悉绝倒。为怜一树傍寒溪，花水多情自相恼。清泪班班知有恨，恨春相逢苦不早。甘心结子待君来，洗雨梳风为谁好。谁云广平心似铁，不惜珠玑与挥扫。月没参横画角哀，暗香销尽令人老。天分四时不相贷，孤芳转盼同衰草。要须健步远移归，乱插繁华向晴昊。”

秦观(1049—1100)，字少游，一字太虚，号淮海居士，别号邗沟居士。扬州高邮(今属江苏)人。北宋中后期著名词人，与黄庭坚、张耒、晁补之合称“苏门四学士”。北宋后期著名婉约派词人，其词大多描写男女情爱和抒发仕途失意的哀怨，文字工巧精细，音律谐美，情韵兼胜，历来词誉甚高。代表作有《鹊桥仙·纤云弄巧》《望海潮·梅英疏淡》《满庭芳·山抹微云》等。《鹊桥仙》中的“两情若是久长时，又岂在朝朝暮暮”被誉为“化腐朽为神奇”。《满庭芳》中的“斜阳外，寒鸦数点，流水绕孤村”被称作“天生的好言语”。著有《淮海集》40卷，以及《淮海居士长短句》《劝善录》《逆旅集》等作品。其所编撰的《蚕书》，是我国现存最早的一部蚕桑专著。

苏轼《十一月二十六日，松风亭下梅花盛开》：“罗浮山下梅花村，玉雪为骨冰为魂。纷纷初疑月挂树，耿耿独与参横昏。先生索居江海上，悄如病鹤栖荒园。天香国艳肯相顾，知我酒熟诗清温。蓬莱宫中花鸟使，绿衣倒挂扶桑暾。抱丛窥我方醉卧，故遣啄木先敲门。麻姑过君急洒扫，鸟能歌舞花能言。酒醒人散山寂寂，惟有落蕊粘空樽。”

杜甫《送严侍郎到绵州，同登杜使君江楼宴》：“野兴每难尽，江楼延赏心。归朝送使节，落景惜登临。稍稍烟集渚，微微风动襟。重船依浅濑，轻鸟度层阴。槛峻背幽谷，窗虚交茂林。灯光散远近，月彩静高深。城拥朝来客，天横醉后参。穷途衰谢意，苦调短长吟。此会共能几，诸孙贤至今。不劳朱户闭，自待白河沉。”

从洪迈对“参横”的考证来看，古人歌咏梅花，多在夜晚。

三省长官

中书、尚书令在西汉时为少府官属，与太官、汤官、上林诸令品秩略等，侍中但为加官，在东汉亦属少府，而秩稍增。尚书令为千石，然铜印墨绶，虽居几要，而去公卿甚远，至或出为县令。魏、晋以来，浸以华重。唐初遂为三省长官，居真宰相之任，犹列三品，大历中乃升正二品。入国朝，其位益尊，叙班至在太师之上，然只以为亲王及使相兼官，无单拜者。见任宰相带侍中者才五人：范鲁公质、赵韩王普、丁晋公谓、冯魏公拯、韩魏王琦。尚书令又最贵，除宗王外，不以假人。赵韩王、韩魏王始赠真令，韩公官止司徒，及赠尚书令，乃诏自今更不加增，盖不欲三师之官赘其称也。政和初，蔡京改侍中、中书令为左辅、右弼，而不置尚书令，以为太宗皇帝曾任此官。殊不知乃唐之太宗为之，故郭子仪不敢拜，非本朝也。

这篇短文说的是古代官职的演变情况。第一，中书令、尚书令的演变。一是在西汉时期。中书令、尚书令是少府的属官，跟太官令、汤官令、上林苑令等官的品级地位大致相等。尚书令的俸禄为千石，但是虽然授予铜印墨绶，身处机要部门，却比公卿差得很远，甚至有的出京为官只做到县令。二是从魏晋以来，中书令、尚书令地位渐渐显赫重要。三是唐朝初年中书令、尚书令就成为三省的长官，担任真宰相的职位，但仍只是三品官，大历年间才成正二品。四是到了宋朝，尚书令的地位更加尊贵，等级排列甚至在太师之上，然而只作为亲王以及使相的兼官，没有单独授予的。尚书令又最显贵，除了宗姓王以外，不授予其他。韩王赵普、魏王韩琦才开始被赐予真尚书令，韩琦的官号只是司徒，等到赐予尚书令时，就下令从今往后不加官号，这是不想用三师（太师、太傅、太保）的官号赘加在这个称号上。第二，侍中的演变。一是侍中只是为增加新职而加上的官号，在东汉时也属于少府，只是品级稍微增高。二是现在任宰相而带侍中官号的人才有五人：鲁公范质、韩王赵普、晋公丁谓、魏公冯拯、魏王韩琦。第三，演变的缘由。宋代政和初年，蔡京把侍中、中书令改为左辅、右弼，而不设尚书令，以为宋太宗皇帝曾经任过这个官，却不知道唐朝的太宗曾做过此官，因此郭子仪不敢拜受，这事不是出于本朝。

中书令，官名。汉武帝时以宦官担任中书，称中书令，置令与仆射为其长，掌传宣诏命等。中书令、尚书令在西汉并置，与掖庭令、内者令等都是由宦官士人担当。中书令是帮助皇帝在宫廷处理政务的官员，中书令负责直接向皇帝上奏密奏“封事”，责任重大。西汉年间，中书乃归属于内廷宦官机构，负责在皇帝书房整理宫内文库档案，与皇帝有频繁接触的机会，其主官称中书令。司马迁中年以后，以太史公的身份担任中书令，朝位在丞相之上，是中国历史上第一位中书令。其历史沿革是：西汉中后期汉武帝改尚书令为中谒者令，作为中书令属官。在汉武帝时尚书由中书令负责，尚书令是中书令的谒者，故称中书谒者令。汉元帝时中书令权势甚至比丞相都大。汉成帝元年中书令石显降为中书谒者令，中书令不再是要职。汉成帝四年“罢中书宦官”，废中书令，完全终止汉武帝建立的中书尚书制度，削弱皇权改内廷尚书为朝廷官。东汉不置。三国魏文帝时，宫内图书的整理逐渐不拘于宦官，也起用士人，从而演化成可以讨论政策的研究机构，并改秘书为中书，分设中书监与中书令，掌握机要。两晋沿设。南北朝时，中书令一官最为清贵华重，常用有文学才望者任职。十六国时前秦王鱼担任中书令，职高位隆，建言朝政。北周官制与各代不同，其内史中大夫即是此官。隋朝早期，任中书令为中书省之长官，属于宰相职。唐朝初年，唐太宗以中书省、门下省、尚书省三省综理政务，共议国政，中书令、侍中、尚书仆射分别为三省长官，并为宰相。宋中书令因五代之旧，只为亲王、使相的兼官，无职事。元丰改官制，三省长官都为宰相，正一品，但不真拜，而以右仆射兼中书侍郎行令之职，别置侍郎以佐之。中兴后，置左右丞相，省令不置。辽金夏的中书令掌实权，位在丞相上。元代中书令权位尤重，忽必烈统治中国之后，耶律楚才任中书令执政，恢复了中书令宰相的职权，但权限则大为扩充至地方行省。明洪武年间，中书令即当朝宰相。明成祖以后，明、清朝内虽无相职，但有所谓“首辅”或内阁大学士等职接连替代中书令原有的角色，清朝“中堂”一词即由此衍生而来。

尚书令，官名。始于秦，西汉沿置，本为少府的属官，负责管理少府文书和传达命令，汉沿置，职权不大。汉武帝时，为了削弱相权，巩固皇权，从而设内朝官，任用少府尚书处理天下章奏，遂涉及国家政治中枢；朝廷重臣秉其他职权者，可以“领尚书事”（录尚书事）为名掌实权。西汉成帝时，随着朝廷的政务越来越烦琐，尚书的权力日益庞大，开始实行分曹治事，始置五曹尚书；各曹以尚书令为首，尚书令成为对君主负责，执行一切政令的首脑。但由于是内朝职务，尚未完全脱离少府序列，品级不高。隋唐时代，尚书令为尚书省长官，宰相职。传统说法认为由于唐太宗在武德年间曾任尚书令，因此唐朝太宗之后不设尚书令。五代后，尚书令为虚职，成为名义上最高的官职。元代，尚书令时置时废，为相职。

侍中，官职。秦汉之时，侍中为少府属下宫官群中直接供皇帝指派的散职。西汉时又为正规官职外的加官之一，文武大臣加上侍中之类名号可入禁中受事。西汉武帝以后，地位渐高，等级直超过侍郎。魏晋以后，侍中往往成为事实上的宰相。唐宋该职得以沿置以至元。元以后废止。

中书令、尚书令、侍中等三个官职的演变说明，自古以来官职演变无外几个原因：一是因人而异，看具体情况。二是政治斗争或权力争夺的产物。三也有“有为才有位”的因素。四是经济社会发展对统治体制提出的要求。五是封建避讳制度的因素。六仅限于名称的变化。宋朝瞿蜕园《历代职官简释》说：“在体制上，中书省是决策机构，所以中书令更是政务的本源。”在封建社会以中书省、门下省和尚书省为执政机构，有时形式不同，但本质相近。

古人重国体

古人为邦，以国体为急，初无小大强弱之异也。其所以自待，及以之待人，亦莫不然。故执言修辞，非贤大夫不能尽。楚申舟不假道于宋而聘齐，宋华元止之曰：“过我而不假道，鄙我也。鄙我，亡也。杀其使者，必伐我。伐我，亦亡也。亡一也。”乃杀之。及楚子围宋既急，犹曰：“城下之盟，有以国毙，不能从也。”郑三卿为盗所杀，余盗在宋，郑人纳赂以请之。师慧曰：“以千乘之相，易淫乐之矇，宋无人焉故也。”子罕闻之，固请而归其赂。晋韩宣子有环在郑商，谒诸郑伯，子产弗与，曰：“大国之求，无礼以斥之，何厌之有？吾且为鄙邑，则失位矣。若大国令而共无艺，郑鄙邑也，亦弗为也。”晋合诸侯于平丘，子产争贡赋之次，子大叔咎之。子产曰：“国不竞亦陵，何国之为！”郑驷偃娶于晋，偃卒，郑人舍其子而立其弟。晋人来问，子产对客曰：“若寡君之二三臣，其即世者，晋大夫而专制其位，是晋之县鄙也，何国之为！”楚囚郑印堇父，献于秦，郑以货请之。子产曰：“不获。受楚之功而取货于郑，不可谓国，秦不其然。若曰郑国微君之惠，楚师其犹在敝邑之城下。”弗从，秦人不予。更币，从子产而后获之。读此数事，知春秋列国各数百年，其必有道矣。

这篇短文中，洪迈就春秋战国时期各国之间的关系，讲了六个故事。一是楚国的申舟不向宋国借路而派使者问候齐国，宋国的华元阻止了他，说：“经过我国而不向我国借路，这是鄙视我国。鄙视我国，我国就灭亡了。杀了楚国的使者，楚国一定会攻打我国。攻打我国，我国也是个亡，都是亡国，是一样的。”于是就杀了那个使者。等到楚子围攻宋国已经很危急的时候，宋国华元仍然说：“兵临城下被迫订立的盟约，会使国家灭亡，不能听从。”二是郑国的三位大卿被盗贼杀了，剩下的盗贼都在宋国，郑国人交纳赠礼来请求抓捕他们。郑国的师慧说：“用千乘大国的国相，换一个放纵淫乐的瞎子，宋国没有人是肯定的。”宋国的子罕听到后，坚持请求把郑国的礼物退回去。三是晋国的韩宣子有个玉环在郑国商人手中，就谒见郑伯。郑国的子产不给他，说：“大国的要求，没有礼仪而且还呵斥人，哪里会有满足的时候？如果满足他们，我们郑国就将成为他们的边远城邑了，郑国国君也会失去君位。如果大国强令而且不讲法制，郑国也就不会有成为别国边邑的事。”四是晋国在平丘联合诸侯，子产为贡赋的顺序而争，子大叔责备他，子产说：“国家不竞争也就会被人侵凌，那时会成为什么国家！”五是郑国驷偃在晋国娶了妻，驷偃死后，郑国人不立他的儿子，却立了他的兄弟，晋国派人来问，子产对来人说：“如果我国君主的几个臣子，他们去世的话，晋国大夫就来专权控制他们的职位，那么郑国就成了晋国的县邑边境了，还成什么国呢！”六是楚国拘禁了郑国的印堇父，把他献给秦国，郑国用钱财来请求秦国放回印堇父，子产说：“不会有收获的。接受楚国的战功，却从郑国取得钱财，那成什么国家了，秦国肯定不会这样干。如果说郑国有小国君主的好处，那么楚国军队还在我国的城下呢！”郑国没有听从子产的话，结果秦国果然不肯放人；又遣使者拿着礼物，按照子产的话做，这才获得印堇父。

申舟（？—前595），芈姓，文氏，名无畏，字子舟，因被封于申，以邑为氏，别为申氏，又被称为文之无畏、毋畏、文无畏。楚文王的后代，春秋时期楚国左司马。

华元（？—前573），宋戴公五世孙，华督曾孙，华生御事之子，春秋时期宋国大臣，官至大夫，成为宋国六卿之一。历事昭公、文公、共公、平公四君，堪称“四朝元老”。长期任右师，掌握国政。集政治家、外交家、军事家、刺客、人质、战将于一身，在强敌如林、诸侯纷乱的时代，为宋国独撑一方大厦。

楚子，指春秋时楚王。因楚君始封为子爵，故称。唐张九龄《郢城西北樊妃冢》诗云：“楚子初逞志，樊妃尝献箴。”

师慧（生卒年不详），春秋时期郑国的盲人乐师。他机警过人，曾被国君作为郑国向宋国索回政治流亡者的交换品。

乐喜，字子罕，春秋时宋国的贤臣。宋平公（前575—前532）时任司城，位列六卿。司城即司空，因宋武公名司空，改名为“司城”。主管建筑工程，制造车服器械，监督手工业奴隶。

韩宣子，即韩起（？—前514），姬姓，韩氏，名起，谥号宣，史称韩宣子，韩献子韩厥之子，春秋时期晋国卿大夫，六卿之一，政治家。

子产（？—前522），姬姓，公孙氏，名侨，字子产，号成子，出身于郑国贵族，春秋时期政治家、思想家。

驷偃（？—前523），字子游，谥号襄子，春秋时期郑国卿大夫驷氏后代，郑穆公玄孙，官至卿，与鲁国三桓、晋国六卿一样都是卿族执政。

印堇父，郑国贵族。《左传·襄公二十六年》记载：印堇父和皇颉一同戍守麇城，被楚人抓住献给秦国。

短文中的故事讲的是古人对待国家的态度。表面上看，是面子问题；但从本质上看，其实是里子问题，也就是治国之道。古人治理国家，把国家的体面看得很重，最初是没有大小强弱的差别的；别人怎么对待自己，就用这种态度去对待他，没有哪国不是这样的。因此发表言论斟酌词句，不是贤明的大夫就不能表达详尽。洪迈认为，从这几件事可知，春秋列国各有几百年历史，一定是有他们的治国之道的。

君子为国

《传》曰：“不有君子，其能国乎？”古之为国，言辞抑扬，率以有人无人占轻重。晋以诈取士会于秦，绕朝曰：“子无谓秦无人，吾谋适不用也。”楚子反曰：“以区区之宋，犹有不欺人之臣，可以楚而无乎？”宋受郑赂，郑师慧曰：“宋必无人。”鲁盟臧纥之罪，纥曰：“国有人焉。”贾谊论匈奴嫚侮，曰：“倒悬如此，莫之能解，犹谓国有人乎？”后之人不能及此，然知敌之不可犯，犹曰彼有人焉，未可图也。一士重于九鼎，岂不信然？

这篇短文讲的是人才对于治理国家的重要意义。主要观点是：没有君子，难道能治理好国家吗？古时候治理国家，讲起道理有高下之分，真正分量轻重全凭有无人才来检验。引用的例证有五。一是晋国用诈谋从秦国争取到足智多谋的士会，临行时绕朝对他说："您别说秦国没有人才，只是我的计谋正好不被使用罢了。"二是楚国的子反曾说："凭着微不足道的宋国，尚且有不欺人的臣子，可以认为楚国就没有吗？"三是宋国多次向郑国索取财物，郑国的师慧说："宋国必定没有贤才。"四是鲁国季武子采纳孟椒的意见把臧纥的罪行写入盟辞，臧纥听到了，说："国内有人才啊！"五是贾谊在《治安策》中论及匈奴对汉的嫚侮侵略时说："本末颠倒到这地步而不能解救，难道能说国内有明智之人吗？"最后对例证进行归纳：后代的人达不到这一步，然而明知敌对一方不可侵犯，仍说对方有人才，这是不可图谋的。最后的结论是：一个贤士比政权还重要。

绕朝，春秋时的秦国大夫。

臧纥，即臧武仲、臧孙纥，又称臧孙、臧纥，谥"武"，臧文仲之孙，臧宣叔之子。鲁国大夫，封邑在防（今山东费县东北）。臧武仲早年常于宫中，深得鲁宣公夫人喜爱，并被立为臧氏的继承人，曾任司寇，"孟孙恶臧孙，季孙爱之"（《左传·襄公二十三年》）。但终不能见容于鲁国，先逃到邾国后又逃到齐国。

贾谊（前200—前168），洛阳（今河南洛阳东）人，西汉初年著名政论家、文学家，世称贾生。贾谊少有才名，18岁时，以善文为郡人所称。文帝时任博士，迁太中大夫，受大臣周勃、灌婴排挤，谪为长沙王太傅，故后世亦称贾长沙、贾太傅。三年后被召回长安，为梁怀王太傅。梁怀王坠马而死，贾谊深自歉疚，抑郁而亡，时年仅33岁。司马迁对屈原、贾谊都寄予同情，为二人写了一篇合传，后世因而往往把贾谊与屈原并称为"屈贾"。贾谊著作主要有散文和辞赋两类，深受庄子与列子的影响。散文的主要文学成就是政论文，评论时政，风格朴实峻拔，议论酣畅，鲁迅称其为"西汉鸿文"，代表作有《过秦论》《论积贮疏》《陈政事疏》等。其辞赋皆为骚体，形式趋于散体化，是汉赋发展的先声，以《吊屈原赋》《鵩鸟赋》最为著名。

我们从洪迈的结论"一士重于九鼎"说起。这里，"士"是指贤士、人才；"九鼎"是指国家政权。意思是：一个贤士比政权还重要。这是洪迈的人才观、政权观。我们现在也讲："人才工作为政权建设服务。"在封建社会，政权为统治阶级服务；在社会主义社会，政权为人民服务。政权是由人建立的，也是由人使用的。好的政权,可以自前向后延续,也可以重新建立。但无论何种政权形式,都是由人来主导的。没有好的人才,不能建立好的政权;有好的政权,没有好的人才,则政权不能巩固。可见,人才多么重要,贤才多么重要。汉刘邦一布衣,提三尺剑取天下。他经常考虑和着力解决的问题,便是如何吸纳使用天下人才。在“愤发蜀汉,还定三秦,诛籍帝业”夺取政权的实践中,他更深深体会到,人才是成败的关键。从秦王朝“忠臣不敢谏,智士不敢谋”而导致政权丧失的教训中,他清醒地认识到巩固政权离不开人才。涉及人才问题,应该考虑这样几个方面:一是识才,善于发现人才。二是爱才,珍惜所得人才。三是留才,有留住人才之法。四是聚才,汇聚更多人才。五是用才,做到才尽其用。六是求才,用谦虚与真诚寻求人才。

第十一章

宋词的影响力

- ■ 宋词与音乐
- ■ 宋词与经济
- ■ 宋词与政治
- ■ 宋词与文化
- ■ 宋词与生活
- ■ 宋词与人性

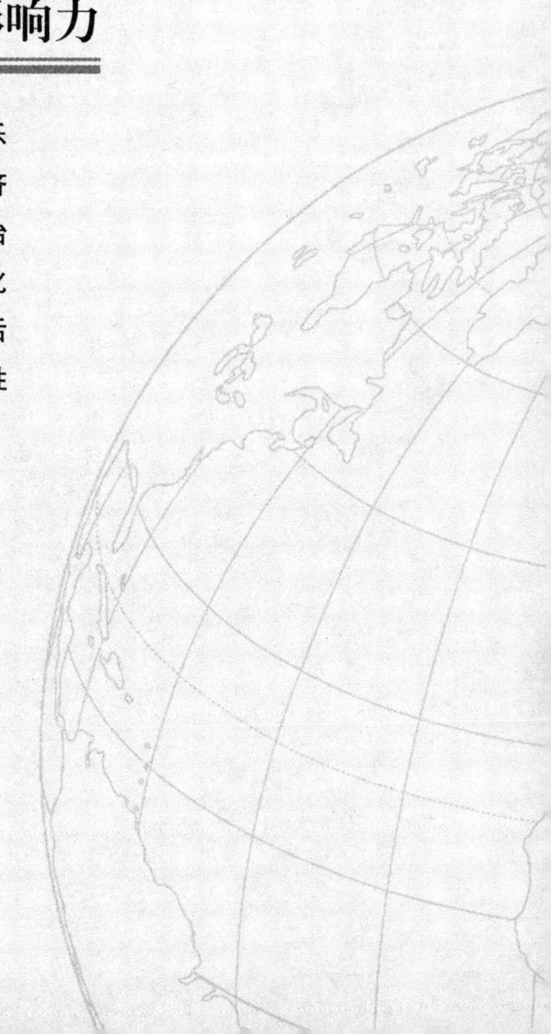

第十一章　宋词的影响力

词萌芽于隋唐之际，兴于晚唐五代而极盛于宋。广义来说，词本属诗之一体，后来逐渐与传统诗歌分庭抗礼，特别是经过宋代无数词人倾注深情，寄托豪兴，驰骋才华，精心琢磨，创作出大量晶莹、灿烂、温润、磊落，反映时代精神风貌而且具有不同于传统诗歌艺术魅力的瑰宝，遂与唐诗如峰并峙，各有千秋。直到今天，她仍在陶冶着人们的情操，给我们带来很高的艺术享受。

中国文人绝大多数有着浓浓的宋词情结。无论他们对于宋词研究程度的深与浅，但无一例外，对其都不会陌生。正经读过几天书的人，都知道苏轼、柳永、李煜、李清照、辛弃疾和《水调歌头》《沁园春》《虞美人》《蝶恋花》《青玉案》，都会吟咏几句“大江东去，浪淘尽，千古风流人物”“问君能有几多愁？恰似一江春水向东流”“莫道不销魂，帘卷西风，人比黄花瘦”“今宵酒醒何处？杨柳岸，晓风残月”“众里寻他千百度，蓦然回首，那人却在灯火阑珊处”等宋词名句。新中国成立以后，毛泽东主席的词对“生在新社会，长在红旗下”的几代人影响巨大，特别是《沁园春·雪》中的“俱往矣，数风流人物，还看今朝”，让多少人心潮澎湃；《忆秦娥·娄山关》中的“雄关漫道真如铁，而今迈步从头越”，为多少人增添了豪气；还有《蝶恋花·答李淑一》中的“我失骄杨君失柳，杨柳轻飏直上重霄九”，又使多少人了解到领袖和英雄的柔情。宋词之于中国的文化人，无论是喜爱与欣赏，也无论是了解与研究，都是一种习惯。只要有写文章的机会，都有可能引用上几句；只要不是光说大白话，总要在特殊的语境中读几句。这些，都源于中国文化的根脉，既有中国文字的特殊性，又有儒家文化的传承性，从《诗经》到唐诗宋词，已经渗入了中国文化的骨髓之中。

毫无疑问，宋词是中国古代文学皇冠上光辉夺目的一颗巨钻，在古代文学的阆苑里，她是一块芬芳绚丽的园圃。她以姹紫嫣红、千姿百态的丰神，与唐诗争奇，与元曲斗妍，历来与唐诗并称双绝，都代表一代文学之胜。远从《诗经》《楚辞》及汉魏六朝诗歌里汲取营养，又为后来的明清戏剧小说输送了有机成分。时至今日，宋词对文化、教育、艺术和社会生活仍然有着重大的影响力。

宋词与音乐

词最早产生于民间，最初是配乐的诗，它所配合的音乐兴起于隋，以汉族民间音乐为主，糅合少数民族及外来音乐而形成新声燕乐，也即宴乐。所以最早的时候，词叫“曲词”或“曲子词”，也就是为曲调填写的歌词。后来这些“曲子”的唱法失传，词也就渐渐脱离了音乐，纯粹成为诗的一种别体了。隋代的词未能流传下来。我们现在所能看到的最早的词都是唐代的。20世纪初，在敦煌石窟中发现了“敦煌曲子词”，主要是唐代的民间创作。在民间文学的影响下，唐代的一些文人也开始写词。现存最早的文人词，当推盛唐大诗人李白的《忆秦娥》和《菩萨蛮》。到了中唐，张志和、刘禹锡、白居易等都创作了一些词。晚唐的温庭筠是第一个大量写词的作家。经过五代到宋，词发展到鼎盛时期。

李白《忆秦娥》：“箫声咽，秦娥梦断秦楼月。秦楼月，年年柳色，灞陵伤别。乐游原上清秋节，咸阳古道音尘绝。音尘绝，西风残照，汉家陵阙。”

李白《菩萨蛮》：“平林漠漠烟如织，寒山一带伤心碧。暝色入高楼，有人楼上愁。玉阶空伫立，宿鸟归飞急。何处是归程？长亭更短亭。”

张志和《渔歌子》：“西塞山前白鹭飞，桃花流水鳜鱼肥。青箬笠，绿蓑衣，斜风细雨不须归。”

温庭筠《望江南》：“梳洗罢，独倚望江楼。过尽千帆皆不是，斜晖脉脉水悠悠。肠断白苹洲。”

词，初名为曲、曲子、曲子词，简称“词”。又名乐府、近体乐府、乐章、琴趣。还被称作诗余、歌曲、长短句。归纳起来，这许多名称主要是分别说明词与音乐的密切关系及其与传统诗歌不同的形式特征。

我国古代诗乐一体，《诗三百篇》与汉魏六朝乐府诗大都是合于音乐而可歌唱的。“乐府”原为汉时政府音乐机关之名。汉以后的五言、七言古体诗和唐以后的近体诗始为徒诗而不可歌。唐人的拟乐府古题与新乐府不再合乐，实为古体诗了。唐代绝句也有可配乐歌唱的，或称“唐人乐府”，有时与词相混，如《阳关曲》《杨柳枝》等，也被作为词调名。

唐宋之词，系配合新兴乐曲而唱的歌词，可说是前代乐府民歌的变种。当时新兴乐曲主要系民间乐曲和边疆少数民族及域外传入的曲调，其章节抑扬抗坠、变化多端，与以“中和”为主的传统音乐大异其趣；歌词的句式也随之长短、错落、奇偶相间，比起大体整齐的传统古近体诗歌来大有发展，具有特殊表现力。曲子词、近体乐府、诗余、长短句之名由此而得。作词一般是按照某种乐调曲拍之谱填制歌词。曲调的名称如《菩萨蛮》《蝶恋花》《念奴娇》等叫作“词调”或“词牌”，按照词调作词称为“倚声”或“填词”。宋词唱法虽早已失传，但咏读当时的倚声或后来依谱所填的词，仍然可以从其字里行间感受到音乐节奏之美，或缠绵宛转，或闲雅幽远，或慷慨激昂，或沉郁顿挫，令人回肠荡气，别有一种感染力量。前人按各词调的字数多少分别称其为“小令”“中调”或“长调”。有的以58字以内为小令，59字到90字为中调，91字以上为长调；有的主张62字以内为小令，以外称“慢词”。都未成定论。词调中除少数小令不分段称为“单调”外，大部分词调分成两段，甚至三段、四段，分别称为“双调”“三叠”“四叠”。段的词学术语为“片”或“阕”。“片”即“遍”，指乐曲奏过一遍。“阕”原是乐终的意思。一首词的两段分别称上、下片或上、下阕。词虽分片，仍属一首。故上、下片的关系，须有分有合，有断有续，有承有起，句式也有同有异，而于过片（或换头）处尤见作者的匠心和功力。我们看到宋代许多词人于此惨淡经营，创造出离合回旋、若往若还、前后映照的艺术妙境，在一首词中增添了层次、深度和荡漾波澜。

词的特点与它的起源紧密相关。它最初是为了歌曲填写的词，相当于现在的歌词，它是“由乐以定词，非选词以配乐”（元稹《乐府古题序》）。而与它相配的燕乐是代表西北民族刚健风格的新音乐，不同于中原地区原有的清乐。燕乐音律变化繁多，一首词如果像近体诗一样全是五言或七言，唱起来就会显得单调呆板，因此必须句式参差，长短不一，平仄和韵脚也随之发生了变化。词后来虽然变成了一种特殊形式的诗歌，但它和诗的不同，不仅表现在句子的长短不齐上，而且表现在平仄、对仗和用韵等方面。

词在宋代曾被称为“长短句”。宋代以后“长短句”成为词的别名。此外，词还有“诗余”“乐府”“琴趣”“乐章”等别名。宋词在世界文化史上是独一无二的艺术形式；虽然宋词存世仅一万多首，但它影响极深。中国词学研究会会长、武汉大学特聘教授王兆鹏说：“宋词在中国文化史上是一种有意味的艺术形式，它与唐诗、元曲并称，是宋代文学最有创新、最辉煌的标志。它留存着宋代先贤们美好的情感、高尚的情操、崇高的精神及人生智慧。在世界文化史上，它是独一无二的艺术形式。它原来是融合音乐、舞蹈、表演为一体的综合艺术形式，后来，音乐失传后，就只有文学形式了。它在世界文化中没有可比拟的文体。从现在英文翻译来看,词没办法直接翻译,只能用汉语拼音。宋词除有特别的美感外,还有音乐的节奏,读词比读诗更富于节奏,更富有变化。”

曲子词源自民间,俚俗粗鄙乃是其天然倾向。由于敦煌石窟中大量的曲子词被重新发现,词源于民间俗文学的观点已得到广泛承认。隋唐之际发生、形成的曲子词,原是配合一种全新的音乐——“燕乐”歌唱的。“燕”通“宴”,燕乐即酒宴间流行的助兴音乐,演奏和歌唱者皆为文化素质不高的下层乐工、歌妓。且燕乐曲调之来源,主要途径有二:一是来自边地或外域的少数民族。唐时西域音乐大量流入,被称为“胡部”,其中部分乐曲后被改为汉名,如天宝十三年(754)改太常曲中54个胡乐名为汉名。《羯鼓录》载131曲,其中十之六七是外来曲。后被用作词调的,许多据调名就可以断定其为外来乐,如《望月婆罗门》原是印度乐曲,《苏幕遮》本是龟兹乐曲,《赞浦子》又是吐蕃乐曲等等。《胡捣练》《胡渭州》等调,则明白冠以“胡”字。部分曲调来自南疆,如《菩萨蛮》《八拍蛮》等等。部分曲调直接以边地为名,表明其曲调来自边地。《新唐书·五行志》说:“天宝后各曲,多以边地为名,如《伊州》《甘州》《凉州》等。”洪迈《容斋随笔》卷14也说:“今乐府所传大曲,皆出于唐,而以州名者五:伊、凉、熙、石、渭也。”伊州为今新疆哈密地区,甘州为今甘肃张掖,凉州为今甘肃武威,熙州为今甘肃临洮,石州为今山西离石,渭州为今甘肃陇西,这些都是唐代的西北边州。燕乐构成的主体部分,就是这些外来音乐。二是来自民间的土风歌谣。唐代曲子很多原来是民歌。任二北先生的《教坊记笺订》对教坊曲中那些来自民间的曲子,逐一做过考察。如《竹枝》原是川湘民歌,唐刘禹锡《竹枝词序》说:“余来建平(今四川巫山),里中儿联歌《竹枝》,吹短笛击鼓以赴节。歌者扬袂睢舞,以曲多为贤。聆其音,中黄钟之羽,卒章激讦如吴声。”又如《麦秀两歧》,《太平广记》卷257引《王氏见闻录》言五代朱梁时,“长吹《麦秀两歧》于殿前,施芟麦之具,引数十辈贫儿褴褛衣裳,携男抱女,挈筐笼而拾麦,仍和声唱,其词凄楚,及其贫苦之意。”宋代民间曲子之创作仍然十分旺盛,《宋史·乐志》言北宋时“民间作新声者甚众”,如《孤雁儿》《韵令》等等。燕乐曲调的两种主要来源,奠定了燕乐及配合其演唱歌词俚俗浅易的文学特征。歌词在演唱、流传过程中,以及发挥其娱乐性功能时,皆更加稳固了这一文学创作特征。歌词所具有的先天性的俚俗特征,与正统的以雅正为依归的审美传统大相径庭。广大歌词作家所接受的传统教育,历史和社会潜移默化之赋予他们的审美观念,皆在他们欣赏、创作歌词时,发挥自觉或不自觉的作用。努力摆脱俚俗粗鄙、复归风雅之正途,便成了词人们急迫而不懈的追求。

宋词与经济

宋朝是中国历史上经济、文化、教育最繁荣的时代，达到了封建社会的巅峰。著名史学家陈寅恪说："华夏民族之文化，历数千载之演进，造极于赵宋之世。"开封，位于豫东平原的中心，又称汴梁、汴京，为宋朝国都长达168年，历九帝，是当时著名的政治、经济、文化、艺术中心，其繁荣程度，后世难以企及，它还是中国最早有犹太人定居的城市。从唐朝中后期开始，经济中心南移，到南宋最后完成。宋朝鼎盛时期，全国人口已达到2000万户，1亿多人，耕地达到7.2亿亩，GDP占全球的60%，人均GDP为2280美元。宋神宗熙宁十年（1077），国库收入为7070万贯，最高达到1.6亿贯，即便南宋丢失半壁江山，国库财政收入竟也高达1亿贯，这样的税收后世难以企及。熙宁年间开封米价400文一石，宋代一石为66公升约合100市斤米。按现在市场普通米价2.50元/市斤估算，400文相当于250元人民币的购买力，即1文钱约合0.625元（宋时一贯钱为770文），一贯钱约合481.25元。按熙宁十年国库收入为7070万贯计，其时国库收入约为340.24亿元人民币。

宋时农业经济得到空前发展。北宋时期，农业生产技术及其推广有很大的发展。当时，南方农民普遍使用龙骨翻车来灌溉，同时，比龙骨翻车运转力更大的筒车，也用来引水上山，灌溉山田。范仲淹的《水车赋》中有"器以象制，水以轮济"之句，就反映了这种有轮轴、利用水力或牛力推动的筒车。北宋政府两次在耕牛缺乏的地区推广"踏犁"。"踏犁"是一种较好的人力翻土工具，四五个劳动力的功效相当于牛耕的一半。这对畜力不足地区解决耕田的困难起过一定的作用。宋金并立时期，南方的水利事业大大超过北方。史载："南渡后，水田之利，富于中原，故水利大兴。"（《宋史·食货志》）除了修复久被堙废的水利设施之外，还修建了不少新的工程。经济作物的逐步推广和商品经济的发展，在宋代特别是南宋，无论在官田上或私田上，采用货币折租的形式也有所增多。随着北宋的统一，南北农作物品种得到交流。从越南引进占城稻，太湖流域的苏州、湖州成为重要粮仓，民间流传着"苏湖熟，天下足"的谚语。茶树的栽培地区越来越广，淮南、江南、两浙、荆湖、福建及四川诸路，茶园十分普遍。仅江南、两浙、荆湖、福建地区输送政府专卖机构的茶叶，每年就达一千四五百万斤。茶叶已成为人们的生活必需品，同时也是国内外市场上的重要商品。棉花的种植，在福建、广东一带逐渐盛行。养蚕和种桑、麻的地区比以前也有扩大。甘蔗主要在浙江、福建、广东、云南以及四川的一些地区种植，那里有许多“糖霜户”，专门种蔗制糖。南宋后期，印度木棉迅速向长江流域推广，成为农业中一种重要的经济作物。北宋时期，农民克服自然条件的限制，用各种办法扩大耕地面积。同时，生产技术的提高、农具的改进和水利灌溉事业的发达，单位面积产量有所提高。一般年景，其他地方亩产米一石，江南地区亩产米可达二至三石，甚至还出现了亩产米达四石的记录，明显超过唐代水平。佃客对地主的人身依附关系的强弱，在各地区间有较大差别，但总的趋势是缓慢地向着减弱的方向发展。佃客可以在一定条件下离开原地主而佃种别的地主的土地。同时，佃户购买少量土地之后，就可以自立户名，成为封建国家的税户。

手工业生产有了很大进步。当时，各种手工业作坊的规模和内部分工的细密程度，都超越前代。生产技术发展显著，产品的种类、数量大为增加，质量大为提高。制瓷业成就突出，北宋的瓷器，不论在产量还是制作技术上，比前代都有很大提高。当时，烧造瓷器的窑户，遍布全国各地，所造瓷器各具特色。除有名的瓷器生产地景德镇外，官窑（河南开封）、钧窑（河南禹州）、汝窑（河南汝州）、定窑（河北曲阳）和哥窑（浙江龙泉）是北宋五大名窑。其他如造纸、印刷、制茶以及火器制造等业，也都相当发达。矿冶业在北宋手工业中占有重要地位。矿冶业的发展，突出表现在开采冶炼规模的扩大以及产量的增加。北宋时，金、银、铜、铁、铅、煤的开采冶炼规模都相当大。重要冶铁中心徐州东北的利国监，有三十六冶，矿工约四千人。江西信州（上饶）及其附近盛产铜、铅，“常募集十余万人，昼夜采凿，得铜、铅数千万斤”。安徽繁昌冶铁遗址中，有高约2米、面积达750平方米的废铁堆，反映了当时冶炼的规模。在开采冶炼规模扩大的基础上，产品的数量大为增加。以铜和银为例，宋神宗时岁课铜1400多万斤，银20多万两，照官府征收十分之二的税率计算，可推知年产铜7000多万斤，银100多万两，产量都超过唐朝数倍。另外，采矿冶炼技术也有很大进步。北宋定都开封，东南漕运十分重要，船只是不可缺少的运输工具，加之海外贸易兴盛，便促进了造船业的进步，使宋朝的造船业居世界首位。官营作坊以造漕船为主，同时造座船、战船、运兵船等；民营作坊则制造商船及游船。以漕船为例，真宗时，年产量达2900多艘。更值得指出的是，当时指南针已应用于航海，这是古代中国对世界文明的伟大贡献。南宋时期，造船业得到进一步发展。明州、泉州、广州等造船业中心，仍然制造大型海船。北宋纺织业仍以丝织业占主要地位，逐渐形成江浙和四川两个中心，蜀地丝织品号为冠天下。丝织品的种类繁多，绢有50多种，绫有27种。

南宋时，丝织技术有新的提高。苏州、杭州、成都三个著名的官营织锦院，各有织机数百台，工匠数千人，规模宏大，分工细致，丝织品种类繁多，产品精致美观。南宋纺织业中最重要的成就是棉纺织业的进一步发展。随着棉花种植的推广，棉纺织生产逐渐普遍。宋人《木棉》诗中有"车转轻雷秋纺雪，弓弯半月夜弹云……机杼终年织妇勤"等句，反映了扦子、弹花、纺纱、织布的劳动过程，以及所用铁铤、弹弓、纺车、织机等各种棉纺织工具。北宋时期，在官私手工业作坊中，工匠的身份、地位有了变化。私营作坊使用雇佣工匠，他们领取钱米作为雇值，雇值多少因不同时期、不同部门而异。官营作坊役使的工匠，有从军队调来仍隶名军籍的军匠，也有从民间雇募来的和雇匠。此外还有一种当行差充的工匠，称"当行"或"鳞差"，这种当行工匠在北宋只作为辅助之用，他们和唐朝的番匠已有不同，不是无偿服役，而是付给一定的"雇值"。有的生产部门如铸钱作坊，还出现了类似计件给雇值的方式。这些情况都表明北宋工匠所受的封建人身束缚已经有所松弛。

商业贸易繁荣昌盛。随着北宋商品交换的发达，货币流通量也明显增加。唐玄宗天宝年间每年铸币32万贯，北宋从太宗时起每年铸币就达到80万贯，以后逐渐增加。到神宗熙宁六年(1073)，达600余万贯。北宋时期还产生了中国也是世界上最早的纸币——"交子"。纸币给贸易带来方便。崇宁四年(1105)，四川以外的各路也印制纸币，称为"钱引"。钱引的样式比交子要美观。钱引最初的发行额为25万贯，到淳熙五年(1178)增至5400万贯，增加了200多倍。北宋时，海外贸易之盛，远远超过前代。宋政府为了增加财政收入，及收购进口物资来满足皇室、官僚的生活需要，对海外贸易十分重视。早在开宝四年(971)，就于广州设置市舶司。以后，北宋政府又陆续在杭州、明州、泉州以及密州的板桥镇(山东胶县境)、秀州的华亭县(上海市松江一带)设置市舶司或市舶务。宋金并立，双方贸易往来仍然频繁。宋金政府都在淮河沿岸及西部边地设立市场，称为榷场。除榷场外，民间私下交易的数量极多。由于商业发达，北宋政府对商税特别重视，在全国各地设置场、务等机构，专门征税。宋朝商税分为两种：过税，每关值百抽二，是对行商抽的；住税，值百抽三，是对坐贾抽的。正税之外，还有杂税。随着商业的繁荣，商税日益成为政府重要财源之一。真宗景德年间，商税只有450万贯，到仁宗时，即增加到2200万贯。北宋时期还对盐、茶、酒、矾等实行专卖，即由官府控制这些物品的生产并垄断销售。宋朝的财政收入巨大，并没有影响到人民的负担。宋朝是中国历史上仅有的两个没有爆发过全国性农民起义的小型王朝之一。宋熙宁十年(1077),北宋税赋总收入共7070万贯,其中农业的两税2162万贯,占30%,工商税4911万贯,占70%。这个数字说明,构成国家财政收入主体的,已经不再是农业,而是工商业了,农业社会已经开始向工业社会悄悄迈进了。宋朝获得庞大的财政收入并不是靠加重对农民的剥削,而是国民经济飞速发展,工商业极度繁荣,生产力水平提高的结果。

宋词的形成与兴盛,与唐宋特别是宋代经济社会发展状况有着直接的联系。宋朝在中国历史上属于一个重要的社会转型期,宋朝十分重视经济发展,特别注重财富的积累。宋太祖对臣下说:“多积金、市田宅以遗子孙,歌儿舞女以终天年。”宋太宗“令两制议政丰之术以闻”。宋真宗曾写过“书中自有千钟粟”“书中自有黄金屋”“书中自有颜如玉”的劝学歌,号召学子走读书入仕之路来致富。宋神宗发过“政事之先,理财为急”的诏令。可以说,宋朝是中国古代唯一不施行“抑商”政策的王朝。在宋代,包括科学技术在内的生产力都有了很大发展,经济结构发生了重大变化:工商业的规模急剧扩大,对社会财富的贡献份额大大增加,城市经济发展迅猛,城市规模迅速膨胀,城乡二元结构已经形成。

北宋时期,都城汴京人口逾百万,是全国的政治、商业、文化、交通的中心。宋朝十里设一个邮亭,三十里设一个驿站,各地官道四通八达,形成一个空前庞大的城市网、商业网。在极其发达的交通网络的组织之下,原来五代十国的首府及一些经济发达地区的地域中心城市,以及经济走向繁荣的大批城镇,加速了人口聚集。宋代,人口超过十万以上的城市有将近50个。在这些城市和城镇中生活着待遇空前优裕的官吏、大量的文人学士(后备官吏),商人、手工业者、职业军人和从事娱乐业等第三产业的人们。因此,可以说,市民作为最有活力的社会群体出现了,并且对社会的影响力越来越大,逐步成为社会的主导力量。市民群体的生存方式、生活方式与束缚于土地的农民的差异是本质性的,是非常大的。它的出现和壮大,必然影响社会的价值观、知识结构、信仰、习好、审美、道德观念等等,社会的文化形态必然也要随之发生重大的改变。这种变化表现在:文化的中心从乡村转到了城市,从庙堂转到了市井,从精英转到了大众,从强调教化转到了追求娱乐,从纯文化转到了文化经济。这个转变给文化的发展提供了一个极大的空间,造成了宋代文化空前的繁荣,也造成了宋文化的独特风貌,使中国文化走向了一个巅峰。宋词就是在这种经济环境中兴盛起来的,并且成为宋文化最典型、最本质的代表。宋代词人潘阆的《酒泉子》和柳永的《望海潮》,形象准确地反映了宋代经济社会状况,描写了城市的繁荣景象和市民的生活风尚。

潘阆《酒泉子》:“长忆观潮,满郭人争江上望。来疑沧海尽成空,万面鼓声中。弄潮儿向涛头立,手把红旗旗不湿。别来几向梦中看,梦觉尚心寒。”

柳永《望海潮》:“东南形胜,三吴都会,钱塘自古繁华。烟柳画桥,风帘翠幕,参差十万人家。云树绕堤沙,怒涛卷霜雪,天堑无涯。市列珠玑,户盈罗绮,竞豪奢。重湖叠巘清嘉,有三秋桂子,十里荷花。羌管弄晴,菱歌泛夜,嬉嬉钓叟莲娃。千骑拥高牙。乘醉听箫鼓,吟赏烟霞。异日图将好景,归去凤池夸。”

宋词的生长环境和肥沃土壤是宋代的都市生活,它与当时都市人的生活方式是最为合拍的。首先,它最适应宋代的城市制度和居住环境。宋代的城市和汉唐的城市,甚至和明清的城市在功能定位上都有很大的不同。杨鸿勋先生说:“北宋汴梁原非作为首都而建的,在它成为一个经济中心的形成过程中,适应商业和居民生活的功能要求而较早就有了商业街道的基础。”应该说宋代以汴梁为代表的城市本质上就具有宜居、宜商的特点。在管理方面,宋代城市打破了坊市分离的旧格局,也取消了宵禁制度,宋代的城市是不夜之城,从白天到夜晚,商业和娱乐业都十分繁荣。宋代城市居民的消费意识和消费能力都很可观。茶坊酒肆,勾栏瓦舍,生意红火。宋词的主要传播方式就是演唱,歌妓演唱小令、慢曲、转踏、诸宫调等,是娱乐业的一大品牌,很有市场。可以说,没有宋代的经济繁荣和城市发展,没有市民阶层的兴起,也就不会有宋词的勃兴。

宋词与政治

公元960年赵宋政权建立后,先后兼并了各地的割据势力。耐人寻味的是,西蜀、南唐政权虽为北宋所灭,可是后蜀赵崇祚所编《花间集》及南唐中主李璟、后主李煜及大臣冯延巳的词风却深深影响着北宋词坛。特别是李煜入宋以后所作,正如王国维所说:“词至李后主而眼界始大,感慨遂深,遂变伶工之词而为士大夫之词。”王鹏运说李煜是“词中之帝,当之无愧色矣”。所以,李煜在政治上是亡国之君,在词坛则无愧为开创一代风气的魁首。

李煜《破阵子》:“四十年来家国,三千里地山河。凤阁龙楼连霄汉,玉树琼枝作烟萝,几曾识干戈?一旦归为臣虏,沈腰潘鬓消磨。最是仓皇辞庙日,教坊犹奏别离歌,垂泪对宫娥。”

北宋前期重要词作家如张先、晏殊、宋祁、欧旭修以至晏几道等,都是承袭南唐、《花间》遗韵的,晏欧之词,甚至有与《花间》《阳春》(冯延巳词集名)“相杂”者。然而试读他们的代表作,其气象高华而感情深沉,也各具个性,“士大夫之词”的格调成熟了。尤其是晏殊之子晏几道，贵介公子而沉沦下位，落拓不羁，其词“清壮顿挫”，更胜乃父，故论者以晏氏父子比拟南唐李璟、李煜。柳永则是其时进一步发展词体的重要作者。他长期落魄江湖，因在其词中更能体现一部分城市市民的生活和思想感情，而且能采用民俗曲和俗语入词，善用铺叙手法，创作大量慢词。柳词具有广泛的社会基础，形成宋词的新潮。

晏几道《临江仙》：“梦后楼台高锁，酒醒帘幕低垂。去年春恨却来时，落花人独立，微雨燕双飞。记得小苹初见，两重心字罗衣。琵琶弦上说相思，当时明月在，曾照彩云归。”

柳永《雨霖铃》：“寒蝉凄切，对长亭晚，骤雨初歇。都门帐饮无绪，留恋处，兰舟催发。执手相看泪眼，竟无语凝噎。念去去，千里烟波，暮霭沉沉楚天阔。多情自古伤离别，更那堪，冷落清秋节！今宵酒醒何处，杨柳岸，晓风残月。此去经年，应是良辰好景虚设。便纵有，千种风情，更与何人说？”

北宋中期苏轼的登场，词坛上耸峙起气象万千的巨岳。他不仅倡导豪放词风，“指出向上一路”（王灼《碧鸡漫志》），且“无意不可入，无事不可言”（刘熙载《艺概》），词的境界更大为拓展。苏门弟子及追随者秦观、黄庭坚、贺铸等都能各自开辟蹊径，卓然成家，在词坛呈现万紫千红的繁荣景象。尤其秦观的词深婉而疏荡，与周邦彦的富艳精工、李清照的清新跌宕如天际三峰，各超婉约词之顶巅。前代论者或谓周邦彦是词艺的“集大成”者。周邦彦与柳永并称“周柳”，主要是指他们在词中的情意缠绵；与南宋姜夔并称“周姜”，则主要指他们对音律的精审，故也有称“周姜”为格律派的。然而在“淡语有味”“浅语有致”“轻巧尖新”“姿态百出”方面，周邦彦是不及秦观、李清照以及柳永的。故明清人推秦、李为婉约宗主，是很有见地的。李清照生当南北宋过渡时期，南渡以后词风由明丽而变为凄清，沈谦谓：“男中李后主，女中李易安”（见《填词杂说》），以其与李煜相提并论，确也当之无愧。

苏轼《念奴娇·赤壁怀古》：“大江东去，浪淘尽，千古风流人物。故垒西边，人道是，三国周郎赤壁。乱石穿空，惊涛拍岸，卷起千堆雪。江山如画，一时多少豪杰。遥想公谨当年，小乔初嫁了，雄姿英发。羽扇纶巾，谈笑间，樯橹灰飞烟灭。故国神游，多情应笑我，早生华发。人间如梦，一尊还酹江月。”

南宋以后，由于民族矛盾的尖锐，从宋金抗争到蒙元灭宋，爱国歌声始终回荡词坛，悲壮慷慨之调，应运发展，把豪放词风提高到一个新层次。张元干、向子湮、岳飞、张孝祥、陆游、辛弃疾、陈亮、刘过、刘克庄、吴潜、刘辰翁、文天祥等，如连峰叠嶂，峥嵘绵亘。

岳飞《满江红》：“怒发冲冠，凭栏处，潇潇雨歇。抬望眼，仰天长啸，壮怀激烈。三十功名尘与土，八千里路云和月。莫等闲，白了少年头，空悲切！靖康耻，犹未雪；臣子恨，何时灭！驾长车，踏破贺兰山阙。壮志饥餐胡虏肉，笑谈渴饮匈奴血。待从头，收拾旧山河，朝天阙。”

文天祥《念奴娇》：“水天空阔，恨东风，不借世间英物。蜀鸟吴花残照里，忍见荒城颓壁。铜雀春情，金人秋泪，此恨凭谁雪？堂堂剑气，斗牛空认奇杰。那信江海余生，南行万里，属扁舟齐发。正为鸥盟留醉眼，细看涛生云灭。睨柱吞嬴，回旗走懿，千古冲冠发。伴人无寐，秦淮应是孤月。”

爱国述怀的豪放词人，辛弃疾成就最高，一生六百多首词中，抒写了抗金和恢复中原的宏愿、壮志被抑的悲愤、对苟安投降派的批判，也有对自然风景、田园风光的赞美，深挚情意的低诉；风格以雄深雅健、激昂慷慨为主，也有潇洒超逸、清丽妩媚的。辛弃疾在宋代词人中创作最为丰富，历来与北宋苏轼并称“苏辛”，也各有特色。前人或在苏、辛之间比较高低，正如唐人之作李（白）、杜（甫）优劣论，是很困难的。陈毅《吾读》曾说：“东坡胸次广，稼轩力如虎。”不加轩轾，允称卓识。南宋时期还有许多杰出词人对婉约词风进一步开拓，宛如丛丛奇葩争胜，也不可能都用婉约一格来概括。姜夔的“清空”“骚雅”，史达祖的“奇秀清逸”，吴文英的“如七宝楼台”，王沂孙的“运意高远”“吐韵妍和”，张炎的“清远蕴藉”“悽怆缠绵”，等等。他们都是在词的音律与修辞艺术上精益求精，有时也在所作中寓托家国之感。

辛弃疾《贺新郎》：“凤尾龙香拨。自开元霓裳曲罢，几番风月？最苦浔阳江头客，画舸亭亭待发。记出塞、黄云堆雪。马上离愁三万里，望昭阳宫殿孤鸿没。弦解语，恨难说。辽阳驿使音尘绝，琐窗寒、轻拢慢捻，泪珠盈睫。推手含情还却手，一抹《梁州》哀彻。千古事，云飞烟灭。贺老定场无消息，想沉香亭北繁华歇。弹到此，为呜咽。”

值得注意的是，与南宋大略同时的北方金朝地区之词，大致都是受宋词的影响，而与南方桴鼓相应，故当为当时词坛的组成部分。金末元好问词为北国之冠，足与两宋词家媲美。

元好问《摸鱼儿》：“问世间，情为何物，直教生死相许？天南地北双飞客，老翅几回寒暑。欢乐趣，离别苦，就中更有痴儿女。君应有语，渺万里层云，千山暮雪，只影向谁去？横汾路，寂寞当年箫鼓，荒烟依旧平楚。招魂楚些何嗟及，山鬼暗啼风雨。天也妒，未信与，莺儿燕子俱黄土。千秋万古，为留待骚人，狂歌痛饮，来访雁丘处。”

元好问之词，在艺术上他学习苏（轼）辛（弃疾）而广泛吸取各家之长，兼有豪放婉约多种风格。元郝经《祭遗山先生文》说他“乐章之雅丽，情致之幽婉，足以追稼轩（辛弃疾）”。张炎《词源》谓其词“深于用事，精于炼句，风流蕴藉处不减周（邦彦）、秦（观）”。故可作为宋金时代词艺发展的终结者。

在民族危难的南宋，宋词向主流文化回归成为一种趋势。从苏轼的以诗为词发展到辛弃疾的以议论为词。而南宋骚雅清空的追求是词的诗化的另一种途径。正如《宋词的文化定位》一书中所说：“南宋词的诗化，实际上走的是两条路子。一条是以苏轼开其端的言志抒情一派。他们以士大夫的政治责任感和强烈的家国意识，担当起欲挽狂澜于既倒的拯救民族危亡的重任，在金人入侵，山河破碎的国难面前，忧国忧民，义愤填膺，其中辛弃疾是杰出代表。他们重点关注的是人的感情世界的外部实现，属于外向型的审美。另一条是由秦观、周邦彦等正宗词人转化而来的骚雅词派。他们虽然也关注社稷危难，但只是以旁观者的身份抒发黍离之悲，以姜夔为代表。他们关注的重点则在与个人的情感生活的内在审视和生存状况的自我关怀（或朋友交往、诗酒留连等），属于内向型的审美。”

宋词与文化

宋词是一种独特的文化现象，在中国文化史上闪亮异常。在宋朝，宋词文化始终占据着这一朝代的文化主流地位，对其他文学艺术门类和中国大文化产生了不可估量的推动作用。唐宋以后，无数才华横溢的词人，用他们的辛勤劳动，为宋词文化注入了深刻而丰富的思想内涵，拓展出极其广阔的艺术空间，把宋词推向了中国文化的时代高峰。但在现实生活当中，词文化的表现是多方面的，甚至可以说是无所不在的。从文化意识的角度讲，中国人已经太习惯于在情感和思维中去激发和显示自己的诗词意识。社会发展与诗词创作有着极密切的关系，真正的诗人，在关心自己身家性命的同时，更多的是以关注国家、民族、民生为本分。

由俗及雅的审美追求，形成宋词文化的主流。在理论上明确揭示“雅”的创作标准，是从南宋作家开始的。张炎《词源》卷下说：“词欲雅而正，志之所之。一为情所役，则失其雅正之音。”宋末元初的陆辅之作《词旨》，明确归纳出“以雅相尚”的创作标准:“雅正为尚,仍诗之支流。不雅正,不足言词。”南宋以后,“以雅相尚”已经成为词人特有的一种审美心态,表现为一种特有的创作倾向。这种审美观念绵延于以后的整个词作流变过程之中,直至清代,词论家还反复强调。刘熙载《艺概》卷4说:“词尚风流雅正。”王国维《人间词话》说:“词之雅正,在神不在貌。”由此可见,“以雅相尚”的创作演变以及观念的形成,大致完成于唐末五代北宋之整个过程之中,并主导了以后中国词文化的发展。这种“以雅相尚”审美观念的形成及演化,有着其特定的历史和社会背景,及特定的审美渊源。从文学创作和审美传统来看,“以雅相尚”“去俗复雅”是汉民族一种特定的审美意识表现。其渊源可以推溯到《诗经》之“风”与“雅”,以及“楚辞”之《离骚》。“风”与“雅”原来只是一种音乐划分标准,“风”大致为先秦诸侯国的土风歌谣,“雅”大致为周王朝京畿地区的音乐。儒家学派的创始者孔子,曾经对《诗经》做过一番整理,以“中庸”作为审美尺度,要求文学创作对声色之美的追求与社会伦理道德的规范互相吻合。所以,孔子归纳说:“诗三百,一言以蔽之,曰:思无邪。”(《论语·为政》)儒家的“雅正”审美观念,就是从孔子的思想发展而来的。主张文学创作应该具有“兴、观、群、怨”的社会效用,同时在表现上又必须含而不露、委婉得体。合乎儒家“雅正”审美理想之文学创作标准,具有两方面的内涵:其一,作品的内容必须具有一定的社会效用,表现一定的社会伦理道德,所谓“尽善”;其二,文学表现时须含蓄委婉、中和得体,所谓“尽美”。这种“尚雅”精神,积淀成儒家传统的审美意识,在古代文学创作中占据主导地位,逐渐发展成为一种普泛的民族审美需求。

雅化推进了宋词改革的进程,开拓了抒情词的新境界。苏轼以前,这个过程是渐进的,至苏轼却是一种突飞猛进的演变。首先,苏轼词扩大了词境。苏轼之性情、襟怀、学问悉见之于诗,也同样融之于词。刘辰翁《辛稼轩词序》说:“词至东坡,倾荡磊落,如诗如文,如天地奇观。”他外出打猎,便豪情满怀地说:“会挽雕弓如满月,西北望,射天狼。”(《江城子》)他望月思念弟弟,便因此悟出人生哲理:“人有悲欢离合,月有阴晴圆缺,此事古难全。”(《水调歌头》)他登临古迹,便慨叹:“大江东去,浪淘尽,千古风流人物。”(《念奴娇》)五彩纷呈,令人目不暇接。刘熙载《艺概》卷4概括说:“东坡词颇似老杜诗,以其无意不可入,无事不可言也。”其次,苏轼词提高了词品。苏轼的“以诗入词”,把词家的“缘情”与诗人的“言志”很好地结合起来,文章道德与儿女私情并见乎词,在词中树堂堂之阵,立正正之旗。即使写闺情,品格也特高。《贺新郎》中那位“待浮花浪蕊俱尽,伴君幽独”的美人，可与杜甫《佳人》“天寒翠袖薄，日暮倚修竹”之格调比高。胡寅《酒边词序》因此盛称苏词“一洗绮罗香泽之态，摆脱绸缪宛转之度，使人登高望远，举首高歌，而逸怀豪气超乎尘埃之外”。词至东坡，其体始尊。再次，苏轼改造了词风。出现在苏轼词中的往往是清奇阔大的景色，词人的旷达胸襟也徐徐展露在其中。苏轼的审美观念认为：“短长肥瘦各有态”，“淡妆浓抹总相宜”，“端庄杂流丽，风健含婀娜”。他是崇尚自由而不拘一格的。他提倡豪放是崇尚自由的一种表现，然也不拘泥于豪放一格，如所作《蝶恋花·花褪残红青杏小》。总之，凡抒情之作，自有特色。苏轼“诗化”般的革新，迅速改变着词的内质，词向诗逐渐靠拢，突出了“志之所之”，也是向唐诗的高远古雅复归，使词的雅化取得了本质性突破。

婉约与豪放的形成，是宋词雅化的结果。豪放与婉约是词的艺术风格范畴，两种概念本身有着相当的模糊性，两者相互关系也是辩证的，并非壁垒分明。宋代词人之分派乃后人参照其代表作品的主要特色而做大概的归纳，不是说其作品都是清一色的，这并不妨碍他们创作或欣赏多种艺术风格，尤其大作家往往是多面手。更不是说婉约、豪放之外，词坛别无其他艺术风格存在。“婉约”一词，早见于先秦古籍《国语·吴语》的“故婉约其辞”，晋陆机《文赋》用以论文学修辞：“或清虚以婉约，每除烦而去滥。”按诸诂训，“婉”“约”两字都有“美”“曲”之意。分别言之：“婉”为柔美、婉曲。“约”的本义为缠束，引申为精练、隐约、微妙。从晚唐五代到宋的温庭筠、冯延巳、晏殊、欧阳修、秦观、李清照等一系列词坛名家的词风虽不无差别、各擅胜场，但大体上都可归诸婉约范畴。其内容主要写男女情爱，离情别绪，伤春悲秋，光景流连；其形式大都婉丽柔美，含蓄蕴藉，情景交融，声调和谐。当然，也有以婉约手法抒写爱国壮志、时代感慨的，如辛弃疾的《摸鱼儿·更能消几番风雨》及周密、张炎等的一些词章。但其表现多用“比兴”象征手段，旨意朦胧，须读者去体味。“豪放”一词，其义自明。宋初李煜的“金剑已沉埋，壮气蒿莱”（《浪淘沙》），已见豪气。范仲淹《渔家傲·塞下秋来风景异》，也是“沉雄似张巡五言”。正式高举豪放旗帜的是苏轼，其《答陈季常书》云：“又惠新词，句句警拔，诗人之雄，非小词也。但豪放太过，恐造物者不容人如此快活。”这里说明他有意识地在当时盛行柔婉之风的词坛别开生面。这里谈到的近作当即其《江城子·密州出猎》，词中抒写自己“亲射虎，看孙郎”的气概和“会挽雕弓如满月，西北望，射天狼”的壮志，与辛弃疾《破阵子》“马作的卢飞快，弓如霹雳弦惊”及《贺新郎》“看试手，补天裂”等“壮词”先后辉映。豪放之作在词坛振起雄风，注入词中强烈的爱国精神，唱出当时时代的最强音。总之，宋词中婉约、豪放两种风格流派的灿烂存在，两者中词人又各有不同的个性特色，加上兼综两格而独自名家如姜夔的“清空骚雅”等等，使词坛呈现双峰竞秀、万木争荣的气象。还应看到，两种风格既有区别的一面，也有互补的一面。上乘词作，往往豪放而含蕴深婉，婉约而清新流畅。如辛弃疾《沁园春》“青山意气峥嵘，似为我归来妩媚生”，秦观《鹊桥仙》“金风玉露一相逢，便胜却人间无数”。可见，峥嵘生妩媚，清浅而深致，是辛弃疾、秦观等豪放、婉约词的极诣。

宋词与生活

辩证唯物主义认为，存在决定意识。宋词的成就，是由宋代的生活环境及人们的生活方式决定的。宋朝是一个经济高度发达，文化十分昌盛，政治相对开明，生活比较舒适的朝代。因此，英国学者汤因比说，“如果让我选择，我愿意活在中国的宋朝”；余秋雨说，“我向往的朝代就是宋朝”。文化的本质含义，是指一个群体（一个民族、一个地域的族群在某一个社会发展时期）共同的整体生活方式和价值观念系统。其形成的决定性因素是人们认识自然、适应自然、利用自然以获取自己的生存空间，满足自己生存和发展的状况、能力。它决定了人们的生存方式，也决定了人们的价值系统。社会生活对宋词的影响，主要表现在以下几个方面。

宋代的歌妓生活。妇女的社会地位和生活状况，人们对男女情感的态度，是时代文化的重要内涵。宋代继承中晚唐以来的社会风气和时代心理，追求享乐的奢靡之风，使歌妓成为社会生活中一个很大、很重要的群体。唐宋以来，歌妓分官妓、营妓、家妓和市妓。到了宋代，市妓群体超过了唐代，成为歌妓中的主体。这是相当多妇女的一种职业和生存方式。《宋稗类钞》卷7载：“京师中下之户不重生男。每育女，则爱护之如擎珠捧璧，稍长，则随其资质，教以艺，用备士大夫采择娱侍。”这些人社会地位当然很低，但是在男人的情感世界里、两性生活中，她们却很重要。上至皇帝，至王公大臣、官僚士绅、文人学士，乃至商人、手工业者、贩夫走卒等等，对她们都有欲求，甚至甘心沉溺其中，不肯自拔。歌妓的职业场所包括皇宫、官衙、军营、私家府邸、茶坊酒肆、勾栏瓦舍、秦楼楚馆等等。她们的职业要求，除了好相貌、好身材、好年龄、好气质之外，还要有好歌喉、好舞姿、好应对，乃至琴棋书画、投壶博塞等等，概括讲就是要色艺俱佳。培养一个出色的歌妓，往往要下很大的本钱。宋代的歌妓，一般都经过严格的挑选和严格的训练,她们比之深锁闺门按照“女子无才便是德”的信条养育出来明媒正娶的闺阁女子,有更为吸引人的地方。她们色相好,有才艺,风情万种,艺术品位很高,更容易在文人学士面前展示女性的娇媚和内心情感,更能和才子们沟通唱和,更具勾魂摄魄的魅力。宋朝的士人也把饮酒携妓作为一种名士风流“圣朝乐事”来看,以此满足他们的精神需求,激发创作灵感。宋词的传播方式主要是通过歌妓的传唱。所以,文人创作词的原动力,就是为歌妓传唱。比如柳永,他的词绝大部分都是为歌妓们写的。叶梦得的《避暑录话》说:“教坊乐工,每得新腔必求永为词,凡有井水饮处即能歌柳词。”文人与歌妓厮混熟了,歌妓索词,是双方都很快意,觉得很风雅的事。“曾为梅花醉不归,佳人挽袖乞新词。轻红遍写鸳鸯带,浓碧争斟翡翠卮。”(朱敦儒《鹧鸪天》)。从皇帝到各级官僚、文人雅士都竞相填词,作者群体之众、涵盖方面之广,是令人惊叹的。今人所编《全宋词》收入作者1300多人,又有辑遗复得100多人。除此之外,应该还有大量的下层乐师、歌妓们的词作在当时颇为流行,而由于不是名流,没有编辑成书,今天已经失传的。宋代歌妓成为一个庞大群体,支撑起一个相当大的产业,宋词当时已经成为一种文化产品,有很大的社会需求,这是宋词得以盛极一时的重要原因。

宋代的人际交往。注重礼仪是宋代人际交往的一个特征。为了表示对客人尊重,奉献一组歌舞是很流行的做法,演唱宋词则是必然的。宋代各级政府都有歌舞团队,州级政府的在籍官妓少则数十,多则上百。在公务宴请时,一定会为来宾表演节目。这些官妓都是训练有素的。《后山谈丛》载:“文元贾公居守北郡,欧阳永叔使北还,公预戒官妓办词以劝酒,妓唯唯。复使都厅召而嘱之,妓亦唯唯。公怪叹,以为山野。既燕,妓奉觞歌以为寿,永叔把盏侧听,每为引觞。公复怪之,招问,歌皆其词也。”贾文元,所在的是边陲之地,那里的官妓素质还那么高,招待欧阳修就专唱欧词讨其欢心,欧阳修曾说他“少饮辄醉”,这时却是“每为引觞”,很是尽兴。宋代有些财富和身份的家庭蓄养家妓的现象是很普遍的,少则一二人,多则十几人乃至几十人。像晏殊家里的当家歌妓就有莲、鸿、苹、云四人,为她们伴奏伴舞等的应该还有不少。苏轼词的一些序言里每每写到僚友家的家妓向其索词:“建安章质夫家善琵琶者,乞为歌词”,“时太守闾丘公显已致仕居姑苏,后房懿卿者,甚有才色,因赋此词”,“南海归赠王定国侍人寓娘”等等。苏轼自己家也蓄养有歌妓。苏轼每接待客人,如果关系一般,必定要安排歌妓侍候,以示礼数。如果是二三知己,就免了这些虚套,只是饮酒清谈。请客人的宴会上唱什么词是很有讲究的。主人如果是词家,一般会演唱自己的词。尤其是如果得到了一首好的曲子,或填了一首自己比较得意的新词,更是一定要请朋友、同好一起欣赏。如果客人中有词人,也会让歌妓唱客人的词。然后互相欣赏推崇,达到宾主俱欢的效果。蓄妓的风气甚至在小市镇里也很盛行。《水浒传》里,渭州小城,卖肉郑屠还要包养个唱曲的金氏;郓城小县小吏宋江也收个唱曲的阎婆惜做外室;孟州的张都监,也养着一个玉兰,会唱苏学士的《水调歌头》,曾为武松唱曲劝酒。看来,宋代蓄养歌妓是当时社交的需要,是显示身份地位和文化品位的需要。这是宋代很值得注意的文化心理。宋代重大的喜庆活动,都要有歌词乐舞。皇室的封禅、祭郊、谢太庙、安放先皇灵位、皇帝寿诞庆典等等都有成套的歌词乐舞,排场是很大的。一般官员乃至百姓,做寿,都会有人献上寿词。而且过多大岁数的寿都能在寿词中唱来,显然都是专为某次祝寿专作的。在《全宋词》中收录了很多无名氏的作品。其中各种寿词占比很大。有寿父母的、寿叔叔的、夫寿妻的、自己寿自己的、寿外公的、寿丈人的、寿兄长的等等。看来当时作寿词的习俗已是蔚然成风。其他,亲朋娶妻、纳妾、生子、生孙、庆满月等等,皆有贺词。可见,词已经渗透到人们生活的方方面面,可以说是:无事不可词,事事必有词。

宋代的宴饮风气。宋代的酒业十分发达。一方面,手工业和商业的发展,使得汴京和临安等大都市空前繁荣,酒的消费大增。另一方面,粮食的丰足,酿酒业技术的成熟,使酒类品种增多,酒的质量提高,酒业生产范围扩大。宋代的酿酒业,上至宫廷,下至村寨,酿酒作坊,星罗棋布,分布之广,数量之众,都是空前的。北宋名酒近100种,有黄酒、白酒、葡萄酒、药酒几大类。在大大小小的城市乃至乡野,酒店都很多。首都汴京"正店"就有72家,"脚店"更是鳞次栉比;酒店的经营规模相当可观,所用器具都十分讲究。同时,达官贵人的家宴也极其豪奢。宋代酒业的规模有多大,可以从财税上看。宋真宗景德年间,商酒茶盐四项税收的总额为1233万贯,其中酒税428万贯。到宋仁宗庆历年间,仅酒税一项就有1710万贯,40年间增加了三倍。估计占全部财政收入的比重不会低于四分之一。宋代的酒业和宋词关系十分密切。因为宋代酒属国家专卖,是财政的重要来源。官员的升迁也要看酒税收入的多少,所以官府想办法扩大销售,酒店中常有歌妓招徕顾客,劝酒陪酒。《东京梦华录》载:"向晚,灯烛荧煌,上下相照,浓妆妓女数百,聚于主廊上,以待酒客呼唤,望之宛若神仙。"所以宋代"歌宴"和"酒席"是分不开的。除了官家的促销因素之外,人们对精神生活的追求是更为根本的因素。宋代的官员和文人学士,是一个庞大的文化群体,他们生活相当优裕,物质享受方面的需求解决之后,更多的追求是在精神方面。宋代词人写到酒的作品不计其数。歌女的任务之一就是侑酒,也就是唱一些制造气氛的劝酒词,让主客俱欢。劝酒词也多是文人的得意之作。

柳永《少年游》:“层波潋滟远山横,一笑一倾城。酒容红嫩歌喉清丽,百媚坐中生。”

欧阳修《浪淘沙》:“好妓好歌喉,不醉难休,劝君满满酌金瓯。纵使花时常病酒,也是风流。”

宋代的宴饮习俗是先饮酒,酒酣兴阑以后,须继之以茶,临结束时,还要奉上各种保健汤。所以,宴会上不仅有酒词,而且还有茶词和汤词。在整个宴饮过程中,主客的高情雅韵都得以表现,都会同时得到物质和精神的双重享受。其中重要的角色是陪侍的侍女歌妓。她们要用纤纤玉手捧酒、捧茶、捧汤,还要用柔美清丽的歌喉唱劝酒词、劝茶词、劝汤词。她们是整个宴会气氛的烘托者、调节者,也是除了酒、茶、汤之外的品赏对象,甚至很多酒客醉翁之意不在酒。宋代饮茶之风很盛。单单品茶,也是文人士大夫们很经常的活动。宋人品茶是十分讲究的。茶的品类很多,龙团凤饼等极品茶十分难得。饮茶讲究用水,分季节用不同的火。其器具很专业,有茶碾、茶罗、银瓶、茶筅、鹧鸪斑与兔毫盏等等。点茶的技术要求很高。斗茶、茗战、分茶等等都是需要极高的茶艺的。宋词在宋代的宴饮风气中占有十分重要的地位,和酒、茶的关系密不可分,甚至可以说是其中不可或缺的重要成分。

宋代的时令节序。时令节序是民俗中最具有共性的部分,形成历史悠久,传承性很强。其实,这也是人们在长期的社会生活中为自己所做的一个节奏调整。人们在从事周而复始的生产劳动以及度过年复一年的漫长岁月时,是必须有张有弛的,要有节奏的变化。所以,人们会找到适当的时机和适当的理由给自己安排个节日放松放松。早在周朝就有《礼记·月令》,南北朝时宗懔有《荆楚岁时记》,唐代韩鄂有《岁华记丽》,都记述了中国传统的时令节序风俗。这些风俗虽然有很强的传承性,但随着时代的变迁,还是有变化的。总的来说,越安定,越富裕,节日就会越多,休闲和娱乐的成分就会更重。孟元老的《东京梦华录》、吴自牧的《梦粱录》、周密的《武林记事》、陈元靓的《岁时广记》所记两宋的时令节序活动,比之前代所记节庆只多不少,而且远为隆重繁盛、铺张扬厉。吟唱词曲成为节庆活动中不可或缺的环节,为节庆活动创作的词曲也成为宋词中的重要品类。《全宋词》中的这类词有1400多首。南宋时人们编纂的《草堂诗余》,就是按时令节序编排的。其目的显然是为了歌舞班子表演的方便。特别是元宵节和中秋节，到宋朝成为朝野同欢的盛大节日，很多词作表现了这方面的内容。

欧阳修《生查子》："去年元夜时，花市灯如昼。月上柳梢头，人约黄昏后。今年元夜时，月与灯依旧。不见去年人，泪湿春衫袖。"

李清照《永遇乐》："落日熔金，暮云合璧，人在何处？染柳烟浓，吹梅笛怨，春意知几许？元宵佳节，融和天气，次第岂无风雨？来相召，香车宝马，谢他酒朋诗侣。中州盛日，闺门多暇，记得偏重三五。铺翠冠儿，捻金雪柳，簇带争济楚。如今憔悴，风鬟霜鬓，怕见夜间出去。不如向，帘儿底下，听人笑语。"

辛弃疾《青玉案》："东风夜放花千树，更吹落，星如雨。宝马雕车香满路。凤箫声动，玉壶光转，一夜鱼龙舞。蛾儿雪柳黄金缕。笑语盈盈暗香去。众里寻他千百度，蓦然回首，那人却在，灯火阑珊处。"

苏轼《水调歌头》："丙辰中秋，欢饮达旦，大醉作此篇，兼怀子由。明月几时有，把酒问青天，不知天上宫阙，今夕是何年。我欲乘风归去，又恐琼楼玉宇，高处不胜寒。起舞弄清影，何似在人间。转朱阁，低绮户，照无眠。不应有恨，何事长向别时圆。人有悲欢离合，月有阴晴圆缺，此事古难全。但愿人长久，千里共婵娟。"

在《东京梦华录》中所载的重要节庆就有：正月一日年节（相当于今天之春节）、元旦朝会、立春、元宵、寒食、清明、四月八日（浴佛节）、端午、六月六崔府君日、六月二十四日灌口二郎神生日、七夕、中元节（盂兰盆节）、立秋、秋社、中秋、重阳、十月一日、天宁节（赵佶生日）、立冬、冬至、腊八、祭灶、除夕等等。宋代的这些节庆比之前代，其节庆气氛更浓，持续时间更长，节目活动更多，参与面更广，活动水准更高。为这些活动，词人们创作了作品，以供官家和百姓们欣赏玩乐，大大增加了歌舞升平的气象，也是其突出的特色之一。宋代这些节序时令词，很全面、很生动地反映了宋代人们的生活风貌，以及当时的民俗民风。从人们的习尚来看，相对富裕和安定的生活环境，使得人们的精神文化生活丰富多彩，有浓厚的休闲意趣。

宋词与人性

词在宋代远不只是文人的专擅。由于在长期的传播中，形成了一个十分庞大的受众群体，爱词、能词的人十分广泛。上自帝王将相、公卿巨僚，下至贩夫走卒，以至小家碧玉、坊曲妓女、名门闺秀、女尼女冠，无一不能词。不过下层人士的作品绝大多数都遗失了,保留至今的为数不多罢了。从宋代以至后代的笔记小说的大量记载中知道,很多歌妓都能即席赋词,而且往往让文人们很是钦佩。如成都歌妓陈凤仪、陆藻侍儿美奴、泸南歌妓盼盼、成都官妓赵才卿、杭州歌妓琴操、天台营妓严蕊、杭州歌妓乐婉、长安名妓聂胜琼、姑苏官妓苏琼、广汉营妓僧儿等,多是才情不俗,和文人学士达官贵人唱和酬答应对自如。她们留下的词作,可以想见当时民间词的风貌和普及的情况。就是一般老百姓,也往往能出口成章。

有一个故事说,一个樵夫母亲去世,他大放悲声,不自觉地唱出来竟是一首《长相思》的词:"哭一声,叫一声,儿的声音娘贯听,叫娘娘不应。"《宣和遗事》记载的一个故事也很能说明当时词的普及程度。说的是,徽宗时候,元宵节一民妇赏花灯,吃了官家赏赐的御酒,偷偷藏了官家的金杯,被押到徽宗面前。民妇巧辩说,因为和丈夫失散,自己又酒晕红颜,怕回去遭婆婆责怪,要用金杯为证,所以怀了此杯。当场作《鹧鸪天》一首:"月满蓬壶灿烂灯,与郎携手至端门。贪看鹤阵笙箫举,不觉鸳鸯失却群。天渐晓,感皇恩,传宣赐罢脸生春。归家切恐公婆责,乞赐金杯作照凭。"于是徽宗大悦,不加怪罪,赐了金杯,并说下不为例。

宋词的俗,恰恰说明了它是当时文化下移的潮流中,最适合时代要求,最适合大众需求的一种文艺样式。它的根在广大民众之中。文化下移是不可逆转的大趋势。俚俗词应该是词的本色。苏轼开了词的新境界,是词走向文人化:词的领域更广阔了,境界更高了,格调更雅致了,这是词的新发展。从纯文学的角度看,或许认为这些词更有文学水平和价值。但是,它却逐渐离开了词的本质特征,"以诗为词"则词亡。所以宋以后的词,就是诗化的词,没有了鲜活的市井气息,也就走向了式微。而文化下移的潮流就必然另辟途径,那就是词由诸宫调走向"曲",走向杂剧。

人类文明的进步,关键是看人性觉醒的程度。宋代,好财利之欲在冲决文化价值思维悖谬的藩篱,成为社会个体普遍的价值追求的时候,也是个体人性之觉醒,个体文化价值得以重新审视和确认的时刻。人们在金钱和财富中看到了价值,看到了人生之所需,认识到这是自我价值追求的目标。这一文化价值论,与宋代盛行的享乐之风一道,成为宋词文化定位的一个重要基础。这种文化转型从中唐就开始了,宋朝顺潮流而行。为推动这一潮流,宋代帝王采取了宽民政策,以民乐为治世标准。以此为基础,平民地位的不断提高,特别是寒士通过科举而参与朝政,推动了宋代精英文化与世俗文化的融合,形成了宋代全社会的世俗化风潮。

宋词是宋代平民文学的载体。作为“新声”的曲子词深受宋人包括帝王在内的由衷喜好。朝廷对音乐的改革,加上统治者的喜好,则刺激了宋词的传播和繁盛。北宋所有的词人,从晏殊、宋祁到张先、柳永,从苏轼、晏几道、黄庭坚到秦观、周邦彦、贺铸、毛滂等众多词人,每一位都是言情高手,每一位的词集都辉映出对道统和文统嘲笑和反叛的人性光芒。宋词“表现与人性、人情有关的私生活、个人欲望和喜怒哀乐”,内容和女性有着很密切的关系。可以说,女性地位的提高和词的内容的表现是相辅相成的。在宋代,妇女的地位有了很大的提高。因为男人开始将她们视为知己,并深入到她们的内心世界,因此流露在词里就显得真切、感人、深情、细腻。宋代男性对妇女的观念有了很大改变是和宋人“对人的关注”有密切关系的。这也正促使了妇女自身的人文觉醒。宋代的女子也可以受教育,并出现了许多能诗会文的女子。在宋代,女词人是群体性崛起,这才是真正从本质意义上展现了宋型文化在妇女观念和女性独立人格价值意识方面表现出的文明和进步,它标志着宋代文明在某种程度上,已进入近代文明发展阶段。

宋人选择词,词在宋代的繁盛,是词自身带来的,也与人的生存发展和文明进化有着内在的必然联系。曲子词从其产生时候起,便带来了具有世俗性、平民性等特征,多民族、多样式的文化元素,复合为一种新的文学艺术形式,在宋代获得了适合它生长的土壤、空气、水分与养料,于是就成长为能够代表宋代文学的参天大树,这是一种历史的必然。

第十二章

文化的灯塔

- 关于余秋雨
- 关于孔庆东
- 关于于丹

第十二章　文化的灯塔

灯塔是建于航道关键部位附近一种固定的塔状发光航标，用以引导船舶航行。由于灯塔是可以照亮航程的设施，所以引申出了较为广泛的意义。对于一艘在漆黑的夜幕中行驶的航船来说，前方的一座划破夜色的灯塔，就是它在黑暗中追寻的目标。对于灯塔来说，它保证了航船的正确方向，同时将引导航船驶向新的目标。对于一个国家和民族而言，文化是引导国家和民族这艘航船前行的灯塔。因为文化不仅折射出国家和民族的历史，照亮了人们的内心，而且指示着国家和民族的未来。回顾中华民族的发展史，文化是引导社会进步的灯塔。从三皇五帝的民族基因，到商周时代的国体礼仪；从春秋战国的百家争鸣，到秦汉三国的文化一统；从魏晋南北朝的民族融合，到隋唐两朝的文化繁荣；从宋明理学的进步思想，到明清之际的社会变革；从辛亥革命的民主共和，到五四运动的新文化热潮；从马克思主义的逐步传播，到中国共产党的应运而生……这些无不是文化灯塔的引导。民族危亡的关键时刻，先进文化引导着人民前进的方向，凝聚着民族的灵魂。从军杀敌，以笔为枪，文化工作者拿起文化的武器，为民族存亡而战。“一寸胶片，一颗炮弹。”国难当头，爱国进步电影工作者，以电影为武器，走上了抗日斗争的最前线。一首《义勇军进行曲》，成为时代的最强音，唤醒民众，鼓舞人民。抗日救亡的歌声与号角中，“保卫黄河，保卫华北，保卫全中国”，如阵阵惊雷，响彻中国。激昂岁月远去，往事回声悠扬。回首历史云烟，始知真理所向。中国共产党领导的先进文化，树起了中华民族全民抗战的灯塔。

文化对思想解放起着引领作用，对经济发展起着先导作用，对社会和谐起着滋润作用，对人的进步起着催化作用。我们已处在文化大发展大繁荣时代，也是一个文化多元发展的时代，历史文化与现代文化，农耕文化与企业文化，城市文化与农村文化，红色文化与绿色文化，校园文化与社区文化，产业文化与行业文化,各种概念铺天盖地,无时无刻不在影响一切。文化是民族凝聚力和创造力的重要源泉。古往今来,每一个伟大的民族都有自己博大精深的文化,每一个现代国家都把文化作为推动社会发展进步的重要力量。文化是凝聚民族精神的一条特殊纽带,深深熔铸在民族的血脉之中,始终是国家发展和民族振兴取之不尽、用之不竭的力量源泉。当今世界,文化与经济相互交融,经济发展与文化进步相辅相成。经济的文化含量日益提高,文化的经济功能越来越强,谁占据了文化发展的制高点,谁拥有了强大的文化软实力,谁就能够在激烈的发展竞争中赢得主动,占得先机;谁铸就了文化的灯塔,谁的航船就会在灯塔的指引下安全航行并不断驶向新的目标。

有人说,我们现在处于一个迷茫的时代。经济转轨,社会转型,思想激荡,文化碰撞,由于缺少文化的灯塔,扬帆航行的国家和民族航船,将面临前所未有的困难。特别是新生的一代、二代甚至三代,正在远离民族文化的灯塔。但是,我们还是应该庆幸,在迷茫时代还有一些灯塔,他们在坚韧地传承和发扬中华民族的先进文化,为社会进步树立起一座座精神不熄、光亮不止的文化灯塔。他们包括余秋雨、孔庆东、于丹、易中天、阎崇年、王立群、钱文忠、蒙曼、刘心武、袁腾飞、王树增等一批文化学者,另外还有很多。这里,我们先介绍一下余秋雨、孔庆东、于丹三位文化名人。

关于余秋雨

余秋雨,男,1946年生,浙江余姚人。当代著名散文家,文化学者,艺术理论家,文化史学家。毕业于上海戏剧学院戏剧文学系。历任上海戏剧学院院长、教授,上海戏剧家协会副主席。1962年开始发表作品。1991年加入中国作家协会。在海内外出版过史论专著多部,曾被授予"国家级突出贡献专家""上海市十大高教精英"等荣誉称号。在教学和学术研究之余所著散文集《文化苦旅》先后获上海市文学艺术优秀成果奖、台湾联合报读书人最佳书奖、上海市出版一等奖等。余秋雨的艺术理论著作——《戏剧理论史稿》,在出版后次年即获全国首届戏剧理论著作奖,十年后获文化部全国优秀教材一等奖;《戏剧审美心理学》荣获上海市哲学社会科学著作奖。因《行者无疆》获得2002年度台湾白金作家奖。

(一)在阅读中认识余秋雨

最早,我读了1992年东方出版中心出版的《文化苦旅》。这是余秋雨的代表作。这本书收入其自序和38篇文章。主要以作者在全国各文化之地游览过程为线索，揭示中国文化的巨大内涵，特别是其中对人性的拷问极为深刻。当时，总体感觉是一种与以前读过的散文不同。不同之处在于其深刻的思想性、丰富的知识性，还有对历史的思考、对人性的思考。其中，印象最深的莫过于《白发苏州》和《江南小镇》，特别是《江南小镇》。

江南小镇，指江南一带的小城镇。《江南小镇》中，作者以柔丽凄迷的小桥流水为背景，把清新婉约的江南文化和世态人情表现得形神俱佳。第一部分最后陈逸飞的"回忆"、三毛的滚滚热泪无不表现了对江南小镇的思盼。第二部分，作者去的是周庄，而且是坐船去的。无船的河等于没有新月的夜空、无弦的琴、没有秀发的女子，所以对于小桥流水的江南小镇，船是必不可少的。船的荡荡悠悠、舒舒缓缓的前行与江南平稳的生活节奏是完全合拍的。作者把江南的船比作摇篮，神秘的桥是外婆的桥，代表的是中国文人对童年最美好的回忆或构想。童年是人生的第一阶段，所以作者把江南小镇看作是"人生苦旅的起点"。人们从淡泊宁静的江南小镇走了出去，然而却是处处受抵牾，沈万山的凄楚教训使江南小镇愈加明白要珍惜和恪守自己的生态。显赫官声与常态平民永远是对峙的，于是江南小镇愈加"老庄"起来，壮志与锐气在四处碰壁后消失在江南小镇的悠悠流水中。这是对"人生苦旅的终点"的理解。第三部分作者去了同里镇。同里让作者有了强烈的归属感，原因即在于："江南小镇是既疏淡官声名利又深明人世大义的，平日只是按兵不动罢了，其实就连在石桥边栏上闲坐着的老汉都对社会时事具有洞幽悉微的评判能力，真是遇到了历史的紧要关头，江南小镇历来都不木然。"很显然，第二部分作者要表现的是江南小镇疏淡官场名利的一面，而这一部分表现的则是深明大义的一面。江南小镇不是世外桃源，与世隔绝，而是古往今来都潜着许多"该出手时就出手"的慷慨男女，关注着中华的升沉荣辱，这两者的有机结合即是江南小镇的秉性所在。前三部分作者泼墨表现江南小镇对于中国文人的特殊意义——无数的中国文人在这里找到了自己的精神家园。第四部分作者站在一个文化发展的高度来看，江南小镇"缺了一点真正的文化智者，缺了一点隐潜在河边小巷间的安适书斋，缺了一点足以使这些小镇产生超越时空的吸引力的艺术灵魂"。作者期望"一座座江南小镇又重新在文化意义上走向充实"，"风景旅游和人物访谒会溶成一体"，这需要正在大都市中受"倾轧"的文人们以及后人用心和情去描绘。层次分明的布局格式，狭窄的长廊和宽阔的视野，断壁残垣也挡不住这里清新的江南气息。看那楼阁上的红色灯笼，墙壁上的水墨文章，门口处有些残缺的对联，院门口带有木盖的石头瓮，木质的楼梯和那需要支木撑起的窗户，加上几台报废掉的老式拖拉机，远处的丛山，头上白云飘动，这古色古香的意境，对于习惯了在黄沙遍地的西部场景作战的玩家来说，真是一种说不出的享受。

为什么会对这两篇有些特别？大概是对江南的一种向往。由此，我还写了一篇比较长的文章《黄土情韵与江南小镇》，将黄土高原上的小镇与江南的小镇做比较，以此揭示南北文化与文人心理。我在《黄土情韵与江南小镇》中写道："与江南小镇明显不同的是，我眼中的黄土地，充满了灵动奔放的激情，还有几多纯朴的韵致。鲜亮的太阳照耀下，川塬连绵，沟壑纵横，从任何一个角度，都是一眼望不到头。从塬上往下看，满坡的紫花苜蓿在微风中轻轻摇曳，层层梯田中玉米青青，塬的怀抱中撒落了几户人家，还点缀了一些柳树、杏树，还有一些槐树、椿树。从塬下往上看，塬塬相连，沟沟岔岔数不清，你还会发现几处村落，几处炊烟；听到几声犬吠，几声秦腔，还有村头学校孩童清脆的读书声。走进村庄，黄土路在太阳下反光，折射的光线中似乎有丝丝水汽；路边的柳树下，一两头牛、三五只羊，在无所谓地吃着青草；一个妇女，从自家门前的水窖里打水，小心翼翼的，很是熟练。这里也是一种平和，处处自然，一种恬静的自给自足的农耕生活。""与江南小镇比较，黄土地的情韵在于：粗犷中蕴含了许多细腻，奔放中凝聚了许多深沉，朴实中渗透了许多墨香，宁静中潜伏了许多灵动。黄土地秉性也是两面性的，一方面是数万里莽原的博大，苍茫的荒凉；一方面是数千年历史的久远，文明的延续。这二者的有机结合，造就了黄土地独特的个性。""浓郁的江南味道，说到底是一种文化品位，让人感悟历史、感悟沧桑、感悟宁静。江南味道就如喝茶，得静静地坐下来，慢慢地喝，细细地品，静听时而从巷子里飘来叮叮咚咚的琵琶声，还有石板街上瞎子阿炳的二泉映月。淳厚的黄土味道，说到底是一种历史积淀，让人感知昨天、面对今天、展望明天。捧起一把黄土，亲吻中体味泥土的浓郁气息，把生命灵气吮吸到血脉之中，把进士遗风吸纳到血脉之中，把日月精华收集到血脉之中，这是一种永不磨灭的坚韧。"与《江南小镇》相比，我写的可能会有点肤浅。但是，肤浅也罢，深刻也罢，总归是自己的一点感受。

知道我喜欢余秋雨的文章，只要有新作出版，上大学的女儿就会给我购回来。由此，余秋雨的作品我几乎都读过，而且有很多收藏。如：《文化苦旅》《山居笔记》《霜冷长河》《千年一叹》《行者无疆》《晨雨初听》《借我一生》《笛声何处》《寻觅中华》《摩挲大地》《问学余秋雨》《我等不到了》《中华文化四十七堂课：从北大到台大》。其中：《文化苦旅》《行者无疆》《山居笔记》《中华文化四十七堂课：从北大到台大》都是反复读了的，外出时总要带上其中一本。特别是《文化苦旅》，第一本读的中间掉页了，后来又重新买了一本。

（二）感悟《文化苦旅》引领下的众多作品

余秋雨写作《文化苦旅》，首先是因为受了一位青春不老、童心未泯的美国老教授的激发。这位教授虽然年老但却冒险般地游历了我国西南许多少数民族地区，这也使作者萌发重新认识祖国大地的愿景，并产生对中华文化的思索与追寻。其次，应该是作者对自己、对社会的一种慰藉。作者渴望在旅途中解放自己的心灵，并对中国文化做出贡献。所以，余秋雨在不惑之年，毅然辞去官职走出书斋，开始了文化苦旅。

在《文化苦旅》中，余秋雨为了奠定艺术真实的基础，从多个层面截取了历史的真实和生活的真实。风土人情、历史人文、万里河川，无一不可入题。《阳关雪》《道士塔》两文，描写了漠漠黄沙弥漫下，黄河文明的兴衰，从寂寥旷远中，将积淀千年的历史进行了真实的还原；《白发苏州》和《江南小镇》等，展示了江南水乡小桥流水人家典雅柔媚的文化底蕴，淋漓尽致地展现了江南文化的婉约和清新，同时将世态人情演绎得形神兼具。作者对西湖、阳关、柳侯祠、莫高窟进行了生动描述，表现出对王安石、李白、苏东坡、柳宗元等书卷气息浓郁的文人墨客的敬仰；甚或还有对江南名妓苏小小、“亦仙亦妖”的白娘子、遁入空门的李叔同等的慨叹。综观《文化苦旅》，尽管纷纭丛生，但余秋雨却能出神入化，将万千物象信手拈来，栩栩如生地付诸笔端，展现其深厚的文化底蕴。在《笔墨祭》一章中，曾有着一大段描写“五四运动”文化史的文字，将文人、文化和历史，三者之间剪不断、理还乱的关系，描写得淋漓尽致。按理说作者非常擅长写文化史论，而要操作散文的“厚重”，这并非难事，但真正将“厚重”拿捏得恰到好处，而不是用枯燥和严密的考证，将文学的灵性和飘逸淹没，真正做到这一点，却是非常难得的。在《文化苦旅》中，余秋雨将沉郁古风和空灵笔法有机地糅合为一个整体，让历史人物起死回生，赋予山水风物以灵性。《夜航船》中，有着恢宏壮阔的意识流程，从明朝张岱的《夜航船》联想到现实中的夜航船，最后又联想到故乡山腰破庙木鱼声，由笃笃声掀起的“思想狂澜”，想起回乡光耀门庭的暴发户、乘船外出谋生的山民、渐渐气派的船老大，继而切入张岱《夜航船序》的逸事，再巧妙地将“夜航船文化”切入，最后一一引入丰子恺、周作人、鲁迅等几位上了“吾乡”文化夜航船的文学大师，终篇由祖母关于笃笃声的争论贯穿，笔锋轻灵老道，于浮光掠影中蕴含着诸多的深邃沉郁。余秋雨的《文化苦旅》，堪称当代文学的艺术瑰宝，他从史学家和文人的角度出发，深刻探究社会问题，挖掘文人人格，观察文化走向，透析社会现象。这部文学著作，充分地展现了余秋雨深刻的文化感悟力、深厚的史学功底和渊博的文学知识，他凭借着超凡的艺术表现力，寄情于山水风物，深刻地揭示了中国文化的博大精深，以及对人生真谛和文化灵魂孜孜以求的探索。

《山居笔记》一书的写作，始于1992年，成于1994年，历时两年有余。为了写作此书，作者辞去了学院的行政职务，不再上班，因此这两年多的时间十分纯粹，几乎是全身心地投入。投入那么多时间才写出十一篇文章，效率未免太低，但作者的写作是与考察联系在一起的，很多写到的地方不得不一去再去，快不起来。记得有一次为了核对海南岛某古迹一副对联上的两个字，几度函询都得不到准确回答，只得再去了一次。这种做法如果以经济得失来核算简直荒诞不经，但文章的事情另有得失，即所谓“得失寸心知”。

《霜冷长河》中是惊人的安静，但这种安静使它成了一条最纯粹的河。清亮、冷漠、坦荡，岸边没有热闹，没有观望，甚至几乎没有房舍和码头，因此它也没有降格为一脉水源、一条通道。它保持了大河自身的品性，让一件件岸边的事情全都过去，不管这些事情一时多么重要、多么残酷、多么振奋，都比不上大河本身的存在状态。它有点荒凉，却拒绝驱使；它万分寂寞，却安然自得。很快它会结冰，这是它自己的作息时间表，休息时也休息得像模像样……

《千年一叹》是一本日记，记录了余秋雨在千年之交随香港凤凰卫视“千禧之旅”越野车跋涉四万公里的经历。他们一行人是去寻找人类古代文明的路基，却发现竟然有那么多路段荒草迷离、战壕密布、盗匪出没。完全不知道下一公里会遇到什么，所知道的只是一串串真实的恐怖故事。在“千禧之旅”即将结束之时，作者写下这样的一段话：“四个月冒险奔波，天天都思念着终点。今天我们到了，回头一看，却对数万公里的尺尺寸寸产生了眷恋。那是人类文明的经络系统，从今以后，那里的全部冷暖疼痛，都会快速地传递到我的心间。”

《行者无疆》中，行者独步于遥远的旷野，素昧平生的未知，遭遇处处的难题，只因为一个执着的信念，敢于把世界上任何一片土地都放在脚下，为后来人踱步出一望无垠的疆土。

《晨雨初听》中作者认为，只有书籍，能把辽阔的空间和漫长的时间浇灌给你，能把一切高贵生命早已飘散的信号传递给你，能把无数的智慧和美好对比着愚蠢和丑陋一起呈现给你。

《借我一生》是余秋雨对中国文化界的“告别之作”，涉及他和他的家族诸多不为人知的经历，还描绘了记忆中“文革”时“大揭发”“大批判”的整人模式……从前辈到自己，作者以平实、真实的记忆组成一部文学作品。

《我等不到了》以平静的语调叙述了家族的历史，曾祖父、曾外祖父从浙江慈溪出发，闯荡上海滩，祖父、祖母、外祖父、外祖母、父亲、母亲、姨妈、叔叔、“我”以及妻子马兰，众多家族人物的一生，在近一个世纪历史的光影中沉浮；“文革”中表哥益生和叔叔之死，折射了畸形年代里的畸形命运，平静的叙述中蕴含着悲壮的集体挣扎。余秋雨介绍说，这是一部具有象征意义的作品，一部深入灵魂的“中国读本”。它告诉读者，在你们出生之前，父辈们有过什么样的精神历程，这种精神历程又如何渗透到今天，成了你们的生存背景。

《中华文化四十七堂课：从北大到台大》一书的主体内容是余秋雨先生以整整一年时间，为北京大学中文系、历史系、哲学系、艺术学院的部分学生开设的一门课程，内容是中华文化史。它与大学规范的文化史课程不同，只探讨一个现代人应该对漫长的中华文化史保持多少记忆。本书采用了一个新颖的形式来解读中华文化，即采用课堂讨论的形式，再加上课后与学生的“闪问”“闪答”，使这本书精彩纷呈而明白晓畅。对于中华文化史的讲述，这本书也不是按部就班地泛泛而谈，而是以点带面。对于文明早期特别强烈的文化亮点，在余先生看来，它安顿了中华文化的精神魂魄，重点论述；而对于后期那些漫长的历史走廊，则快步走过。这是余秋雨心中的一部中华文化史，也是一部充满强烈色彩感的中华文化史。余秋雨以其饱学和情感，向国人传递文化记忆，以人类四大古文明中保留最完整也最璀璨的中华文化，敲响世界文明之钟。

(三)如何认识余秋雨的散文

余秋雨散文作品中，始终贯穿着一条鲜明的主线，就是对中国历史、中国文化的追溯、思索和反问，作品中处处渗透着灵性与活泼。他以渊博的历史知识、丰厚的文化功底，将历史与文化契合，将历史写活、展现，引起读者反思、追问。作为一个知识分子，他的作品已渗透了文人的忧患意识和良知。他追求一种情理交融的雅致语言，并且“语言在抒情中融着历史理性，在历史叙述中也透露着生命哲理”，这就是一名文化学者的内涵。

什么是文化？文化是一个很大的概念，它指人类社会历史发展过程中所创造的全部物质财富和精神财富，也特指社会意识形态。换句话说，一切都是人类的文化，饮食有饮食文化，建筑有建筑文化，旅游有旅游文化等等。而且，不同的民族也有各自民族沉淀的文化。同种文化，各民族各国也会有不同。我们中华民族，有五千年的文明历史，文字的记载与流传，形成两种文化：一种是文字的内容，这就是历史了；一种是记载历史的方式、过程和变化的记载史，历史流传史。中国历史的流传靠的是书籍，所以，藏书史也就等于是藏书文化。

余秋雨的散文表述，是极具个性的。面对历史陈迹，作者陈述的不是风干了的历史，而是活生生的人物悲喜剧；不是教科书上硬邦邦的知性断语，而是体察人情、人性的现代感慨。因此，余秋雨散文就体现出深厚的文化意义。一是学术性、文化性和思想性的融合。有文化修养，有历史知识，有开放的现代意识，有对国家民族、传统文化和知识分子的深刻理解和忧患意识，还有优美的文笔。二是将历史与文化话题通俗化。就是将艰难的历史、文化话题通俗化，在大众与文化之间搭起了一座桥梁。三是主题和题材的扩展超越。贯穿余秋雨散文的主题是对文明的召唤和呼喊。散文的主题和题材并没有受到传统观念的束缚，而是在传统观念的基础上更加深广。他在散文中寻找隐藏于山水古迹中的文化意蕴，以景物为题名，以个人的感情抒发和自我表现为主，用他深邃的目光，透过这些现象，把关注的焦点定位在这些自然景观背后所沉淀的文化内涵上。他关注中国传统文人的人格精神，笔下闪现出一大批中国文学史上熠熠生辉的名字，他们都是才华横溢而又命运多舛的人，苏东坡、范仲淹、柳宗元等。但是，无论他们处在怎样的险恶条件之下，都有不变的文化良知。恶劣的环境没有折服他们，相反，反而磨炼了他们的意志，激发他们更大的智慧，绽发出更灿烂的文明之花。他以独特的视角探索中国文化，不受传统观念的影响，以更加人道主义的思想，更加深刻而透彻地面对山水风物古迹。四是对小说艺术形态的借鉴。为什么我们阅读余秋雨鸿篇巨制的散文不会觉得枯燥？这跟他散文的小说化艺术形态不无关系。主要表现在：完整生动的故事情节，历史现场还原似的虚拟，丰富的艺术想象。五是对原有散文文体模式的突破与创新。写作学科给散文所下的定义是：散文是指以记叙、抒情、描写为主要方式的，篇幅短小、取材广泛、写法自由、文情并茂的文学体裁。然而，读余秋雨散文的第一感觉就是，篇幅宏大，迎合了散文的发展趋势。在写作手法上，余秋雨散文并非以抒情为主，而是以议论为主。他的散文核心成分是议论，但又多以抒情的笔法来表达，这种抒情与议论的水乳交融，使文中的议论充满了睿智与情趣，使读者总能在理性的思考中获得一种特有的精神享受。正是这种抒情与议论的结合，才使人们能够更深刻地感受到中国文化所经历的苦难历程，中国文人所独有的悲剧性命运，促使人们反身自问，文明是什么，文化是什么，我们在哪里遗落，又怎样才能找回。可以说，在余秋雨的散文中,最具特色和最有魅力的部分,不是来自生动的场面描写,也不是来自温情脉脉的抒情,而是这种用抒情的笔法,进行理性思考的议论。

总之,余秋雨的散文,跨越了纯文学的界线,走向文化领域。他开创了散文的一代新风,以崭新的范例拓宽了当代散文的领域,创造了新的散文审美形态,使散文的河流改变了流向,由小到大,由浅到深,由个体意识的抒发到整体精神的张扬。

(四)余秋雨散文中的经典语言

余秋雨的散文素以文采飞扬、思维敏捷、知识丰厚、见解独到而备受万千读者喜爱。他的历史散文更是别具一格,见常人所未见,思常人所未思,善于在美妙的文字中一步步将读者带入文化意识的河流,启迪哲思,引发情致,具有极高的审美价值和史学意义上的文化价值。其中,有许多格言式语言,现摘录一部分。

成熟是一种明亮而不刺眼的光辉,一种圆润而不腻耳的声响,一种不再需要对别人察言观色的从容,一种终于停止向周围申诉求告的大气,一种不理会喧闹的微笑,一种洗刷了偏激的淡漠,一种无需声张的厚实,一种并不陡峭的高度。

——《山居笔记》

孤独不是一种脾性,而是一种无奈。——《文化苦旅》

我们对这个世界,知道得还实在太少。无数的未知包围着我们,才使人生保留迸发的乐趣。当哪一天,世界上的一切都能明确解释了,这个世界也就变得十分无聊。人生,就会成为一种简单的轨迹,一种沉闷的重复。——《文化苦旅》

人生的路,靠自己一步步走去,真正能保护你的,是你自己的人格选择和文化选择。那么反过来,真正能伤害你的,也是一样,自己的选择。

——《借我一生》

如果真的有一天,某个回不来的人消失了,某个离不开的人离开了,也没关系,时间会把正确的人带到你的身边。——《岁月的童话》

更羡慕街边咖啡座里的目光,只一闪,便觉得日月悠长、山河无恙。

——《行者无疆》

你以为,我可以很迅速的恢复过来,有些自私的以为。从阴雨走到艳阳,我路过泥泞、路过风。一路走来,你不曾懂我,我亦不曾怪你。我不是为了显示自己的大度,也不是为了体现自己的大方。只想让你知道,感情不在,责备也不存在。——《你不懂我,我不怪你》

再也读不到传世的檄文,只剩下廊柱上龙飞凤舞的楹联。再也找不见慷慨的遗恨，只剩下几座既可凭吊也可休息的亭台。再也不去期待历史的震颤，只有凛然安坐着的万古湖山。
——《文化苦旅》

有人把生命局促于互窥互监、互猜互损，有人把生命释放于大地长天、远山沧海。
——《行者无疆》

没有悲剧就没有悲壮，没有悲壮就没有崇高。——《文化苦旅》

堂皇转眼凋零，喧腾是短命的别名。在流光溢彩的日子里，生命被铸上妖冶的印记。
——《文化苦旅》

再小的个子，也能给沙漠留下长长的身影；再小的人物，也能让历史吐出重重的叹息。
——《文化苦旅》

你的过去我无法参与，你的将来我奉陪到底。——《译离骚》

水，看似柔顺无骨，却能变得气势滚滚，波涌浪叠，无比强大；看似无色无味，却能挥洒出茫茫绿野，累累硕果，万紫千红；看似自处低下，却能蒸腾九霄，为云为雨，为虹为霞……
——《文化苦旅》

最美丽的月色，总是出自荒芜的山谷。最厚重的文物，总是出自无字的旷野。最可笑的假话，总是振振有词。最可耻的诬陷，总是彬彬有礼。最不洁的目光，总在监察道德。最不通的文人，总在咬文嚼字。最勇猛的将士，总是柔声细语。最无聊的书籍，总是艰涩难读。最兴奋的相晤，总是昔日敌手。最愤恨的切割，总是早年好友。最动听的讲述，总是出自小人之口。最纯粹的孤独，总是属于大师之门。最低俗的交情被日夜的酒水浸泡着，越泡越大。最典雅的友谊被矜持的水笔描画着，越描越淡。
——《我等不到了》

该庆幸的是年岁还轻，时光未老。怕只怕杜鹃过早鸣叫，使百花应声而凋，使荃蕙化而为茅。
——《译离骚》

向往巅峰，向往高度，结果巅峰只是一道刚能立足的狭地。不能横行，不能直走，只享一时俯视之乐，怎可长久驻足安坐？上已无路，下又艰难，我感到从未有过的孤独和惶恐。世间真正温煦的美色，都熨帖着大地，潜伏在深谷。君临万物的高度，到头来只构成自我嘲弄。
——《文化苦旅》

干净的痛苦一定会沉淀，沉淀成悠闲，悠闲是痛苦的补偿，痛苦是悠闲的衬垫。
——《千年一叹》

面对诬陷，不要反驳，不要申诉。不要企图与诬陷者对话，不要企图让旁观者怜悯。没有阴影的高楼，一定还未曾建造；没有藤缠的大树，一定还气节未到。
——《行者无疆》

就人生而言，也应该平衡于山、水之间。水边给人喜悦，山地给人安慰。水边让我们感知世界无常，山地让我们领悟天地恒昌。水边让我们享受脱离长辈怀抱的远行刺激，山地让我们体验回归祖先居所的悠悠厚味。水边的哲学是不舍昼夜，山地的哲学是不知日月。——《行者无疆》

空虚的傲然傲然到了天际，枉然的雄伟雄伟到了永远。——《行者无疆》

阅读的最大理由是想摆脱平庸，早一天就多一份人生的精彩，迟一天就多一天平庸的困扰。——《山居笔记》

最让人动心的是苦难中的高贵，最让人看出高贵之所以高贵的，也是这种高贵。凭着这种高贵，人们可以在生死存亡的边缘上吟诗作赋，可以用自己的一点温暖去化开别人心头的冰雪，继而，可以用屈辱之身去点燃文明的火种。

——《山居笔记》

一切伤口都保持着温度，一切温度都牵扯着疼痛，一切疼痛都呼唤着愈合，一切愈合都保留着勉强。——《行者无疆》

熟悉也有毛病，容易失落初见时惊艳的兴奋，忘却粗线条的整体魅力，目光由仰视变为平视，很难说是把握得更牢了，还是松弛了把握。这就像我们交朋友，过于熟悉就变成寻常沟通，有时突然见到他翩然登台或宏著面世，才觉得要刮目相看。——《行者无疆》

我不敢对我们过于庞大的文化有什么祝祈，却希望自己笔下的文字能有一种苦涩后的回味，焦灼后的会心，冥思后的放松，苍老后的年轻。让唐朝的烟尘宋朝的风洗去了最后一点少年英气。——《文化苦旅》

既然大树上没有一片叶子敢于面对风的吹拂、露的浸润、霜的飘洒，整个树林也便成了没有风声鸟声的死林。——《山居笔记》

在夜雨中与家人围炉闲谈，几乎都不会拌嘴；在夜雨中专心攻读，身心会超常地熨帖；在夜雨中思念友人，会思念到立即寻笔写信；在夜雨中挑灯作文，文字也会变得滋润蕴藉。——《文化苦旅》

拿起自己十岁时候的照片，不是感叹韶华易逝青春不再。而是长久地逼视那双清澈无邪的眼睛，它提醒你，正是你曾经拥有过那么强的光亮，那么大的空间，那么多的可能，而这一切并未全然消逝；它告诉你，你曾经那么纯净，那么轻松，今天让你苦恼不堪的一切本不属于你。——《行者无疆》

伟大见胜于空间，是气势；伟大见胜于时间，是韵味。古罗马除气势外还有足够的韵味，使它的气势也沁水笼雾，千年不燥。——《行者无疆》

"读万卷书,行万里路,两者关系如何?"这是我碰到最多的提问。我回答:"没有两者。路,就是书。" ——《文化苦旅》

当峨冠博带早已零落成泥,崇楼华堂也都沦为草泽之后,那一杆竹管毛笔偶尔涂画的诗文,却有可能镌刻山河,雕镂人心,永不漫漶。 ——《阳关雪》

文人的魔力,竟能把偌大一个世界的生僻角落,变成人人心中的故乡。

——《阳关雪》

所谓伟大的时代,也就是谁也不把小人放在眼里的时代。 ——《借我一生》

只要历史不阻断,时间不倒退,一切都会衰老。老就老了吧,安详地交给世界一副慈祥美。假饰天真是最残酷的自我糟践。没有皱纹的祖母是可怕的,没有白发的老者是让人遗憾的。没有废墟的人生太累了,没有废墟的大地太挤了,掩盖废墟的举动太伪诈了。 ——《文化苦旅》

还历史以真实,还生命以过程。——这就是人类的大明智。

——《文化苦旅》

人生,只要还有一线希望,就还有无限的可能。 ——《霜冷长河》

我轻轻地叹息一声,一个风云数百年的朝代,总是以一群强者英武的雄姿开头,而打下最后一个句点的,却常常是一些文质彬彬的凄怨灵魂。

——《山居笔记》

这里正是中华历史的荒原:如雨的马蹄,如雷的呐喊,如注的热血。中原慈母的白发,江南春闺的遥望,湖湘稚儿的夜哭。故乡柳荫下的诀别,将军咆哮时的怒目,丢盔弃甲后的军旗。随着一阵烟尘,又一阵烟尘,都飘散远去。

——《文化苦旅》

在迪伦马特笔下,罗慕洛斯面对日耳曼人的兵临城下,毫不惊慌,悠然养鸡。他容忍大臣们裹卷国库财物逃奔,容忍无耻之徒诱骗自己家人,简直没有半点人格力量,令人生厌。但越看到后来越明白,他其实是一位洞悉历史的智者。如果大车必然要倒,妄图去扶持反而是一种骚扰;如果历史已无意于罗马,励精图治反而是一种反动。 ——《行者无疆》

光天化日之下的巨大身躯,必然会带出同样巨大的阴影。 ——《文化苦旅》

人生就是这样,年少时,怨恨自己年少,年迈时,怨恨自己年迈,这倒常常促使中青年处于一种相对冷静的疏离状态和评判状态,思考着人生的怪异,然后一边慰抚年幼者,一边慰抚年老者。我想,中青年在人生意义上的魅力,就在于这双向疏离和双向慰抚吧。因双向疏离,他们变得洒脱和沉静;因双向慰抚,他们变得亲切和有力。但是，也正因为此，他们有时又会感到烦心和惆怅，他们还余留着告别天真岁月的伤感，又迟早会产生暮岁将至的预感。他们置身于人生涡旋的中心点，环视四周，思前想后，不能不感慨万千。——《文化苦旅》

浑身瘢疤的人，老是企图脱下别人的衣衫。已经枯萎的树，立即就能成为打人的棍棒。没有筋骨的藤，最想遮没自己依赖的高墙。突然暴发的水，最想背叛自己凭借的河床。何惧交手，唯惧对恃之人突然倒地。不怕围猎，只怕举弓之手竟是狼爪。何惧天坍，唯惧最后一刻还在寻恨。不怕地裂，只怕临终呼喊仍是谣言。太多的荒诞终于使天地失语。无数的不测早已让山河冷颜。失语的天地尚须留一字曰善。冷颜的山河仍藏得一符曰爱。地球有难余家后人不知大灾何时降临。浮生已过余姓老夫未悟大道是否存在。万般皆空无喜无悲唯余秋山雨雾依稀。千载如梭无生无灭只剩月夜鸟声凄迷。——《我等不到了》

夕阳下的绵绵沙山是无与伦比的天下美景。光与影以最畅直的线条进行分割，金黄和黛赭都纯净得毫无斑驳，像用一面巨大的筛子筛过了。日夜的风，把风脊、山坡塑成波荡，那是极其款曼平适的波，不含一丝涟纹。于是，满眼皆是畅快，一天一地都被铺排得大大方方、明明净净。色彩单纯到了圣洁，气韵委和到了崇高。

——《文化苦旅》

历史是坎坷，历史是幽暗，历史是旋转的恐怖，历史是秘藏的奢侈，历史是大雨中的泥泞，历史是悬崖上的废弃。——《行者无疆》

人类总是缺乏自信，进进退退，走走停停，不停地自我耗损，又不断地为自我耗损而再耗损。——《文化苦旅》

人世间总有一些不管时节、不识时务的人，正是他们对时间的漠视，留下了时间的一份尊严。——《借我一生》

如果忘记了善良和仁慈，只知一味地与别人争夺成功，那才叫真正的平庸。

——《霜冷长河》

茫茫沙漠，滔滔流水，于世无奇。惟有大漠中如此一湾，风沙中如此一静，荒凉中如此一景，高坡后如此一跌，才深得天地之韵律、造化之机巧，让人神醉情驰。以此推衍，人生、世界、历史，莫不如此。给浮嚣以宁静，给躁急以清冽，给高蹈以平实，给粗犷以明丽。惟其这样，人生才见灵动，世界才显精致，历史才有风韵。然而，人们日常见惯了的，都是各色各样的单向夸张。连自然之神也粗粗糙糙，懒得细加调配，让人世间大受其累。——《文化苦旅》

许多更强烈的漂泊感受和思乡情绪是难于言表的，只能靠一颗小小的心脏去慢慢地体验，当这颗心脏停止跳动，这一切也就杳不可寻，也许失落在海涛间，也许掩埋在丛林里，也许凝练于异国他乡一栋陈旧楼房的窗户中。

——《山居笔记》

缺少精神归宿，正是造成各种社会灾难的主因。因此，最大的灾难是小人灾难，最大的废墟是人格废墟。——《借我一生》

不带书，不带笔，也不带钱，一身轻松又一身虚浮，如离枝的叶、离花的瓣，在狂风中满天转悠，极端洒脱又极端低贱，低贱到谁也认不出谁，低贱到在一平方米中拥塞着多少个都无法估计。——《山居笔记》

早晨喝几口木兰的清露，晚上吃一把秋菊的残朵。只要内心美好坚定，即使便是面黄肌瘦也不觉甘苦。我拿着木根系上白芷，再把薜荔花蕊串在一起，又将蕙草缠上菌桂，搓成一条长长的绳索。我要追寻古贤，绝不服从世俗。

——《译离骚》

任何一个真实的文明人都会自觉不自觉地在心理上过着多种年龄相重叠的生活，没有这种重叠，生命就会失去弹性，很容易风干和脆折。

——《文化苦旅·自序》

青春的力量无可压抑，即使是地狱也能变成天堂。——《行者无疆》

文明可能产生于野蛮，但绝不喜欢野蛮。我们能熬过苦难，却绝不赞美苦难。我们不害怕迫害，却绝不肯定迫害。——《文化苦旅》

真想为你好好活着，但我疲惫已极，在我生命终结前，你没有抵达，只为看你最后一眼，我才飘落在这里。——《行者无疆》

长大了知道世间本有太多的残酷事，集中再多的善良也管不完人类自己，一时还轮不到牛。然而即使心肠已经变得那么硬也无法面对斗牛，因为它分明把人类平日眼开眼闭的忘恩负义，演变成了血淋淋的享受。——《行者无疆》

假饰天真是最残酷的自我糟践。万般皆空无喜无悲唯余秋山雨雾缥缈依稀。千载如梭无生无灭只剩月夜鸟声朦胧凄迷。——《文化苦旅》

这里没有重复，真正的欢乐从不重复。这里不存在刻板，刻板容不下真正的人性。这里什么也没有，只有人的生命在蒸腾。——《文化苦旅》

部分文人之所以能在流放的苦难中显现人性、创建文明，本源于他们内心的高贵。他们的外部身份可以一变再变，甚至终身陷于囹圄，但内心的高贵却未曾全然销蚀。这正像有的人，不管如何追赶潮流或身居高位，却总也掩盖不住内心的卑贱一样。——《文化苦旅》

"成功"这个伪坐标的最大祸害,是把人生看成"输赢战场",并把"打败他人"当作求生的唯一通道。因此,他们经过的地方,迟早会变成损人不利己的精神荒路。——《北大授课》

它因深厚而沉默,也许,深厚正是沉默的原因。——《文化苦旅》

嫉妒的起点,是人们对自身脆弱的隐忧。——《霜冷长河》

胆大包天的现代人,在历史和自然面前要懂得谨慎。再高亢的歌咏,怎么敌得过撒哈拉的夜风在金字塔顶端的呼啸声。——《千年一叹》

以一种色调贯穿始终,比色彩斑斓的人生高尚的多。——《文化苦旅》

天下有很多关键时刻的救援,是被救援者所不知道的。这正像,天下有很多关键时刻的伤害,是被伤害者所不知道的。世事繁杂,时间匆匆,重者隐之,轻者显之,真言如风,伪言如磐,真正知道的究竟能有多少?——《借我一生》

最大的悲剧,莫过于把并不存在的文明前提当作存在。文明的伤心处,不在于与蒙昧和野蛮的搏斗中伤痕累累,而在于把蒙昧错看成文明。

——《欧洲之旅》

罗马的伟大,在于每一个朝代都有格局完整的遗留,每一项遗留都有意气昂扬的姿态,每一个姿态都经过艺术巨匠的设计,每一个设计都构成了前后左右的和谐,每一种和谐都使时间和空间安详对视,每一回对视都让其他城市自愧弗如,知趣避过。——《行者无疆》

茫茫沙漠,滔滔流水,于世无奇。惟有大漠中如此一湾,风沙中如此一静,荒凉中如此一景,高坡后如此一跌,才深得天地之韵律、造化之机巧,让人神醉情驰。以此推衍,人生、世界、历史,莫不如此。给浮嚣以宁静,给躁急以清冽,给高蹈以平实,给粗犷以明丽。唯其这样,人生才见灵动,世界才显精致,历史才有风韵。——《文化苦旅》

一切伟大的艺术,都不会只是呈现自己单方面的生命。它们为观看者存在,它们期待着仰望的人群。一堵壁画,加上壁画前的唏嘘和叹息,才是这堵壁画的立体生命。——《文化苦旅》

善良,这是一个最单纯的词汇,又是一个最复杂的词汇。它浅显到人人都能领会,又深奥到无人能够定义。它与人终生相伴,但人们却很少琢磨它、追问它。——《欧洲之旅》

不关顾别人的存在,其实恰恰是对别人存在状态的尊重。——《欧洲之旅》

天下最让我生气的事,是拿着别人的眼光说自己的祖祖辈辈都活错了。

——《北大授课》

人的生命格局一大，就不会在琐碎妆饰上沉陷。真正自信的人，总能够简单得铿锵有力。 ——《寻觅中华》

我们的历史太长，权谋太深，兵法太多，黑箱太大，内幕太厚，口舌太贪，眼光太杂，预计太险。 ——《摩挲大地》

人折腾人，人摆布人，人报复人，这种本事，几千年来也真被人类磨砺到了炉火纯青的地步。 ——《千年一叹》

世间真正温煦的美色，都熨帖着大地，潜伏在深谷。君临万物的高度，到头来只构成自我嘲弄。我已看出了它的讥谑，于是亟亟地来试探下削的陡坡。

——《文化苦旅》

一连串无可超越的绝境，一重重无与伦比的壮美，一系列无法复制的伟大，包围着你，征服着你，粉碎着你，又收纳着你。你失去了，好不容易重新找回，却是另一个你。 ——《文化苦旅》

学术无界，文化无墙，永远不能画地为牢。 ——《北大授课》

大地默默无言，只要来一两个有悟性的文人一站立，它封存永久的文化内涵也就能哗的一声奔泻而出；文人本也萎靡柔弱，只要被这种奔泻所裹卷，倒也能吞吐千年。 ——《文化苦旅·自序》

万千动物中，牛从来不与人为敌，还勤勤恳恳地提供了最彻底的服务。在烈日炎炎的田畴中，挥汗如雨的农夫最怕正视耕牛的眼神，无限的委屈在那里忽闪成无限的驯服。不管是农业文明还是畜牧文明，人类都无法离开牛的劳苦，牛的陪伴，牛的侍候。牛累了多少年，直到最后还被人吃掉，这大概是世间最不公平的事。 ——《行者无疆》

我在望不到边际的坟堆中茫然前行，心中浮现出艾略特的《荒原》。这里正是中华历史的荒原：如雨的马蹄，如雷的呐喊，如注的热血。中原慈母的白发，江南春闺的遥望，湖湘稚儿的夜哭。故乡柳荫下的诀别，将军圆睁的怒目，猎猎于朔风中的军旗。随着一阵烟尘，又一阵烟尘，都飘散远去。我相信，死者临亡时都是面向朔北敌阵的；我相信，他们又很想在最后一刻回过头来，给熟悉的土地投注一个目光。于是，他们扭曲地倒下了，化作沙堆一座。 ——《文化苦旅》

人世间最有吸引力的，莫过于一群活得很自在的人发出的生命信号。这种信号是磁，是蜜，是涡卷方圆的魔井。没有一个人能够摆脱这种涡卷，没有一个人能够面对着它们而保持平静。 ——《文化苦旅》

一座城市既然有了历史的辉煌，就不必再用灯光来制造明亮。

——《行者无疆》

美，不是外在的点缀，而是人性、人情、热的精选形式。在社会上，政治和经济是在争取生命的强大和自尊，而美，则在争取生命的品质和等级。

——《北大授课》

看莫高窟，不是看死了一千年的标本，而是看活了一千年的生命。

——《莫高窟》

谁都有千言万语，谁都又欲哭无泪。 ——《千年一叹》

大艺术家即便错，也会错出魅力来。好像王尔德说过“在艺术中只有美丑而无所谓对错”。 ——《山居笔记》

千万不要对自己的智商有过高的判断。大愚若智，大智若愚。世上真正的高人单纯得像个婴儿。天道无欺，大成无伪，自古以来一切巨匠胜业都直白坦然。 ——《君子之道》

人生不易又至易。只要洗涤诈念，鄙弃谋术，填平阴沟，拆去暗道，明亮苍穹下的诚实岁月，才是一种无邪的享受。 ——《君子之道》

思念中的一切都比现实美丽。 ——《行者无疆》

友情的败坏，是从利用开始的。 ——《文化苦旅》

看了一会儿，听了一会儿，我发觉自己也被裹卷进去了。身不由己，踉踉跄跄，被人潮所挟，被声浪所融，被一种千年不灭的信仰所化。 ——《文化苦旅》

这样的观看是一种晕眩，既十分陶醉又十分模糊。因此，我不能不在闭馆之后的黄昏，在人群全都离去的山脚下独自徘徊，一点点地找回记忆、找回自己。

——《文化苦旅》

晚风起了，夹着细沙，吹得脸颊发疼。沙漠的月亮分外清冷，山脚前有一泓泉流，在月色下波光闪烁。总算，我的思绪稍见头绪。 ——《文化苦旅》

客观景物只提供一种审美可能，而不同的游人才使这种可能获得不同程度的实现。 ——《山居笔记》

上海人的宽容并不表现为谦让，而是表现为各管各。在道德意义上，谦让是一种美德；但在更深刻的文化心理意义上，各管各或许更贴近现代宽容观。承认各种生态独自存在的合理性，承认到可以互相不相闻问，比经过艰苦的道德训练而达到的谦让更有深层意义。为什么要谦让，因为选择是唯一的，不是你就是我，不让你就要与你争夺。这是大一统秩序下的基本生活方式和道德起点。为什么可以各管各，因为选择的道路很多，你走你的，我走我的，谁也不会吞没谁。这是以承认多元世界为前提而派生出来的互容共生契约。——《文化苦旅》

即使是站在海边礁石上，也没有像这里这样强烈地领受到水的魅力。海水是雍容大度的聚汇，聚汇得太多太深，茫茫一片，让人忘记它是切切实实的水、可掬可捧的水。这里的水却不同，要说多也不算太多，但股股叠叠都精神焕发，合在一起比赛着飞奔的力量，踊跃着喧嚣的生命。——《文化苦旅》

西方哲学家论述生命与死亡。任何人都不可能对自己生命的产生获得主动权，惟一能主动把握的，是生命的离去。最大的主动是自杀，因此自杀成了具有重大哲学意义的生命行为。海德格尔说，惟一能把握生命的机会，是放弃生命。

——《借我一生》

其实，人折腾人的本事，要算中国最发达。五六千年间不知有多少精彩绝伦的智慧耗尽在这里。——《千年一叹》

关于孔庆东

2008年暑假，上大学的女儿带回来一本中国海关出版社出版的孔庆东的《正说鲁迅》。我读了以后，从此对孔庆东的书就一发不可收拾地喜欢上了。近几年来，陆续读了他的绝大部分著作。从那年开始，我喜欢上了孔庆东。当然，是他的文章。至今，我几乎购到了我见到的孔先生的所有的书。有许多篇章，我是反复阅读的，每次都有新鲜感，每次都有新的思索。

（一）了解孔庆东

孔庆东，男，汉族，1964年9月22日出生于哈尔滨，祖籍山东省临沂市费县，系孔子第七十三代直系传人，在孔氏家谱中属大庄户。1983年自哈尔滨考入北京大学中文系，本科毕业后师从北大中文系的两位名师，是钱理群先生的开山硕士、严家炎先生的博士。现任北大中文系教授，研究方向是中国近现代文学，主要从事现当代小说戏剧研究和通俗文学研究，兼及思想文化批评，尤其对鲁迅颇有研究。曾经在韩国著名的梨花女子大学任教两年。北大文学博士，评论家，金庸作品研究者，一般认为属于左派学者。主攻现代文学与武侠小说，语言驾驭出色，文章生动有趣且愤世嫉俗，著作有《北大往事》《47楼207》《口号万岁》《笑书神侠》等，尤其在鲁迅研究上颇具个人心得。他着力于鲁迅生活世俗的一面，开“大众鲁迅”研究之先河。一般认为，他的代表作是描述北大研究生宿舍生活的《47楼207》。

在现实生活中，孔庆东是一个活生生的凡人，是一个实实在在的山东好汉。用他的话说，“坛坛都是好酒”。他抽烟、喝酒，看好莱坞大片；他既是青年的导师，也是溺爱孩子的父亲；他尖刻，却难掩智慧的幽默；他战斗，却决不做无谓牺牲。他，就是人间鲁迅。孔庆东是北大学生们的最爱，他曾多次高票当选北大十佳教师，所开每门课堂堂爆满，其中关于鲁迅研究的课程最受追捧。他精彩的鲁迅研究课程，多次造成北大图书馆内《鲁迅全集》被借阅一空。2006年，孔庆东在央视《百家讲坛》正讲鲁迅，引起众多国内外鲁迅研究者的极大关注，他以大众化、当代化的视角看鲁迅，刻画出鲁迅生活世俗的一面。他舌灿莲花，妙语迭出，毫不掩饰自己对鲁迅的顶礼膜拜之情，他评价鲁迅为“纵横十八年，天下无敌手，战士多智慧，独孤求败苦”。

孔庆东对武侠小说颇有研究，在一定程度上引起了学术界对武侠小说的重视，使这种小说从不登大雅之堂到走上大学讲坛。又善饮，故有“北大醉侠”之称。因其著作愤世嫉俗、冷嘲热讽又诙谐幽默，被称为“北大的马克·吐温”。

（二）孔庆东之《正说鲁迅》

这本书是孔庆东在《百家讲坛》以及在其他场合讲演的讲演集。主要有《爱恨情仇》《重出江湖》《革命与金钱》《身陷重围》《谁在吃人》《祥林嫂之死》《鲁迅的当代意义》《鲁迅是语文教学的灵丹妙药》《鲁迅思想研究变迁及其他》《鲁迅性格分析三篇》《大众文化与鲁迅》《胡适与鲁迅》《鲁迅诗文导读》《黑色的孤独与复仇》等14篇。其中，《祥林嫂之死》一章中，写了谁是凶手，鲁四老爷、婆婆、柳妈、“我”等几节，引起了我的强烈共鸣。因为我当中学语文老师时，给学生教过《祝福》。读了《正说鲁迅》的这一章以后，我才感到我当时对鲁迅的认识是多么肤浅，对作品的分析是多么肤浅，确实是深度很不够。

鲁迅在国人心目中具有崇高的地位。曾几何时，我们把鲁迅奉为神，抬得很高。后来，又让鲁迅回归到人，但太过强调鲁迅普通人的方面。在今天，人们已经不再信神，神离我们太远了。而普通人，人们又不感兴趣，不当回事。作为神或者普通人的鲁迅自然也不会得到尊敬和热追。孔庆东的《正说鲁迅》最大特色和长处就在于不是把鲁迅当作普通人，也不是当作神，而是从鲁迅是一个伟大的、不平凡的人的角度和高度，认真而深入地分析和阐述鲁迅的人生、思想和作品，引人入胜，给人启迪，启人兴趣，令人感悟。无论是关于鲁迅的爱恨情仇，鲁迅的小说创作，鲁迅的人生观、金钱观和生存哲学，还是关于鲁迅直面反动势力和文化阵营，以及鲁迅的各类作品，孔庆东在《正说鲁迅》中都有非常精到和令人信服的立论和分析，让我们在今天对鲁迅有一个新的认识，新的感悟。正如他在谈到关于“鲁迅的当代意义”时所说：今天的中国更需要鲁迅，我们正处在一个极度需要鲁迅精神的时代。“今天我们来读鲁迅，不能只抱着欣赏和崇敬的心情，而要结合现实，理解鲁迅在当代的意义，这才是鲁迅真正留给我们的宝贵财产。”正因为结合现实，孔庆东把鲁迅作为一个特别而稀有的人，一个真实而伟大的人，所以他讲鲁迅时广受欢迎。他在北大开鲁迅研究课的那个学年，北大图书馆的《鲁迅全集》被一借而空。孔庆东把鲁迅讲到中学，讲到大学，讲到社会，讲到国外，讲到中央电视台，使之成为最受追捧的课，让多少人振奋和感叹。

翻阅全书，孔庆东对鲁迅“重出江湖”一章的讲述特别精彩。在他看来，埋头抄了十年古碑的鲁迅，就像是在茅庐中隐居的诸葛亮，在世事一无可为的情形下寂寞度日，只是用空负的一身绝学慰藉自己。然而他终于不能抵挡人世的呼唤，不能放弃自己的道德承担，毅然踏入风波险恶的江湖，虽然最终仍不免于寂寞，却给现代中国留下了不朽的传奇，而他自己的生命也在这中间得到了淋漓酣畅的释放：“乐则大笑，悲则大叫，愤则大骂”，这也就是钱理群先生所说的“生命的大飞扬”。鲁迅是这么一个率性至情的人，用孔庆东自己的话来说：“鲁迅不是冷冰冰的一个简单的文化斗士，而是这么有人情味的一个人。”如此，鲁迅的人格魅力才真正地得以呈现在我们面前。

在孔庆东看来，鲁迅从来没有成为方向，他任何时候都不可能是方向。因为他对任何构成“方向”的主流意识形态以至“方向”本身都持怀疑批判的态度。他在整个现代中国思想文化体系、话语结构中，始终处于边缘地位，始终是少数和异数。鲁迅曾说，没有彻底的毁坏难有彻底的建设。对自己的苛刻，对黑暗世界的恶毒，令他不能有所爱，因为爱的留恋、温情的缠绵只会消磨战士的斗志。我至今对中学学习的鲁迅作品中鲁迅的语言有着深刻的记忆。孔庆东对鲁迅的个性分析，我认为有独到之处。比如：伟大的二重性格，丰富的痛苦，痛心的偏激，清醒的彷徨等。

（三）孔庆东的著作

目前，我收藏的孔庆东的作品有20多本。主要是：《正说鲁迅》《47楼207》《空山疯语》《黑色的孤独》《口号万岁》《独立韩秋》《匹马西风》《谁主沉浮》《青楼文化》《超越雅俗》《井底飞天》《金庸侠语》《笑书神侠》《四十不坏》《千夫所指》《脍炙英雄》《生活的勇气》《温柔的嘹亮》等文集、选集。这其中，重庆出版集团2008年出版的《孔庆东文集》(1-12卷)中，我是大部分都收藏了的。

孔庆东对自己作品的评价是:“庆东之作,混乱不堪,有评有点,有著有编,版本复杂,收藏较难。今稍罗列,挂万漏千,还望孔学专家,细心补正纠偏。”

除我的收藏而外,我还在网上搜索到他的作品目录,主要有:《高考作文速成训练》、《议论文论据小词典》、《连城诀》、《中国沦陷区文学大系·通俗小说卷》、《审视中学语文教育》、《程小青代表作》、《自己的园地——关于周作人》、《中国现代文学史》(与程光炜等合著)、《酒徒——王安忆小说选》(与张袆林合选)、《通俗文学十五讲》、《金庸评传》、《醉眼看金庸》、《伟大的二重性格——解读鲁迅经典》、《20世纪中国通俗文学史》、《江湖·侠客·情——走进金庸的〈笑傲江湖〉》、《孔庆东评点鲁迅小说》、《孔庆东品读金庸侠语》、《作文应该这样写》、《古龙一百句》、《百家讲坛——孔庆东看武侠小说》、《百家讲坛——鲁迅》等。

孔庆东的作品中,我读得最早的,是《正说鲁迅》,前面已经介绍。我读得最仔细的是《超越雅俗》,这实际是孔博士的博士论文。好多人的评价是:难懂和艰涩。但我读起来却觉得很有意味,耐读且深刻。我读的次数最多的,是《47楼207》,觉得轻松、自在,很放松,是真正的休息。我读得最快的,是《独立韩秋》,用了一个晚上就读完了。而《生活的勇气》和《温柔的嘹亮》,则是我在上洗手间时读完的。当然,还有很多的我还没有读,准备挨个去读,读完。

读的过程中也发现一个问题,由于很多著作是不同出版社出版的,不同的书名、篇目重复很多。而同一个书名,不同的出版社出版,收录的篇目也有不同。

(四)孔庆东作品的风格

孔庆东的作品在当今文坛独树一帜,颇富吸引力。张扬的个性和悲天悯人的情怀是他作品的一个亮点,而幽默诙谐、意味深长、通俗质朴、典雅精致等几方面是孔庆东作品的语言艺术风格,其独特的语言修辞风格又是他作品让人难以抗拒的魅力。

幽默中带着讽刺,非常写实,雅俗共赏。同时很逗,也有一部分文章比较深刻、辛辣。有网友说:“首先是人,世界上人分两类,好人坏人。孔庆东就是好人的一面旗帜。我常浏览他的博客,为他渊博的知识、深刻的语言、敢说敢做的风格叫好。此时此刻,坏人都快疯了,仗着有俩钱儿都不让人说话了。可孔庆东在说,有本事说,有勇气说。读他的文字最主要的就是感动,为好人不死感动,为天是塌不下来的感动,为知识分子的良知感动。就为这,我敬佩他。”

有人提问孔庆东为什么常自称“孔和尚”“洒家”,孔庆东回答说:“不止一个人问我,你也没出家,也有老婆有孩子,为什么自称‘和尚’? 这个问题好像永远得回答。这个事看你怎么理解和尚。什么是和尚？和尚本来是干什么的？和尚本来是普度众生的，和尚是救苦救难的，和尚是大彻大悟的，高级的和尚就是佛，跟他吃肉不吃肉、喝酒不喝酒、有没有老婆孩子没有关系。那些都是对低级和尚的要求，怕他不干好事，所以设了一些规矩来要求，真正达到境界根本就不需要。”

无论是博客，还是书，孔庆东都体现了两个字——幽默，非常幽默。他认为：幽默是一个外在的，它不是一个本质上的东西，不存在一个本质性的幽默。幽默是一种形式，一个幽默，一个板着面孔、严肃的，你不能说哪个好，哪个不好。讲课，有的人讲课很幽默，有的人讲课非常严肃，一板一眼，但是很吸引人，这个不是本质。社会上有些话不能直来直去说，任何一个社会都不是百分之百自由，百分之百宽容，所以你要想办法把这个话说得有艺术性。孔庆东说过，最喜欢的一本书是《毛泽东选集》，到很多地方都推荐《毛泽东选集》。最喜欢的一段音乐是中国著名芭蕾舞剧《红色娘子军》的音乐。

读孔庆东的文章，可以学习到不少东西。他世故、老辣，世事洞明，这些都是他文风机智的佐证。他不是一个书呆子，故他的文章里很少有迂腐之论。他是一个正直的学者，敢说敢怒，也愿意打抱不平，他是“北大醉侠”。他也是娱乐明星，在自娱的同时，也给广大的民众带来淋漓的酣畅感。他也愿意从俗，也愿意与广大人民打成一片，他不是那种清高的学者，他关心时事，关心民生。他不是“文坛领袖”，但是他开的“东博书院”却具有私人讲学的味道。他传播知识，使很多未能如愿考上北大的青年间接获得一个在北大听名师讲课的机会。孔庆东没写过什么小说或戏曲什么的，但他的那些“学术随笔”或是“文化随笔”足可以称世，且为他赢得了“庆东体”的美誉。另外，他也写些古体诗词。但这些都不是他的主业，他的主业还是学术研究。

孔庆东的文章，貌似空山疯语，有时东拉西扯，说一些傻话、昏话、疯话、趣话，但就在这诙谐风趣、辛辣讽刺、幽默搞笑的背后，铺垫的是悲凉深刻的底蕴。我们不能因为伪装和表象，而迷失了他的本意。他的幽默，来自于司空见惯的日常生活，信手拈来，涉笔成趣，往往有神来之笔，叫人开心捧腹。他立足中国坚实的大地，继承传统，着眼于批判和制度的重建，有一股堂堂正正的爱国主义正气。虽然他的有些观点有些人并不认同，但大家喜欢的就是他的一腔浩然正气。

（五）孔庆东的个性

总体上讲，我认为孔庆东是一个个性非常鲜明的学者。一是他从不脱离和逃避现实，以积极的态度应对现实的挑战。二是他愤世嫉俗、疾恶如仇，但把握有度，并没有忘记自己是一个共产党员。三是他有着深厚的平民情怀和情结，悲天悯人，关注下层民众的生活。四是他不以学者身份而高高在上，凡人凡事，与普通民众和众多学子建立了良好的互信关系。五是他对生活的极度热爱，从日常生活中可见一斑。六是他生活态度严肃，没有听到什么特别不好的传闻，更没有桃色新闻。这些个性特征从以下评述中可以看出来。

在今天的思想文化界乃至娱乐界，孔庆东的大名都是如雷贯耳的，这除了余秋雨、易中天等有数的几位知名学者庶可比拟外，还很少有人能够与之比肩，这只要看看东博书院的日访问量和大批民众对他的追捧，便不难看出。孔庆东应该算是一个知名学者，也是一个很善于造势的学者，他在民众间的影响力也如日中天，这当然与他保持着陈平原先生所说的“学者的人间情怀”有关系。他不是传统意义上的固守书斋的学者，他开东博书院，在《百家讲坛》开讲鲁迅与金庸，都可以看作他积极入世和实践“学术民间化”的追求与努力。也因此，孔庆东并不是一个不问世事的出世的学者，而是一个对现实政治抱有干预热情的知识分子和正直学人。

2007年章诒和著《伶人往事》一书，孔庆东在演讲中公开批驳章诒和，指章家在20世纪50年代国人挨饿的情形下，却享受共产党的特殊待遇。章诒和在书中自称“吃腐乳要吃20多种”，“家里毛巾要每天换一条”，“床单是每天一换，洗得很白”。孔庆东指“她那个阶级是我们政权的敌人”，“共产党对他们是极其宽大的，但他们仍梦想变天，说当年反右反错了”。孔庆东说：“你（指右派）既然认为是堂堂正正的英雄，为什么要求共产党平反？”“改革开放后都平反昭雪了，但大右派还百倍疯狂地向人民索取，比当年凶恶10倍”，“我们平民百姓的血泪谁去写？矿井砸死60多人，谁给每人写一部《往事并不如烟》？他们一人死了赔多少钱？生命都是有价钱的。上层人的生命价格和下层人的生命价格不一样吗？革命本来就要改变这东西”，“我们必须肩顶住这个闸门，阳光才会射进来”。

2007年1月17日，孔庆东在自己的博客中发表文章：“作为一名学者，我并不完全喜欢章诒和的文章和著述，我对她的文字持有我个人的质疑和批评。但是，我坚决支持她的出版自由。我认为章诒和的文字没有违反国家的法律和社会公德，对她的著述出版进行限制，是缺乏正当的法理依据的。任何人都有权利表达自己的政治立场和文化理念,也有权利批评他人的立场和理念,在这个问题上,所有的知识分子与章诒和的心都应该是相通的。愿我们大家的努力能够给中国带来更博大的、更阳光的写作和批评空间!”对孔庆东的言论,左派文人大多支持,自由派文人和右派文人大多持批判态度。

孔庆东多次在北大课堂上批评社会上的不良现象,并且鼓励学生们继承五四精神,继续为“德先生”“赛先生”奋斗。他的著作《47楼207》《口号万岁》当中,有颇多冷嘲热讽、针砭时弊之文章。

对孔庆东的认识,仅止于此。当然,都是读出来的。因此,我曾经写过一篇博文:《我读孔庆东》。

关于于丹

“让经典走近千家万户,属于人们享受文化平等的权力。道不远人,道无处不在,它原本是每个人生活中温暖的启迪和劝导。”这是于丹说过的话。从儒道经典到昆曲艺术,从中国到世界,于丹教授用心传播着中国文化的思想精髓。

(一)从《百家讲坛》了解于丹

于丹,女,1965年6月28日出生于北京。著名文化学者,北京师范大学教授、博士生导师,北京师范大学艺术与传媒学院分党委书记、副院长,首都文化创新与文化传播工程研究院院长。国务院参事室特约研究员。著名电视策划人,被誉为中国电视业的“军师”。同时,她也是古典文化的普及传播者。在中央电视台《百家讲坛》《文化视点》等栏目,通过《论语心得》《庄子心得》《论语感悟》等系列讲座普及、传播传统文化,以生命感悟激活了经典中的属于中华民族的精神基因,在海内外文化界、教育界产生广泛影响。先后在我国内地、港台地区,及美国、英国、法国、德国、日本、韩国、新加坡、马来西亚、巴西、新西兰、澳大利亚等国家进行千余场传统文化讲座,得到广泛好评,并掀起了海内外民众学习经典的热潮。著有《于丹〈论语〉心得》《于丹〈庄子〉心得》《于丹·游园惊梦——昆曲艺术审美之旅》《于丹〈论语〉感悟》《于丹趣品人生》及《于丹重温最美古诗词》,其中《于丹〈论语〉心得》一书获得了世界知识产权组织的版权金奖,国内累计销量达600余万册,多次再版,已被译为30余种文字在各国发行。先后担纲《在共和国史册上》《太阳照常升起》《香港沧桑》等20余部大型电视专题片撰稿人,《正大综艺》《环球》等电视栏目撰稿人,大型专题节目《非凡抗击》总撰稿,2001年中华人民共和国申奥片策划。

作为一座让专家学者通向老百姓的桥梁，央视《百家讲坛》让于丹和她的文化感悟走向了大众。2006年“十一”黄金假日，于丹在央视《百家讲坛》连续七天解读《论语》，受到观众的热烈欢迎。短短7天，她迅速成为一颗灿烂的明星，受到很多人的喜爱和追捧，进而形成了文化上的一种“于丹现象”。同时，引发的社会效应是《于丹〈论语〉心得》在北京等地热销。2006年11月26日，中关村图书大厦新书首发式暨签售仪式上，当天店面零售13600余册，于丹签售10600册，创下新中国图书史上单店单品种零售和现场签售的新纪录；自2006年11月到2007年1月底，于丹共在上海、南京、杭州、广州、天津、石家庄、沈阳、西安等地签售18场，签售3.6万册，举办讲座和较正式的读者见面会8场，走过15座城市，当地媒体高度关注，读者热烈欢迎，发生了很多感人的事情。据媒体公布，仅从2006年11月图书首发，到2007年2月5日，《于丹〈论语〉心得》销售量达到230万册，在如此短的时间内达到如此销售量的大众图书，几乎是一个奇迹。书一经上市，一直居于各地书店销售排行榜的榜首。《于丹〈论语〉心得》获得了2006年度“十六佳图书奖”，新浪图书风云榜“2006年度图书非虚构类第一名”。2009年，《于丹〈论语〉心得》还获得中国出版集团主办的“30年最具影响力的300本书”等奖项。2012年，《于丹〈论语〉心得》荣获世界知识产权组织在中国颁发的版权最高奖项——版权金奖。

《于丹〈论语〉心得》为什么热销？出版者中华书局官方认为：主要是于丹所讲的内容，使用的是普通老百姓能够听得懂的话，直接与大家分享经典，正好符合了大家的需求。

（二）《于丹〈论语〉心得》

《论语》，流传2500多年，影响世代中国人，它的经典语句，每一个中国人都耳熟能详。《论语》的真谛，就是告诉大家，怎么样才能过上我们心灵所需要的那种快乐的生活。于丹紧扣21世纪人类面临的心灵困惑，结合古典文化，运用女性特有的细腻情感，从中国人的宇宙观、心灵观、处世之道、交友之道、人格修养之道、理想和人生观等七个方面，从独特的个性视角出发来解读《论语》。

灰色的孔子又必须链接多彩的世界。这世界充满生命活力，姹紫嫣红，千姿百态，万类霜天竞自由。正因为有了生活的五彩缤纷，理论的灰色才不显得死寂；也正因为有了思想的高贵纯粹，纷繁的世界才不至于俗不可耐。灰色提升着品位，而多彩保证了活力。这也就是和谐。于丹为我们讲述的就是这样的孔子，一位链接了多彩世界的灰色孔子。链接是广泛的，东西南北，古今中外。主题却是单纯的,单纯到没有色彩,没有性别,没有时间和空间,只有温度。

《于丹〈论语〉心得》,以白话诠释经典,以经典诠释智慧,以智慧诠释人生,以人生诠释人性,以人性安顿人心,体悟经典的普适智慧。于丹的阐释,让大众的文化心灵得到了安慰。关于天地人之道,她告诉人们盘古开天辟地的故事,阐释我们一个个生命个体,在浩瀚的宇宙中的意义。关于心灵之道,她告诉人们当遇到人生的缺憾时,我们该如何面对。关于处世之道,她告诉人们在纷繁复杂的社会环境中,我们怎样才能保持一个良好的人际关系。关于君子之道,她告诉人们如何理解"君子坦荡荡,小人长戚戚",以及何为君子,何为小人。关于交友之道,她告诉人们如何理解"益者三友,损者三友",我们如何分辨好朋友和坏朋友,又如何才能交到好朋友而远离坏朋友。关于理想之道,她告诉人们正确理解"匹夫不可以夺志",理想是一个人奋斗的动力和前进的方向,我们怎么理解"理想"的含义。关于人生之道,她又告诉人们如何理解"三十而立,四十而不惑,五十而知天命,六十而耳顺,七十而从心所欲,不逾矩"的真正含义。普通百姓在这本书中得到的,是在浮躁狂乱时代找到心灵的安宁之道。

人们喜欢《于丹〈论语〉心得》,不是喜欢图书本身,也不是单纯喜欢于丹这个人本身,而真正的意义是文化的回归,是对文化灯塔的向往。图书内容是否符合读者的需要,才是决定性的因素。一位80多岁的老者拉着于丹的手,激动地说:"感谢你把孔子给中国人找回来了。"一个14岁的孩子说:"谢谢于老师,你让我知道圣贤说的不是废话。"十几岁的孩子正处于青春期,思想往往逆反,他们认为很多大人说的话都是废话,不值得一听,但是他觉得孔子的话说到了他的心里,不是废话。这就说明,于丹把覆盖在《论语》上的历史的学术的硬壳儿轻轻揭开了,呈现给大家的是一个最直接、真实、朴素的真理。真理是可以进入到人们的心里的。中国的传统文化的基因一直就潜藏于我们每一个人的心里。所以,不存在引导读者的问题,而实际上是发现心灵的问题,是自己拥有也确实需要的东西。书中讲述的是现代生活中大家都需要知道的道理。读者一直渴望这样贴近百姓生活的经典普及图书,但是原来一直没有出现。这就好比,航船需要一座灯塔,而这座灯塔以前没有出现。

在《于丹〈论语〉心得》得到人们普遍喜爱之后,于丹接着先后出版了《于丹〈庄子〉心得》《于丹〈论语〉感悟》等著作。于丹通过对《论语》《庄子》的解读,引领大众回归古代先贤提供给世人的生存智慧,其中包括生命价值、人生态度、道德理想、境界情操等。内容不单是知识和趣味,也是现代人寻求心灵安定所亟须的精神力量。著作力图揭示中国传统文化的当下意义，对中国传统文化进行着当下价值的建构，在海内外文化界、教育界产生了广泛影响。

（三）于丹现象的启示

于丹娓娓地向人们叙述：我爱这茫茫一片白净，更爱这唯有一片白的简单。无边雪野也因这简单而充满诗意。如果雪能四季停留，我愿在这雪覆盖的世界诗意地栖居。在这诗情画意里，我愿幻化成一朵静默的雪。今生不能成为天使洒下的一片，也愿心灵如雪一尘不染、简简单单。简单——没有怨恨，只有内心的平和。简单——如果爱，就如春日阳光般静静地、柔柔地、忘乎所以、简简单单地爱一次——一次足够！简单——不求名利、不逞英雄、不必留名青史，凡事尽力而为，默默地奉献完毕生的光和热即可。如果我的生命还可以有一些点缀，那么，一曲闲云野鹤、一本书、一支笔，如此简简单单足矣。

放眼雪野，坚信诗意蕴于简单，也坚信人生终因简单而充满诗意……

启示之一：中华优秀文化是一座底蕴深厚的富矿，一旦开掘出来，就会成为克服艰难险阻、战胜内忧外患、创造幸福生活的强大精神力量。于丹现象出现在当今中国，并非偶然。

传统文化在国内形成了一个又一个的焦点，维持着一浪高过一浪的热度：且不说走红方式与于丹相近的阎崇年、易中天和刘心武，且不说近年来社会各界围绕青少年应不应该“读经”展开的热切讨论、报端关于“中华文化需不需要一场文艺复兴”的争辩以及“青春版”昆曲受到的热捧，且不说一些人自发、公益地给中小学生讲传统文化的“一耽学堂”以及京城大学出现的以弘扬汉民族服饰为特征的“汉服社”。这种种迹象一再表明，中国传统文化热，正在当代中国悄然兴起。从以于丹为代表的传统经典文化传播者身上，从各种各样的社会现象中，细心的人们完全可以读出优秀传统文化复兴的某些端倪。有学者指出，全球化浪潮在器物甚至制度层面带来“一体化”的同时，也日益凸显文化认同与根源意识。“我是谁”的问题，迫使每一民族乃至每一个体不仅不能乞灵于任何纯然外部的文化来建立自我，反而必须深入自己的文化传统，从中认识自己、发展自己。

当代世界是一个以民族国家为基本生存单元的世界，一国要想自立自强，需要吸收世界各国文明的优秀成果，更需要发掘自己传统文化中的瑰宝；而在日益兴盛发达的当代中国，传统文化无疑是给我们和平崛起提供支撑的重要精神资源。

不能把功劳全部归于宣讲者，因为传统文化本身的内容构成特点，已然具备了这种现代性的潜质。史学界对西方的文艺复兴有个观点:文艺复兴的现代性因子,大部分都可以在中古“传统”中找到根源。中国也不例外。古老典籍中的民本思想,虽然不能等同于今天我们所提倡的“以人为本”的治国方略,但二者却具备相通的基础,可以说是同根同源,一脉相承。

挖掘传统文化资源,把孔子请到当下,使古老经典和现代精神结合起来,这是“于丹”标本的一个重要启示。当然,对传统文化的现代性挖掘,还需要在更高层次上有更具备历史深度和文化深度的设计与把握,文化学者贴近大众的接受特点、带有世俗化甚至娱乐化色彩的尝试固然很好,但并不能说这就是最好的道路,当然,更不是唯一。

启示之二:广大民众对于中国传统文化有着巨大的现实需求,尤其在物质虽然丰饶充沛而精神却相对贫乏迷惑的当下,人们更加渴求及时雨露对心田的滋润。有人说,于丹给大众提供的是一剂“心灵鸡汤”。于丹大受欢迎,折射出民众的心灵缺乏某种抚慰,精神上存在着某种饥渴。

改革开放以来,在中国共产党的领导下,我们取得了举世瞩目的经济建设的巨大成就,这有目共睹;但与此同时,人民群众日益增长的文化需求也水涨船高,两者之间,还有不小的落差,这也毋庸讳言。大部分中国人正逐渐富裕起来,不再为衣食担忧,开始忙碌着买房、买车、休闲、消费。然而,市场的繁荣、消费主义的盛行,并不必然带来人们心灵的充实。人文精神是社会链条中不可或缺的一环,倘有匮乏,必将影响社会发展的和谐,最终会影响到社会生活中的每一个人。

有学者批评于丹有把《论语》庸俗化、简单化的倾向,说她不过是励志故事加一些浅显的道理,既不足以言说夫子之道之精深,又不足以阐述夫子之学之丰富。这种批评颇具道理。然而,也有人替于丹辩解说,以圣贤道理为原料、用小故事煨出来的汤,虽然很浅,但对老百姓而言,更入心入胃——因为这样的解读,能给生活中遇到一些实际问题的人以启发,能与为人处世的经验总结相印证,能给受过创伤者的心灵以抚慰。一位老先生总结得好:于丹讲解的《论语》,归根到底就是在说三个关系,即人自身、人与人、人与社会的关系。大千世界,舍此三种关系,你还会碰到什么吗?没有了,也不可能再有了。

人文精神,说起来似乎宏大,但就其根本而言,以下几个基本问题恐怕不能忽略:其一,人怎样生活才能得到幸福;其二,人应当怎么处理自己和他人的关系、个人和社会的关系;其三,人为什么而活着,怎样活着才有意义……一言以蔽之:人怎么样才能成为健全的、饱满的人。

于丹言谈中的人文之光，是从《论语》中借来的。这些基本问题，古人早已遇到过，古圣先贤经过思索，做出了自己的解答。这些解答虽不是可以照搬的现成答案，但却具有跨越时空的价值，起码给我们提供了一种思路、一种参照和一些建议。在历史上，《论语》除了“半部可治天下”的政治用途及学术用途外，它常常是中国人用以修身齐家的工具书。

从“于丹现象”中也可以看出，人文建设不能离开“反求诸己”。于丹讲座的开播，如同用钥匙打开人们心底那尘封已久的密码锁，把大家心中的朦胧存在再次唤起，不言建设，建设自在其中。

当然，对于人文精神的呼唤，仅仅停留在“心灵鸡汤”的世俗层面是远远不够的，那未免把人文关怀看得过于容易、过于简单。我们需要思考真、善、美的问题，要有对终极价值的追问，对理想和信念的坚持，还有对人的价值、尊严、责任的尊重……可以说，其内涵非常丰富。

“于丹现象”还折射出宝贵的思想资源如何在大众中普及的问题。传统典籍的意义，不仅在于书斋中的传承、研究与欣赏，还在于如何在更大的范围内应用和普及。过去，戏曲和说部在坊间流传，娱乐大众的同时，客观上还将“忠孝节义”等价值观和历史知识普及到文化水平并不高的一般民众中去。通过一个个或家长里短，或英雄美人，或奇幻神魔的故事，完成了文化体系自上而下的渗透。我们不要轻视这些普及的意义。

启示之三：中国传统文化的普及和传播，需要高超而精细的技巧。现代传媒在文化普及中发挥着无可替代的桥梁作用。

有人说，于丹的成功，关键在于她独特的讲述方式。朱熹也讲《论语》，钱穆也讲《论语》，当今中国，各高校各讲堂都在讲《论语》，为什么其他人没有掀起这样的狂潮？就讲述技巧而言，易中天强调了“平民立场”。他说，传播效果很大程度上来自亲和力，“亲和力来自于‘平民立场’。观众认为你与他一样看问题、想事情，就没距离、没隔阂，不是居高临下、咄咄逼人，没有对立情绪，也就不会产生逆反心理。不仅你和他们是一样的人，故事中那些历史人物、英雄人物也和他们一样，他就爱听你讲话”。他还阐述：“能不能把观众吸引过来看有关传统文化的内容，要求学者用非学术的语言，来讲学术性的内容。说得再白一点，你要说人话，别说书话，更不能打官腔。”

于丹尊重了大众传播的规律，使用了恰当的方法和技巧，用市井百姓喜闻乐见的传播方式进行传播，是她的讲座火起来的重要原因。

从事媒体工作的人都知道，“三贴近”，即贴近实际、贴近生活、贴近群众，是传媒接近受众、吸引受众的不二法门。既然要贴近群众，就要熟悉群众，了解群众。央视《百家讲坛》将节目定位于“初中文化水平”，就是基于对受众的深刻了解。制片人万卫分析说：“初中文化水平并不是指为初中毕业的知识层次的人服务。实际上，只要你跨出所学习的学科，在其他学科你就是初中水平。比如你是学物理的，历史对你来讲就是初中水平。”多么精到的分析！由此我们似乎又一次体味到了“三贴近”的威力。

于丹的成功，方法技巧固然重要，传播工具亦不可或缺。有人说，于丹是踩在了“巨人”的肩膀上，这位“巨人”，就是在中国独一无二、在电视传播领域具有某种“垄断”地位的中央电视台。是电视这个主流传播媒介的巨大影响力，造就了于丹的大热。

没有电视是不行的，然而，仅仅依靠电视也是不行的。七天讲座结束后，报纸、杂志、网络……现代传媒纷纷跟进，各自发挥自己的优势，把于丹热推向了纵深。纸质媒体便于阅读、便于携带、易于进行深刻分析；电子媒体容量巨大且讲究互动，尤其便于大众参与；至于中华书局对《于丹〈论语〉心得》的及时出击，一经出版即创下的一个个“全国第一”，更是说明了纸质媒体的独特魅力。

现代传媒在当今社会中威力巨大，在文化普及中更是发挥着无可替代的桥梁作用。传播学上有一个“议程设置”理论：媒体往往可以凭借自己的影响力引导民众的注意力，从而给民众制定一个“议事日程”。虽然媒体并不能决定大众具体怎么想，但它能决定公众在一段时间内关注什么，从而对社会施加自己的强大影响。

不能不强调的是，方法和工具固然重要，但其承载的内容才是关键和核心。一方面我们要重视技术，一项新技术往往会深刻影响社会，比如互联网的迅猛发展甚至会带来认知方式、生活方式的深刻变革，这就要求我们要善于学习，迅速了解和掌握最先进的方法和技术手段，不可滞后于时代。

（四）于丹感悟人生的经典名言

理想主义和现实主义，就是我们的天和地。

信仰的力量，足以把一个国家凝聚起来。

我们的眼睛，看外界太多，看心灵太少。

宽容一点，给自己留下一片海阔天空。

关爱别人，就是仁慈；了解别人，就是智慧。

做一个勇敢的人,用自己生命的力量化解生活中的遗憾。

没有道德约束的勇敢,是世界上最大的灾害。

勇敢有时候是理性制约下的一种镇定和自信。

一个有德有仁的人才能做到真正的勇敢。

君子之骄,骄傲的是内心的风骨。

人生有限,把有限的感情留在最应该使用的地方。

最恰当的距离是:彼此互不伤害,又能保持温暖。

距离和独立是对人格的尊重,最亲近的人之间也应该保持。

多思、多想、多看;少指责、少抱怨、少后悔。

过分的苛责,不如宽容的力量更恒久。

结交那些快乐的,能够享受生命的,安贫乐道的朋友。

与其与他人斗,不如跟自己的能力斗。

三十而立,就是建立心灵的自信。

物质的东西越多,人就越容易迷惑。

知天命就是内心有一种定力,去对抗外界。

耳顺就是悲天悯人,理解与包容。

只有建立内心的价值系统,才能把压力变成生命的张力。

眼界的高低、境界的大小可以改变一个人的命运。

真正的逍遥是无羁无绊的。

如果我们有这样的大眼光,就会抓住我们眼前的每一个机遇。

一个人永远不要去羡慕他人。

真正的英雄是能够为自己的心做主的人。

觉是一个瞬间,悟是一个过程。

“无为而无不为”才是大境界。

把恩恩怨怨看小了去,把自主的灵魂放到无限大。

淡泊为大(淡泊明志),宁静致远。

人能够看清目的和方向是不容易的。

只有用心才能从细节里获得知识和感悟。

冠军永远跑在掌声之前。

留一份寂寞给生命,让生命可以开阔。

经历和悟性决定你的眼界。

人格理想的支点:依于仁,游于艺。

感到心理失衡是因为世界在动,而你不动。

生命的逍遥之境,不是人的生命凌驾于万物之上,而是用我们的心与世间万物相勾相连、水乳交融。

道法自然,道无处不在。

同样的道理,感悟却有高下之分。

人最难认知的是自己的心。

只有自己的心清楚了,才能去善待他人。

不要因为世俗的标准而远离了自己的赤子之心。

在我们成长中一定有某种潜能从没有被开发出来。

心斋(审视内心、反躬自省)是认识自己、获得人生效率的好方法。

外在世界有多大,内心的深度就有多深。

你必须亲自丈量脚下的每一步路。

对自己的评估,只有内心能做出准确的回答。

心养就是用心去酝酿。

让各种生命自然蓬勃,就可以构成天地和谐。

小的迷惑可以改变人生的方向,大的迷惑可以改变人的性情(小惑易其方,大惑易其性)。

我们的心应当像面镜子,看见了世界,也看见了自己。

真正的聪明是静下心来,听见自己本初的愿望。

我们的心淡然处之,很多事情就可以持久。

生和死只是一个形态的变化。

在生命之中每个人可以以不同的形态活下去。

思想的传承远远胜于一个生命。

对生命的解读要问问自己——我要怎么样的决断。

在生死的态度上,儒道殊途同归的那就是,让生命获得价值。

还有比生死更重要的事情。

对待死的态度:①不怕死;②绝不找死。

社会也是一个塔,每个人走进来就意味着要做社会的基座。

一个人的成功在于知道自己的努力和自己的位置。

敢于亮出自己的弱项仍然可以得到人的尊重。

用辽阔的境界跟天地可以有共同的默契，用共同的默契可以获得更多的力量。

内心的力量就是一种和缓的对人的凝聚。

所谓废物只是放错地方的财富。

一个人炫耀什么，说明内心缺少什么。

一个人越在意的地方，就是最令他自卑的地方。

人都有以第一印象定好坏的习惯，认为一个人好时，就会爱屋及乌，认为一个人不好时，就会全盘否认。

人越是得意的事情，越爱隐藏；越是痛苦的事情，越爱小题大做。

这个世界既不是有钱人的世界，也不是有权人的世界，它是有心人的世界。

婚姻的杀手有时不是外遇，而是时间。

当你再也没有什么可以失去的时候，就是你开始得到的时候。

学习要加，骄傲要减，机会要乘，懒惰要除。

童年的无知可爱，少年的无知可笑，青年的无知可怜，中年的无知可叹，老年的无知可悲。

人允许一个陌生人的发迹，却不能容忍一个身边人的晋升。因为同一层次的人之间存在着对比、利益的冲突，而与陌生人不存在这方面的问题。

现代的婚姻是情感的产物，更是竞争的结晶。

敌人变成战友多半是为了生存，战友变成敌人多半是为了金钱。

有所得是低级快乐，有所求是高级快乐。

世界上1%的人是吃小亏而占大便宜，而99%的人是占小便宜吃大亏。大多数成功人士都源于那1%。

后记:关于读书

读书是我的生活习惯。从少年时代爱看小说,到参加工作教书时喜欢唐诗宋词,到政府部门工作以后钻研经济理论,到中年以后阅读哲学和历史,以至到现在对传统文化的爱好。《人生品位纵横》这本书,就是我多年读书的积累。不是为了写书,而是为了学习。这就说明,读书是学习,写书也是学习。既然说到了读书,就专门谈一谈有关读书的事情。

读书是指获取他人已预备好的符号、文字并加以辨认、理解、分析的过程,有时还伴随着朗读、鉴赏、记忆等行为。这些符号最常见的是语言文字,其他还有音符、密码、图表等也在此列;一般获取过程是用眼睛观看,也包括盲人用触觉来识别凸字等其他获取方式。

百度对读书的详细解释有:①阅读书籍;诵读书籍。《礼记·文王世子》曰:“秋学礼,执礼者诏之;冬读书,典书者诏之。”唐代韩愈《感二鸟赋》序中说:“读书著文,自七岁至今,凡二十二年。”《元史·良吏传》:“读书务明理以致用。”明赵震元《为李公师祭袁石寓宪副》:“舞象采芹,弱冠璐振臂,当国家之巨艰,读书鄙腐儒之章句。”夏丏尊、叶圣陶《文心》:“正是王先生的声音,原来王先生在读书。”②核对入椁物件的单子。《礼记·杂记》:“荐马者哭踊,出乃包奠而读书。”孔颖达疏:“书,谓凡送亡者赗入椁之物书也。读之者,省录之也。”③宣读盟辞。《谷梁传·僖公九年》:“葵丘之会,陈牲而不杀,读书加于牲上,壹明天子之禁。”④上学;学习功课。《明熹宗实录》卷42:“天启三年十二月壬子,荫总督宣大王国桢子之仲、登莱巡抚袁可立子枢、通政使吴用先子、河南巡抚冯嘉会子映鸾、太常寺卿桂有根子高攀各入监读书。”郭沫若《我的童年》第一篇二:“我们的三叔祖、大伯父都是进了学的。但是行二的我们三伯父,行三的我们父亲,因为家业凋零,便再没有读书的馀裕了。”浩然《石山柏》:“我发觉,山里的孩子不仅聪明、记忆力强,而且对读书都是非常地新奇和认真。”

读书是通往梦想的一个途径。读一本好书,让我们得以心灵明净如水,开阔视野,丰富阅历,益于人生。人一生就是一条路,在这条路上的跋涉痕迹成为我们每个人一生唯一的轨迹,此路不可能走第二次。而在人生的道路上,我们所见的风景是有限的。书籍就是望远镜,书籍就是一盏明灯,让我们看得更远,更清晰。阅读人生经典,我们可以探索人生的意义、价值、归宿。如:《论语》《孟子》《共产党宣言》《资本论》等。阅读专业经典,我们可以确立自己的专业志向。人生与追求因读书而有根据,专业书籍应该读熟,作为行为根据。同时,关注相邻学科知识,专业面要广,要明确往往不可能学什么就做什么,必须要有多方面的能力。读书是有纬度的。因为知识是交叉的,因此要关注本专业的历史与当代的发展。历史的视野非常重要。

读书就要找书。那么,如何找书?就是多逛书店,在书店看书。这反映出你重视什么。重视读书,读书使人变强,给你带来乐趣,这样好读书成为伴随你一生的好习惯。一个人的成功并不是偶然的。杂志,专业杂志坚持读一二种,如《读者》《读书文摘》《书法》等。信息网络时代,网络是最快捷、最方便的学习的阵地,也可培养专业的素养。养成查询习惯,随时在百度搜索。

知识改变命运,知识改变气度。读书肯定是有用的,这应该是我们对待读书的态度。人的修养是长期积累而成的,读书可以不断提升个人修养。从这个意义上讲,并不是所有的读书行为都需要很明确的目的。观念的转变很重要,特别是当每个人已经具备自我学习和自我发展能力的条件下,更要重视读书。有学术专业的人,读书过程中还要明确学术的态度。专业学习本来就应该有严肃的态度,必须更加努力一些,有自觉的意识,因为学术水平的高低主要靠积累,不强调客观,强调人自身的努力,这也是对个人学术品质的要求。

读书益处很多,可以使人更充实、更丰富、更有知识,使自己的思想得到训练,人生境界得到提升。鲁迅先生说:“每天得到的都是二十四小时,可是一天的时间给勤勉的人带来智慧与力量,给懒散的人只能留下一片悔恨。”一是阅读面越宽广越扩大,知识面就会越宽广越扩大,自己也就会越充实。二是坚持自主学习,保持一生的阅读习惯,不断进步,终生学习;大学毕业后仍要学习,一生中都要不断丰富自己。三是读书和没读书肯定是不一样的,人生境界无极限,只有读书才能不断提高人生境界,人生才更有意义,更有价值。四是书犹药也,善读之可以医愚。

有关读书的名言很多,这里摘录一部分。宋真宗赵恒《励学篇》说:“富家不用买良田，书中自有千钟粟；安居不用架高堂，书中自有黄金屋；出门莫恨无人随，书中车马多如簇；娶妻莫恨无良媒，书中自有颜如玉；男儿若遂平生志，六经勤向窗前读。”唐代诗人杜甫诗中说：“读书破万卷，下笔如有神。”苏联作家高尔基说：“书是人类进步的阶梯。”我国当代儿童文学家冰心说：“读书好，好读书，读好书。”英国哲学家培根说：“有的书只要读其中一部分，有的书只需读梗概，而对于少数好书，则要精读，细读，反复读。”还有很多有关读书求知的俗语，如：“劳动是知识的源泉，知识是生活的指南。”“星星使天空绚烂夺目，知识使人增长才干。”“泰山不是垒的，学问不是吹的。天不言自高，地不语自厚。”“水满则溢，月满则亏；自满则败，自矜则愚。”“言过其实，终无大用。知识愈浅，自信愈深。”“讷讷寡言者未必愚，喋喋利口者未必智。”“虚心使人进步，骄傲使人落后。虚心的人学十算一，骄傲的人学一当十。”“一分耕耘，一分收获。一艺之成，当尽毕生之力。”“吃饭不嚼不知味，读书不想不知意。”“黑发不知勤学早，白头方悔读书迟。”等等。

读书方法很多，这里介绍十种：一是泛读。即广泛阅读，读书的面要广，广泛涉猎各方面的知识，具备一般常识。不仅要读自然科学方面的书，也要读社会科学方面的书，古今中外各种不同风格的优秀作品都应广泛地阅读，以博采众家之长，开拓思路。马克思写《资本论》曾钻研过1500种书，通过阅读来搜集大量的资料做准备。二是精读。朱熹在《读书之要》中说：“大抵读书，须先熟读，使其言皆若出于吾之口；继以精思，使其言皆若出于吾之心，然后可以省得尔。”这里“熟读而精思”，即是精读的含义。也就是说，要细读多思，反复琢磨，反复研究，边分析边评价，务求明白透彻，了解于心，以便吸取精华。对本专业的书籍及名篇佳作应该采取这种方法阅读。只有精心研究，细细咀嚼，文章的“微言精义”，才能“愈挖愈出，愈研愈精”。可以说，精读是最重要的一种读书方法。三是通读。即对书报杂志从头到尾阅读，通览一遍，意在读懂，读通，了解全貌，以求一个完整的印象，取得“鸟瞰全景”的效果。对比较重要的书报杂志可采取这种方法。四是跳读。这是一种跳跃式的读书方法。可以把书中无关紧要的内容放在一边，抓住书的筋骨脉络阅读，重点掌握各个段落的观点。有时读书遇到疑问处，反复思考不得其解时，也可以跳过去，向后继续读，就可前后贯通了。五是速读。这是一种快速读书的方法，即陶渊明提倡的“好读书，不求甚解”。可以采取“扫描法”，一目十行，对文章迅速浏览一遍，只了解文章大意即可。这种方法可以加快阅读速度，扩大阅读量，适用于阅读同类的书籍或参考书等。六是略读。这是一种粗略读书的方法。阅读时可以随便翻翻,略观大意;也可以只抓住评论的关键性语句,弄清主要观点,了解主要事实或典型事例。而这一部分内容常常在文章的开头或结尾,所以重点看标题、导语或结尾,就可大致了解,达到阅读目的。七是再读。有价值的书刊杂志不能只读一遍,可以重复学习,"温故而知新"。著名思想家、文学家伏尔泰认为"重读一本旧书,就仿佛老友重逢"。重复是学习之母。重复学习,有利于对知识加深理解,也是加深记忆的强化剂。八是写读。古人云"不动笔墨不读书",俗语也有"好记性不如烂笔头"之说。读书与做摘录、记心得、写文章结合起来,手脑共用,不仅能积累大量的材料,而且能有效地提高写作水平,并且能增强阅读能力,将知识转化为技能和技巧。九是序例读。读书之前可以先读书的序言和凡例,了解内容概要,明确写书的纲领和目的,有指导地进行阅读。读书之后,也可以再次读书序和凡例,以便加深理解,巩固提高。十是选读。就是读书时要有所选择。古往今来,人类的文化宝藏极为丰富。一个人的精力毕竟有限,如果不加选择,眉毛胡子一把抓似的读书,就不会收到好的效果。可以结合自己的情况,有针对性地选择书目,进行阅读,这样才能达到事半功倍的效果。当然,除了以上十种读书方法之外,不同的阅读者有不同的认识,可能还会有其他许多更好的方法。

《人生品位纵横》共十二章,三十余万字,总体上反映了我多年阅读的部分书籍,内容涉及政治、经济、科技、法律、历史、哲学、文学、艺术、民俗等众多方面。其中,阅读和较多查阅的书籍是:《史记》《三国志》《资治通鉴》《淮南子》《论语》《大学》《容斋随笔》《中国通史》《二十一世纪浪潮》《第三次科技革命》《知识经济》《世界是平的》《海尔管理模式》《蒙牛内幕》《浙商是怎样炼成的》《宋词感悟》《中华文化四十七堂课》《另一半中国史》《最近四十年中国社会思潮》等。多年来,我读书的情况大体为四种:一是读畅销书。经常关注书店和网络上每月每季每年的畅销书排行,如近几年国内排名靠前的《货币战争》《苦难辉煌》《论中国》《邓小平时代》《看见》等。二是读名人传记。如《毛泽东传》,先后读过三种版本。三是读自己喜欢的当代文化名人著作。如巴金、陈寅恪、季羡林、余秋雨、孔庆东、于丹等的作品。四是读不同时期的小说。多年来爱读小说的习惯仍未改变,阅读了金庸的全部武侠小说,获得茅盾文学奖的当代长篇小说也读了绝大部分,如《东方》《李自成》《芙蓉镇》《黄河东流去》《平凡的世界》《穆斯林的葬礼》《白鹿原》《抉择》《长恨歌》《秦腔》等。还有"甘肃八骏"

的小说，如我的同学雪漠的三部曲《大漠祭》《猎原》《白虎关》等。总之，在我看来，读书是一件快乐的事情！

最后，非常感谢兰州大学出版社的领导和编辑们，他们为本书的出版付出了辛勤的劳动！

王科健

2015年12月13日